贵州民事检察
实务指导

GUIZHOU MINSHI JIANCHA SHIWU ZHIDAO

贵州省人民检察院◎组织编写

中国检察出版社

图书在版编目（CIP）数据

贵州民事检察实务指导／贵州省人民检察院组织编
写．—北京：中国检察出版社，2023.8
ISBN 978 – 7 – 5102 – 2913 – 8

Ⅰ.①贵…　Ⅱ.①贵…　Ⅲ.①民事诉讼 – 检察制度 –
研究 – 贵州　Ⅳ.①D927.730.510.4

中国国家版本馆 CIP 数据核字（2023）第 119501 号

贵州民事检察实务指导

贵州省人民检察院　组织编写

责任编辑：王　欢
技术编辑：王英英
美术编辑：徐嘉武

出版发行：中国检察出版社
社　　址：北京市石景山区香山南路 109 号（100144）
网　　址：中国检察出版社（www.zgjccbs.com）
编辑电话：（010）86423780
发行电话：（010）86423726　86423727　86423728
　　　　　（010）86423730　86423732
经　　销：新华书店
印　　刷：北京联兴盛业印刷股份有限公司
开　　本：710 mm×960 mm　16 开
印　　张：26
字　　数：409 千字
版　　次：2023 年 8 月第一版　　2023 年 8 月第一次印刷
书　　号：ISBN 978 – 7 – 5102 – 2913 – 8
定　　价：90.00 元

序

习近平总书记强调：要加强民事检察工作。作为中国特色社会主义检察监督制度的重要组成部分，民事检察成立三十余年以来，始终在感知经济社会发展脉搏中践行"国之大者"，厚植法律监督属性，服务发展大局，践行司法为民，为推动法治中国建设作出了积极贡献。三十年风雨兼程，民事检察在探索中前进，监督领域不断扩展、监督方式不断丰富、监督格局不断完善。以2018年底最高人民检察院民事检察机构单设为标志，民事检察进入全面升级、强化发展的新时代，成为"四大检察"新实践的重要驱动力量。精准监督、融合发展、能动司法、权力监督与权利救济等新理念奏响了民事检察高质量发展的时代强音，为民事检察带来系统性、重塑性变革。

当前，民事检察正处于多重改革叠加和转型升级的关键时期，面临前所未有的重大机遇和重大挑战。如何在改革浪潮中破浪前行，实现高质量发展是民事检察面临的时代课题。贵州省人民检察院民事行政公益诉讼检察研究基地致力于打造贵州民事检察专业化、制度化研究平台，以"讲政治、顾大局、谋发展、重自强"为引领，充分发挥基地特聘研究人员和重点骨干人才作用，将优秀理论成果和培训教程转化为教材，实现了办案、研究、培训的良性循环，为推动贵州民事检察高质量发展注入了强劲动力。

《贵州民事检察实务指导》是2022年贵州省人民检察院民事行政公益诉讼检察研究基地组织编写的系列教材之一，是贵州检察机关自行编写的第一本专门关于民事检察的指导用书。本书有以下几个特点：一是内容全面系统。全书共有十二章，内容涵盖了民事检察主要业务类型。既涵盖生效裁判监督、"两违"监督、虚假诉讼监督和支持起诉五项主

1

要职能，也涉及公开听证、复查纠正、跟进监督特殊办案流程及法律文书，是一本具有系统性的民事检察办案指导用书。二是突出实践特色。在篇章的设计上，除了主要业务类型外，还对民间借贷、劳动争议、担保进行了专章设置。该三类案件均是近年来贵州民事检察中生效裁判监督较为集中的案件类型。"两违"监督章节中，各分节涉及的主题也是实践中办理较多的案件类型。全书还引用了大量案例，让重点、要点更为直观、生动，更易理解。三是坚持问题导向。全书着眼于解决实际问题，在归纳总结贵州民事检察办案思路、经验的基础上，对日常办案中发现的普遍性、典型性问题进行了较为全面的梳理，有针对性地开展重点难点解析，对贵州民事检察进一步统一监督尺度、提升监督质效具有积极的指导意义。这些问题中，既有贵州的个性问题，也有全国的共性问题，对提升全国民事检察工作亦具有参考价值。

党的二十大发出全面建设社会主义现代化国家、全面推进中华民族伟大复兴的动员令。面对新时期新征程，检察机关以法治之力服务"中国之治"、服务中国式现代化的责任更重。民事检察关乎民生、维护民利，是服务保障中国式现代化的重要法治力量，在新征程上实现理念、制度、体系的全方位现代化，离不开司法实践的创新发展和理论研究的不断深化。业精于勤，行成于思。借此机会，我对《贵州民事检察实务指导》的顺利付梓表示祝贺，希望贵州民事检察以此作为起点，不断提升民事检察理论研究的层次和水平，为推动贵州民事检察工作现代化，完善民事检察制度作出新贡献！

二〇二三年七月八日

目　录

第一章　生效民事裁判监督

民事检察监督是人民检察院根据法律规定，对人民法院民事诉讼活动实施法律监督。主要包括对生效判决、裁定、调解书的监督（以下简称生效裁判监督）、对审判程序中审判人员违法行为的监督和对执行活动的监督。其中，生效裁判监督是民事检察监督开展时间最早、发展最为成熟、社会知晓度最高的一项业务。因其涉及对人民法院生效裁判启动监督程序，涉及当事人实体权利义务分配，对当事人权益影响最大、最为直接，因而也有民事检察监督"基石"之称，在民事检察监督三大核心业务中居于重要地位，是核心中的核心。从贵州生效裁判监督实践来看，突出存在再审检察建议监督效果不佳、提请抗诉案件支抗率较低等问题。要切实提高办案水平，做到精准监督，需重点关注受理条件审查、法定监督条件把握和监督方式适用三个方面的内容。

第一节　受理条件审查

根据《人民检察院民事诉讼监督规则》（以下简称《监督规则》）规定，生效裁判监督案件来源有两类，分别为依当事人申请受理和依职权受理两种。其中，依当事人申请案件由控告部门受理，民事检察部门经审查发现已经受理的案件不符合受理条件的，应当作终结审查处理。依职权受理的案件，由民事检察部门决定是否受理，并于受理后到案管部门登记。受理条件审查，或涉及是否能够依职权受理，或涉及是否应当终结审查，是生效裁判监督实务应当首要注意的问题。

一、依申请受理

对于当事人申请生效裁判监督的案件，是否符合受理条件，关键在于准确理解和适用《监督规则》第 27 条规定，即"当事人根据《中华人民共和国民事诉讼法》第二百零九条第一款①的规定向人民检察院申请监督，有下列情形之一的，人民检察院不予受理：（一）当事人未向人民法院申请再审的；（二）当事人申请再审超过法律规定的期限的，但不可归责于其自身原因的除外；（三）人民法院在法定期限内正在对民事再审申请进行审查的；（四）人民法院已经裁定再审且尚未审结的；（五）判决、调解解除婚姻关系的，但对财产分割部分不服的除外；（六）人民检察院已经审查终结作出决定的；（七）民事判决、裁定、调解书是人民法院根据人民检察院的抗诉或者再审检察建议再审后作出的；（八）申请监督超过本规则第二十条规定的期限的；（九）其他不应受理的情形"。

（一）当事人未向人民法院申请再审的

2012 年民事诉讼法修正确立了"法院纠错在先，检察监督断后"原则，亦即当事人向检察机关申请生效裁判监督，需先行向人民法院申请再审。未予申请的，检察机关不予受理。

实践中，对于该项的理解和适用，有以下要点：

1. "是否申请再审"通常以申请人提供驳回再审裁定书为据。

根据最高人民法院《关于适用〈中华人民共和国民事诉讼法〉的解释》（2022 年修正，以下简称《民诉法解释》）第 393 条之规定，"当事人主张的再审事由成立，且符合民事诉讼法和本解释规定的申请再审条件的，人民法院应当裁定再审。当事人主张的再审事由不成立，或者当事人申请再审超过法定申请再审期限、超出法定再审事由范围等不符合民事诉讼法和本解释规定的申请再审条件的，人民法院应当裁定驳回再审申请"。对于当事人是否向人民法院申请再审，一般以当事人是否持有驳回再审裁定为判断依据。

实践中，一些当事人据以证明向人民法院申请再审的文书并非驳回再

---

① 现为第 216 条第 1 款。

审裁定，而是驳回申诉通知书、信访答复函之类的，给案件判断是否符合受理条件带来困难。

严格来说，申请再审是当事人依据民事诉讼法行使的一项诉讼权利，而申诉和信访都属于宪法性权利，两者有本质的区别。驳回申诉通知书及信访答复函等都不属于法律规定的审判监督程序中形成的文书，不能作为认定当事人已经向人民法院申请再审的依据。

但是，实践的情况总是纷繁复杂，一些法院对于当事人按照审判监督程序提出的再审申请，如果是超过法律规定的6个月申请再审期限的，一律以驳回申诉通知书的形式予以处理，而未依法作出驳回再审裁定。对于这种情况，因当事人已按法律规定向人民法院申请再审，法律文书瑕疵系人民法院审判程序不规范导致。故此，在民事审查环节，不宜以当事人"未向人民法院申请再审"不符合受理条件为由终结审查。

2. 如果申请人自身未向人民法院申请再审，而以其他当事人申请再审获得的驳回再审裁定为据申请监督的，不宜认定为已向人民法院申请再审。

对于申请人以其他当事人申请再审获得的驳回再审裁定作为申请监督依据能否受理的问题，实践中争议较大。一种观点认为不应受理。理由是案件当事人均具有依法申请再审的权利，如果未申请再审的，应视为放弃了申请再审权利，不能以其他当事人申请再审获得的驳回裁定作为自身已向人民法院申请再审的依据。另一种观点认为应当予以受理。理由是"当事人未向人民法院申请再审的"并未特指申请监督的当事人，对于该项的理解应是对案不对人，只要案件有驳回再审裁定就应予以受理。

从民事诉讼法关于法院纠错在先的设计初衷来看，目的是让法院对当事人的再审请求先行审查纠错，如果当事人未就其自身请求向人民法院申请再审的，显然无法达到法院先行审查纠错的目的。在法律平等赋予案件当事人申请再审权利的情况下，申请检察监督的当事人应当提交证据证明其已向人民法院申请再审，而不能以其他案件当事人申请再审获得的法律文书作为其已申请再审的依据。①

---

① 《民事裁判结果监督标准实证研究》一书中认为，现行民事诉讼法规定案件当事人对生效裁判不服的，可向人民法院申请再审，将申请再审设置为申请检察监督的前置程序。未申请再审的另一方当事人或一方多个当事人中未申请再审的部分当事人不能"搭便车"，不符合受理条件。

3. 当事人申请监督事由较申请再审事由有所增加的，不宜以新增事由未经人民法院再审为由，认为案件不符合受理条件。

实践中，有的当事人申请再审被人民法院裁定驳回后，又发现了新证据、主要证据是伪证、据以作出生效裁判的法律文书被撤销或审判人员有贪污受贿等情形，并以此为由向检察机关监督，此情形下应否受理存有争议。有的认为，根据现行法律"法院纠错在先，检察监督断后"的规则设计，目的就是让当事人先走法院救济程序，因当事人所持的新证据等并未向人民法院申请再审，应再行向人民法院申请再审被驳回后，检察机关方可受理。有的则认为，当事人已向人民法院申请再审被驳回，法律规定的前置程序已经完成，没必要要求申请人再就新证据等向人民法院申请再审。

从本质上讲，新证据等特别事由，是当事人申请监督的理由发生了变化，如果不予受理的话，意味着但凡当事人申请监督事由与申请再审事由不一致的，都不符合受理条件。也就意味着受理环节需对当事人的申请监督理由进行初步审查，这与受理环节形式审查的法律设置不相符合。如此类推，如果案件受理后民事检察部门审查案件过程中，出现了新证据、审判人员贪污受贿等情形的，也不能直接就这些证据进行审查，而要让申请人先行向人民法院申请再审，这显然不符合诉讼效率原则。

另外，从实践情况看，一些案件当事人持新证据等再次向人民法院申请再审的，人民法院往往根据《民诉法解释》第 381 条之规定，"当事人申请再审，有下列情形之一的，人民法院不予受理：（一）再审申请被驳回后再次提出申请的；（二）对再审判决、裁定提出申请的；（三）在人民检察院对当事人的申请作出不予提出再审检察建议或者抗诉决定后又提出申请的。前款第一项、第二项规定情形，人民法院应当告知当事人可以向人民检察院申请再审检察建议或者抗诉，但因人民检察院提出再审检察建议或者抗诉而再审作出的判决、裁定除外"，以此规定为由，对当事人的再审申请不予审查，且不出具任何文书。

故此，当事人已向人民法院申请再审的情况下，法律规定的前置程序已经完成，如果当事人申请监督事由较申请再审事由有所增加的，应当认定符合受理条件，不宜机械理解"穷尽救济"原则，避免无谓的程序消耗。

4. 该条仅针对人民法院再审审查环节，对于已经经过再审审理的案件，不能以该规定为据不予受理。

人民法院再审程序分为两个阶段，分别为再审审查阶段和再审审理阶段。再审审查的主要任务是对再审申请是否符合法定再审事由进行审查，决定是否裁定再审。再审审理的主要任务是对已经裁定再审的案件进行审理，依法纠错。根据《中华人民共和国民事诉讼法》（以下简称《民事诉讼法》）第216条第1款规定，"有下列情形之一的，当事人可以向人民检察院申请检察建议或者抗诉：（一）人民法院驳回再审申请的；（二）人民法院逾期未对再审申请作出裁定的；（三）再审判决、裁定有明显错误的"。《监督规则》的"当事人未向人民法院申请再审的"对应的是前述规定第一项情形，如果案件是经过人民法院再审审理后作出生效裁判的，则应按照"再审判决、裁定有明显错误的"这一规定予以受理。例如，A向某中级人民法院申请再审，人民法院经审查，认为符合《民事诉讼法》第207条规定的再审条件，裁定予以再审，并由某中级人民法院提审。某中级人民法院经再审，最终作出再审判决。A不服该再审判决，向检察机关申请监督。此时，检察监督针对的对象是再审判决，该监督申请符合"再审判决、裁定有明显错误的"受理条件，不能以当事人未就再审判决申请再审为由不予受理。

（二）当事人向人民法院申请再审超过法律规定的期限的，有不可归责于其自身原因的除外

根据《民事诉讼法》规定，当事人向人民法院申请再审的期限为作出生效判决、裁定、调解书之日起6个月。为了保证申请再审期限条款真正实现督促当事人及时行权的目的，《监督规则》将当事人向人民法院申请再审超过法定期限的案件列为不予受理情形。同时，考虑到不可抗力、人民法院送达文书迟延等因素可能导致当事人申请再审超期，故将不可归责于当事人自身原因导致的超期作为例外。

对于"不可归责于其自身原因"的理解，需是非因当事人主观过错导致的超期，具体涉及的情形主要有以下几类：（1）人民法院送达法律文书违反法律规定，影响当事人申请再审的；（2）当事人因自然灾害等不可抗力无法申请再审的；（3）当事人因人身自由被剥夺、限制，或者因严重疾病等客观原因不能申请再审的；（4）有证据证明他人以暴力、胁迫、欺诈等方式阻止当事人申请再审的；（5）其他不可归责于当事人的原因没有申请再审的。

实践中，一些当事人长期信访导致向法院申请再审超期，从引导当事人依法表达诉求的角度出发，这种情况不宜认定为"不可归责于其自身原因"。

（三）人民检察院已经审查终结作出决定的

《民事诉讼法》第216条第2款规定："人民检察院对当事人的申请应当在三个月内进行审查，作出提出或者不予提出检察建议或者抗诉的决定。当事人不得再次向人民检察院申请检察建议或者抗诉。"该规定明确当事人向检察机关申请监督以一次为限。故此，《监督规则》将"人民检察院已经审查终结作出决定的"设置为不予受理条件，确立了"一次审查"原则。

实践中，对于该项的理解和适用，有以下要点：

1. 已经终结审查的案件当事人再次申请监督的，以不受理为原则，受理为例外。

根据《民事诉讼法》第216条规定，如果检察机关已经作出提出或者不予提出检察建议或者抗诉的决定的，当事人不得再次向人民检察院申请检察建议或者抗诉。有观点认为，该规定所述的"提出或者不予提出检察建议或者抗诉的决定"应指经实体审查后的处理决定，即仅限于不支持监督决定、再审检察建议或抗诉，不应包括终结审查这一程序性结案方式。而另一种则认为，《监督规则》规定的"人民检察院已经审查终结作出决定的"并未区分实体处理决定还是程序处理决定，终结审查属于生效裁判监督案件的结案方式之一，根据"一次审查"原则，已经终结审查的案件当事人再向检察机关申请监督的，不应予以受理。

从《监督规则》第73条规定来看，终结审查的情形主要有八种，分别为：（1）人民法院已经裁定再审或者已经纠正违法行为的；（2）申请人撤回监督申请，且不损害国家利益、社会公共利益或者他人合法权益的；（3）申请人在与其他当事人达成的和解协议中声明放弃申请监督权利，且不损害国家利益、社会公共利益或者他人合法权益的；（4）申请监督的自然人死亡，没有继承人或者继承人放弃申请，且没有发现其他应当监督的违法情形的；（5）申请监督的法人或者非法人组织终止，没有权利义务承受人或者权利义务承受人放弃申请，且没有发现其他应当监督的违法情形的；（6）发现已经受理的案件不符合受理条件的；（7）人民检察院依职权启动监督程序的案件，经审查不需要采取监督措施的；（8）其他应当终结审查的情形。该八种情形中，终结审查后再次申请检察监督的案件主要集中于以下两类：一是申请人撤回监督申请后因情况发生变化，再次申请检察监督；二是不符合受理条件的情形消失，再次申请检察监督。

对于第一种，参照《民诉法解释》第 399 条规定："人民法院准许撤回再审申请或者按撤回再审申请处理后，再审申请人再次申请再审的，不予受理，但有民事诉讼法第二百零七条第一项、第三项、第十二项、第十三项规定情形，自知道或者应当知道之日起六个月内提出的除外。"当事人撤回监督申请终结审查后再次申请监督的，一般不予受理，但有新证据、主要证据是伪造的、据以作出裁判的法律文书被撤销等情形的除外。

对于第二种，需根据不符合受理条件进行类型化区分，如果是因《监督规则》第 27 条第一项、第三项、第四项①情形终结的，该三种情形属于尚未符合受理条件的情形，如果当事人向人民法院申请再审被驳回，或人民法院作出再审审查或再审审理结果后申请监督的，应依法予以受理。

2. 如果当事人申请监督针对的生效裁判发生变化的，应作为新案件予以受理。

实践中，对于检察机关已经作出不支持监督决定的案件，有时候人民法院会自行启动再审，并作出维持原裁判结果的再审裁判，当事人可能针对该再审裁判又向检察机关申请监督。对于这种案件，一种观点认为不应受理。理由是法院再审裁判结果是维持原生效裁判，而检察机关对于原生效裁判已经作出过不支持监督决定，根据"一次审查"原则，不应予以

---

① 《监督规则》第 27 条规定："当事人根据《中华人民共和国民事诉讼法》第二百零九条第一款的规定向人民检察院申请监督，有下列情形之一的，人民检察院不予受理：（一）当事人未向人民法院申请再审的；（二）当事人申请再审超过法律规定的期限的，但不可归责于其自身原因的除外；（三）人民法院在法定期限内正在对民事再审申请进行审查的；（四）人民法院已经裁定再审且尚未审结的；（五）判决、调解解除婚姻关系的，但对财产分割部分不服的除外；（六）人民检察院已经审查终结作出决定的；（七）民事判决、裁定、调解书是人民法院根据人民检察院的抗诉或者再审检察建议再审后作出的；（八）申请监督超过本规则第二十条规定的期限的；（九）其他不应受理的情形。"（本条中的《民事诉讼法》第 209 条第 1 款现为第 216 条第 1 款。）

受理。一种观点认为应当受理。理由是当事人申请监督针对的再审裁判是一个新的生效裁判，虽然再审判决主文项是维持原生效裁判，但仅是法院裁判的表述行文方式，并不改变其属于新的生效裁判的事实，应当予以受理。

从监督对象分析，生效裁判监督案件是否属于新的案件，应以当事人申请监督针对的生效裁判是否发生变化为依据。而生效裁判是否发生变化，应以人民法院是否另立案件重新作出裁判为依据，而不能以裁判主文项表述为依据。否则，对于二审维持一审裁判的案件，就会得出生效裁判是一审裁判的错误结论。另外，经过新一轮的审理，人民法院审理程序、认定事实和适用法律都有可能存在新的错误，当事人都有可能提出新的事实、理由等，故此，对于该类案件，应当作为新案件予以受理。

（四）申请监督超过规定期限的

2021 年《监督规则》修改，最重要的一个变化就是增设了申请监督期限，即《监督规则》第 20 条"当事人依照本规则第十九条第一项规定向人民检察院申请监督，应当在人民法院作出驳回再审申请裁定或者再审判决、裁定发生法律效力之日起两年内提出。本条规定的期间为不变期间，不适用中止、中断、延长的规定。人民检察院依职权启动监督程序的案件，不受本条第一款规定期限的限制。"目的在于督促当事人及时申请检察监督，避免为生效裁判所确立的社会关系长期处于不确定状态。

对于该条的理解和适用，有以下要点：

1. 法律溯及力。

考虑到当事人对司法解释新规定的心理预期，对《监督规则》施行前的民事案件，当事人申请监督的期限从监督规则施行之日起算，亦即 2021 年 8 月 1 日之前已经作出驳回再审申请裁定或者再审判决、裁定、调解书的，当事人向检察机关申请监督的期限一律从 2021 年 8 月 1 日开始计算。①

---

① 2021 年 8 月 18 日《第六检察厅与第十检察厅关于办理民事诉讼监督案件第一次座谈会议纪要》中指出："《监督规则》第 20 条规定的两年申请监督期限，适用于对《监督规则》施行后的生效民事判决、裁定、调解书提出监督申请的案件。对《监督规则》施行前的生效民事判决、裁定、调解书提出监督申请的案件，当事人申请监督的期限从《监督规则》施行之日起算。"

2. 在新证据、主要证据是伪证、据以作出生效裁判的法律文书被撤销或审判人员有贪污受贿行为等特殊情形下，不宜机械适用超期规定不予受理。

实践中，有的当事人申请再审被人民法院驳回后，苦于没有新的事实和理由，故没有向人民检察院申请监督。但是，两年过后，出现了新证据、主要证据是伪证、据以作出生效裁判的法律文书被撤销或审判人员有贪污受贿行为等情形，此时才向检察机关申请监督。因《监督规则》并没有超期例外的规定，出现这种情形的，可以告知当事人尝试向人民法院申请再审，如果人民法院经再审审查作出驳回裁定或再审审理后作出再审判决、裁定、调解书的，则重新计算申请监督期限。如果人民法院以《民诉法解释》第381条："当事人申请再审，有下列情形之一的，人民法院不予受理：（一）再审申请被驳回后再次提出申请的；（二）对再审判决、裁定提出申请的；……"为由不予受理的，从依法纠错和权利救济的角度出发，检察机关应当依法予以受理，不宜机械适用"超期规定"。

（五）其他不应受理的情形

该条系兜底条款，主要有以下几类：

1. 案件性质不能申请再审的。

根据《民诉法解释》第412条规定，除《监督规则》规定的判决、调解解除婚姻关系的案件不予受理外，以下案件也不属于生效裁判监督案件受案范围：一是对不予受理、驳回起诉以外的裁定申请监督的；二是对适用特别程序、督促程序、公示催告程序、破产程序等不适用审判监督程序的判决、裁定申请监督的。

当事人对以上案件申请生效裁判监督的，不应予以受理，但符合法定条件的，可作为审判违法监督案件受理。

案例：郑某与某建设公司、曹某、昌某、王某承揽合同纠纷

某建设公司通过招投标，取得了某公路工程施工权。郑某以其系工程实际施工人为由，起诉请求某建设公司支付工程款，并提供了加盖某建设公司项目部印章的施工合同、工程款欠条等。某建设公司抗辩郑某并非实际施工人，欠条印章是伪造的，并申请印章鉴定。同时，提供了该公司与曹某的分包合同，以证明案涉工程系曹某完成而非郑某，并申请追加曹某参加诉讼。

一审法院判决支持了郑某的诉讼请求，对某建设公司鉴定申请未予准许，且未追加曹某参加诉讼。

某建设公司不服，提起上诉。二审法院将案件发回重审。

重审中，根据曹某陈述，人民法院追加了曹某及与其合伙承包工程的昌某、王某参加诉讼。案件审理过程中，郑某申请撤回起诉，人民法院裁定准予撤诉。

后公安机关对曹某、昌某、王某、郑某涉嫌虚假诉讼立案侦查查明，本案系曹某、昌某、王某与郑某合谋提起的虚假诉讼。为了取得被某建设公司截留的工程款，曹某、昌某、王某找到郑某，以某建设公司项目部名义与其伪造了施工合同、工程款欠条等，并由郑某以实际施工人名义起诉某建设公司。

检察机关能否以认定事实的主要证据是伪造的为由，就该案向人民法院发出再审检察建议，答案是否定的。准许撤诉裁定不属于可以再审的案件范围，且没有影响当事人实体权利义务，启动再审浪费司法资源。该案涉及对准予撤诉裁定书的监督问题。因不符合法律关于检察机关可以提出再审检察建议和抗诉的案件类型，检察机关不宜受理。实践中，除了准予撤诉裁定外，对确认调解协议裁定提出再审检察建议或抗诉的情形也偶有发生，需引起注意。

2. 申请人主体不适格的。

一是案外人申请监督的。申请监督的主体一般限于原案当事人或其诉讼权利义务承继者，案外人申请监督的，不予受理。但是，两类案外人除外。分别是《民诉法解释》第 420 条规定的必要共同诉讼人①和《民诉法解释》第 421 条②规定的认为原判决、裁定、调解书错误的执行异议案外人。

---

① 《民诉法解释》第 420 条第 1 款规定："必须共同进行诉讼的当事人因不能归责于本人或者其诉讼代理人的事由未参加诉讼的，可以根据民事诉讼法第二百零七条第八项规定，自知道或者应当知道之日起六个月内申请再审，但符合本解释第四百二十一条规定情形的除外。"

② 《民诉法解释》第 421 条规定："根据民事诉讼法第二百三十四条规定，案外人对驳回其执行异议的裁定不服，认为原判决、裁定、调解书内容错误损害其民事权益的，可以自执行异议裁定送达之日起六个月内，向作出原判决、裁定、调解书的人民法院申请再审。"

此外，应当注意，根据《民诉法解释》第 373 条①规定，生效裁判的债权受让人不属于可以申请再审的"案外人"范畴。

二是未经授权以当事人名义申请监督的。根据法律规定，当事人可以委托代理人参加诉讼，代理人在委托授权范围内进行相关诉讼活动。未经授权的，不应予以受理。

三是申请人主体资格消亡的。即《监督规则》第 73 条第 4 项、第 5 项规定的情形：（1）申请监督的自然人死亡，没有继承人或者继承人放弃申请，且没有发现其他应当监督的违法情形的；（2）申请监督的法人或者非法人组织终止，没有权利义务承受人或者权利义务承受人放弃申请，且没有发现其他应当监督的违法情形的。

二、依职权受理

与依当事人申请不同，依职权受理系检察机关自行启动监督程序。根据《监督规则》第 37 条规定，具有下列情形之一，人民检察院应当依职权启动监督程序：（1）损害国家利益或者社会公共利益的；（2）审判、执行人员有贪污受贿，徇私舞弊，枉法裁判等违法行为的；（3）当事人存在虚假诉讼等妨害司法秩序行为的；（4）人民法院作出的已经发生法律效力的民事公益诉讼判决、裁定、调解书确有错误，审判程序中审判人员存在违法行为，或者执行活动存在违法情形的；（5）依照有关规定需要人民检察院跟进监督的；（6）具有重大社会影响等确有必要进行监督的情形。

实践中，对于依职权监督，有以下要点：

（一）廓清国家利益或者社会公共利益的概念范围

"两益"的概念范围一直是理论界和实务界的探讨热点，难以作出统一和准确的定义。作为与个人利益的对应的概念，国家利益和社会公共利益显然与个别的、具体的利益相区别。总的来说，国家利益是指政治、经济、文化、军事、安全等重大宏观性利益，社会公共利益是指不特定多数人利

---

① 《民诉法解释》第 373 条第 2 款规定："判决、调解书生效后，当事人将判决、调解书确认的债权转让，债权受让人对该判决、调解书不服申请再审的，人民法院不予受理。"

益。实践中，不能简单以涉诉主体作为"两益"判断标准，尤其对于国家机关、国有企业等作为民事主体的案件，不能将两者享有的民事权利直接等同于国家利益。

（二）准确理解"虚假诉讼等妨害司法秩序行为的"

虚假诉讼妨碍司法秩序，损害司法权威。"惩治虚假诉讼事关司法公信力问题，肩负维护司法秩序的公共目的，国家权力应当主动干预。"① 《监督规则》将虚假诉讼纳入依职权监督范畴实则是维护国家利益和社会公共利益的需要。实践中，要注意"等"字内涵，需是与虚假诉讼危害性相当的妨害司法秩序行为，例如司法实践中常见的冒名诉讼行为，伪造、变造证据等行为。

（三）从严把握"具有重大社会影响等确有必要进行监督的情形"

生效裁判监督以居中监督、被动监督为原则，对民事诉讼的主动介入，理应秉持谦抑克制的态度。实践中，对"具有重大社会影响等确有必要进行监督的情形"这一兜底条款不能作为检察机关任意启动依职权监督的依据，需是违法程度、社会危害性与已经列明的五种情形相当的案件，例如影响社会稳定的涉众型案件、具有典型指导意义的法律适用案件等。

（四）依职权监督无前置程序要求，且无期限限制

依职权监督针对的均是具有重大社会影响或重大违法情形的案件，属于检察机关应当主动启动监督程序的案件。因此，在程序的设置上，对于依职权监督案件，不受当事人是否向人民法院申请再审的限制，也无监督期限限制。

（五）依职权监督仅限于法律规定可以再审的案件

根据法律规定，不能再审的案件有三类，分别为：（1）判决、调解解除婚姻关系的案件；（2）不予受理、驳回起诉以外的裁定案件；（3）特别程序、督促程序、公示催告程序、破产程序案件。该三类案件不能依职权

---

① 吴英姿：《构建依职权启动虚假诉讼裁判撤销程序》，载《检察日报》2022 年 4 月 21 日，第 3 版。

进行生效裁判监督。以判决、调解解除婚姻关系的案件为例，实践中，有的观点认为，该情形仅规定在依当事人申请不予受理条款，依职权监督不应受此限制。这种认识误区实则是忽略了法律关于不能再审的案件范围的规定，不论是依职权还是依申请，均不能就法定不能再审的案件开展生效裁判监督。

第二节　法定监督条件审查

在生效裁判监督案件的审查过程中，最为重要的环节是对法定监督条件的审查，亦即审查确认案件是否符合法定再审条件。

根据《监督规则》第74条规定，人民检察院发现人民法院已经发生法律效力的民事判决、裁定有《民事诉讼法》第200条①规定情形之一的，依法向人民法院提出再审检察建议或者抗诉。即：（1）有新的证据，足以推翻原判决、裁定的；（2）原判决、裁定认定的基本事实缺乏证据证明的；（3）原判决、裁定认定事实的主要证据是伪造的；（4）原判决、裁定认定事实的主要证据未经质证的；（5）对审理案件需要的主要证据，当事人因客观原因不能自行收集，书面申请人民法院调查收集，人民法院未调查收集的；（6）原判决、裁定适用法律确有错误的；（7）审判组织的组成不合法或者依法应当回避的审判人员没有回避的；（8）无诉讼行为能力人未经法定代理人代为诉讼或者应当参加诉讼的当事人，因不能归责于本人或者其诉讼代理人的事由，未参加诉讼的；（9）违反法律规定，剥夺当事人辩论权利的；（10）未经传票传唤，缺席判决的；（11）原判决、裁定遗漏或者超出诉讼请求的；（12）据以作出原判决、裁定的法律文书被撤销或者变更的；（13）审判人员审理该案件时有贪污受贿，徇私舞弊，枉法裁判行为的。

根据《监督规则》第75条规定，生效调解书损害国家利益和社会公共利益的，检察机关可以提出再审检察建议或抗诉。

---

① 现为第207条。

一、有新的证据，足以推翻原判决、裁定的

对于该条的理解和适用，有以下要点：

一是"新的证据"的概念。2012年民事诉讼法修正，对再审新证据进行了放宽，不再将提供证据的缘由作为判断是否属于再审新证据的因素。只要当事人提供的证据是生效判决、裁定作出后新提交的证据，均可认定为"新的证据"。

如果是原审中已经提交过的证据，则不能认定为"新的证据"，但原审中未组织质证且未作为裁判依据的证据除外。

二是"新的证据"需与案件基本事实有关。这里的"基本事实"是指对原判决、裁定的结果有实质影响、用以确定当事人主体资格、案件性质、具体权利义务和民事责任等主要内容所依据的事实。如果只是与次要事实相关，因对裁判结果不产生影响，故不符合该监督条件。

三是"新的证据"需符合真实性、合法性和关联性"三性"标准。对于当事人提供的新的证据，检察机关应对真实性和合法性进行必要的调查核实。

四是"新的证据"需对待证事实达到高度盖然性证明标准且该待证事实足以证明原裁判结果错误。如果"新的证据"是当事人陈述或证人证言的，考虑到言词证据的主观性和随意性，在审查认定其证明力时更应慎重。

五是检察机关依职权调取的证据符合法定标准的，可以作为新的证据提出再审检察建议或者抗诉。

案例：田某与某小额贷款公司民间借贷纠纷

田某向某小额贷款公司借款，借条载明借款金额为3000余万元，但转账凭证仅有2000余万元。某小额贷款公司以借条为据，起诉请求田某还款3000余万元。

人民法院经一审、二审，仅对转账凭证2000余万元予以认可。田某对其中500余万元转账持异议，称系走账，但未提交证据证明。二审判决后，经田某报案，公安机关对500余万元涉嫌虚假诉讼罪予以立案侦查。侦查获得的主要证据有：（1）银行流水，其内容显示某小额贷款公司将该500余万元转给田某后，田某又转给了案外人赵某；（2）某小额贷款公司的讯问笔录，其认可该500余万元系走账，并非对田某的借款。

后，田某持公安机关调查的前述证据，以500余万元已经转回某小额贷款公司为由向最高人民法院申请再审，最高人民法院予以驳回。理由：讯问笔录是公安机关和人民检察院的办案人员在讯问活动中依法制作的，用以记载和固定犯罪嫌疑人的供述和辩解，如实反映讯问情况的文字记录，只能严格限定在刑事案件中使用。只有在讯问笔录欲证明的事实已经法庭质证和生效法律文书明确认定，且有其他证据予以佐证的情况下才能在民事诉讼中作为证据使用。相关讯问笔录未经生效法律文书认定，亦未有其他证据予以佐证。某小额贷款公司在公安机关的认可不属于民事诉讼自认。

田某以新证据为由向检察机关申请监督。

从案例所述情况来看，田某申请监督提交的讯问笔录、银行流水等均系生效判决作出后新发现的证据，且符合真实性、合法性、关联性标准，属于法律规定的新的证据。但是，该新的证据并不足以推翻原判决。首先，根据银行流水载明的内容，只能证明田某收到款项后将款项转给了赵某，但无其他证据证明赵某与某小额贷款公司具有关联关系，例如赵某系某小额贷款公司法定代表人、职工抑或其指定的款项代收人等。其次，某小额贷款公司在公安机关讯问笔录中所作陈述不构成民事诉讼中的自认，在未经刑事判决作为定案证据，又未有其他证据印证其陈述的情况下，不能径行认可其陈述内容。

对于该500余万元借款是否真实发生确有虚假诉讼的可能，检察机关应充分运用民事检察调查核实权，跟踪500余万元款项的流向，并对赵某等相关人员进行询问。待证据之间相互印证，足以认定500余万元借款并未实际发生的情况下，方可提出监督。

二、原判决、裁定认定的基本事实缺乏证据证明的

对于该条的理解和适用，有以下要点：

一是基本事实是指"对原判决、裁定的结果有实质影响、用以确定当事人主体资格、案件性质、具体权利义务和民事责任等主要内容所依据的事实"。

二是根据《监督规则》第77条规定，"缺乏证据证明"的具体情形包括：（1）认定的基本事实没有证据支持，或者认定的基本事实所依据的证据虚假、

缺乏证明力的；（2）认定的基本事实所依据的证据不合法的；（3）对基本事实的认定违反逻辑推理或者日常生活法则的；（4）认定的基本事实缺乏证据证明的其他情形。

案例：李某、王某与杨某民间借贷纠纷

李某、王某夫妇向杨某借款，借条载明借到杨某现金20万元，用李某住房作抵押，如到期不能归还，杨某可以变卖抵押房屋。李某、王某在借条上签字，王某的妹妹王某平作为担保人签字捺印。当日，杨某将20万元转到王某平的账户上。李某、王某将国有土地使用证、建设用地规划许可证交付给杨某，杨某账户此后每月有5000元的款项汇入。因索要本息未果，杨某起诉至法院。李某、王某辩称没有收到20万元，实际借款人是王某平。

一审、二审均判决李某、王某归还借款。理由：（1）借条系李某、王某签订，作为完全民事行为能力人，应对行为后果承担责任；（2）李某、王某辩称未收到借款不符合常理：首先，作为完全民事行为能力人，李某、王某不可能在未得到款项的情况下出具借条，并将自己的国有土地使用证、建设用地规划许可证交予债权人，不符合日常生活经验法则；其次，李某、王某出具借条后两年多的时间里，并未因没收到借款与杨某产生争议，与常理不符。因此，可以认定杨某将借款汇入王某平账上的行为，是受到李某、王某的指示所为。

杨某、王某申请再审被驳回，向检察机关申请监督。

从这个案例来看，争议的焦点是李某、王某夫妇应否承担还款责任。本案借条系李某、王某作为借款人签字，按照合同相对性原则，借款合同只对杨某和李某夫妇产生约束力。突破合同相对性认定合同以外的第三人承担责任应有充分法律依据和事实依据，或是发生债权债务概括转移，或是隐名代理已经披露委托人。就本案而言，李某、王某不仅签订了借条，且按借条约定向出借人提供了抵押房屋相关权证。所借款项虽是打到王某妹妹王某平的账户，但是，结合王某平与王某的亲属关系，及李某、王某长时间未就款项支付提出异议的事实，原审判决认定案涉款项系按李某、王某指示打到王某平并无不当，符合一般人的通常认识和日常经验法则，不属于认定的基本事实缺乏证据证明。王某平收到借款及支付利息的事实均不足以认定本案实际借款人已经变更。

三、原判决、裁定认定事实的主要证据是伪造的

对于该条的理解和运用，有以下要点：

一是"事实"的范围应限于"基本事实"，亦即"对原判决、裁定的结果有实质影响、用以确定当事人主体资格、案件性质、具体权利义务和民事责任等主要内容所依据的事实"。如果是认定次要事实的证据是伪造的，因对裁判结果不产生实质性影响，故不符合该监督条件。

二是"主要证据"是指据以认定基本事实关键证据，简而言之，就是没有该证据就不能认定待证事实。

三是"伪造"是指证据的证明内容是虚假的，不仅仅包括凭空编造，也包括变造。

四是据以认定"伪造"的证据既要符合证据三性，亦应达到充分的证明标准，例如鉴定意见或生效刑事裁判或为生效刑事裁判据以定案的证据等。

案例：徐某与陈某、张某、某贸易公司民间借贷纠纷

2017 年 1 月 19 日，陈某起诉至某区人民法院，请求判决某贸易公司、张某、徐某归还借款本金 160 万元及利息。庭审中，陈某提交借条一张，其中载明"今借到陈某现金人民币贰佰万元整（￥2000000.00）借款期限为三个月，2013 年 11 月 15 日归还。……借款人：徐某 2013.8.14……"2017 年 12 月 13 日，某区人民法院经过缺席审理（徐某未到庭），判决确认某贸易公司、张某、徐某共同归还陈某借款本金 150.4 万元及利息。徐某在执行过程中知晓该案后，以其并非借款人为由向检察机关申请监督，并提交了其个人持有的《借条》复印件一份。

检察机关审查发现，陈某提交的《借条》原件存在明显篡改痕迹，其中"担保人"字样系被划掉后改为"借款人"，且该修改处无捺印，而《借条》上其他文字改动的地方均有捺印。此外，该《借条》与徐某提交的复印件存在明显差异，《借条》复印件上并没有"借款人"字样，"担保人"也没有被划掉。为了进一步确认陈某《借条》原件的真实性，检察机关引导徐某自行委托鉴定。后鉴定机关出具鉴定意见为，《借条》中"借款人：徐某"手写字迹不是徐某本人所写。检察机关以认定事实的主要证据系伪造为由，向某人民法院提出再审检察建议。某区人民法院采纳再审检察建

议启动再审并予以改判，并对陈某伪造证据妨碍司法的行为罚款5万元。

该案涉及伪造证据情形，该伪造的证据是据以认定徐某还款责任的唯一依据。尽管原审采信的《借条》内容存疑，但因徐某申请监督提交的《借条》系复印件，没有其他原件进行核对，不足以推翻《借条》原件所载内容，故检察机关引导当事人委托鉴定。最终通过鉴定印证了徐某主张，陈某在再审中也承认了变造事实，该案的办理起到了惩戒司法不诚信行为的积极作用。

四、原判决、裁定认定事实的主要证据未经质证的

对于该条的理解和适用，有以下要点：

一是"事实"的范围应限于"基本事实"，即对原判决、裁定的结果有实质影响、用以确定当事人主体资格、案件性质、具体权利义务和民事责任等主要内容所依据的事实。

二是"主要证据"是指据以认定基本事实所必需的证据，亦即没有该证据就不能认定待证事实。

三是当事人对原判决、裁定认定事实的主要证据在原审中拒绝发表质证意见或者质证中未对证据发表质证意见的，不属于本条规定的再审情形。①

五、对审理案件需要的主要证据，当事人因客观原因不能自行收集，书面申请人民法院调查收集，人民法院未调查收集的

对于该条的理解和适用，有以下要点：

一是"主要证据"是指用以认定案件基本事实所必需的证据。前面已经进行阐释，在此不再赘述。

实践中，对于人民法院未予收集的证据是否属于主要证据，不能仅根据当事人对证据内容及证明目的的陈述来判断，而是应当在依法调查收集后根据证据的具体内容进行判断。

---

① 《民诉法解释》第387条规定："当事人对原判决、裁定认定事实的主要证据在原审中拒绝发表质证意见或者质证中未对证据发表质证意见的，不属于民事诉讼法第二百零七条第四项规定的未经质证的情形。"

二是"客观原因不能自行收集"的证据，根据《民诉法解释》第 94 条规定，包括：（1）申请调查收集的证据属于国家有关部门保存，当事人及其诉讼代理人无权查阅调取的材料；（2）涉及国家秘密、商业秘密、个人隐私的材料；（3）当事人及其诉讼代理人确因客观原因不能自行收集的其他材料。

三是因涉及对人民法院未予调查收集证据的合法性判断，故此，该监督情形需以当事人原审中已按照法定程序申请调取证据为前提。具体来说，就是要符合最高人民法院《关于民事诉讼证据的若干规定》第 20 条规定，即"当事人及其诉讼代理人申请人民法院调查收集证据，应当在举证期限届满前提交书面申请。申请书应当载明被调查人的姓名或者单位名称、住所地等基本情况、所要调查收集的证据名称或者内容、需要由人民法院调查收集证据的原因及其要证明的事实以及明确的线索"。

六、原判决、裁定适用法律确有错误的

对于该条的理解和适用，有以下要点：

一是根据《监督规则》第 78 条规定，适用法律错误的具体情形包括：（1）适用的法律与案件性质明显不符的；（2）确定民事责任明显违背当事人约定或者法律规定的；（3）适用已经失效或者尚未施行的法律的；（4）违反法律溯及力规定的；（5）违反法律适用规则的；（6）明显违背立法原意的；（7）适用法律错误的其他情形。

二是"确有错误"需是适用法律错误导致裁判结果错误。如若仅是适用法律错误，但裁判结果正确，则不能以该条为由提出监督。①

三是类案检索是判断适用法律是否确有错误的重要方法。2021 年，最高人民法院印发《最高人民法院统一法律适用工作实施办法》的通知，其中规定了类案检索制度，并明确了不同性质类案的适用效力，为民事检察开展法律监督，推动统一适用法律提供了方法和指引。

---

① 《民诉法解释》第 388 条规定："有下列情形之一，导致判决、裁定结果错误的，应当认定为民事诉讼法第二百零七条第六项规定的原判决、裁定适用法律确有错误：（一）适用的法律与案件性质明显不符的；（二）确定民事责任明显违背当事人约定或者法律规定的；（三）适用已经失效或者尚未施行的法律的；（四）违反法律溯及力规定的；（五）违反法律适用规则的；（六）明显违背立法原意的。"

案例：某财产保险公司与夏某、钱某机动车交通事故责任纠纷

2015 年 3 月，钱某驾驶小轿车从赤水市南桥路往赤水市大桥方向行驶，当行至赤水市河滨中路一中门口时，与夏某驾驶的二轮摩托车相撞，造成夏某和其妻陈某受伤。经赤水市公安局交通警察大队认定，钱某肇事逃逸，负事故全部责任。案涉车辆在某财产保险公司投保有交强险、商业第三者责任险和不计免赔条款等险种。事故发生时处于保险期间。其中，《机动车第三者责任保险条款》第 6 条约定"下列情况下，不论任何原因造成的对第三者的损害赔偿责任，保险人均不负赔偿责任：……（六）事故发生后，被保险人或其允许的驾驶人在未依法采取措施的情况下驾驶被保险机动车或者遗弃被保险机动车逃离事故现场，或者故意破坏、伪造现场、毁灭证据。……"另，投保人须知声明项内载明"贵公司已向本人详细说明了《机动车交通事故责任强制保险条款》、商业保险，投保险种对应的保险条款的内容，特别就各条款中有关责任免除、赔偿处理和投保人、被保险人义务的内容作出了明确说明"，钱某在该须知上签字。

后夏某向人民法院提起诉讼，请求判令钱某和某财产保险公司赔偿医疗费等各项损失 393904.94 元。保险公司主张钱某肇事逃逸，根据双方合同约定，保险公司第三者责任险不应予以赔付。

该案经一审、二审，均认为虽然投保人在免责事由一栏签字，但该免责条款是事先拟定的格式条款，该签字不足以说明保险公司对投保人就免责事由进行了详细的说明和解释义务，故该免责条款无效。判决保险公司承担第三者责任险赔付责任。

某保险公司不服申请再审被驳回，遂向检察机关申请监督。检察机关以适用法律错误为由抗诉，理由：商业第三者责任险与交强险不同，是投保人为了减轻自身赔偿义务而自愿购买，而非为了填补受害人损失而强制购买，故应遵循民事法律关系意思自治的基本原则，按照合同约定确定双方权利义务。最高人民法院《关于适用〈中华人民共和国保险法〉若干问题的解释（二）》第 10 条规定也明确，保险合同将法律、行政法规相关禁止性规定情形作为免责事由的，只要尽到法定提示义务即可有效。本案中，保险合同中已明确约定交通肇事逃逸的，保险公司不承担赔偿责任，且有证据证明保险公司已对该免责条款进行了明确提示和说明，该免责条款应为有效。因此，对于钱某肇事逃逸的行为，某保险公司不应当承担赔偿责

任，否则，可能形成变相鼓励、助长交通肇事逃逸的不良导向。

人民法院再审后予以改判，判决保险公司不承担第三者责任险赔付责任。

该案涉及第三者责任险免责条款的效力认定规则。从细化分类来看，属于"适用法律错误"中的"确定民事责任明显违背当事人约定或者法律规定的"情形。案件审查过程中，检察机关查阅了合同法、保险法及其司法解释关于保险合同免责条款效力的相关规定，并对最高人民法院、全国各地类似案件进行了检索比对。从监督理由看，首先，明确了第三者责任险的商业险性质，确定了合同意思自治的基本原则。其次，根据合同法、最高人民法院《关于适用〈中华人民共和国保险法〉若干问题的解释（二）》等法律规定关于提示义务要求，结合案件事实，对保险公司已就免责条款进行提示说明进行阐述。最后，从法律关于免责事由提示说明义务的区分规则的立法目的出发，分析了生效判决适用法律可能导致的不良行为导向。让适用法律错误的分析既有事实依据，也有法律依据，同时还有价值导向的升华，可作为适用法律错误监督案件论证分析的参考示范。

七、审判组织的组成不合法或者依法应当回避的审判人员没有回避的[①]

根据《监督规则》第79条规定，"审判组织的组成不合法"主要包括以下情形：（1）应当组成合议庭审理的案件独任审判的；（2）人民陪审员参与第二审案件审理的；（3）再审、发回重审的案件没有另行组成合议庭的；（4）审理案件的人员不具有审判资格的；（5）审判组织或者人员不合法的其他情形。

（一）应当组成合议庭审理的案件独任审判的

根据《民事诉讼法》第40条、第41条规定，人民法院审理案件一般应当组成合议庭审理。但是下列案件可以独任审判：（1）基层法院按简易程序审理的案件；（2）基层法院审理的基本事实清楚，权利义务关系明确的第一审民事案件；（3）中级法院对一审适用简易程序审结或者不服裁定

---

① 本部分着重介绍"审判组织的组成不合法"内容。

提起上诉的二审民事案件，事实清楚、权利义务关系明确的，经双方当事人同意，可以独任审判。

从以上类型来看，最新修订的民事诉讼法扩大了独任审判的案件范围，不再限于原来法律规定的基层法院按简易程序审理的一审案件，基层法院按普通程序审理的一审案件及二审案件均有可能独任审判。实践中，对于该两类案件，应当注意审查是否符合法律规定的独任审判条件。

另外，还要注意法律规定的不得独任审判案件，包括：（1）涉及国家利益或社会公共利益的案件；（2）涉及群体性纠纷影响社会稳定的案件；（3）群众广泛关注或社会影响较大的案件；（4）新类型或复杂疑难案件；（5）法律规定应当组成合议庭审理的案件。[①]

（二）人民陪审员参与第二审案件审理的

根据《民事诉讼法》第41条、第42条规定，人民陪审员只能参与人民法院第一审民事案件审理。第二审案件应由审判员组成合议庭审理。

（三）再审、发回重审的案件没有另行组成合议庭的

根据《民事诉讼法》及其司法解释相关规定，在一个审判程序中参与过本案审判工作的审判人员，不得再参与该案其他程序的审判。发回重审的案件，原审人民法院应当按照第一审程序另行组成合议庭。审理再审案件，原来是第一审的，按照第一审程序另行组成合议庭；原来是第二审的或者是上级人民法院提审的，按照第二审程序另行组成合议庭。

实践中，应当注意：（1）对于发回重审的案件，在一审法院作出裁判后又进入第二审程序的，原第二审程序中审判人员不受另行组成合议庭规定的限制。[②]（2）"在一个审判程序中参与过本案审判工作的审判人员，不得再参与该案其他程序的审判"规定同样适用于执行程序。[③]

---

① 《民事诉讼法》第42条。

② 《民诉法解释》第45条规定："在一个审判程序中参与过本案审判工作的审判人员，不得再参与该案其他程序的审判。发回重审的案件，在一审法院作出裁判后又进入第二审程序的，原第二审程序中审判人员不受前款规定的限制。"

③ 《民诉法解释》第49条规定："书记员和执行员适用审判人员回避的有关规定。"

案例：某能源公司与杨某、某煤矿等民间借贷纠纷案

抗诉理由（摘录）：本案生效判决的审判长曾某，曾经是该案执行案件的审判员。根据《民诉法解释》第45条第1款"在一个程序中参与过本案审判工作的审判人员，不得再参与该案其他程序的审判"，第49条"书记员和执行员适用审判人员回避的有关规定"，曾某在本案审理中应当回避而未回避，作为合议庭成员审理本案，属于审判组织不合法。

该案系适用回避有关规定，以审判组织不合法为由提出抗诉的案件。实践中，对于审判程序的理解，往往会陷入狭隘理解的误区，认为仅限于一审、二审、再审这种对案件实体裁判的审判环节，事实上，根据法律规定，也包括执行程序中的执行人员。

（四）审理案件的人员不具有审判资格的

实践中，当事人以此为由申请监督主要集中于法官助理的审判资格问题。司法责任制改革后，对于法官助理庭审活动的合法性争议较大。尤其是在二审案件中，存在法官助理主持庭前调查的案件的情况，一些案件当事人对此申请再审，认为法官助理不具有审判员资格，不能主持法庭调查。人民法院基本对此不予采纳，认为法官助理根据法官授权，组织调解、开展庭前调查，均属合法审判程序，不属于审理案件的人员不具有审判资格的情形。目前对此尚无权威性的司法解释、指导意见或指导性案例，不宜对此提出监督。

八、无诉讼行为能力人未经法定代理人代为诉讼或者应当参加诉讼的当事人，因不能归责于本人或者其诉讼代理人的事由，未参加诉讼的

对于该条的理解和适用，有以下要点：

一是无诉讼行为能力人范围。根据《中华人民共和国民法典》（以下简称《民法典》）规定，无民事行为能力人由其法定代理人实施民事法律行为。限制民事行为能力人实施民事法律行为由其法定代理人代理或者经法定代理人同意、追认，但是，可以独立实施纯获益的民事法律行为或者与其年龄、智力相适应的民事法律行为。[①]

———————————

① 《民法典》第19条、第20条、第21条、第22条。

因此，本条规定的"无诉讼行为能力人"是指法律规定的无民事行为能力人和限制民事行为能力人。

二是应当参加诉讼的当事人范围。一般指必要共同诉讼人，如合伙关系中的合伙人、共有财产关系中的共有人、继承关系中的继承人等。

三是"不能归责于本人或者其诉讼代理人的事由"主要是指：（1）法院未追加其为当事人，不知晓案件的；（2）虽被列为案件当事人，但因法院送达违法等原因导致未能参加诉讼的。如果原审中人民法院已经依法追加相关当事人，并依法送达相关诉讼文书的，即使该当事人未参加诉讼，也不符合该再审情形。

九、违反法律规定，剥夺当事人辩论权利的

根据《监督规则》第80条规定，下列情形属于"违反法律规定，剥夺当事人辩论权利"：（1）不允许或者严重限制当事人行使辩论权利的；（2）应当开庭审理而未开庭审理的；（3）违反法律规定送达起诉状副本或者上诉状副本，致使当事人无法行使辩论权利的；（4）违法剥夺当事人辩论权利的其他情形。

（一）不允许或者严重限制当事人行使辩论权利的

实践中，对于该情形的适用，需是完全不允许当事人辩论或是不合法地阻止当事人围绕案件争点进行辩论。如果是审判人员根据庭审情况，对当事人的侮辱性言词进行阻止，或是对反复陈述、无关陈述等行为进行引导的，属于依法履行庭审职责，把控庭审规范，不属于限制当事人行使辩论权利。

（二）应当开庭审理而未开庭审理的

根据法律规定，应当开庭的案件包括：（1）一审案件；（2）二审案件应当开庭审理，但经过阅卷、调查和询问当事人，对没有提出新的事实、证据或者理由的，可以不开庭审理。（3）再审案件应当开庭审理，但按照二审程序审理，有特殊情况或者双方当事人已经通过其他方式充分表达意见，且书面同意不开庭审理的，可以不开庭。①

---

① 《民事诉讼法》第137条、第176条，《民诉法解释》第401条。

实践中，对于未开庭审理的二审案件、再审案件，应当注意审查是否符合法律规定的不开庭条件。

（三）违反法律规定送达起诉状副本或者上诉状副本，致使当事人无法行使辩论权利的

对于该条的理解和运用，有以下要点：

1. "违反规定送达"主要包括未送达和违规公告送达等。实践中，要注意，对于同住成年家属可以代收诉讼文书的理解不能过于机械。例如，在夫妻作为共同被告的涉夫妻共债案件中，一些法院直接将起诉状等诉讼材料和法律文书送达给夫妻一方，导致另一方不知诉讼而未能就是否属于夫妻共债进行抗辩，一直到执行才发现。此种情况下，因夫妻双方诉的利益并不完全一致，法院将文书全部送达给其中一方，可能导致另一方的诉讼权利受损，送达程序明显不当。

2. 违规送达的文本仅限于起诉状副本和上诉状副本，如果是其他文本则不属于该情形。

十、未经传票传唤，缺席判决的

该情形主要涉及没有制作传票或制作传票后未依法送达两种情况。

案例：张某与某担保公司、某塑胶公司、马某等追偿权纠纷

某塑胶公司向银行借钱，由某担保公司提供担保。张某、马某等人向某担保公司提供反担保。其中，张某反担保合同担保人处签字显示为"张某镜代"。张某镜系张某儿子。担保公司承担担保责任后向某塑胶公司追偿无果，遂起诉请求某塑胶公司承担偿还责任，马某、张某等人承担连带反担保责任。

一审、二审当中，张某均未出庭，人民法院作出缺席判决，由某塑胶公司还款，张某、马某等人承担连带反担保责任。后张某因财产被执行而知晓案件，以其并非案涉款项反担保人为由向人民法院申请再审。人民法院以张某无正当理由未上诉，视为同意一审判决为由，裁定驳回其再审申请。张某不服，向检察机关申请监督。

检察机关审查后提出抗诉。理由如下：

第一，人民法院直接公告送达一审判决违法。根据《民事诉讼法》第

92 条:"受送达人下落不明,或者用本节规定的其他方式无法送达的,公告送达。自发出公告之日起,经过六十日,即视为送达。"最高人民法院《关于进一步加强民事送达工作的若干意见》第 15 条:"要严格适用民事诉讼法关于公告送达的规定,加强对公告送达的管理,充分保障当事人的诉讼权利。只有在受送达人下落不明,或者用民事诉讼法第一编第七章第二节规定的其他方式无法送达的,才能适用公告送达。"只有在受送达人下落不明或在穷尽其他送达方式无法送达的情况下,人民法院才能通过公告送达方式送达相关法律文书。本案一审卷宗中,不论是张某所在居委会证明、全国法院专用身份信息认证系统查询结果,还是邮寄送达材料均显示,张某均不存在下落不明情况。一审法院在未采取直接送达、邮寄送达等方式的情况下,迳行公告送达一审判决不当,该违法送达行为导致张某未能依法行使上诉权。

第二,二审未经传票传唤缺席判决违法。本案二审中,人民法院对案件进行开庭审理,但卷宗材料中没有送达开庭通知书或传票的相关材料。二审法院未经传票传唤,在张某缺席审理情况下,对案件进行缺席判决,审判程序显属不当。

人民法院经再审审理,以程序违法为由裁定将案件发回重审。

该案系以程序违法为主的抗诉案件,除了公告送达违法这一常见情形外,还包括未经传票传唤缺席判决,两种情形均严重阻碍了当事人充分行使诉讼权利,彰显了程序监督在促进司法公正中的独立价值。

十一、原判决、裁定遗漏或者超出诉讼请求的

对于该条的理解和适用,有以下要点:

一是"诉讼请求"既包括一审诉讼请求,也包括二审上诉请求。

二是对于二审案件,一审判决虽存在遗漏或超出诉讼请求情况,但如果当事人上诉中未对一审遗漏或超出诉讼请求提出上诉导致二审未对此审理纠正的,不能以二审判决遗漏或超出诉讼请求为由提出监督。①

---

① 《民诉法解释》第 390 条规定:"民事诉讼法第二百零七条第十一项规定的诉讼请求,包括一审诉讼请求、二审上诉请求,但当事人未对一审判决、裁定遗漏或者超出诉讼请求提起上诉的除外。"

案例：某村民组、某重晶石厂与某贸易公司财产损害赔偿纠纷

某村民组有面积为 7.12 亩的林地，1995 年，该村民组与某重晶石厂签订合同，将该林地交给某重晶石厂开采矿石。2012 年，某贸易公司在该块土地上修建乡村公路，由此产生纠纷。某村民组、某重晶石厂以某贸易公司为被告起诉至人民法院，请求：判令某贸易公司停止侵害，并赔偿损失人民币 11 万元。

人民法院一审判决驳回了某村民组、某重晶石厂的诉讼请求。某村民组、某重晶石厂不服上诉，请求判令某贸易公司停止侵害，并赔偿损失。人民法院二审维持原判。某村民组、某重晶石厂仍不服，向人民法院申请再审。请求"撤销一审、二审判决，依法改判某贸易公司停止侵害，赔偿损失并承担评估费和诉讼费"。人民法院经再审，以损失评估报告不符合法律规定为由，对当事人主张赔偿损失未予支持。对"停止侵害"这一诉讼请求未予审理裁判。某村民组、某重晶石厂向检察机关申请监督。检察机关以遗漏诉讼请求为由提出抗诉。人民法院再审改判。

本案属于典型的遗漏诉讼请求，因当事人系对再审生效裁判不服，而再审裁判针对的对象又是原二审裁判。故在案件审查过程中，检察机关对二审阶段及再审阶段当事人的诉讼请求均进行了审查，在确定当事人每个诉讼阶段均提出"停止侵害"请求而人民法院未予审查的情况下，才以遗漏诉讼请求为由提出抗诉，体现了检察机关对"遗漏诉讼请求"再审条件的精准理解和适用。

十二、据以作出原判决、裁定的法律文书被撤销或者变更的

对于该条的理解和适用，有以下要点：

一是"法律文书"仅包括三类：（1）发生法律效力的判决书、裁定书、调解书；（2）发生法律效力的仲裁裁决书；（3）具有强制执行效力的公证债权文书。如果是其他文书或文件，例如行政机关审批文件等被撤销导致案件事实发生影响裁判结果的重大变化的，则不属于本情形，而应以新证据为由提出监督。

二是根据最高人民法院《关于适用〈中华人民共和国民事诉讼法〉审判监督程序若干问题的解释》（以下简称《审判监督程序解释》）第 10 条规定，被撤销或变更的法律文书需是作为认定基本事实和案件性质的法律文

书。亦即没有该份法律文书，则案件认定的基本事实或案件性质将发生实质性改变。

十三、审判人员审理该案件时有贪污受贿，徇私舞弊，枉法裁判行为的

根据《民诉法解释》第 392 条规定，对于贪污受贿，徇私舞弊，枉法裁判行为的认定，应以生效刑事法律文书或者纪律处分决定为据。如果仅是立案调查，则不符合该监督条件。

案例：熊某与某水务局劳动争议纠纷案

抗诉理由（摘录）：本案某水务局委托的诉讼代理人律师吴某曾在某县人民法院法庭担任书记员。原审独任审判员陈某，与吴某同期在同一法院法庭分别担任书记员、助理审判员。原审诉讼代理人与原审审判人员为同期、同批进入同一人民法院工作的人员，两人存在多年同事关系。根据最高人民法院《关于审判人员在诉讼活动中执行回避制度若干问题的规定》（法释〔2011〕12 号）第 8 条第 2 款、第 3 款、第 4 款之规定，"审判人员及法院其他工作人员从法院离任后，不得担任原任职法院所审理案件的诉讼代理人或者辩护人，但是作为当事人的监护人或者近亲属代理诉讼或者进行辩护的除外。本条所规定的离任，包括退休、调离、解聘、辞职、辞退、开除等离开法院工作岗位的情形。本条所规定的原任职法院，包括审判人员及法院其他工作人员曾任职的所有法院"。吴某依法不能代理原审民事诉讼。原审独任审判员陈某明知吴某为原审法院离任人员且与其有同事关系的情况下，违反最高人民法院《关于审判人员在诉讼活动中执行回避制度若干问题的规定》（法释〔2011〕12 号）第 10 条的规定，"人民法院发现诉讼代理人或者辩护人违反本规定第八条、第九条的规定的，应当责令其停止相关诉讼代理或者辩护行为"。违法准许吴某代理原审诉讼，并在裁判案件时，歪曲熊某诉讼请求及事实依据等内容，错误裁定驳回熊某起诉。原审审判人员陈某涉嫌因与原审诉讼代理人吴某存在特殊身份关系，影响原审案件裁判结果的徇私舞弊，枉法裁判行为。根据《民事诉讼法》第 200 条第 13 项规定提出抗诉。

从该案来看，检察机关抗诉的理由之一包括"审判人员审理该案件时有贪污受贿，徇私舞弊，枉法裁判行为的"。但要注意的是，检察机关要收

集生效刑事法律文书或者纪律处分决定等证据来证实，不能仅因诉讼代理人与审判人员曾存在同事关系即认为"涉嫌徇私舞弊，枉法裁判"。

十四、调解书损害国家利益和社会公共利益

本章第一节依职权监督受理中，已经对国家利益和社会公共利益的概念作了简要概括，此处不再赘述。目前，生效裁判监督中，典型的损害国家利益和社会公共利益的案件主要是虚假诉讼。实践中，仍然存在直接将国家机关、国有企业利益与国家利益等同的情况。

十五、其他需要注意的事项

（一）《民事诉讼法》第207条规定仅适用于对生效民事判决、裁定的监督，不能适用于生效民事调解书的监督

《监督规则》第74条规定："人民检察院发现人民法院已经发生法律效力的民事判决、裁定有《中华人民共和国民事诉讼法》第二百条①规定情形之一的，依法向人民法院提出再审检察建议或者抗诉。"第75条第1款规定："人民检察院发现民事调解书损害国家利益、社会公共利益的，依法向人民法院提出再审检察建议或者抗诉。"

从以上两条规定可见，现行《民事诉讼法》第207条规定的十三种再审情形仅针对生效民事判决书和裁定书而言。对于生效民事调解书的监督，应仅限于损害国家利益和社会公共利益情形。

案例：某电缆公司与某电力公司购销合同纠纷案

某电缆公司向某电力公司签订购销合同，由某电缆公司向某电力公司提供电缆，某电力公司按约支付货款。履约过程中，某电力公司将部分货款支付至某电缆公司公账，部分尾款152767.34元打入某电缆公司销售人员廖某私人账户。廖某收款后未上缴公司挪作他用，并从某电缆公司离职。

后某电缆公司以未收到尾款152767.34元为由，将某电力公司作为被告诉至人民法院。廖某与某电缆公司业务往来中得知该公司已起诉，遂承认款项为自己所用，并表示愿意将该款补给某电缆公司，希望电缆公司撤回

---

① 现为第207条。

起诉。某电缆公司不愿撤回，但与廖某一起到人民法院委托的调解中心，由廖某以某电力公司名义与电缆公司作了调解。人民法院据此作出民事调解书。其间，廖某向人民法院提交了加盖某电力公司印章的公司员工证明及授权委托书。

廖某因涉嫌伪造印章罪被公安机关移送审查起诉后，检察机关发现该线索并依职权发出再审检察建议。

该案系对生效调解书进行监督，在监督事由阐述和监督条款引用中，检察机关适用《监督规则》第75条规定，就该案是否构成虚假诉讼，是否损害国家利益和社会公共利益进行论证。

（二）注意案件审查范围

1. 主要围绕当事人申请请求进行审查，且不能超出原审诉讼请求。根据《监督规则》第43条规定："人民检察院审查民事诉讼监督案件，应当围绕申请人的申请监督请求、争议焦点以及本规则第三十七条规定的情形，对人民法院民事诉讼活动是否合法进行全面审查。其他当事人在人民检察院作出决定前也申请监督的，应当将其列为申请人，对其申请监督请求一并审查。"《民诉法解释》第403条第1款规定："人民法院审理再审案件应当围绕再审请求进行。当事人的再审请求超出原审诉讼请求的，不予审理；符合另案诉讼条件的，告知当事人可以另行起诉。"检察机关办理生效裁判监督案件应当遵循"不告不理"的基本原则，主要围绕当事人的申请监督请求、争议焦点进行审查，且不能超出原审诉讼请求。

2. 正确理解"全面审查"。虽然《监督规则》第43条有"全面审查"的表述，但该全面审查是指对前面规定的"申请人的申请监督请求、争议焦点以及本规则第三十七条规定的情形"进行全面审查，也就是说，在当事人申请事由及争议焦点之外，检察机关需要主动审查的事项限于《监督规则》第37条规定的情形，即：是否损害国家利益和社会公共利益；是否存在审判、执行人员有贪污受贿，徇私舞弊，枉法裁判等违法行为；是否存在虚假诉讼等妨害司法秩序的行为；其他具有重大社会影响等确有必要进行监督的情形。

3. 妥善处理申请请求以外的法定再审事由。经审查发现申请人申请监督请求以外存在其他法定再审事由的，如果提出监督反而可能使申请人遭受不利益的，不宜进行监督。如果该情形对申请人有利的，宜听取申请人意见，由申请人自行决定是否增加相关请求，避免提出监督后人民法院以超出当事人再审请求为由不予审查，或是提出监督后申请人反对检察机关意见情形发生。

案例：刘某与某区计划生育服务站医疗损害赔偿纠纷

2000年8月22日，刘某到某区计划生育服务站处施行了输卵管结扎术。2011年7月，刘某到区人口与计划生育局反映其结扎后下腹一直疼痛，经常到医院诊所诊治。某区计划生育技术鉴定组、某市计划生育手术技术鉴定组、某省人口和计划生育技术服务专家委员会、某市医学会、某省医学会，均出具意见认为其下腹不适与节育手术无因果关系。

刘某以某区计划生育服务站为被告提起诉讼，以医疗损害为由请求赔偿40万元。

一审认为其身体所受损害与节育手术无关，驳回诉讼请求。刘某不服上诉。

二审委托省医学会进行医疗过错鉴定，意见称：计生服务站在给刘某做结扎手术时未签署手术知情同意书，存在医疗过失；刘某所患慢性宫颈炎、子宫内膜炎、宫腔积液及宫颈纳氏囊肿不是结扎术后并发症，与结扎术无直接因果关系。

二审认为，计生服务站在给刘某做结扎手术时未签署手术知情同意书，存在医疗过失。鉴定意见虽然认为刘某所患病症不是结扎术后并发症，与结扎术无直接因果关系，但该项鉴定意见并不否认间接因果关系的存在，医学会所作医疗事故技术鉴定书中亦将"女扎术后"作为导致刘某下腹疼痛的原因之一，考虑到计生服务站在向刘某行节育手术过程中存在医疗过错的实际，并结合刘某所患病症及就医的情况，酌情判定计生服务站承担40000元的赔偿责任。

刘某不服申请再审被驳回，向检察机关申请监督。认为未予支持其40万元赔偿请求错误。

某市检察院认为，刘某所诉的损害并不是计生服务站的行为导致，计生服务站不应承担相应的赔偿责任。以此为由提请某省检察院抗诉。

某省检察院未支持抗诉。理由：本案中，虽然计生服务站的医疗行为与刘某的损害结果并无直接因果关系，但法院是基于计划生育服务站存在医疗过失的情况，判决其承担赔偿责任，至于赔偿金额属于法院的自由裁量权，故法院的判决并无不当。此外，某市检察院的提请抗诉理由并不符合《监督规则》关于生效裁判案件审查范围的规定，提出监督后可能会导致矛盾激化。

从这个案件看，某市检察院提抗的理由超出了申请人的申请请求，且不属于损害"两益"等检察机关应当主动审查提出监督的情形。该提请抗诉理由对申请人不利，在对方当事人已经认可生效裁判结果未申请检察监督的情况下，以有利于对方当事人的理由提出监督，一方面与民事诉讼"不告不理"基本原则相悖，另一方面容易激起申请人对检察监督的不满，从而导致涉检信访。所以，省检察院未支持抗诉。

（三）注意审查申请人的二审上诉请求

根据《民事诉讼法》第 175 条规定："第二审人民法院应当对上诉请求的有关事实和适用法律进行审查。"二审法院仅围绕当事人上诉请求的有关事实和适用法律进行审查。故此，如果对于一审法院已经作出裁判的有关事实和适用法律，申请人未提出上诉或提出上诉时未主张的，二审法院未予审理裁判并无不当。此情形下，即使申请人相关主张确有事实、法律依据，检察机关也不宜提出监督，除非属于损害"两益"等应当主动监督的情形。

案例：某建设公司与傅某合同纠纷案

2014 年 12 月 18 日，傅某与某建设公司签订《承包经营协议书》一份，约定傅某挂靠某建设公司，以该公司名义承接工程，除第一个工程项目免缴管理费外，其余工程按约定向某建设公司缴纳管理费，并约定合同期限为 2014 年 12 月 18 日至 2015 年 12 月 17 日止。上述协议签订后，傅某以某建设公司名义承包了遵义地区若干工程项目。因傅某未缴纳管理费，某建设公司遂提起诉讼。

诉讼中，某建设公司向一审法院提交了傅某挂靠该公司期间在遵义地区承接的 12 个工程项目工程的中标通知书以及施工合同等证据，并请求按照双方承包经营协议计算该 11 个工程的管理费（第 1 个工程免管理费），分别为 2015 年 2 个、2016 年 6 个、2017 年 2 个和 2018 年 1 个。

一审以 11 个工程均系《承包经营协议书》约定的期限终止后承接，

某建设公司请求参照《承包经营协议书》约定支付管理费没有依据为由，对管理费请求未予支持。

某建设公司不服上诉，请求支持其一审诉讼诉求。二审经审理，判决支持了9个工程项目管理费，遗漏了2个。

某建设公司申请再审被驳回后，向检察机关申请监督。

检察机关经审查查明，某建设公司的二审上诉请求是撤销一审判决，发回重审或者支持上诉人的一审诉讼请求。二审调查笔录显示，针对审判人员关于管理费如何计算的问题，某建设公司明确以一审提交的计算表为准，亦即包含11个工程项目的管理费。傅某代理人对此表示认可。

最终，检察机关以生效判决认定需要缴纳管理费的工程仅有10个这一基本事实缺乏证据证明为由提出抗诉。

该案系二审生效裁判监督案件，针对当事人提出遗漏工程项目管理费问题，案件审查过程中，检察机关重点对某建设公司二审中是否就漏算的工程项目管理费提出主张，并提交相关证据予以证实进行了审查。如果当事人二审中仅主张9个工程的管理费，即使该2个工程项目确有证据予以支持，也不应提出监督。

第三节　监督方式适用

一、抗诉和再审检察建议

（一）抗诉和再审检察建议的特点和功能

在生效裁判监督中，抗诉和再审检察建议均属重要监督方式，前者是刚性监督手段，后者是柔性监督手段，两者各有优势，互为补充，是民事检察多元监督的重要组成部分。

抗诉是生效裁判监督最早的监督方式，早在1991年《民事诉讼法》就有相关规定。其适用于上级检察院监督下级法院生效裁判，具有直接启动再审程序的监督效果，是民事检察部门使用时间最长，最惯常使用的监督方式。

再审检察建议是同级监督方式，最早出现是在2001年9月30日最高人民检察院制定的《人民检察院民事行政抗诉案件办案规则》当中，直至 2012 年民事诉讼法修改才被正式写进法律。与抗诉相比，再审检察建议具有以下功能优势：一是优化办案结构。传统的抗诉程序采用的是"上抗下"模式，这种模式导致大量裁判结果监督案件集中到市州院和省级院，一方面要办理不服同级人民法院生效裁判的申请监督案件，另一方面还要审查下级院的提请抗诉案件，省、市、县三级院裁判结果监督案件办案数量呈"倒三角"状况。通过再审检察建议开展同级监督，可以有效减少市州院和省级院的办案数量，缓解裁判结果监督案件办案数量"倒三角"情况。二是节约司法资源。在"同级受理""上抗下"制度结构之下，办理一起抗诉案件需要经过上下级院两级审查，与再审检察建议相比，多耗费了提请抗诉的案件流转时间和上级院审查时间。采取再审检察建议方式，直接由审查案件的同级检察院提出监督，能够有效缩短检察办案期限。同时，对于检察机关提出抗诉的案件，根据现行法律规定，如果是有关事实、证据的，接受抗诉的人民法院可以将案件指令原审人民法院再审。如果这些案件都通过再审检察建议直接由同级人民法院自行启动再审，则可大幅度加快再审纠错进程，以最小的司法能耗达到最好的监督效果。三是推进检法协同。人民检察院是宪法规定的法律监督机关，民事检察监督是对人民法院民事审判活动是否合法开展外部监督。因此，长期以来，民事检察制度都是围绕"外部纠错"这一职能定位进行设置，具有浓厚的单方性和强制性。抗诉正是传统外部监督视角下产生的监督模式，强调监督的刚性和强制效果。通过再审检察建议，将是否启动再审的决定权交由人民法院，有利于一些不必要或不适宜启动再审案件得到妥善处理。

（二）抗诉和再审检察建议的区分适用

随着司法改革的不断推进，在"全面协调充分发展""精准监督"等监督理念引领下，最高检提出了全面推进再审检察建议适用的工作要求，最新颁布的《监督规则》第 81 条、第 82 条、第 83 条、第 84 条也对抗诉、再审检察建议区分适用条款进行了修改。一是将原来的五种排除适用情形变更为"判决、裁定是经同级人民法院再审后作出的；判决、裁定是经同级人民法院审判委员会讨论作出的；原判决、裁定适用法律确有错误的；审判人员在审理该案件时有贪污受贿，徇私舞弊，枉法裁判行为的"四种，去掉了兜底条款。二是适用规则从"绝对排除"变更为"相对排除"，规定四种情形案件一般应当提请上级院抗诉，适宜由同级人民法院再审纠正的，可以发出再审检察建议。

具体办案中，对于抗诉和再审检察建议区分适用，有以下要点：

1. 对于《监督规则》第81条规定的十一种情形，一般应当优先考虑以再审检察建议方式进行监督。

2021年10月1日，最高人民法院发布《关于调整中级人民法院管辖第一审民事案件标准的通知》，将基层法院受理一审民事诉讼案件标的金额设置为1亿元或5亿元，① 大幅度扩大基层法院一审案件受案范围。由此，下一步，基层检察院受理的不服一审生效裁判案件、市州院受理的不服二审生效裁判案件可能大幅度上涨。加之《监督规则》增设复查制度，在抗诉案件上下级院两次审查的基础上，不支持监督案件也要经过上级院二次审查，省、市、县三级检察院民事裁判结果监督案件可能出现爆发式增长。在此形势下，强化再审检察建议适用，减少检察环节程序内耗，具有十分重要的现实意义。因此，对于再审检察建议适用，要秉持"能用尽用"原则，除不适宜由同级人民法院纠正的案件外，均应通过再审检察建议方式监督。

虽然《监督规则》第81条规定载明的是"可以提出再审检察建议"，但结合最高检工作要求及实践需求，对于该条规定的十一项再审情形，应优先考虑适用再审检察建议进行监督。

2. 对于《监督规则》第82条、第83条规定的"例外情形"，应结合立法本意，廓清"适宜由同级监督"的案件范围，并优先适用再审检察建议方式进行监督。

根据《监督规则》规定，对于"判决、裁定是经同级人民法院再审后作出的；判决、裁定是经同级人民法院审判委员会讨论作出的；原判决、裁定适用法律确有错误的；审判人员在审理该案件时有贪污受贿，徇私舞弊，枉法裁判行为的"四种情形案件，一般应当提请上级院抗诉，适宜由同级人民法院再审纠正的，可以发出再审检察建议。因此，应结合立法本

① 《关于调整中级人民法院管辖第一审民事案件标准的通知》规定："一、当事人住所地均在或者均不在受理法院所处省级行政辖区的，中级人民法院管辖诉讼标的额5亿元以上的第一审民事案件。二、当事人一方住所地不在受理法院所处省级行政辖区的，中级人民法院管辖诉讼标的额1亿元以上的第一审民事案件。"

意，廓清"适宜由同级监督"的案件范围。

类型一：统一裁判规则导向型，即"原判决、裁定适用法律确有错误的"。

其"不宜由同级法院再审纠正"的主要考虑是上级人民法院对下级人民法院有审判监督指导的职能，对于适用法律错误案件，由上级人民法院审判纠正，有利于在更广范围内统一裁判规则。从这个角度出发，对于适用法律错误案件，只要不涉及统一裁判规则情形的，都可以提出再审检察建议。参照最高人民法院《关于完善四级法院审级职能定位改革试点的实施办法》第4条、第5条、第6条规定，"适用法律错误"案件，存在以下情形的，应当提请抗诉：一是法律、司法解释不明确或者司法解释没有规定，需要上级法院裁判明确法律适用的；二是上一级人民法院或者其辖区内人民法院之间近三年裁判生效的同类案件存在重大法律适用分歧，截至案件拟提出监督时仍未解决的。

类型二：程序公正导向型，即"审判人员在审理该案件时有贪污受贿，徇私舞弊，枉法裁判行为的"。

实践中，由于此种情形依法需以"已经由生效刑事法律文书或者纪律处分决定所确认"为前提，因此，针对此类案件提出再审检察建议的，人民法院一般都会启动再审。之所以"不宜由同级法院再审纠正"，主要是为了排除当事人对审判公正的质疑。以贪污受贿为例，人民法院启动再审程序后，经过对案件事实的审理，实体裁判结果并不必然改变。如果让同级人民法院审理此类案件，一旦结果是维持原生效裁判，再审申请人难免会质疑原审法院审判的公正性。此类案件如为依职权受理，均可发出再审检察建议；如为当事人申请监督，则应提请上级院抗诉，但当事人同意发出再审检察建议或同级人民法院同意再审纠正的除外。

类型三：再审纠错＋程序公正导向型，即"判决、裁定是经同级人民法院再审后作出的；判决、裁定是经同级人民法院审判委员会讨论作出的"两种情形。

再审是在两审终审之外给予当事人的特殊救济程序，其主要目的是纠正确有错误的生效判决、裁定，维护社会公平正义。因此，对于判决、裁定是经同级人民法院再审后作出的，或者是经同级人民法院审判委员会讨论作出的，同级法院采纳再审检察建议启动再审并纠错的可能性相对较小。同时，此两类案件由同级法院再审，一旦结果是不采纳或维持原判，也将导致当事人对审判的公正性存疑。因此，对于这两类案件，除法院同意再审纠正的外，均应提请上级院抗诉。

（三）抗诉和再审检察建议的衔接

两者的衔接主要体现在跟进监督方面。根据《监督规则》第86条、第124条规定，人民法院对再审检察建议不受理、不回复或不采纳的，人民检察院可以提请上级人民检察院跟进监督。对人民法院已经采纳再审检察建议进行再审的案件，因启动再审目的已经实现，不论再审结果是否采纳了监督意见，提出再审检察建议的人民检察院一般不得再提请上级人民检察院抗诉。

二、不支持监督申请

根据《监督规则》规定，对于当事人申请生效裁判监督的案件，经审查发现不符合监督条件的，应当作出《不支持监督申请决定》。实践中，要注意：

1. 如果案件不符合法定再审情形，但有其他审判程序违法情形的，可以在不支持监督决定的同时，就相关审判程序违法问题单独向人民法院提出审判违法监督检察建议。不能直接在生效裁判监督案件系统操作中，点击"其他处理"结案。

2.《监督规则》第89条、第93条均有不支持监督申请决定的规定。其中，第89条适用于本院直接受理的对同级人民法院生效裁判不服的案件，而第93条适用于对下级院提请抗诉案件作出不支持监督申请的情形。

第二章 民间借贷纠纷案件检察监督

民间借贷是相对于国家正规金融行业而自发形成的一种民间融资信用形式。随着贵州省经济社会高速发展，民间借贷纠纷案件成为贵州省民事检察监督的主要案件类型之一，为更好办理民间借贷纠纷检察监督案件，提高监督的精准性，围绕民间借贷纠纷案件中事实认定与法律适用的重点难点问题，以案释法，供检察机关民事检察部门参考。

第一节 民间借贷合同的成立

一、民间借贷的界定

《民法典》第 667 条规定："借款合同是借款人向贷款人借款，到期返还借款并支付利息的合同。"民间借贷是借款合同行为中的一种，与金融机构借款合同的区别，主要在于民间借贷主体系自然人、法人和非法人组织，而非金融机构。最高人民法院《关于审理民间借贷案件适用法律若干问题的规定》第 1 条规定："本规定所称的民间借贷，是指自然人、法人和非法人组织之间进行资金融通的行为。经金融监管部门批准设立的从事贷款业务的金融机构及其分支机构，因发放贷款等相关金融业务引发的纠纷，不适用本规定。"本条款明确界定了民间借贷的主体是自然人、法人、非法人组织，即除金融机构之外的所有非金融机构及自然人。实务中，关于民间借贷关系主体有两点值得注意：

1. 金融机构因发放贷款等相关金融业务引发的纠纷，不适用本规定。金融机构是大量的借款合同的贷款人。金融机构通常具有特殊性，其设立、运营和监管等都要适用国家制定的特殊规则。因此，最高人民法院《关于审理民间借贷案件适用法律若干问题的规定》第 1 条第 2 款规定，"经金融监管部门批准设立的从事贷款业务的金融机构及其分支机构，因发放贷款等相关金融业务引发的纠纷，不适用本规定"。

2. 关于小额贷款公司是否属于民间借贷主体的问题。根据最高人民法院于 2021 年 1 月 1 日施行的《关于新民间借贷司法解释适用范围问题的批复》（法释〔2020〕27 号）之规定，"关于适用范围问题。经征求金融监管部门意见，由地方金融监管部门监管的小额贷款公司、融资担保公司、区域性股权市场、典当行、融资租赁公司、商业保理公司、地方资产管理公司等七类地方金融组织，属于经金融监管部门批准设立的金融机构，其因从事相关金融业务引发的纠纷，不适用新民间借贷司法解释"。小额贷款公司属于经金融监管部门批准设立的金融机构，其因从事相关金融业务引发的纠纷，不适用民间借贷相关法律规定，应由其他金融业法律规范进行调整。

二、合同形式和内容

《民法典》第 668 条规定："借款合同应当采用书面形式，但是自然人之间借款另有约定的除外。借款合同的内容一般包括借款种类、币种、用途、数额、利率、期限和还款方式等条款。"

民间借贷分为自然人之间的借贷和非自然人之间的借贷（即自然人与法人、自然人与非法人组织、法人与法人、法人与非法人组织、非法人组织之间的借贷）。自然人之间的借贷有一定特殊性，所以《民法典》对自然人之间的借款合同形式作了例外规定。自然人之间的借款合同一般金额较小，因此可以选择采用书面形式、口头形式。非自然人之间的借款关涉金融安全和风险防控，甚至影响经济社会发展，借款合同应当采用书面形式。借款合同的内容由当事人自由约定，一般包括：种类、币种、用途、数额、利率、期限、还款方式。此外，《民法典》第 668 条最后用"等条款"，即当事人还可以约定其他条款，如违约责任、解决争议的方式等。

值得注意的是，本条款中借款用途主要是指借款使用的目的。借款用途源自金融贷款业务，金融机构为保证信贷资金流向符合国家的产业政策和保障信贷资金安全，对信贷资金目的范围作出限定，借款人须依用途不同而作不同的申请使用。而民间借贷也可以为确保出借资金安全的目的而约定借款用途。借款人未按照约定的借款用途使用借款的法律后果，参照

《民法典》第 673 条规定"借款人未按照约定的借款用途使用借款的，贷款人可以停止发放借款、提前收回借款或者解除合同"。

三、合同成立

《民法典》第 679 条规定："自然人之间的借款合同，自贷款人提供借款时成立。"

本条款明确了自然人之间的借贷属于实践合同，合同自贷款人提供借款时成立。之所以作这样的法律设定，主要理由有：一是自然人之间的借款合同中当事人之间经常是亲戚、同事、朋友等特殊关系。二是自然人之间借款一般属于互助性质，甚至存在无偿的情况。三是将出借人提供借款作为合同成立的要件之一，可以给出借人一定的思考时间，在实际提供借款之前，出借人可以有反悔的机会，更加尊重当事人的真实意思表示。此处的合同成立解决的是合同是否存在的事实问题，属于对合同事实上的判断。自然人之间借款合同不成立产生两个法律效果：一是合同不成立本身不可补正；二是自然人之间只签订借款合同，借款人无权申请强制执行，更不能要求对方承担违约责任。与之形成鲜明对比的是，金融机构为主体的借款合同属于诺成合同。因为金融机构为主体的借款合同关涉信贷系统稳定，标的金额较大，合同订立的手续不但复杂而且严格，同时需要严格遵守有关法律法规，将金融借款合同规定为诺成合同，也即当事人双方意思表示一致时即可成立，不以一方交付标的物为合同的成立要件，更加注重对"信用"的保护，突出"一诺即成"的合同特点。而实践合同，是以当事人合意和"提供借款"作为合同的成立要件。

最高人民法院《关于审理民间借贷案件适用法律若干问题的规定》第 9 条规定："自然人之间的借款合同具有下列情形之一的，可以视为合同成立：（一）以现金支付的，自借款人收到借款时；（二）以银行转账、网上电子汇款等形式支付的，自资金到达借款人账户时；（三）以票据交付的，自借款人依法取得票据权利时；（四）出借人将特定资金账户支配权授权给借款人的，自借款人取得对该账户实际支配权时；（五）出借人以与借款人约定的其他方式提供借款并实际履行完成时。"本条款就自然人之间借款合同成立的情形作了进一步区分，便于准确适用法律。

案例：刘某某与李某某民间借贷纠纷再审案①

法院认为：刘某某主张涉案借款并未实际交付，并提交其银行卡流水凭证，用以证明案涉借条载明的借款并未进入刘某某银行账户。李某某共提交三份欠条证明借款关系成立，并主张刘某某偿还 2.5 万元后经双方协商后又重新出具借条，故借条一和借条二作废后正文均被用笔划掉。庭审中，刘某某认可双方之间存在多笔借款，还清后会划掉借条。从借条内容来看，均写明是"借到现金"，且刘某某庭审中认可欠付款金额为 37.5 万元，原审法院依据刘某某的自认及李某某支付借款的能力认定涉案借款 37.5 万元已交付并无不当。

自然人之间的借贷属于实践合同，合同自出借人提供借款时成立。提供借款的履行方式在最高人民法院《关于审理民间借贷案件适用法律若干问题的规定》第 9 条中又细分五种情形论述，符合五种情形可以视为合同成立。五种情形中尤以"现金支付"的事实难以查证，实务中多从"现金支付"行为的上下游予以查证，比如现金的来源和流向，同时还需要结合借据、欠条、收条等书面证据，上述案例就是根据前后三张借条的内容变化，借条的表述内容，结合当事人的经济能力、交易方式，也包括当事人财产变动情况，综合判定现金已交付，合同得成立。

第二节　民间借贷合同的审查重点

一、借贷关系的认定

（一）借贷关系的真实性审查

最高人民法院《关于审理民间借贷案件适用法律若干问题的规定》第 2 条规定："出借人向人民法院提起民间借贷诉讼时，应当提供借据、收据、欠条等债权凭证以及其他能够证明借贷法律关系存在的证据。当事人持有的借据、收据、欠条等债权凭证没有载明债权人，持有债权凭证的当事人提起民间借贷诉讼的，人民法院应予受理。被告对原告的债权人资格提出

---

① 新疆维吾尔自治区高级人民法院（2021）新民申 1052 号民事裁定书，部分摘录。

有事实依据的抗辩，人民法院经审查认为原告不具有债权人资格的，裁定驳回起诉。"

案例：卢某某与林某某等民间借贷纠纷上诉案①

法院认为：卢某某提供的借条除借款时间、还款时间、借款人、借款金额等是填写的外，其他条款均事先打印。双方一致认可借条上"林某某"的签名及指印是林某某所为，借款时间等其他空白处均由应某某填写，出具借条时出借人一栏空白，"卢某某"三个字是卢某某事后填写。因此，借条能够证明借款时应某某在场，而不能证明卢某某同时也在现场。如果存在被上诉人向卢某某借款，即使出借人没有在场，借条上应当载明出借人，而不是该栏空白，由债权人事后填写，这显然不符合常情。卢某某在二审中陈述：当时向谁借款不确定，应某某和卢某某两人谁出钱就写谁的名字。即便如此，也说明出具借条时债权人尚未确定。由于出借人一栏空白，卢某某也没有提供证据证明被上诉人明知卢某某是出借人，而且应某某系联系人及经办人，被上诉人有理由相信所借款项系应某某筹集，故其向应某某履行债务并无不当。虽然上诉人持有借条原件，但该借条明显存在瑕疵，而且上诉人在一、二审中对款项来源及借款经过等陈述存在矛盾，又无相关证据证明自己是本案借款的出借人。鉴于被上诉人已向应某某履行了债务，且属于善意履行，卢某某虽持有债权凭证，但其要求被上诉人偿还借款的主张，本院不予支持。

在民间借贷关系中，借据是借贷关系最基础的证据。有时借据可能未载明出借人，基于日常经验，一般情况下推定持有人为出借人。但是，有相反证据的情况下，需要进一步审查核实。上述案例还涉及借款人有理由相信是借款的经办人筹集借款，而向借款经办人履行债务的，属于善意履行，此履行行为产生消灭债权债务的效力。综上，民间借贷关系真实性的审查，除了围绕借款合同、借据和借款交付凭证等直接证据的真实性、合法性、关联性展开，还应当关注上述证据的取得方式、形成原因、证据提供者等相关案件事实。实务中，应当重点审查三点：一是当事人的注意程度可能不同。对于大额借贷，除了借款合同、银行资金往来交付证据的综合审查，还应当审查当事人的经济状况、交易习惯，以及当事人之间的社

---

① 浙江省台州市中级人民法院（2010）浙台商终字第443号民事判决书，部分摘录。

会关系等事实。二是款项交付事实的查清，包括交付方式、交付时间、交付地点、交付人和接受交付人等情况。三是判断当事人的经济能力。对于出借人关注其经济状况和钱款来源，对于借款人关注其借款用途。

案例：王某某与黄某某民间借贷纠纷再审案①

法院认为：王某某提交的电话录音，在证据类型上属于视听资料。存有疑点的视听资料不能单独作为认定案件事实的依据。涉案电话录音中，黄某某认可记得 3 万元的事，也认可得到了钱。但黄某某的"那个呀，记得，怎么子？你以前是怎么讲的哟，现在怎么子讲，要回来才讲得清楚，你现在外面讲不清楚，是吧"的说法可以解读为，双方对该笔钱款先前有过约定，是否属于借款不明确。录音中黄某某还说："你现在想怎么样？回来再讲哇，电话上讲不清楚的，你回来面谈，怎么子谈，怎么子商量，你叫我马上拿出这么多钱来给你，我现在通知你拿不出来。我黄某某早晚一分钱都不少你的，我黄某某不是那种人……""用嘴巴跟你交代，我有个交代，你说要拿出几多钱来，反正我拿不出来。"以上两段话进一步说明双方对这笔款项是否需要偿还、偿还多少以及何时偿还并没有作出过约定。故二审判决认为不能确定涉案 3 万元款项的性质属于借款，并无不妥。王某某认为"我黄某某早晚一分钱都不少你的"这句话说明黄某某有还款的意思表示。但联系上下语句分析，黄某某的这句话即使有偿还的意思表示，也是通话当时的意思表示，而且明确是在双方商量的前提之下的意思表示，并不能确定涉案款项发生当时即形成借款关系。另外，在电话录音后半部分显示，黄某某说："过去那边找我？你不是在水南呢？"王某某说："对呀，水南，我会去你那边找你呀。"紧接着黄某某说："可以呀，你找我随时找我，24 小时找我都做到，我电话都，不要找我胡某甲啊，你找胡某甲，我就不是这样子了。胡某甲是没有得到这个钱，这个钱是黄某某得的，黄某某跟你，跟你大量的借钱哈。"这里黄某某向王某某强调不让找胡某甲，而王某某称涉案该笔钱是黄某某通过胡某乙向其借的，通话中突然出现胡某甲的名字，明显与录音中的对话内容衔接不上。综上，二审判决认定涉案录音资料存有疑点，不能单独作为认定案件事实的依据，并无不妥。

借贷双方以口头形式订立借款合同的情形下，确定双方是否达成借贷

---

① 最高人民法院（2014）民申字第1343号民事裁定书，部分摘录。

合意，要对证据进行全面审查、细致分析，上述案例审查思路、分析方法可资借鉴。

（二）请求权基础的审查

最高人民法院《关于审理民间借贷案件适用法律若干问题的规定》第14条规定："原告以借据、收据、欠条等债权凭证为依据提起民间借贷诉讼，被告依据基础法律关系提出抗辩或者反诉，并提供证据证明债权纠纷非民间借贷行为引起的，人民法院应当依据查明的案件事实，按照基础法律关系审理。当事人通过调解、和解或者清算达成的债权债务协议，不适用前款规定。"本条文第2款"当事人通过调解、和解或者清算达成的债权债务协议，不适用前款规定"，是对本条文第1款确立的裁判原则的例外，体现了当事人意思自治，也符合实践需求。但是，实务中也存在当事人为规避非民间借贷基础法律关系，将其他纠纷转变为民间借贷形式，从而选择以民间借贷纠纷起诉，需要引起注意。

案例：钟某某、某公司民间借贷纠纷二审案①

法院认为：其一，钟某某与某公司于2011年8月14日签订编号为JK20110814《借款合同》中约定某公司以香山国际游艇会项目中的部分综合用房为借款提供抵押担保，某公司若未能按期还款付息，则同意将抵押综合用房中的任意一栋按1500万元的价格与钟某某签订买卖合同。根据该合同约定，钟某某在借款发生时就借款的资金安全已经要求某公司提供相应的抵押担保，若某公司未按期还本付息，钟某某可以与某公司签订《泊位VIP综合用房合同》，将某公司所欠本息用于支付购房款以便获得相应抵押物，由此可见双方在借款发生之初即已达成以固定价款签订买卖合同实现债权的合意。其二，在借款期限届满之前钟某某与某公司签订部分《泊位VIP综合用房合同》，各方共同出具《说明》及《补充协议书》《协议书》，协议购房款项均以所欠利息进行抵扣，同时又约定某公司可行使回购权，由此可见钟某某与某公司签订《泊位VIP综合用房合同》与双方成立在先的借款关系密不可分，其根本目的并非获得案涉泊位及综合用房，而系为债权的实现增强保障，否则难以解释双方之间关于某公司在一定期限

---

① 最高人民法院（2020）最高法民终31号民事裁定书，部分摘录。

内还本付息后对相应的泊位和综合用房仍享有回购权的约定。且在《泊位VIP综合用房合同》中载明签订合同时钟某某已明确知悉购买VIP综合用房的现状，目前暂无法办理产权登记，即便如此双方仍签订合同亦有违房产交易以期获取实物资产的常理。其三，虽钟某某与某公司曾解除《借款合同》，但在某公司未清偿前期借款的情形下双方又再次签订《借款合同》，将某公司此前所欠款项转化为借款，同样作出以综合用房作为抵押的约定，并在结算的基础上签订相应的《泊位VIP综合用房合同》，约定某公司在一定条件下享有回购权。结合前述案件事实，该行为本质上仍然是履行双方之前签订《借款合同》中有关某公司不能还本付息时，钟某某得以通过与某公司签订买卖合同方式实现债权的相关约定，再次签订《泊位VIP综合用房合同》亦是为了实现钟某某对某公司之前尚未清偿的债权，体现出为钟某某出借给某公司款项提供担保的意图。其四，合同实际履行中，双方就49、50号泊位签订的《泊位VIP综合用房合同》及《补充协议书》显示，《补充协议书》中明确购房合同系双方执行《借款合同》的相关约定，即钟某某按1500万元向某公司购买相应泊位和综合用房，某公司以该泊位VIP综合用房房款抵扣利息、顾问费等欠款，以及某公司有权回购等，钟某某与某公司签订《泊位VIP综合用房合同》的行为实际是履行《借款合同》约定的义务，双方之间的权利义务基础仍然是《借款合同》，签订《泊位VIP综合用房合同》系双方履行《借款合同》的表现形式，并非另行达成独立的买卖合同关系。因此，一审法院认为钟某某与某公司签订案涉《泊位VIP综合用房合同》的真实目的是为双方之间的借贷关系提供担保，而非另行建立买卖关系，本案法律关系性质名为买卖实为借贷有相应事实与法律依据，本院予以维持。然而据以上分析，钟某某与某公司之间签订的《泊位VIP综合用房合同》系某公司为其向钟某某所借款项提供的担保，双方的基础法律关系为民间借贷关系。本案中钟某某在签订《泊位VIP综合用房合同》时即已明确知悉购买VIP综合用房的权属现状，因而其诉讼请求虽为确认其与某公司之间签订的七份《泊位VIP综合用房合同》合法有效，并未要求某公司按照合同约定交付相应房产，但该诉讼请求的实质仍在于对合同形式上所体现的买卖关系予以确认，其目的在于通过对案涉《泊位VIP综合用房合同》效力的认定以实现钟某某取得合同项下相应泊位及综合用房的合法化。可相与印证的是，钟某某要求某公司支付逾期交房违约金的诉讼请求即为要求某公司履行买卖合同的体现。在案涉事实显示合同性质名为买卖实为借贷的情形下，其要求确认买卖合同关系即不能成立。

"借款合同"是民间借贷关系成立的重要依据之一，但是，因"借款合同"提起的债权纠纷并非一定是民间借贷行为引起的，可能是其他基础法律关系引起的，这就需要按照其基础法律关系审理。案例中房屋买卖合同系为借款提供担保，双方的真实法律关系是民间借贷。根据最高人民法院《关于审理民间借贷案件适用法律若干问题的规定》第23条规定："当事人以订立买卖合同作为民间借贷合同的担保，借款到期后借款人不能还款，出借人请求履行买卖合同的，人民法院应当按照民间借贷法律关系审理。当事人根据法庭审理情况变更诉讼请求的，人民法院应当准许。按照民间借贷法律关系审理作出的判决生效后，借款人不履行生效判决确定的金钱债务，出借人可以申请拍卖买卖合同标的物，以偿还债务。就拍卖所得的价款与应偿还借款本息之间的差额，借款人或者出借人有权主张返还或者补偿。"第14条与第23条形成对照，审查时应当注意，以正确确定双方法律关系。

（三）抗辩已还款或者借贷未发生的审查

最高人民法院《关于审理民间借贷案件适用法律若干问题的规定》第15条规定："原告仅依据借据、收据、欠条等债权凭证提起民间借贷诉讼，被告抗辩已经偿还借款的，被告应当对其主张提供证据证明。被告提供相应证据证明其主张后，原告仍应就借贷关系的存续承担举证责任。被告抗辩借贷行为尚未实际发生并能作出合理说明的，人民法院应当结合借贷金额、款项交付、当事人的经济能力、当地或者当事人之间的交易方式、交易习惯、当事人财产变动情况以及证人证言等事实和因素，综合判断查证借贷事实是否发生。"

案例：曾某某与襄阳市某房地产开发有限公司民间借贷纠纷再审案①

曾某某申请再审主张其向某公司实际出借款数额为1300万元的依据为，案涉借条由某公司法定代表人签字并加盖公章，反映的内容能够与《协议

---

① 最高人民法院（2013）民提字第151号民事判决书，部分摘录。

书》《补充协议书》相互印证，故足以证明其主张。法院认为：曾某某作为出借人，不能就借贷资金来源、支付时间及顺序、具体支付方式等涉及现金借贷关系是否实际发生的案件主要事实提供充分证据予以举证证明，且就其诉请主张存在诸多前后不一、相互矛盾的庭审陈述及证据出示，对此，曾某某应承担举证不能的法律后果。

实务中，民间借贷纠纷往往存在手续不规范、虚假借贷等多种情况。审查案件时，首先应从是否达成借贷合意入手，区分借贷合同的订立和借款交付两个事实，债权人应对借贷的意思表示、金额、期限、利润、交付承担证明责任。债务人主张已归还的，也应当承担证明责任。对于较大金额民间借贷纠纷，债权人主张现金交付，在有借据而没有直接交付证明的情况下，应结合借贷金额、借款的实际交付、当事人的经济能力、交易方式、交易习惯、当事人财产变动等事实和因素，综合查证借贷事实是否发生。

（四）原告仅以转账凭证主张为借款而被告抗辩为还款的审查

最高人民法院《关于审理民间借贷案件适用法律若干问题的规定》第16条规定："原告仅依据金融机构的转账凭证提起民间借贷诉讼，被告抗辩转账系偿还双方之前借款或者其他债务的，被告应当对其主张提供证据证明。被告提供相应证据证明其主张后，原告仍应就借贷关系的成立承担举证责任。"

案例：辛某某、朱某某民间借贷纠纷再审案①

法院认为：根据原审判决查明的事实，辛某某与朱某某之间存在大量资金往来。2014年4月24日，案外人郑某、李某分别转款1000万元、360万元给朱某某，同日，朱某某转账1500万元给辛某和。2014年5月20日，辛某某转款1067.5万元给朱某某，朱某某收到该笔款后于同日转付至郑某账户。江西省抚州市中级人民法院（2019）赣10民终94号民事判决认定辛某某支付给朱某某的该笔1067.5万元，系辛某某偿还上述朱某某向辛某某的借款1500万元中原由郑某转给朱某某的1000万元的借款本息。本案中，辛某某主张1067.5万元为其向朱某某出借款项，但提供的证据仅为银

---

① 最高人民法院（2020）最高法民申3475号民事裁定书，部分摘录。

行汇款凭证，为孤证。其次，2013 年 5 月 13 日至 2015 年 3 月 11 日期间，辛某某向朱某某借款中多次出具借条。结合双方多年来经济往来情况以及款项数额，辛某某主张朱某某向其借款 1067.5 万元，未能提供如此高额资金的来源以及朱某某借款的理由，双方也未形成借据、收据、欠条等债权凭证，不符合双方交易习惯以及生活常理。朱某某主张其于 2014 年 4 月 24 日代辛某某、辛某和向郑某、李某借款 1500 万元，并将所得款项汇入辛某和账户，此后辛某某向其转入的 1067.5 万元系归还向郑某借款 1000 万元的本金和利息。为此，朱某某提供了银行流水明细和证人李某、郑某、张某的证言，以及证人李某提供的两份借条，完成了证明其主张的初步举证责任。再次，朱某某提供辛某某在 2018 年 4 月 2 日向其出具的 570 万元借条，借条载明"此 2013 年至 2018 年 4 月 2 日以前所有借条一切作废"。依据交易习惯，债务清算时一般包含此前发生的所有债权债务并进行相应的抵扣。根据借条内容，双方对 2013 年至 2018 年 4 月 2 日的借贷关系进行了清算。如朱某某尚欠辛某某 1067.5 万元，辛某某再出具 570 万元借条而不进行债务抵扣或要求朱某某亦出具借条，不符合生活常理。综上所述，朱某某对于辛某某汇款 1067.5 万元的来源、用途均作出解释并提供了相应证据，应由辛某某就双方之间存在借贷关系承担举证证明责任。因辛某某除银行转账凭证外，未能提供其他证明双方之间形成了借贷合意的证据，应当承担举证不能的不利后果。

最高人民法院《关于审理民间借贷案件适用法律若干问题的规定》第 16 条的审查思路为，当事人一方仅以银行转账凭证作为依据主张借贷关系的存在，其需要提出其他证据予以证明借贷合意的达成，如果不能举证，则承担举证不能的后果。被告抗辩转账凭证系偿还双方之前的借款，应当就"是否存在之前借款"举证证明，这里的证明标准应达到使原告所主张的借贷合意事实真伪不明，也即高度盖然性。被告提交证据后，双方是否存在民间借贷法律关系的举证责任又转移至原告。举证证明的法律依据是《民诉法解释》第 108 条。

二、借贷合同无效情形的审查

最高人民法院《关于审理民间借贷案件适用法律若干问题的规定》第 13 条规定："具有下列情形之一的，人民法院应当认定民间借贷合同无效：

（一）套取金融机构贷款转贷的；（二）以向其他营利法人借贷、向本单位职工集资，或者以向公众非法吸收存款等方式取得的资金转贷的；（三）未依法取得放贷资格的出借人，以营利为目的向社会不特定对象提供借款的；（四）出借人事先知道或者应当知道借款人借款用于违法犯罪活动仍然提供借款的；（五）违反法律、行政法规强制性规定的；（六）违背公序良俗的。"

（一）套取金融机构贷款转贷的

案例：由某某与郑某某民间借贷纠纷二审案①

法院认为：由某某主张，郑某某于 2019 年 12 月 11 日、2020 年 2 月 13 日和 2020 年 2 月 14 日支付的款项（1.5 万元、1000 元、7500 元）为双方恋爱期间的正常开支，且支付日期在"情人节"前后，故并非借款，而 2020 年 2 月 16 日、2020 年 2 月 19 日郑某某信用卡支付的款项（1 万元和 30234 元）为由某某个人消费，款项由郑某某支付，故并非借款。对此本院认为，郑某某于 2019 年 12 月 11 日、2020 年 2 月 13 日和 2020 年 2 月 14 日分别向由某某转账的 1.5 万元、1000 元、7500 元，上述转账时间虽在 2020 年 2 月 14 日前后，但转账金额并非具有特殊含义的数字，结合郑某某转账时标注款项用途为"借款"的情况，不足以认定上述款项系郑某某向由某某赠与的款项。至于郑某某使用信用卡支付的 1 万元和 30234 元，由某某一审诉讼期间认可该款项用于其个人用途，其虽主张郑某某向其赠与上述款项，但并未提供证据予以证明，应承担举证不能的不利后果。结合由某某在与郑某某的微信通信中并未否认郑某某主张借款数额为二十余万元的情况，一审法院认定上述款项均系郑某某向由某某出借的借款，并确认由某某借款金额合计 213734 元并无不当。本案中，郑某某以信用卡透支的方式向由某某出借 1 万元和 30234 元，该行为属于套取金融机构贷款转贷的情形，一审法院据此认定上述款项对应的民间借贷法律关系无效并无明显不当，上述款项由某某应向郑某某返还，因由某某已向郑某某偿还 1000 元，故其应偿还款项应为 212734 元，一审判决虽未在判决主文部分对上述金额中因合同无效返还的 40234 元予以明确区分，但一审判决对此已经做出明确

---

① 北京市第一中级人民法院（2021）京 01 民终 5568 号民事判决书，部分摘录。

论述，相关表述不致歧义，一审法院判决由某某还款212734元的处理结果并无不当。

结合《全国法院民商事审判工作会议纪要》第52条规定："民间借贷中，出借人的资金必须是自有资金。出借人套取金融机构信贷资金又高利转贷给借款人的民间借贷行为，既增加了融资成本，又扰乱了信贷秩序……"本案例将郑某某以信用卡透支的方式向由某某出借1万元和30234元，认定为套取金融机构贷款转贷的情形，合同无效。值得注意的是，一是民间借贷中出借的资金必须是自有资金，通过信用卡刷卡套现等方式套取的资金转贷，资金来源和资金用途均违反国家金融管理秩序，属于无效情形。二是转贷行为并不限于高利转贷，即不限于只对违规暴利进行无效认定，而是从规范资金来源和保障资金用途安全两个方面进行约束。

（二）以向其他营利法人借贷、向本单位职工集资，或者以向公众非法吸收存款等方式取得的资金转贷的

案例：洛阳某生物科技有限公司、洛阳某勘察设计院有限公司民间借贷纠纷再审案①

法院认为：洛阳某生物科技有限公司因经营需要向洛阳某勘察设计院有限公司借款，张某为借款提供保证担保，三方签订的《借据》《借款协议书》，均系各方当事人真实的意思表示，且洛阳某生物科技有限公司提交的证据不足以证明上述借款合同存在无效情形，故上述借款合同应为有效。此外，洛阳某勘察设计院有限公司与洛阳中世置业有限公司、信昌建设集团（洛阳）有限公司均有正常业务往来。洛阳某勘察设计院有限公司与其有业务往来的企业之间因生产经营活动产生资金拆借，不能据此认定洛阳某勘察设计院有限公司从事经常性、向社会不特定对象的放贷业务，且申请人洛阳某生物科技有限公司也无其他证据证明洛阳某勘察设计院有限公司从事经营性的放贷业务。因此，双方的借贷行为并不违反《银行业监督管理法》、中国银行保险监督管理委员会、中华人民共和国公安部、国家市场监督管理总局、中国人民银行《关于规范民间借贷行为维护经济金融秩序有关事项的通知》的规定。另，洛

---

① 最高人民法院（2019）最高法民申1855号民事裁定书，部分摘录。

阳某勘察设计院有限公司系从事生产经营的企业，在日常经营活动中与其他企业之间有资金往来实属正常，但不能因此认定洛阳某勘察设计院有限公司利用银行贷款和集资款向其他单位违规拆借资金，故调取银行转账凭证及会计凭证并无必要。

上述无效情形应当结合最高人民法院《关于审理民间借贷案件适用法律若干问题的规定》第10条"法人之间、非法人组织之间以及它们相互之间为生产、经营需要订立的民间借贷合同，除存在民法典第一百四十六条、第一百五十三条、第一百五十四条以及本规定第十三条规定的情形外，当事人主张民间借贷合同有效的，人民法院应予支持"，和第11条"法人或者非法人组织在本单位内部通过借款形式向职工筹集资金，用于本单位生产、经营，且不存在民法典第一百四十四条、第一百四十六条、第一百五十三条、第一百五十四条以及本规定第十三条规定的情形，当事人主张民间借贷合同有效的，人民法院应予支持"来看。本案例涉及企业间借贷合同，基于金融监管需要和信贷秩序的要求，应当重点审查企业间借贷的资金来源、借贷合同目的、资金用途。资金来源是否为自有资金，排除转贷之嫌，资金用途为企业自身生产、经营之用，综合判断合同目的是正常的民间资金融通还是违法放贷。

（三）未依法取得放贷资格的出借人，以营利为目的向社会不特定对象提供借款的

案例：穆某某、肖某民间借贷纠纷二审案①

法院认为：首先，肖某在两年内向社会不特定人出借资金超过三次，部分借款合同约定了高额利息，其出借行为具有反复性、经营性，其借款目的具有营业性和营利性。因此，肖某的行为已构成职业放贷行为，案涉借款合同属于其职业放贷的一部分。虽然穆某某对借款20000元的事实没有异议，但肖某在未依法取得放贷资格的情况下，其所实施的放贷行为违反了《银行业监督管理法》的强制性规定，扰乱了金融市场和金融秩序，损害了社会公共利益，案涉借款合同应当依法认定为无效。

①　天津市第二中级人民法院（2021）津02民终4236号民事判决书，部分摘录。

根据《全国法院民商事审判工作会议纪要》第 53 条规定："未依法取得放贷资格的以民间借贷为业的法人，以及以民间借贷为业的非法人组织或者自然人从事的民间借贷行为，应当依法认定无效。同一出借人在一定期间内多次反复从事有偿民间借贷行为的，一般可以认定为是职业放贷人。民间借贷比较活跃的地方的高级人民法院或者经其授权的中级人民法院，可以根据本区的实际情况制定具体的认定标准。"所谓职业放贷人，是指未经批准，以营利性为目的，通过向社会不特定对象提供资金以赚取高额利息，擅自从事经常性贷款业务的法人、非法人组织和自然人。其行为特征是多次、有偿借贷、营业性。职业放贷往往与"高利贷""套路贷"和虚假诉讼并存。2019 年 7 月，最高人民法院与最高人民检察院、公安部、司法部联合制定了《关于办理非法放贷刑事案件若干问题的意见》，规定："一、违反国家规定，未经监管部门批准，或者超越经营范围，以营利为目的，经常性地向社会不特定对象发放贷款，扰乱金融市场秩序，情节严重的，依照刑法第二百二十五条第（四）项的规定，以非法经营罪定罪处罚。前款规定中的'经常性地向社会不特定对象发放贷款'，是指 2 年内向不特定多人（包括单位和个人）以借款或其他名义出借资金 10 次以上。贷款到期后延长还款期限的，发放贷款次数按照 1 次计算。"对职业放贷行为进行细化规定。但是，由于经济活动金融流通的现实需要，也要注意区分职业放贷与合法的企业拆借之间（企业生产经营用资金借贷）的关系。

（四）出借人事先知道或者应当知道借款人借款用于违法犯罪活动仍然提供借款的

案例：孙某某、任某某民间借贷纠纷再审案①

法院认为：根据另案 488 号裁定查明事实，借款人郭某某向任某某所借的案涉 700 万元已被确认为郭某某非法吸收公众存款的一部分，郭某某亦已被生效判决认定构成非法吸收公众存款罪。案涉借款合同并不当然无效。从 488 号裁定认定的事实来看，郭某某系未经银监部门批准，通过张贴招商合作启事、电视、报纸媒体广告、亲戚朋友代为宣传等途径，承诺每月按

---

① 最高人民法院（2020）最高法民申 1674 号民事裁定书，部分摘录。

本金的 2% 至 3% 支付利息，到期归还本金的方式向不特定公众吸收存款。任某某作为该刑事案件证人陈述，其向郭某某出借款项系在看到张贴的广告后，经人介绍借钱给郭某某的，该节事实已被生效的 488 号裁定所确认。任某某现主张据以认定该节事实的询问笔录形成违法、不具有法律效力的理由不能推翻其作为该刑事案件证人陈述的内容，不能推翻另案刑事裁判查明和认定的事实，故任某某该项申请理由不能成立。根据任某某陈述的该节事实，任某某对郭某某通过张贴广告对外借款的事实是知情的，任某某与郭某某签订的案涉 700 万元的借款合同因违反《民间借贷规定》规定而属无效合同，并无不当。案涉借款合同作为主合同无效，作为从合同的担保合同亦无效，因此，一、二审判决认定案涉担保合同亦无效符合上述法律规定。任某某主张案涉借款合同和担保合同均有效的再审申请理由不能成立。担保人有过错，系指担保人对主合同无效状态明知或者应当知道，并对无效主合同的成立起到了中介、促成等作用，该过错是主合同无效的过错向担保人的延伸。本案中，根据 488 号裁定查明的事实，孙某某在该案作为证人陈述其与郭某某就恒通达超市场地租赁问题共签过两次协议，表明孙某某对郭某某经营恒通达超市知情，郭某某多次以该超市名义对外发布借款公告，一、二审判决认定孙某某明知郭某某在文水县城以借款的形式公开向社会公众吸收资金，仍然为其借款担保，显然存在过错，并无不当。在案涉 700 万元借条出具过程中，孙某某作为担保人在场并签字，是孙某某对该 700 万元借款进行担保的意思表示。从孙某某在借款当天从郭某某处转借 200 万元的事实来看，孙某某对该 700 万元借款是持希望发生并起积极促进作用，此种情形下，认定孙某某承担三分之一责任，并不存在适用法律错误的情形。

司法实践中存在借款人为从事违法、犯罪活动进行民间借贷，事后又以借贷行为违法而主张合同无效。由于出借人和借款人均具有明显的恶意，不存在法律保护的必要，应当认定为无效。审查思路为：首先，需要明确的是，借款人负有举证责任以证明出借人事先知道或者应当知道借款人借款系用于违法犯罪活动。其次，难点在于证明出借人是"应当知道"，显然这里的"应当知道"采用的是推定方法，必须结合案件的具体情况予以认定，实务中，如果"不知道"这一事实与一般的生活、生产经验相违背而没有正常的理由，则可以认定"应当知道"。

（五）违反法律、行政法规强制性规定的

案例：班某某、周某企业借贷纠纷二审案①

法院认为：班某某、周某等主张金凤凰公司向贵州银行、长城嘉信公司套取信贷资金后高利转贷给登高铝业公司，《资金借贷合同》及《最高额抵押合同》应为无效合同。本院认为，根据审理查明的事实，为支持兴仁登高煤电铝一体化项目建设，金凤凰公司与贵州银行、长城嘉信公司签订《贵州银行股份有限公司委托贷款合同》，通过委托贷款融资3亿元后出借于登高铝业公司。相关融资及出借事宜均经过当地人大、政府相关部门审批、审议，资金用途亦限于兴仁登高煤电铝一体化项目建设，不违反法律、法规及政策要求。《资金借贷合同》约定"登高铝业公司每年向金凤凰公司支付12%的资金占用费"虽高于《贵州银行股份有限公司委托贷款合同》约定的11%年利率水平，但在《资金借贷合同》实际履行过程中，登高铝业公司定期向金凤凰公司支付的利息与贵州银行向金凤凰公司发出的《贵州银行信贷业务利息清单》所载利息金额一致。金凤凰公司收到登高铝业公司所付利息款项后，已及时全额汇入特定账户归还贵州银行。金凤凰公司虽向登高铝业公司收取手续费、土地评估费及融资发行费共计623万元，但该费用系金凤凰公司在案涉借款融资过程中实际发生的中介服务费用，根据《资金借贷合同》第6条"甲方（即金凤凰公司）在该项资金融资过程中产生的考察、中介服务机构的调查、评估、论证等费用由乙方（即登高铝业公司）承担"的约定，该费用应由登高铝业公司承担。故金凤凰公司在《资金借贷合同》的实际履行过程中无高利转贷或变相牟取转贷利益情形，《资金借贷合同》和《最高额抵押合同》系各方当事人真实意思表示，不违反法律、行政法规强制性规定，合法有效。

本条款中，法律是指全国人大及其常委会颁布的法律。行政法规是指国务院颁布的法规，其上位法依据是《民法典》第153条。值得注意的是，既要避免因违反法律、行政法规的任意性规定的合同被认定为无效，同时，也要避免因违反行政规章、地方性法规和地方性规章的强制性规定或者任意性规定的合同被认定为无效。

---

① 最高人民法院（2020）最高法民终182号民事判决书，部分摘录。

（六）违背公序良俗的

案例：刘某某与傅某等人民间借贷纠纷一审案①

法院认为：因（2018）京0108民初41399、41400、41401号案件的事实和证据存在交叉，为便于正确认定案件事实、确定法律责任，本院将三案合并进行评述。孙某与刘某某对双方之间应属何种法律关系发生争议。对此本院认为，本案中存在刘某某向孙某转账的事实，孙某收到全部款项后后补借条的事实，即现有的事实已经证明双方之间存在借贷合意、款项交付两项要件，符合借贷关系的特征。本院认定，双方之间系民间借贷关系。依据孙某、刘某某在庭审中的陈述，孙某向刘某某借款系用于向民间发放高利贷。刘某某还同意设立聚龙伟创公司的霍邱分公司，任命孙某为分公司的负责人，以便于孙某开展该业务。而聚龙伟创公司经营范围中，明确禁止发放贷款。孙某利用聚龙伟创公司霍邱分公司的名义向民间发放高利贷的行为，违背社会公序良俗，超越公司经营范围，破坏了社会金融秩序的稳定。而刘某某明知孙某借款用于前述不正当的目的，还向其提供借款，双方之间的借贷行为应属无效。本案中，孙某借款用于不正当目的，刘某某明知孙某借款目的不正当还为其提供成立分公司放贷的便利，并提供借款，双方均存在过错。因此，孙某应当返还刘某某全部本金，但刘某某无权依据该不正当行为获取收益。孙某、刘某某就实际借款金额发生争议。对此本院认为，孙某出具的三张借条，都是发生在所有款项出借完成之后，该借条具有对账的性质。孙某明知其行为的效力，仍然出具该三张借条，且目前并无证据可推翻借条的内容，故本院对孙某的主张不予采信。刘某某主张其共计向孙某提供借款190万元，本院予以采信。孙某向刘某某的转账，应当依次抵偿对刘某某的还款。根据刘某某陈述的借条与各笔借款的对应关系，以及孙某向刘某某转账的时间，本院核算后认定，（2018）京0108民初41399号案件涉及的借款已经清偿完毕；（2018）京0108民初41400号案件，尚欠本金513500元；（2018）京0108民初41401号案件，尚欠本金600000元。傅某对其是否应当与孙某承担共同还款责任提出异议。对此本院认为，本案所有借款虽然发生于傅

---

① 北京市海淀区人民法院（2018）京0108民初41401号民事判决书，部分摘录。

某与孙某的婚姻关系存续期间，但从傅某提交的报警记录等可以看出，其与孙某自 2014 年已处于婚姻的不安定期，从傅某的开卡记录及从该卡的银行交易明细来看，刘某某所转款项均在较短时间内转至孙某的账户，再结合前述刘某某与孙某关于涉案款项用途的明知，在无证据证明傅某对刘某某与孙某之间款项纠纷明知且款项用于夫妻共同生活的情况下，涉案款项不应认定为夫妻共同债务，刘某某要求傅某承担连带还款责任的诉讼请求法院不予支持。

公序良俗即公共秩序和善良习俗，体现了国家对民事领域意思自治的一种限制。一般包括如下几种类型：（1）危害国家公共秩序类型；（2）危害家庭关系类型；（3）违反性道德行为类型；（4）违反人权和人格尊严行为类型；（5）限制经济自由的行为类型；（6）违反公平竞争行为类型；（7）违反消费者保护行为类型；（8）违反劳动者保护行为类型。关于如何认定违背公序良俗的借贷合同，可以借鉴四川省高级人民法院《关于审理民间借贷纠纷案件若干问题的指导意见》的规定，即："16. 违背社会公序良俗的借贷合同的认定。违背社会公序良俗是指法律行为的内容及目的违反了社会的公共秩序或善良风俗，存在以下情形之一的，应认定为违背社会公序良俗，当事人因此签订的民间借贷合同应认定为无效：（一）因非婚同居、不正当两性关系等产生的'青春损失费''分手费''精神损失费'等有损公序良俗行为所形成的债务；（二）因赌博、吸毒等其他非法行为形成的债务；（三）因托人情、找关系等请托行为形成的债务；（四）具有抚养、赡养义务关系的父母子女等直系亲属之间发生的有违家庭伦理道德和社会公序良俗所形成的债务；（五）其他违背社会公序良俗的债务。"

三、利息的认定

（一）禁止高利贷、砍头息

《民法典》第 670 条规定："借款的利息不得预先在本金中扣除。利息预先在本金中扣除的，应当按照实际借款数额返还借款并计算利息。"最高人民法院《关于审理民间借贷案件适用法律若干问题的规定》第 26 条规定："借据、收据、欠条等债权凭证载明的借款金额，一般认定为本金。预先在本金中扣除利息的，人民法院应当将实际出借的金额认定为本金。"

案例：广东某资产管理有限公司、湖南某数字娱乐文化传媒股份有限公司民间借贷纠纷再审案①

法院认为：梁某委托鸣金中心将 53000 万元款项出借给某资产管理有限公司，2017 年 12 月 14 日借款当日某资产管理有限公司即通过鸣金中心已返还 954 万元款项。根据规定，预先在本金中扣除利息的，人民法院应当将实际出借的金额认定为本金，原判决认定本案某资产管理有限公司实际借款本金为 52046 万元（53000 万元 – 954 万元），不缺乏证据证明。

案例：某房地产开发有限公司、云南某房地产开发有限责任公司民间借贷纠纷二审案②

张某平、张某仙、某房地产开发有限公司、云南某房地产开发有限责任公司主张：吴某 2013 年 6 月 26 日出借 4000 万元，当日还款 270 万元；2013 年 8 月 20 日出借 8000 万元，2 日后归还 800 万元；2013 年 12 月 23 日出借 8000 万元，次日归还 670 万元；2014 年 1 月 26 日出借 3000 万元，次日归还 1800 万元；该四笔还款共计 3540 万元实为砍头息，不应计入本金。法院认为：案涉借款及还款分多笔发生，该四笔争议款项的认定不应与前期借款割裂开来，因吴某之前已有款项出借，该四笔还款抵充欠付的前期利息及当期应付利息后，剩余部分已全部抵充本金，不存在将砍头息计入本金的情形。

利息是货币在一定时期内的使用费，反映出借人让渡货币使用价值的时间成本。利息市场的健康发展有助于资金有序融通，增强金融活力。而高利贷和砍头息则扰乱和破坏正常的金融借贷秩序，加重借款人的压力和负担，陷入债务危机，容易催生暴力追债。尤其是当事人之间的民间借贷事实也可能不只一桩，上述案例就从砍头息和抵扣本金两个方面作了区分认定。区分的原则是，本金是出借人将货币使用价值让渡给借款人，利息则反映了在一定时期内使用货币的成本，而砍头息是预先在本金中扣除利息，客观上表现为减少了借款数额，实际上缩小了合意借贷资金的使用价值，提高了实际借贷资金的使用成本。据此，法律规定，预先在本金中扣除利息的，以实际出借金额认定本金并计算利息，以客观公平地反映借贷资金的使用价值和成本。区分标准，砍头息表现为实际到账的借款本金与

---

① 最高人民法院（2020）最高法民申 4144 号民事裁定书，部分摘录。
② 最高人民法院（2019）最高法民终 1562 号民事判决书，部分摘录。

合意借款金额不符，有时伴随出现"阴阳合同"。实务中，砍头息和高利贷往往以服务费、手续费、介绍费等形式出现，应当查清事实注意辨别。

（二）限制复利

最高人民法院《关于审理民间借贷案件适用法律若干问题的规定》第27条规定："借贷双方对前期借款本息结算后将利息计入后期借款本金并重新出具债权凭证，如果前期利率没有超过合同成立时一年期贷款市场报价利率四倍，重新出具的债权凭证载明的金额可认定为后期借款本金。超过部分的利息，不应认定为后期借款本金。按前款计算，借款人在借款期间届满后应当支付的本息之和，超过以最初借款本金与以最初借款本金为基数、以合同成立时一年期贷款市场报价利率四倍计算的整个借款期间的利息之和的，人民法院不予支持。"例如：出借人甲向借款人乙出借50万元，约定年利率为8%，借款期限为1年。1年后双方重新出具借条，约定出借54万元，年利率为10%，借款期限1年，则借条上记载的54万元可以认定为后期借款本金。后期借款利息则为5.4万元（54万元×10%），期末本息和为59.4万元，没有超过设置的上限标准即64.6万元（50×LPR×4×2＋50，LPR以3.65%为例）。当然，借款人偿还了部分借款导致本金数额减少的，重新出具债权凭证，应当以本金数额减少后的实际数额为基数计算，而非以最初借款本金数额为基数。

四、保证人的认定

（一）保证人的审查

最高人民法院《关于审理民间借贷案件适用法律若干问题的规定》第20条规定："他人在借据、收据、欠条等债权凭证或者借款合同上签名或者盖章，但是未表明其保证人身份或者承担保证责任，或者通过其他事实不能推定其为保证人，出借人请求其承担保证责任的，人民法院不予支持。"

案例：袁某与褚某、王某民间借贷纠纷再审案[1]

法院认为：（1）根据规定，在签名前面必须注明保证字样或有其他事实

---

[1]　江苏省高级人民法院（2020）苏民再77号民事判决书，部分摘录。

证明担保人同意承担担保责任，签名人才承担担保责任。本案中，借条上袁某的签名位置为借条左下角空白处，袁某名字前未注明"借款人"字样，亦无证据证明其同意承担共同还款责任。借款人处除王某签名外，还有空间可供签名，如果袁某系借款人，完全可以在王某签名后位置签名。褚某并非第一次放贷，应当知道借款人应在借款人处签名。故不能直接认定袁某系借款人。(2) 案涉借条系多次借款结算重新出具，根据查明的银行账目，所有账目往来均在褚某与王某及其亲属之间发生，无与袁某往来的账目。褚某的出借款及收款的原始记账中均记载借款人王某，未提及袁某。故从款项交付及账目记载，不能证明案涉借款与袁某有关。(3) 褚某承认袁某未偿还过借款或利息，亦无证据证明曾要求袁某归还借款。(4) 债务加入是指第三人与债权人、债务人达成三方协议或第三人与债权人达成双方协议或第三人向债权人单方承诺由第三人履行债务人的债务，但同时不免除债务人履行义务的债务承担方式。本案中袁某仅在借条的左下角签名，并未签注履行债务人债务的内容，褚某在原一审中亦未主张袁某构成债务加入，故袁某不应承担共同还款责任。(5) 二审询问中袁某称褚某要求其作为见证人在借条上签名，后又称褚某有无说过此话因时间长记不清了，二审法院要求对该节事实测谎，袁某不同意，但测谎并非我国法律规定的合法取证形式，测谎结论亦受多种因素影响，不能作为定案的依据，因此不能因袁某不同意测谎即判定袁某在原审中的陈述不真实。袁某称其作为见证人在借条上签名，存在可能性。

本条款规定的前提是债权债务关系必须明确。债权债务关系明确后，对于在债权凭证上仅有签名，未标明身份的情况，则有不同解读，可能是介绍人、关系人、见证人等，未必一定是保证人。因为保证人涉及保证责任。审查中应当注意两点：一是仅有借贷双方之外的第三人签名或盖章，但是，既未表明保证人身份，也未有保证条款指向签字人，亦无其他证据证明签字旨在承担保证责任。二是只有在"通过其他事实不能推定其为保证人"的情况下，才能作出第三人不是保证人的判断。

(二) 网络贷款平台的借贷责任审查

最高人民法院《关于审理民间借贷案件适用法律若干问题的规定》第21条规定："借贷双方通过网络贷款平台形成借贷关系，网络贷款平台的提供者仅提供媒介服务，当事人请求其承担担保责任的，人民法院不予支持。

网络贷款平台的提供者通过网页、广告或者其他媒介明示或者有其他证据证明其为借贷提供担保，出借人请求网络贷款平台的提供者承担担保责任的，人民法院应予支持。"

案例：陕西某餐饮管理有限公司等与济南某商业保理有限公司等民间借贷纠纷二审案①

法院认为：《网络借贷信息中介机构业务活动管理暂行办法》第2条第2款规定："……网络借贷中介机构是指依法设立，专门从事网络借贷信息中介业务活动的金融信息中介公司。该类机构以互联网为主要渠道，为借款人与出借人（即贷款人）实现直接借贷提供信息搜集、信息公布、资信评估、信息交互、借贷撮合等服务。"第3条规定："网络借贷信息中介机构按照依法、诚信、自愿、公平的原则为借款人和出借人提供信息服务，维护出借人与借款人合法权益，不得提供增信服务，不得直接或间接归集资金，不得非法集资，不得损害国家利益和社会公共利益。"第28条规定："网络借贷信息中介机构应当实行自身资金与出借人和借款人资金的隔离管理，并选择符合条件的银行业金融机构作为出借人与借款人的资金存管机构。"根据上述规定，判断网络借贷中介机构是否仅提供媒介服务的关键标准是该中介机构是否设立资金池，是否为自身或变相为自身融资，非法吸收公众存款。本案中，丁丁金服与恒丰银行股份有限公司签订了《网络借贷交易资金存管协议》，出借人资金与借款人资金由恒丰银行代收代管，实现了平台出借人和借款人账户与平台账户资金的分离，丁丁金服仅提供信息中介服务，未设立资金池，亦未为自身或变相为自身进行融资。陕西某餐饮管理有限公司与在丁丁金服平台注册的出借人签订的涉案《借款协议》系借款人陕西某餐饮管理有限公司与出借人以丁丁金服为中介平台，均明确知悉借款金额、借款期限、借款利率、违约责任等内容，以通过丁丁金服平台进行网上点击操作签署电子合同的方式达成的借贷协议，电子借款合同均通过第三方无忧存证平台进行电子交易数据保全，同时陕西某餐饮管理有限公司与代表平台注册出借人的丁丁金服再次在线下签订书面《借款协议》对此予以确认。合同签订后，恒丰银行根据平台的放款指令，在核对借贷双方的身份信息及借贷金额后，将资金存管专户中的涉案借贷款

---

① 山东省济南市中级人民法院（2020）鲁01民终5752号民事判决书，部分摘录。

项划至借款人指定的实体银行账户，故陕西某餐饮管理有限公司与出借人通过丁丁金服平台签订的《借款协议》是各方的真实意思表示，且不违反法律、行政法规的强制性规定，出借人亦履行了款项支付义务，故涉案《借款协议》为有效合同。借款到期后，陕西某餐饮管理有限公司应按约定偿还借款本金及利息。

网络贷款平台作为借贷参与方，功能在于以互联网为主要渠道，为出借人与借款人实现直接借贷提供信息搜集、信息发布、资信评估、信息交互等服务，核心是审核信息，起到媒介作用，地位应为居间人，而非保证人，自然没有义务承担担保责任。但是，网络贷款平台前期行为表明自愿成为担保人，网络贷款平台应当承担担保责任。

第三节　虚假诉讼

一、虚假诉讼的审查

最高人民法院《关于审理民间借贷案件适用法律若干问题的规定》第18条规定："人民法院审理民间借贷纠纷案件时发现有下列情形之一的，应当严格审查借贷发生的原因、时间、地点、款项来源、交付方式、款项流向以及借贷双方的关系、经济状况等事实，综合判断是否属于虚假民事诉讼：（一）出借人明显不具备出借能力；（二）出借人起诉所依据的事实和理由明显不符合常理；（三）出借人不能提交债权凭证或者提交的债权凭证存在伪造的可能；（四）当事人双方在一定期限内多次参加民间借贷诉讼；（五）当事人无正当理由拒不到庭参加诉讼，委托代理人对借贷事实陈述不清或者陈述前后矛盾；（六）当事人双方对借贷事实的发生没有任何争议或者诉辩明显不符合常理；（七）借款人的配偶或者合伙人、案外人的其他债权人提出有事实依据的异议；（八）当事人在其他纠纷中存在低价转让财产的情形；（九）当事人不正当放弃权利；（十）其他可能存在虚假民间借贷诉讼的情形。"

案例：刘某某、蔡某某借款合同纠纷再审案①

法院认为：从刘某某向宋某某转账的银行流水显示，2013年5月27日

---

① 河南省高级人民法院（2021）豫民再164号民事判决书，部分摘录。

15 时 43 分至 16 时 41 分，刘某某与宋某某使用 1300 万元资金在其二人之间反复流转，刘某某共计向宋某某团账户内转入 6000 万元，但该款最终又实际回到刘某某父子账户内。本案借款实为刘某某与宋某某之间的虚假转账，借款并未实际发生。刘某某上诉主张宋某某借其 6000 万元款项偿还了宋某某原先欠尚某某、刘某博的借款，该主张证据不足，本院不予支持。刘某某上诉称原审程序违法，损害其诉讼权利。经查，刘某某及其委托诉讼代理人在原审再审程序中已参加了诉讼，并未损害其诉讼权利，原审再审程序并无不当。

如何准确识别审查虚假诉讼一直是民事检察监督工作的难点。从现有的审判案例和检察实务来看，一是注重行为细节的审查。通过深入探究借贷行为的细节，以发现虚假诉讼背后的真相。二是紧扣证据规则的要求。就涉嫌虚假诉讼的案件，对其民事法律行为细节的审查范围可适度拓展，紧扣证据规则的要求，重视判决书对于运用逻辑推理和日常生活经验法则判断证据所阐述的理由。三是加强全面综合的判断。鉴于虚假诉讼案情的复杂性，全面、客观审核证据。

案例：王某某与周某某、邹某、湖南某投资置业有限公司民间借贷纠纷案①

法院认为：本案双方争议的焦点是王某某与周某某之间的借贷关系是否真实发生。诉讼中，虽然周某某认可借款关系，但本案不仅关系到王某某与周某某之间的主债权债务关系，还关系到某投资置业有限公司的担保责任，而某投资置业有限公司抗辩主张王某某与周某某之间涉嫌虚假民事诉讼。因此，本案应当严格依照举证责任规则进行证据审查，不应简单适用当事人自认的证据规则认定案件事实。本案原告王某某主张存在借款事实，应承担举证证明责任，且须达到高度盖然性的证明标准；而被告某投资置业有限公司反驳借款事实未发生，只需达到真伪不明的存疑状态即可。法院经审查双方提供的证据认为，王某某的举证尚达不到高度盖然性的民事证明标准，某投资置业有限公司反驳证据可以导致待证事实真伪不明，王某某主张借款事实应不予认定。一是王某某提供的《借款合同》存疑。该借款合同在起诉时未提交，起诉状对借款合同也只字未提，不合常理。

---

① 湖南省高级人民法院（2018）湘民终 262 号民事判决书，部分摘录。

起诉时王某某提供银行转账4630万元的凭证以证明借款真实发生，而《借款合同》和《还款计划书》却约定房屋转让款3000万元用于还贷。这些证据互相矛盾。二是王某某提供的《借款合同》《还款计划书》《房屋转让合同》证明，王某某与周某某之间可能存在借款或房屋买卖两种法律关系，而银行转账凭证未注明"借款"或"房屋转让款"，不能依此确定为借款。三是依王某某的借款合同、合资建房分房协议书等证据，王某某对登记在周某某名下的房产享有67%的共有份额，但依据某投资置业有限公司提供的反证即房产档案中的《房屋买卖合同》以及房产变更登记等证据，足以证明周某某与王某某、周某莲等人之间存在房屋买卖合同关系。这些反证足以使王某某主张其将房屋转让款3000万元出借给周某某的事实高度存疑。四是三份《房屋转让合同》价格存在较大出入。王某某提供的《房屋转让合同》成交价格为4500万元，而法院从产权登记机关调取的两份《房屋买卖合同》转让价格分别为2480万元、3100万元。如果4500万元价格的合同真实，则此后以2480万元、3100万元低价再次转让，显然违背了近年来房地产市场价格上涨的客观实际。这说明王某某、周某某等人之间存在签订虚假民事合同的情况。综上所述，王某某主张的主债权债务关系之事实不能认定，其向某投资置业有限公司主张担保责任自然不能成立。

为防止民间借贷纠纷当事人进行虚假诉讼，人民法院应当严格依照举证责任规则对当事人之间是否存在真实有效的借贷关系进行审查，不能简单适用当事人自认的证据规则认定案件事实。对原告提交的证据，人民法院经审查并结合相关事实，不足以确信双方借贷事实存在高度可能性的，应当认定原告主张的借贷事实不存在，并驳回原告的诉讼请求。

二、担保人独立责任的审查

最高人民法院《关于审理民间借贷案件适用法律若干问题的规定》第8条规定："借款人涉嫌犯罪或者生效判决认定其有罪，出借人起诉请求担保人承担民事责任的，人民法院应予受理。"

案例：四川某茶业（集团）有限公司、梁某某民间借贷纠纷再审案[①]

法院认为：本案中杨某某、毕某、张某向红光公司实际出借金额为

---

① 最高人民法院（2019）最高法民申2645号民事裁定书，部分摘录。

2400 万元，该款项已在四川省自贡市大安区人民法院就红光公司及其法定代表人梁某某非法吸收公众存款罪一案作出的（2016）川 0304 刑初 59 号刑事判决中认定并予以处理。根据二审查明的事实，各方当事人对红光公司未向杨某某、毕某、张某归还或退赔借款本息的事实均无异议。二审法院在认定案涉《借款担保合同》因违反国家金融法律法规的禁止性规定应属无效的情况下，以担保人梁某某、某茶业（集团）有限公司对该借款合同的成立起到了中介和促成的作用故应以承担相应的过错责任为由，判令梁某某、某茶业（集团）有限公司承担红光公司至今未能清偿的 2400 万元借款本金 1/3 即 800 万元的连带赔偿责任，并无不当。

本案中存在两个法律关系：其一，是因非法吸收公众存款的刑事法律关系；其二，是担保法律关系，两者依据刑民分离规则处理。值得注意的是，这里的受理，是指担保人的担保责任以担保合同为基础，若担保合同无效，则依担保人是否存在过错划分责任。

第四节 刑民交叉问题

一、刑民并行

最高人民法院《关于审理民间借贷案件适用法律若干问题的规定》第 6 条规定："人民法院立案后，发现与民间借贷纠纷案件虽有关联但不是同一事实的涉嫌非法集资等犯罪的线索、材料的，人民法院应当继续审理民间借贷纠纷案件，并将涉嫌非法集资等犯罪的线索、材料移送公安或者检察机关。"

案例：山东某投资有限公司、张某某等民间借贷纠纷二审案[①]

法院认为：（2019）鲁 0921 刑初 107 号生效判决虽确认案外人马某某为从事放贷业务筹集资金，成立某投资有限公司，对外非法吸收存款，其行为被依法认定为非法吸收公众存款罪。但上述认定系对某投资有限公司作为借款人对外非法吸收存款行为的评价，并未涉及某投资有限公司非法吸收存款后作为出借人的转贷行为，二者并非同一事实。张某某、张某东并

---

① 山东省泰安市中级人民法院（2021）鲁 09 民终 2416 号民事裁定书，部分摘录。

非上述刑事案件中的受害人，亦自认已收到某投资有限公司出借的部分资金且未向某投资有限公司出借资金。某投资有限公司出借资金的来源仅涉及民间借贷合同的效力问题。一审应在对案涉民间借贷合同是否有效进行审查基础上作出实体处理。

刑民交叉是指行为人的同一行为同时符合刑事犯罪的构成要件和民事行为的构成要件，或者不同行为同时或分别符合刑事犯罪的构成要件和民事行为的构成要件，且这些行为的主体或行为对象相同或者部分相同的客观现象。根据相关规定，刑民交叉涉及同一事实时，应当先刑后民；若案件涉及不同事实，则应当对不涉及犯罪事实的民事纠纷继续审理。因此，对同一事实的认定，应是自然意义上的事实本身。本案中，某投资有限公司作为对外非法吸收存款的借款人主体应作刑事规范，并不妨碍其作为出借人的民事主体，借款和贷款两个事实并非同一事实。

二、合同效力的审查

最高人民法院《关于审理民间借贷案件适用法律若干问题的规定》第12条规定："借款人或者出借人的借贷行为涉嫌犯罪，或者已经生效的裁判认定构成犯罪，当事人提起民事诉讼的，民间借贷合同并不当然无效。人民法院应当依据民法典第一百四十四条、第一百四十六条、第一百五十三条、第一百五十四条以及本规定第十三条之规定，认定民间借贷合同的效力。担保人以借款人或者出借人的借贷行为涉嫌犯罪或者已经生效的裁判认定构成犯罪为由，主张不承担民事责任的，人民法院应当依据民间借贷合同与担保合同的效力、当事人的过错程度，依法确定担保人的民事责任。"

案例：王某、许某某民间借贷纠纷再审案①

法院认为：（1）基于本案已经查明的事实，借款人之一王某因涉嫌非法吸收公众存款罪被福建省仙游县公安局立案侦查，案涉借款亦被公安机关认定为王某涉嫌非法吸收公众存款罪的具体事实之一。但刘某某向王某、许某某等人主张还款责任，不仅基于2012年11月27日刘某某作为出借人与张某某（借款人），王某、某甲公司（共同借款人），及许某某、金某某

———————————

① 最高人民法院（2020）最高法民申1196号民事裁定书，部分摘录。

（担保人）签订的《借款合同》，还基于 2013 年 3 月 26 日刘某某作为出借人与张某某（借款人），王某、某甲公司、许某某、金某某、某乙公司（共同借款人）签订的《20121127 借款合同补充协议一》。从该两份合同的内容来看，许某某、金某某从案涉借款的担保人变更为共同借款人，与张某某、王某、某甲公司一起向刘某某承担共同还款责任，某乙公司亦作为共同借款人加入，还款期限延长至 2013 年 9 月 26 日。由此，《20121127 借款合同补充协议一》可理解为各方当事人在原借贷双方与担保人对《借款合同》进行确认的基础上重新签订的一份借款合同，该补充协议所涉借贷关系与 2012 年 11 月 27 日《借款合同》所涉借贷关系尽管涉及同一笔借款，但法律关系并不完全同一；许某某、金某某以及某乙公司的债务加入行为与王某涉嫌的非法吸收公众存款犯罪行为，并非同一事实，福建省仙游县公安局也未将该债务加入行为纳入王某单独或者与他人共同涉嫌的犯罪事实进行侦查。二审判决认定本案不符合裁定驳回起诉并将全案移交公安机关或者检察机关的情形，有相应的事实依据，并无不当。至于王某申请再审主张本案民事判决生效后将导致与刑事案件产生司法冲突的问题，因两案中承担民事和刑事责任的主体并不完全相同，所谓的冲突并非必然产生，即便存在可能的某些冲突，也可以在后续执行过程中协调解决，该刑事案件的处理并不影响本案作为民事案件的继续审理。（2）就非法吸收公众存款罪而言，涉及行为人向社会不特定对象吸收存款或者非法集资。行为人向不特定对象吸收存款或者非法集资往往表现为与不特定对象之间的民间借贷法律关系，当这些民间借贷达到一定规模并扰乱金融秩序时，刑法才对行为人所涉及的民间借贷作为一个整体进行罪与非罪的评价，但其中某一具体民间借贷法律关系并不因此当然无效。就案涉民间借贷法律关系而言，王某等人具有向刘某某借款、还款的真实意思表示，刘某某具有向王某等人出借款项的真实意思表示，没有证据证明刘某某在出借案涉款项时明知王某涉嫌非法吸收公众存款的犯罪行为，亦没有证据证明《借款合同》《20121127 借款合同补充协议一》的签订存在无效情形。

　　案例中涉借贷合同的非法吸收公众存款犯罪存在两个行为：一个是非法吸收公众存款行为，另一个是借贷合同行为。非法吸收公众存款是指未经依法批准或借用合法经营的形式，通过向社会公开宣传并承诺还本付息或给付回报，向不特定对象吸收资金的行为。合同行为是当事人双方意思表示一致的行为。刑法评价非法吸收公众存款行为，是基于这种行为严重触犯刑法并已达成应当科以刑事处罚的程度。民法则是围绕当事人的意思表示是否真实一致，是否产生私法效果。涉借贷合同的非法吸收公众存款行为和民间借贷合同效力是两个问题，借贷合同是否有效不是依据刑法的具体规定，而是有其效力规则。案例中出借人出借款项的行为没有违反强制性规定，应当认定为合法有效。

第三章　担保合同纠纷案件检察监督

担保，是为保障债权的实现而设立，是法律规定或者当事人约定的保证合同履行、保障债权人利益实现的法律措施，是保障信用的有力工具，具有从属性、选择性和保障性。担保法律制度是规定担保这一民事法律行为的法律规范的总称。

第一节　我国担保法律制度的发展历程

我国担保法律制度的渊源主要有《中华人民共和国经济合同法》《中华人民共和国民法通则》，及最高人民法院《关于贯彻执行〈中华人民共和国民法通则〉若干问题的意见》、《担保法》，及最高人民法院《关于适用〈中华人民共和国担保法〉若干问题的解释》（以下简称《担保法解释》）、《中华人民共和国物权法》、《中华人民共和国民法典》，及最高人民法院《关于适用〈中华人民共和国民法典〉有关担保制度的解释》（以下简称《民法典担保制度解释》）。从担保法律制度渊源可见其发展历程，也可据此把其发展历程大致分为《民法通则》阶段、《担保法》阶段、《物权法》阶段和《民法典》阶段四个阶段。

一、《民法通则》阶段

随着市场经济在我国的不断实践和改革开放"搞活流通"发展市场交易的需要，担保法律制度悄然出现。在1981年的《经济合同法》中对合同的担保规定了定金、保证、留置三种方式。该法第14条规定："当事人一方可向对方给付定金。经济合同履行后，定金应当收回，或者抵作价款。给付定金的一方不履行合同的，无权请求返还定金。接受定金的一方不履行合同的，应当双倍返还定金。"第 15 条规定："经济合同当事人一方要求保证的，可由保证单位担保。保证单位是保证当事人一方履行合同的关系人。被保证的当事人不履行合同的时候，由保证单位连带承担赔偿损失的责任。"第 19 条第 4 款规定："定作方超过领取期限六个月不领取定作物的，承揽方有权将定作物变卖，所得价款在扣除报酬、保管费用以后，用定作方的名义存入银行。"但该法仅规定了经济合同的保证担保，没有担保物权，到 1986 年《民法通则》颁布，规定了此方面内容。

《民法通则》规定了四种担保形式，即保证、抵押、定金和留置，虽然该四种担保形式被笼统纳入"债的担保"，仅突出担保功能而未明确划分出担保物权和担保债权，但就内容和价值而言，《民法通则》及最高人民法院《关于贯彻执行〈中华人民共和国民法通则〉若干问题的意见》无疑奠定了我国担保法律制度的基础。《民法通则》第 89 条规定："依照法律的规定或者按照当事人的约定，可以采用下列方式担保债务的履行：（一）保证人向债权人保证债务人履行债务，债务人不履行债务的，按照约定由保证人履行或者承担连带责任；保证人履行债务后，有权向债务人追偿。（二）债务人或者第三人可以提供一定的财产作为抵押物。债务人不履行债务的，债权人有权依照法律的规定以抵押物折价或者以变卖抵押物的价款优先得到偿还。（三）当事人一方在法律规定的范围内可以向对方给付定金。债务人履行债务后，定金应当抵作价款或者收回。给付定金的一方不履行债务的，无权要求返还定金；接受定金的一方不履行债务的，应当双倍返还定金。（四）按照合同约定一方占有对方的财产，对方不按照合同给付应付款项超过约定期限的，占有人有权留置该财产，依照法律的规定以留置财产折价或者以变卖该财产的价款优先得到偿还。"虽然在担保法律制度的起步阶段，法律规定条文单薄粗糙，并且带着计划经济的历史色彩，却也一定程度上扮演着鼓励债权人放心大胆贷放资金，加快资金流通循环，推动经济发展的历史角色。

二、《担保法》阶段

1995 年 10 月 1 日起施行《担保法》，我国担保法律体系正式确立，该法共七章 96 个条文，开宗明义地表明了立法目的和适用范围，其立法目的为促进资金融通和商品流通，保障债权的实现，发展社会主义市场经济；

适用范围系在借贷、买卖、货物运输、加工承揽等经济活动中，债权人需要以担保方式保障其债权实现的，可以依法设定担保。其立法成就主要表现在保证、抵押、质押、留置、定金五种担保方式分别用专门的章节确定相应规则，从立法层面新增规定了"质押"这一担保方式。但也因规定较为原则，诸多问题没有规定以及部分内容含混不清而长期引发争议。

2000 年 12 月 8 日发布的《担保法解释》进一步补充和完善了《担保法》的内容，让其在司法实务中更具操作性和生命力。该解释明确了反担保人范围和反担保方式、主合同变更对保证责任的影响、一般保证人的先诉抗辩权如何行使及限制、人保与物保并存的效力、动产质权中的交付占有方式、定金罚则的适用条件等；新增了无效担保合同中担保人的追偿权、担保物权的存续期间、保证人放弃时效利益的效力、抵押权的不可分性、动产质权和留置权的善意取得、定金的种类等规定。但该解释也存在许多不足之处，解释创设了许多新的规定被认为超出了《担保法》，而且《担保法》及其解释均是在社会经济生活异常活跃，担保公司遍地营业，三角债纠纷频发的背景下出台，立法倾向体现出对债权人的过度保护。最明显就是在解释中规定，在保证期间约定不明时，按照两年计算保证期间；保证方式约定不明的，推定为连带保证。

三、《物权法》阶段

2007 年 10 月 1 日起施行《物权法》，第四编担保物权中共四章 70 个条文，对担保物权作了比较系统的规范。该法是随着社会经济生活丰富发展，各种新型经济运行模式出现而出台，也是在私有财产不受侵犯被上升到宪法层面的情形下制定，立法取向是在保障物的安全前提下充分发挥物的效用。大的成就主要表现在：一是明确了担保物权归属于物权，使担保法律制度的分界线更清晰；二是扩大了担保物的范围，原材料、半成品、产品，正在建造的建筑物、船舶、航空器，应收账款、基金份额均可成为担保物，采用排除法，法不禁止即自由，让信用的授受更容易达成；三是赋予了当事人在担保物权创设、实现等方面的广泛自由，拓宽了市场主体融资渠道，增强了其融资能力；四是修正了担保物权实现的条件和途径，简化担保物权实现方式，降低了交易费用。小的成就主要是：规定了动产浮动抵押，对抵押权不可分性的规定进行了缓和，规范区分了抵押合同的设定与抵押权的设定，确认了抵押权的顺位规则，厘清了抵押权的行使期限与主债权诉讼时效的关系，修改了《担保法》关于人保和物保并存时的规定，承认了重复抵押，规定了最高额抵押的转让、变更及确定等规则，规定了涤除权等。

因《物权法》中只能对担保物权制度加以规制，没有取代《担保法》，因此，很长时期处于《物权法》与《担保法》并存的状态，而且两法对独立担保、混合担保、担保期间等作出不同规定，造成裁判适用出现不一致。随着金融市场交易结构不断更新迭代，负有农业社会和简单商品经济气息的《物权法》逐渐不适应资本市场增信需求。

四、《民法典》阶段

为解决担保纠纷司法实践中诸多问题，2019 年 11 月 8 日，最高人民法院印发《全国法院民商事审判工作会议纪要》（俗称《九民纪要》），协调了《担保法》与《物权法》之间的许多适用冲突，其很多原则和精神为后来《民法典》及《民法典担保制度解释》所吸收。《九民纪要》不仅专章规定了"关于担保纠纷案件的审理"，含担保的一般规则、不动产担保物权、动产担保物权、非典型担保内容，还在"关于公司纠纷案件的审理"中规定了公司为他人提供担保，包括越权担保的民事责任、上市公司为他人提供担保，债务加入准用担保规则。《九民纪要》系对司法审判活动宝贵经验的提炼和升华，其关于担保纠纷审理的观点集成在裁判担保纠纷中起着直接效力，其确定的要正确适用法律、要坚持担保的从属性、要坚持区分原则、要在坚持公示公信原则基础上兼顾各方利益平衡等原则，以及独立担保效力、担保责任范围、担保物权变动、让与担保等规定有效解决了审判实务中的相关问题。

2021 年 1 月 1 日起施行《民法典》及《民法典担保制度解释》后，《物权法》《担保法》《担保法解释》同时废止，该部法典及担保制度解释在防控市场风险的同时，进一步促进商品流通与资金融通，是现阶段解决担保案件纠纷的主要法律依据。担保法律制度在《民法典》中分布在两个版块：一是第二编"物权"第四分编"担保物权"，共 72 个条文，规定了抵押权、质权和留置权；二是第三编"合同"中除集中规定在第二分编"典型合同"第十三章"保证合同"的 22 个条文外，还散见在该编中定金规则的 2 个条文，所有权保留买卖合同 1 个条文，融资租赁合同 26 个条文，保理合同 9 个条文中，其中所有权买卖合同、融资租赁合同、保理合同属于"其他有担保功能的合同"。而《民法典担保制度解释》共计 71 个条文，包括一般规定、保证、担保物权和非典型担保合同。

《民法典》及《民法典担保制度解释》作为新法和新司法解释，其"新"首先在于立法价值取向上的扬弃，考虑到担保人、债务人在设定担保时处于弱势地位，以及实践中债权人滥用优势地位压缩担保人利益的现实，新法一改侧重保障债权人利益的担保制度历史传统，更加注重担保人利益的平衡保护。比如，《民法典》第 686 条第 2 款规定，"当事人在保证合同中对保证方式没有约定或者约定不明确的，按照一般保证承担保证责任"。第 692 条第 1 款规定，"保证期间是确定保证人承担保证责任的期间，不发生中止、中断和延长"。第 2 款规定，"债权人与保证人可以约定保证期间，但是约定的保证期间早于主债务履行期限或者与主债务履行期限同时届满的，视为没有约定；没有约定或者约定不明确的，保证期间为主债务履行期限届满之日起六个月"。

其次，"新"在态度上的开放性，将交易实践中自然而然的非典型担保方式纳入到担保法律制度中加以规范，回答了司法实务中新型担保效力问题，在《九民纪要》"要充分发挥担保对缓解融资难融资贵问题的积极作用，不轻易否定新类型担保、非典型担保的合同效力及担保功能"的基础上，更加旗帜鲜明地对新型担保和非典型担保持兼容并包的开放姿态。《民法典》第 388 条规定："设立担保物权，应当依照本法和其他法律的规定订立担保合同。担保合同包括抵押合同、质押合同和其他具有担保功能的合同……"这为让与担保预留了入法空间。于是在《民法典担保制度解释》第 68 条就规定了让与担保，该条第 1 款规定，"债务人或者第三人与债权人约定将财产形式上转移至债权人名下，债务人不履行到期债务，债权人有权对财产折价或者以拍卖、变卖该财产所得价款偿还债务的，人民法院应当认定该约定有效。当事人已经完成财产权利变动的公示，债务人不履行到期债务，债权人请求参照民法典关于担保物权的有关规定就该财产优先受偿的，人民法院应予支持"。

最后，"新"在对交易安全和效率的双重关注。例如，《民法典》第 406 条规定，"抵押期间，抵押人可以转让抵押财产。当事人另有约定的，按照其约定。抵押财产转让的，抵押权不受影响。抵押人转让抵押财产的，应当及时通知抵押权人。抵押权人能够证明抵押财产转让可能损害抵押权的，可以请求抵押人将转让所得的价款向抵押权人提前清偿债务或者提存。转让的价款超过债权数额的部分归抵押人所有，不足部分由债务人清偿"。其以抵押人的处分自由和抵押权的追及力为中心，既促进物尽其用提高效率，又让渡空间保障债权人债权安全。还有"正常经营活动中买受人规则"从浮动抵押扩大到动产固定抵押范畴。《民法典》第404条规定，"以动产抵押的，不得对抗正常经营活动中已经支付合理价款并取得抵押财产的买受人"。该规定消除商品买受人查询区分浮动抵押和固定抵押的负担，使其均不受抵押权追及，促进商品高效、安全流通。而在《民法典担保制度解释》中又对"正常经营活动中买受人规则"的买受人提出了"善意"要求来保障担保交易安全。《民法典担保制度解释》第56条规定，"买受人在出卖人正常经营活动中通过支付合理对价取得已被设立担保物权的动产，担保物权人请求就该动产优先受偿的，人民法院不予支持，但是有下列情形之一的除外：（一）购买商品的数量明显超过一般买受人；（二）购买出卖人的生产设备；（三）订立买卖合同的目的在于担保出卖人或者第三人履行债务；（四）买受人与出卖人存在直接或者间接的控制关系；（五）买受人应当查询抵押登记而未查询的其他情形。前款所称出卖人正常经营活动，是指出卖人的经营活动属于其营业执照明确记载的经营范围，且出卖人持续销售同类商品。前款所称担保物权人，是指已经办理登记的抵押权人、所有权保留买卖的出卖人、融资租赁合同的出租人"。

第二节　《民法典》阶段担保法律制度的重要变化

我国担保法律制度的发展在《民法典》阶段通说认为是以《九民纪要》为分水岭的，主要因为从时间线索来看，《九民纪要》是2019年11月发布，正值《民法典》出台前夕，此时《民法总则》已经施行了一段时间，《九民纪要》要解决的法律冲突就包括了《民法总则》与《民法通则》，《物权法》《合同法》《公司法》之间冲突和适用衔接，从立足点、价值取向、司法实践积淀上，《九民纪要》都有破旧立新的效用；从内容线索上看，《九民纪要》关于担保纠纷的裁判思路，基本为《民法典》和《民法典担保制度解释》所吸收，可以说，《九民纪要》《民法典》《民法典担保制度解释》在担保法律制度方面已成为一体。我们在讨论《民法典》阶段担保法律制度的一些重要变化时，主要以《九民纪要》相关内容为索引。

一、独立担保制度

（一）独立担保的概念及特征

独立担保因现代商业的发展而出现，是现代经济发展的产物，已被国际社会承认。独立担保是指担保人对受益人作出的保证，当受益人提交符合承保书条款规定的见单索款请求或附有其他单据文件的索款请求时，即向其支付一定金额的独立承诺。在国际惯例中，独立担保包括独立保证（又称独立保函或见索即付保函）和备用信用证两种形式。独立担保吸收和借鉴了信用证的运作机制，是一种独立的担保履行之付款承诺，从而不同于传统的从属性担保，独立担保的出现被认为是"对传统担保的最严厉挑战和最重要创新"，是"对传统担保制度的彻底'颠覆'"。

《担保法解释》主要起草人曹士兵在《中国担保制度与担保方法》（第三版）一书中认为，界定是否为独立担保的关键，就在于该担保是否与主合同、主债权有从属性、附随性。没有从属性、附随性，即为独立担保合同。独立担保的常见类型有：（1）约定为无条件、不可撤销担保的；（2）约定为见单即付担保的；（3）约定见索即付担保的；（4）约定为担保人不享有先诉抗辩权和主合同一切抗辩的。独立担保的法律特征有：（1）独立担保与主债权发生上和消灭上没有从属性，主债权无效或被撤销不影响债权人向担保人主张担保责任，独立担保人无法基于传统担保制度的从属性而进行抗辩；（2）独立担保人不享有主债务人的抗辩权，如因诉讼时效期间届满等债务人对债权人所拥有的抗辩权，债务人因抗辩权成立而免于承担清偿责任，独立担保人仍应承担担保责任；（3）独立担保人不享有担保人特有的抗辩权，如先诉抗辩权，担保人只享有对债权人索付单据形式审查的权利。

（二）独立担保的效力

独立担保的法律效力方面，《担保法》《物权法》《九民纪要》《民法典》《民法典担保制度解释》均有涉及，讨论独立担保的法律效力实际上是在讨论担保的从属性能否被当事人约定排除，这个问题从脉络上看系从《担保法》的肯定到《物权法》的否定又到《九民纪要》《民法典》《民法典担保制度解释》的原则否定（银行或非银行金融机构独立保函例外）。

1. 独立担保的效力相关规定

《担保法》第5条第1款规定，"担保合同是主合同的从合同，主合同无效，担保合同无效。担保合同另有约定的，按照约定"。《物权法》第172条第1款规定，"设立担保物权，应当依照本法和其他法律的规定订立担保合同。担保合同是主债权债务合同的从合同。主债权债务合同无效，担保合同无效，但法律另有规定的除外"。《担保法》认可当事人可以约定排除担保从属性，而《物权法》则对此持否定态度，新法优于旧法，在担保物权领域需适用《物权法》相关规定，但在保证担保领域独立担保条款效力仍存争议。

2019年《九民纪要》在司法领域正式统一了独立担保效力规则，在原则性否定独立担保效力的同时，认为独立保函系法定独立担保，并将独立保函适用范围拓宽到国内交易中。《九民纪要》第54条规定，"从属性是担保的基本属性，但由银行或者非银行金融机构开立的独立保函除外。独立保函纠纷案件依据《最高人民法院关于审理独立保函纠纷案件若干问题的规定》处理。需要进一步明确的是：凡是由银行或者非银行金融机构开立的符合该司法解释第1条、第3条规定情形的保函，无论是用于国际商事交易还是用于国内商事交易，均不影响保函的效力。银行或者非银行金融机构之外的当事人开立的独立保函，以及当事人有关排除担保从属性的约定，应当认定无效。但是，根据'无效法律行为的转换'原理，在否定其独立担保效力的同时，应当将其认定为从属性担保。此时，如果主合同有效，则担保合同有效，担保人与主债务人承担连带保证责任。主合同无效，则该所谓的独立担保也随之无效，担保人无过错的，不承担责任；担保人有过错的，其承担民事责任的部分，不应超过债务人不能清偿部分的三分之一"。该条规定，一是重申了"从属性"系担保的基本属性，当事人有关排除担保从属性的约定无效；二是银行或者非银行金融机构开立的独立保函具有独立性；三是独立担保条款或独立保函无效的，应认定为从属性担保。

《民法典》对独立担保的规定与《九民纪要》立场基本相同。《民法典》第388条第1款规定，"设立担保物权，应当依照本法和其他法律的规定订立担保合同。担保合同包括抵押合同、质押合同和其他具有担保功能的合同。担保合同是主债权债务合同的从合同。主债权债务合同无效的，担保合同无效，但是法律另有规定的除外"，第 682 条第 1 款规定，"保证合同是主债权债务合同的从合同。主债权债务合同无效的，保证合同无效，但是法律另有规定的除外"。从上述规定看，在立法层面，《民法典》改变了《担保法》的立场，延续了《物权法》《九民纪要》的立场，即无论是在物的担保还是人的保证方面，担保合同的从属性（包括在发生上、范围和强度、处分和消灭等方面）均不可依当事人双方意思而排除，除最高额担保等个别制度外，担保的从属性被严格遵守。《民法典担保制度解释》第 2 条第 1 款规定，"当事人在担保合同中约定担保合同的效力独立于主合同，或者约定担保人对主合同无效的法律后果承担担保责任，该有关担保独立性的约定无效。主合同有效的，有关担保独立性的约定无效不影响担保合同的效力；主合同无效的，人民法院应当认定担保合同无效，但是法律另有规定的除外"。

2. 独立担保的效力认定

在司法实践中，即使是在《担保法》第 5 条第 1 款规定可以由当事人约定排除担保从属性之时，最高人民法院一直对国内企业、银行之间的独立担保条款持否定态度。如在 1998 年"湖南机械进出口公司、海南国际租赁公司与宁波东方投资公司代理进口合同案"中，最高人民法院就认为："担保合同中虽然有本担保函不因委托人的原因导致代理进口协议书无效而失去担保责任的约定，但在国内民事活动中不应采取此种独立保函方式，因此该约定无效。"最高人民法院的理由主要是，独立担保存在欺诈和滥用权利的弊病，易引起更多的纠纷。在 2007 年的"湖南洞庭水殖股份有限公司诉中国光大银行长沙华顺支行、湖南嘉瑞新材料集团股份有限公司、长沙新振升集团有限公司借款担保合同纠纷案"中，最高人民法院再次确认前述立场，即："本院的审判实务已明确表明，考虑到独立担保责任的异常严厉性，以及使用该制度可能产生欺诈和滥用权利的弊端，尤其是为了避免严重影响或者动摇我国担保法律制度体系的基础，独立担保只能在国际商事交易中使用，不能在国内市场交易中运用。"其后，在多起案件中，最高人民法院也持同样的态度，仅为了促进国际商事贸易，许可独立担保在国际商事交易中使用。

3. 独立担保无效的处理

《民法典担保制度解释》第 2 条第 1 款规定了独立担保的两种情形，第一种是典型的独立担保约款，即当事人在担保合同中约定担保合同的效力独立于主合同。另一种是非典型的独立担保约款，即约定担保人对主合同无效的法律后果承担担保责任，是新担保司法解释新增的独立担保类型。新担保司法解释之所以新增此种非典型的独立担保约款，是因为该种约款的法律效果实质与第一种典型的独立担保约款的法律效果实质上等同，即担保责任的承担不受主合同无效的影响。

该司法解释对当事人有关独立担保约款的效力持明确的否定态度，认为有担保独立性的约定"无效"。对于这种"无效"，后续如何处理，该司法解释是按照《民法典》第 156 条的规定，"民事法律行为部分无效，不影响其他部分效力的，其他部分仍然有效"，独立担保条款无效，不影响担保合同的效力。换言之，当事人之间的担保合同仍然有效，仅仅是独立担保约款无效。《九民纪要》同样是认为有担保独立性的约定"无效"，但"无效"的后续处理，是适用法律行为转换理论。《九民纪要》第 54 条规定，"根据'无效法律行为的转换'原理，在否定其独立担保效力的同时，应当将其认定为从属性担保。此时，如果主合同有效，则担保合同有效，担保人与主债务人承担连带保证责任。主合同无效，则该所谓的独立担保也随之无效，担保人无过错的，不承担责任；担保人有过错的，其承担民事责任的部分，不应超过债务人不能清偿部分的三分之一"。其主要理论是，担保人既然愿意承担独立担保责任，即使主债务人因为合同无效不再承担合同义务，担保人依然愿意承担责任，其承担责任的意愿强度超过连带保证，则可以拟制其意思为不可能抗拒承担连带保证责任。

两种处理方式的不同，导致法律效果的不同，主要是担保人承担的是一般保证还是连带保证。主合同有效时，依据《九民纪要》担保人承担连带保证责任；依据《民法典担保制度解释》承担一般保证责任。《九民纪要》发布之时，保证方式没有约定或约定不明的，适用《担保法》相关规定承担连带保证责任，而《民法典》对此作出了不同于《担保法》的制度安排，修改为"一般保证"。根据《民法典担保制度解释》第 25 条规定，担保人若在合同中没有约定"保证人在债务人不履行债务或者未偿还债务时即承担保证责任、无条件承担保证责任等类似内容，不具有债务人应当先承担责任的意思表示的"，人民法院应认定为一般保证。

（三）独立保函

1. 独立保函的概念

独立保函，是指开立人以书面形式向受益人出具的，同意在受益人请求付款并提交符合保函要求的单据时，向其支付特定款项或在保函最高金额内付款的承诺。① 随着经济全球化及经济交往数字化，国内企业参与国际市场合作和竞争步伐加快，独立保函在国际贸易和国内交易中被广泛采用。我国司法实务正是基于这一事实，对独立保函制度不断加深认识。独立保函被认为是一种新型担保，以"独立性"与"单据性"为主要特征，只要受益人在规定的期限内提交了相应的索赔单据，担保人即应在独立保函规定的金额范围内履行付款义务，除非存在受益人明显的欺诈和对有关单证的伪造，否则担保人不得提出除独立保函之外的其他任何抗辩。②

关于独立保函的性质，有学者认为其为法定的独立担保。根据《民法典》第 388 条第 1 款和第 682 条第 1 款的规定，无论是物保还是人保，都只承认"法律另有规定"才能成立独立担保。此两处的"法律"应作广义解释，包括四个位阶：第一位阶是全国人大及其常委会制定的法律；第二位阶是国务院制定的行政法规；第三位阶是地方法规；第四位阶是规章，包括部门规章和地方规章。中国银行规定各商业银行可以进行保函业务，就属于此处广义的法律规定，自然包括独立保函。③

也有学者认为其为一种新的担保形式，未纳入传统人保范畴。理由为：一方面，《九民纪要》和《民法典担保法解释》均规定了独立保函纠纷案件依据最高人民法院《关于审理独立保函纠纷案件若干问题的规定》（以下简称《独立保函规定》）处理；另一方面，《独立保函规定》第 3 条第 2 款明确规定，"当事人以独立保函记载了对应的基础交易为由，主张该保函性质为一般保证或连带保证的，人民法院不予支持"。第 3 款规定，"当事人主

---

① 最高人民法院民商审判第二庭编著：《〈全国法院民商事审判工作会议纪要〉理解与适用》，人民法院出版社 2019 年版，第 346 页。

② 南京市中级人民法院课题组：《涉独立保函审判实务》，载南京审判网。

③ 刘贵祥：《民法典关于担保的几个重大问题（上）》，载《法律适用》2021 年第 1 期。

张独立保函适用民法典关于一般保证或连带保证规定的，人民法院不予支持"。此即确认了独立保函的法律定位，认为独立保函是以交付的单据为付款条件，与信用证性质相同，属于一种特殊的信用证，不属于法定的担保方式，因此不适用保证的规定。

通说认为独立保函主要指当前法律所认可的银行或者非银行金融机构开立的独立保函。此种独立保函的法律定位，从《九民纪要》"从属性是担保的基本属性，但由银行或者非银行金融机构开立的独立保函除外"，"不符合法定要求的独立担保，主要是指银行和非银行金融机构之外的其他主体出具的独立保函。此种独立保函，因为不符合独立保函的法定要求，不具有独立保函的效力"等规定和论述，可得知《九民纪要》认为银行或者非银行金融机构开立的独立保函属于法定独立担保范畴。

为促进国际商事交易的发展，司法实务一直承认国际贸易领域内的独立保函的法律效力，但一直不承认国内独立保函的法律效力。但司法实务区分国内、国际不同领域而区别对待独立保函的效力，不利于国内金融的创新，同样会危及交易安全。面对市场发展和金融创新的需要，最高人民法院在制定《独立保函规定》这一司法解释过程中，充分考虑到国内商事交易中银行等金融机构大量使用独立保函的事实，如果不对其合法性进行确认，不仅使商事交易面临巨大的法律风险，也不符合客观实际。为此，2016年《独立保函规定》采取折中做法，一方面，将独立保函的开立主体限定金融机构，包括银行或非银行金融机构，除此之外，司法解释不承认其他主体开立独立保函的法律效力。另一方面，承认独立保函在国内交易领域的法律效力，独立保函不具有涉外因素并不导致合同无效，一方当事人以独立保函不具有涉外因素为由主张独立保函无效的，人民法院不予支持。这一规定部分改变了此前司法实务有关国内商事贸易不适用独立保函的一贯态度。

2. 独立保函的构成要件

根据《独立保函规定》第1条第1款"本规定所称的独立保函，是指银行或非银行金融机构作为开立人，以书面形式向受益人出具的，同意在受益人请求付款并提交符合保函要求的单据时，向其支付特定款项或在保函最高金额内付款的承诺"的规定，并结合最高人民法院法官起草的《〈关于审理独立保函纠纷案件若干问题的规定〉的理解和适用》一文的观点，通说认为独立保函应具备五个构成要件。

一是开立主体的特殊性。开立人限于银行或非银行金融机构。金融机构包括政策性银行、商业银行、农村合作银行、城市信用社、农村信用社、村镇银行、贷款公司、农村资金互助社、金融资产管理公司、信托公司、企业集团财务公司、金融租赁公司、汽车金融公司、货币经纪公司等。没有"金融许可证"的单位，如担保公司、融资租赁公司所开立的独立保函，均应认定为无效。但是最高人民法院《关于新民间借贷司法解释适用范围问题的批复》（法释〔2020〕27号）第1条规定："由地方金融监管部门监管的小额贷款公司、融资担保公司、区域性股权市场、典当行、融资租赁公司、商业保理公司、地方资产管理公司等七类地方金融组织，属于经金融监管部门批准设立的金融机构，其因从事相关金融业务引发的纠纷，不适用新民间借贷司法解释。"又将小额贷款公司、融资担保公司、区域性股权市场、典当行、融资租赁公司、商业保理公司、地方资产管理公司等界定为金融机构，其是否具有开立独立保函的资格，又将会引起司法实务和理论的争议。

二是要式性。独立保函必须采用书面形式。

三是开立人付款义务内容具有单务性、独立性、单据性特征。开立人单方允诺在一定条件下向受益人承担付款责任，而非在债务人不履行债务时代负履行责任。开立人不能请求受益人承担对待给付。开立人付款义务的付款条件是受益人请求付款且提交符合保函要求的单据。根据《独立保函规定》第1条第2款规定，"前款所称的单据，是指独立保函载明的受益人应提交的付款请求书、违约声明、第三方签发的文件、法院判决、仲裁裁决、汇票、发票等表明发生付款到期事件的书面文件"。可见单务性、独立性与单据性系独立保函的关键特征。

四是开立人抗辩权的单一性。独立保函独立于主债权债务，与主合同、主债权没有从属关系、附随关系，是对传统从属性担保的重大改变。独立保函不受主合同的效力、变更、消灭等情况的影响。除受益人欺诈或滥用权利外，开立人只能以受益人提交单据与独立保函文本规定不符为由提出抗辩，不享有主债人的抗辩权，也不享有一般保证人所享有的先诉抗辩权。

五是付款金额的确定性。独立保函必须载明最高付款金额或可确定的金额。

二、混合担保制度

实践中，债权人为充分保障其债权的实现设立混合担保的情形较为常见，即同一债权上既有主债务人或第三人提供的物的担保，又有第三人提供保证担保。而在混合担保中，多个担保人之间的担保责任顺序认定及追偿问题一直是司法实践中的难点问题，原因在于《担保法》《担保法解释》《物权法》对此规定并不一致，致使争议不断，随着《民法典》及《民法典担保制度解释》的出台，《担保法》和《物权法》被废除，法律适用得到统一，但相关争议问题仍未全部得到明确回应，值得我们仔细探究。

（一）担保责任顺序认定

1. 担保责任顺序的法律规定

细数我国混合担保中担保责任顺序的法律规定，可以发现，立法者的理念从以往的物保责任绝对优先，逐渐向约定优先、第三人物保与人保平等的方向发生转变，更为尊重当事人意思自治，体现私法自治精神。《担保法》第28条第1款规定，"同一债权既有保证又有物的担保的，保证人对物的担保以外的债权承担保证责任"。该规定基于物保效用更优的考虑，排除了当事人对担保责任顺序自主选择的可能性，也未将人保与物保置于平等地位对待，确立了物保责任绝对优先的顺序。《担保法解释》第38条第1款规定，"同一债权既有保证又有第三人提供物的担保的，债权人可以请求保证人或者物的担保人承担担保责任。当事人对保证担保的范围或者物的担保的范围没有约定或者约定不明的，承担了担保责任的担保人，可以向债务人追偿，也可以要求其他担保人清偿其应当分担的份额"。该规定明确了人保和第三人提供的物保之间的平等地位，也赋予了债权人自主选择的权利。《物权法》第176条规定，"被担保的债权既有物的担保又有人的担保的，债务人不履行到期债务或者发生当事人约定的实现担保物权的情形，债权人应当按照约定实现债权；没有约定或者约定不明确，债务人自己提供物的担保的，债权人应当先就该物的担保实现债权；第三人提供物的担保的，债权人可以就物的担保实现债权，也可以要求保证人承担保证责任。提供担保的第三人承担担保责任后，有权向债务人追偿"。

《民法典》第392条与《物权法》第176条规定一致。根据《民法典》

第 392 条规定，关于混合担保中担保责任顺序明确为：首先，充分尊重当事人的意思自治，在当事人就人保和物保的实现顺序有明确约定时，不论物保是债务人提供还是第三人提供，均应按照当事人的约定处理；其次，没有约定或者约定不明确时，基于债务人是本位上最终的债务承担者的考量，应当先就债务人提供的物保实现债权；最后，当物保由第三人提供时，人保和物保的地位平等，因其都不是最终的债务承担者，债权人无论选择哪一个实现债权，担保人都存在向债务人追偿的问题，为保障债权人的债权得以充分实现，应当尊重债权人的意愿，故法律赋予其选择权，允许债权人在此种情形下自主选择。

2. 对《民法典》第 392 条中"约定"的理解

《民法典》第 392 条中关于"约定"的表述先后出现了四次，分别体现在："债务人不履行到期债务或者发生当事人约定的实现担保物权的情形"，"债权人应当按照约定实现债权"，"没有约定或者约定不明确"。这里的"约定"是关于什么内容的约定、是谁与谁的约定、需要明确到何种程度，值得我们一一探讨。

约定内容，"债务人不履行到期债务或者发生当事人约定的实现担保物权的情形"中的"约定"内容，结合其文意及上下文语境，指的是在混合担保中，除"债务人不履行到期债务"之外，实现担保物权的情形，即关于各担保权可得行使的条件。"债权人应当按照约定实现债权"中的"约定"，指的是在混合担保中，债权人选择人保与物保实现债权的内容，既包括对人保与物保之间责任顺序的选择，也包括对人保与物保责任份额或分担范围的选择。"所谓当事人的约定，包括当事人可以约定无论在何种情形下，债权人均可自由选择实现任何一种担保，当事人也可以约定即便物的担保是债务人提供的，债权人也必须先实现保证。"①"没有约定或者约定不明确"中的两个"约定"，结合其后文"债务人自己提供物的担保的，债权人应当先就该物的担保实现债权"来看，这里的"约定"与"债权人应当按照约定实现债权"中的"约定"内容相同，即债权人选择人保与物保实现债权的内容。

---

① 程啸：《混合共同担保中担保人的追偿权与代位权》，载《政治与法律》2014 年第 6 期。

约定主体，前文已述，《民法典》第392条中涉及的四个"约定"，从内容上大致分为两类，一类是第一个"约定"，系实现担保物权的约定，另一类是后三个"约定"，系债权人实现债权的约定。那么两种不同类型的"约定"的主体是否也有所不同呢？通说认为，虽然两类"约定"的内容不同，但"实现担保物权"与通过行使担保权"实现债权"的主体均系债权人与担保人，故关于两类"约定"的主体以分析"债权人应当按照约定实现债权"中的"约定"主体为例进行统一阐述。"债权人应当按照约定实现债权"的"约定"原则上是债权人与保证人、物上担保人之间的约定，而不能仅仅只是债权人与个别担保人之间的约定。① 该约定的一方主体是债权人，另一方主体是全部担保人。

但实践中亦不乏债权人与个别担保人之间就实现债权进行约定的情形。如果仅是债权人与个别担保人之间的约定，原则上对其他担保人不产生拘束力。但是，并非意味着债权人与个别担保人之间的约定均为无效，还应就该约定是否侵害其他担保人利益进行区别对待。若个别担保人与债权人约定，债权人有权首先向个别担保人主张权利，则个别担保人将面临先承担担保责任所带来的顺序不利以及之后追偿环节的各种风险，那么其他担保人则享有后承担担保责任的顺序利益，对其他担保人有利无害，同时，也具有限制或赋予债权人选择权行使的作用，此类约定应为有效。

约定"明确"，结合《民法典》第392条前句上下文语境，只有在当事人对人保与物保之间的责任顺序、份额或责任承担范围约定明确的情形下，债权人才能"按照约定实现债权"。最为理想的情形即是，债权人与全部担保人共同签订担保合同，并在担保合同中约定人保与物保之间的责任顺序或份额责任，约定明确，不易发生争议。但从担保纠纷司法实践来看，由三方或多方共同签订担保合同的，占比极小。更为普遍的是，债权人与保证人、物上担保人分别签订担保合同，在各自担保合同中约定责任顺序或责任份额的情形。正如前述，"债权人应当按照约定实现债权"的"约定"目的在于确定或限制人的担保与物的担保并存时债权人的选择权，只要当事人之间的约定内容达到了这一程度，即应认定为当事人之间就债权人实

---

① 王利民：《物权法研究》（下卷），中国人民大学出版社2016年版，第1112页。

现其债权有了明确约定。① 此时，判断该约定是否明确而有效的标准，应当回到约定确定或限制债权人的选择权这一关键点上来。对于各自合同中约定相符的情形，因不同合同中关于担保的实现顺序约定相符，呈现内在统一的效果，自然属于约定明确而有效的情形。譬如，保证合同中约定物保优先，物保合同中亦约定物保优先，两份合同中关于担保的实现顺序约定相符，呈现内在统一，债权人应当先就物保实现债权。

对于各自合同中约定不符的情形，又可细分为两种情形：一种情形是约定相悖，即在各自合同中约定其他担保人优先承担担保责任的情形，另一种情形是约定相对，即在各自合同中约定无论存在何种情形，债权人有权要求本合同项下担保人承担担保责任，同时放弃顺序利益的抗辩的情形。前一种情形既存在两个担保合同约定不符的情形，又存在加重其他担保人责任的情形，损害了其他担保人的利益，对其他担保人不应当产生拘束力，此种情形应当视为约定不明，债权人无法依据约定实现债权。后一种情形在金融机构借款（反）担保合同中较为常见，债权人与担保人签订担保合同，约定无论发生何种情形，债权人均有权要求本合同项下担保人承担担保责任，担保人不提出任何异议。其约定内容看似未对担保责任顺序进行明确约定，实则担保人已自愿放弃顺序利益的抗辩，基于对当事人意思自治的尊重，债权人有权依据约定选择主张担保权利的对象。

例如，最高人民法院审理的某银行与某置业公司等人金融借款合同纠纷案，案涉主债权担保，既有债务人某置业公司提供的在建工程及土地使用权抵押担保，又有保证人郑州某公司、江苏某公司、河南某置业公司、河南某投资公司、张某中、吴某伟、王某、侯某涛、杨某、唐某、谷某、李某耀、黄某花提供的连带责任保证。《抵押合同》《最高额抵押合同》《保证合同》《本金最高额保证合同（自然人版）》中均约定"无论某银行对主合同项下的债权是否拥有其他担保（包括但不限于保证、抵押、质押、保函、备用信用证等担保方式），不论上述其他担保何时成立、是否有效、某银行是否向其他担保人提出权利主张，也不论是否有第三方同意承担主合同项下的全部或部分债务，也不论其他担保是否由债务人自己提供，保证

---

① 高圣平：《担保法前沿问题与判解研究（第四卷）——最新担保法司法政策精神阐解》，人民法院出版社 2019 年版，第 74 页。

人在本合同项下的保证责任均不因此减免，某银行可直接要求保证人依照本合同约定在其保证范围内承担保证责任，保证人将不提出任何异议"。原审法院认为，"该约定就实现被担保债权中对物的担保和人的担保的顺序约定不明确"。最高人民法院认为，"《中华人民共和国物权法》第一百七十六条规定：'被担保的债权既有物的担保又有人的担保的，债务人不履行到期债务或者发生当事人约定的实现担保物权的情形，债权人应当按照约定实现债权；没有约定或者约定不明确，债务人自己提供物的担保的，债权人应当先就该物的担保实现债权。'该法律明确规定了确保债务担保效力实现赋予债权人、债务人、担保人债权实现方式及顺序的自由选择权，其立法本意是充分尊重民事活动意思自治原则，鼓励自由交易，确保交易安全及市场秩序。因此，当事人对债权担保方式、实现顺序作出明确具体的约定，债权人就有权按照约定方式实现债权，而不必坚持物权优先原则。案涉条款关于物的担保和人的担保实现的约定明确而具体，按照通常解释其真实意思表示为某银行有权要求郑州某公司、江苏某公司、河南某置业公司、河南某投资公司、张某中、吴某伟、王某、侯某涛、杨某、唐某、谷某、李某耀、黄某花之一或者任意组合（以单一抵押、担保合同签订主体为一组）承担担保责任，而且在某银行按照其意愿主张实现债权时，上述保证人、抵押人均放弃要求债权人先向其他担保人主张权利的抗辩。换言之，某银行对于债务人某置业公司提供的物保与保证人郑州某公司、江苏某公司、河南某置业公司、河南某投资公司、张某中、吴某伟、王某、侯某涛、杨某、唐某、谷某、李某耀、黄某花提供的人保享有同等的主张担保责任的权利，有权任意选择其一或者全部主张权利"。[1]

3. 是否存在格式条款控制规则的适用空间

为控制风险、节约成本、提高效率，金融机构普遍存在采用示范文本的情形，因此，对担保责任顺序进行约定的条款在金融机构借款（反）担保合同中十分常见，由此也产生该条款是否适用格式条款控制规则的争议。根据《民法典》第496条"格式条款是当事人为了重复使用而预先拟定，并在订立合同时未与对方协商的条款。采用格式条款订立合同的，提供格式条款的一方应当遵循公平原则确定当事人之间的权利和义务，并采取合理的方式提示

---

[1] 最高人民法院（2019）最高法民终103号民事判决书。

对方注意免除或者减轻其责任等与对方有重大利害关系的条款，按照对方的要求，对该条款予以说明。提供格式条款的一方未履行提示或者说明义务，致使对方没有注意或者理解与其有重大利害关系的条款的，对方可以主张该条款不成为合同的内容"之规定，认定格式条款应当同时满足"当事人为了重复使用而预先拟定"以及"在订立合同时未与对方协商"两个情形。前一种情形容易证明，但后一种情形证明起来较为困难。金融机构提供的示范文本中一般会对此类条款采用"足以引起对方注意"的文字、符号、字体等特别标识进行特别提示，已在担保合同上签字的担保人主张提供格式条款的一方未履行提示或者说明义务，难以得到支持。

格式条款并非天然的无效条款，依法成立的合同中的格式条款，除非符合法律规定的无效情形，否则与其他合同条款一样对合同当事人有着同样的约束力。根据《民法典》第497条规定，"有下列情形之一的，该格式条款无效：（一）具有本法第一编第六章第三节和本法第五百零六条规定的无效情形；（二）提供格式条款一方不合理地免除或者减轻其责任、加重对方责任、限制对方主要权利；（三）提供格式条款一方排除对方主要权利"。提供格式条款一方不合理地免除或者减轻其责任、加重对方责任、限制对方主要权利，或者排除对方主要权利的格式条款无效。在具有无偿性的担保交易中，债权人仅享有权利，不承担义务和责任，因而不存在免除其自身责任的问题。担保人签订担保合同，承担约定的担保责任，格式条款要求其承担担保责任亦未加重其责任。至于担保合同中担保人权利主要体现为承担担保责任后向债务人追偿，但该权利并不属于担保合同约定范围。至于担保人的顺序利益，并不构成其在担保合同中的主要权利，且根据《民法典》第392条的规定，该顺序利益允许当事人依约定予以排除适用，排除其适用也没有加重担保人的责任。

（二）放弃物保及其顺位对保证人责任的影响

1. 放弃债务人物保及其顺位的法律规定

《物权法》第194条第2款规定，"债务人以自己的财产设定抵押，抵押权人放弃该抵押权、抵押权顺位或者变更抵押权的，其他担保人在抵押权人丧失优先受偿权益的范围内免除担保责任，但其他担保人承诺仍然提供担保的除外"。《民法典》第409条第2款规定，"债务人以自己的财产设定抵押，抵押权人放弃该抵押权、抵押权顺位或者变更抵押权的，其他担保人在抵押权人丧失优先受偿权益的范围内免除担保责任，但是其他担保人承诺仍然提供担保的除外"。《物权法》第 218 条规定，"质权人可以放弃质权。债务人以自己的财产出质，质权人放弃该质权的，其他担保人在质权人丧失优先受偿权益的范围内免除担保责任，但其他担保人承诺仍然提供担保的除外"。《民法典》第 435 条规定，"质权人可以放弃质权。债务人以自己的财产出质，质权人放弃该质权的，其他担保人在质权人丧失优先受偿权益的范围内免除担保责任，但是其他担保人承诺仍然提供担保的除外"。

《民法典》的上述两条规定均是对《物权法》的上述两条规定的继承，仅在个别文字上进行删减。由于债务人是本位上的债务承担者，其他担保人仅是代其承担责任，在担保人承担担保责任后，仍然对债务人享有法定追偿权。上述规定亦是基于此种考量，根据自物担保物权实现在先的规则，自己提供物保的债务人处于第一责任顺位，其他担保人作为第二顺位的责任人，享有顺位利益。因此，在债务人自己提供物保的情况下，债权人应先就债务人提供的物保实现债权，若债权人放弃债务人提供的物保，为确保处于第二责任顺位的保证人的保证责任不受不利影响，保证人在债权人放弃优先受偿权范围内免责。

例如，最高人民法院审理的北大荒担保公司与三江缘公司、中国建设银行股份有限公司哈尔滨农垦支行、七星公司、宏达公司、华龙公司、稻福公司等人追偿权纠纷和担保合同纠纷案，最高人民法院认为，同一债权上既有人的担保，又有债务人提供的物的担保，因债权人与债务人的共同过错致使本应依法设立的质权未设立，保证人对此并无过错的，债权人应对质权未设立承担不利后果。《物权法》第 176 条对债务人提供的物保与第三人提供的人保并存时的债权实现顺序有明文规定，保证人对先以债务人的质物清偿债务存在合理信赖，债权人放弃质权损害了保证人的顺位信赖利益，保证人应依《物权法》第 218 条的规定在质权人丧失优先受偿权益的范围内免除保证责任。[①]

---

① （2017）最高法民申 925 号民事裁定书，源于最高人民法院公报案例 2018 年第 1 期。

2. 除外情形的理解

为尊重当事人意思自治,《民法典》第 409 条第 2 款对"自物担保物权实现在先"的规则也规定了除外情形,即"但是其他担保人承诺仍然提供担保的除外"。通说认为,这个除外情形应当是,当债权人应就债务人提供的物保优先实现债权时,债权人放弃抵押权、质权或抵押权、质权的顺位或变更该抵押权、质权的,保证人有权主张免责,但保证人承诺仍然提供担保的除外。换言之,保证人放弃了其在第二顺位承担担保责任的顺位利益,自愿承担第一顺位担保责任。故该除外情形针对的是保证人在第二顺位的情形,若基于保证人优先承担担保责任的约定等情形,保证人本来就处于担保责任的第一顺位,债权人放弃抵押权、质权或抵押权、质权的顺位或变更该抵押权、质权时,对保证人的顺位利益并无影响,则保证人无权主张免责。

3. 放弃第三人物保对保证人责任的影响

虽然关于抵押权人放弃第三人提供的物保对保证人责任产生何种影响,《民法典》第 409 条第 2 款并未作出明确规定,但基于同样的原理,亦可推出,若担保合同约定第三人提供的物保优先于人保实现时,债权人放弃顺位在先的物保,将影响顺位在后的保证人的顺位利益,保证人亦可类推适用《民法典》第 409 条第 2 款规定,主张在债权人放弃优先受偿权益范围内免责。但若第三人提供的物保与保证人之间处于同一顺位,保证人不享有顺位利益时,债权人放弃第三人提供的物保对保证人承担担保责任不产生影响,则保证人不得主张免除相应责任。

(三)担保人之间的追偿问题

1. 担保人之间追偿的法律规定

在债权人行使实现债权的选择权,保证人或物上担保人向债权人承担担保责任之后,承担担保责任的担保人,除向债务人行使求偿权之外,能否向其他担保人求偿?对此,《担保法》《物权法》《民法典》均未明确回应,仅《担保法解释》第 38 条第 1 款规定"同一债权既有保证又有第三人提供物的担保的,债权人可以请求保证人或者物的担保人承担担保责任。当事人对保证担保的范围或者物的担保的范围没有约定或者约定不明的,承担了担保责任的担保人,可以向债务人追偿,也可以要求其他担保人清偿其应当分担的份额",在当事人没有约定或约定不明的情况下,肯定了担保人之间的法定追偿权。

但因《物权法》对担保人之间的追偿权未进行规定,在《担保法》《担保法解释》和《物权法》同时存在的前提下,能否追偿在司法审判中存在较大争议。例如,赵某等与华商智汇传媒股份有限公司追偿权纠纷案,根据新法优于旧法的原则,《担保法》及其司法解释中有关担保人之间可以相互追偿的规定,因与《物权法》产生冲突,不再适用,各方当事人之间另有约定的除外。因此,担保人在承担担保责任后,仅能向债务人追偿,而无权向其他担保人追偿。①

直到《九民纪要》出台,把追偿权问题法律适用冲突进行了厘清。《九民纪要》第56条规定,"被担保的债权既有保证又有第三人提供的物的担保的,担保法司法解释第38条明确规定,承担了担保责任的担保人可以要求其他担保人清偿其应当分担的份额。但《物权法》第176条并未作出类似规定,根据《物权法》第178条关于'担保法与本法的规定不一致的,适用本法'的规定,承担了担保责任的担保人向其他担保人追偿的,人民法院不予支持,但担保人在担保合同中约定可以相互追偿的除外"。显然,《九民纪要》认为担保人之间不能相互追偿,这也为之后《民法典》及《民法典担保制度解释》中并无法定追偿权,只有约定追偿权埋下伏笔。

《民法典》第392条规定,"被担保的债权既有物的担保又有人的担保的,债务人不履行到期债务或者发生当事人约定的实现担保物权的情形,债权人应当按照约定实现债权;没有约定或者约定不明确,债务人自己提供物的担保的,债权人应当先就该物的担保实现债权;第三人提供物的担保的,债权人可以就物的担保实现债权,也可以请求保证人承担保证责任。提供担保的第三人承担担保责任后,有权向债务人追偿"。《民法典担保制度解释》第13条规定,"同一债务有两个以上第三人提供担保,担保人之间约定相互追偿及分担份额,承担了担保责任的担保人请求其他担保人按照约定分担份额的,人民法院应予支持;担保人之间约定承担连带共同担保,或者约定相互追偿但是未约定分担份额的,各担保人按照比例分担向

---

① 最高人民法院民事审判第二庭:《最高人民法院民法典担保制度司法解释理解与适用》,人民法院出版社2021年版,第189页。

债务人不能追偿的部分。同一债务有两个以上第三人提供担保，担保人之间未对相互追偿作出约定且未约定承担连带共同担保，但是各担保人在同一份合同书上签字、盖章或者按指印，承担了担保责任的担保人请求其他担保人按照比例分担向债务人不能追偿部分的，人民法院应予支持。除前两款规定的情形外，承担了担保责任的担保人请求其他担保人分担向债务人不能追偿部分的，人民法院不予支持"。

《民法典》第 392 条虽未规定追偿权，但也未禁止追偿权之约定，而《民法典担保制度解释》第 13 条规定中出现关于约定追偿权的内容非常值得关注。该规定适用于同一债务有两个以上第三人提供担保，不再区分第三人提供的担保的性质，即将之前关于第三人提供不同担保性质的"连带共同保证""混合担保""同一债权有两个以上抵押人"的三种情形统一到本规定来，既进一步彰显了对人保和第三人物保平等地位的保护，亦促进担保交易实践往更加统一、便捷和高效的方向发展。

2. 约定追偿权的行使和范围问题

《民法典担保制度解释》关于约定追偿权的行使和范围也有明确规定，具体可分为三种情形。情形一，担保人之间对相互追偿及分担份额有明确约定时，已承担担保责任的担保人，无须先向债务人追偿，可依约直接向担保人追偿，并且追偿范围以承担了担保责任的数额为限。情形二，担保人之间约定承担连带共同担保，或仅约定相互追偿但未约定分担份额时，已承担担保责任的担保人，必须先向债务人追偿之后，才能以债务人不能追偿的部分为限，向其他担保人追偿，要求其他担保人按比例分担。情形三，担保人虽未约定相互追偿且承担连带共同担保，但各担保人在同一份主合同上签字，视为各担保人之间就相互追偿或承担连带共同担保形成共同意思表示，已承担担保责任的担保人，亦必须先向债务人追偿，就债务人不能追偿的部分，才能要求其他担保人按照比例分担。基于债务人是最终的债务承担者以及减少担保人追偿的烦琐的考量，在无特别约定时，为提高效率，减少诉讼，该规定鼓励各担保人先向债务人追偿，担保人行使追偿权须以向债务人追偿为前置程序。

3. 约定追偿权之份额确定

根据《民法典担保制度解释》第 13 条规定，担保人之间对追偿权有约定时，承担了担保责任的担保人有权向其他担保人追偿。至于追偿的份额，有明确约定时，遵从约定；无明确约定时，视不同情况用两种处理方式应对，更显公平。一种是在每个担保人都提供了足额担保的情况下，按照担保人的人数平均分摊份额，此种方案简单、公平、高效。另一种是在担保人提供的担保物价值低于保证债务数额时，按比例分摊，更为符合担保人提供担保时对其承担责任风险的预计，也符合担保人在其提供的担保物价值范围内承担担保责任的原则。

综上所述，混合担保的责任顺序首先根据当事人的约定予以明确，当事人约定债权人对实现债权享有选择权时，应当视为约定明确，由债权人确定担保实现方式。在没有约定或约定不明时，债务人提供的物保优先于人保实现债权，第三人提供的物保与人保地位平等。债权人放弃物保，保证人是否免责，应当视保证人的顺位利益是否受损而定。在债务人提供的物保和人保并存时，保证人享有的第二顺位利益因债权人放弃物保受损的，其可以主张免除相应责任，保证人通过约定放弃顺位利益的，其不再享有顺位利益，更无受损之说，则不能主张免责。虽然《民法典》未规定担保人之间的法定追偿权，但《民法典担保制度解释》认可约定追偿权。故给予担保人在担保交易实践中尽量通过约定追偿权或次要担保顺位的方式降低或分散责任风险的启示。担保人之间约定追偿权时，按约定确定追偿份额；份额约定不明时，按各担保人担保范围之比例确定。

三、未办理登记的不动产抵押之抵押人责任

（一）未办理登记的不动产抵押中抵押人责任法律规定

关于未办理登记的不动产抵押合同的效力如何，《物权法》担保物权中已规定为有效合同，合同效力部分不存在争议，争议的是抵押人责任承担。《物权法》第 15 条已将合同效力和物权效力进行区分，"当事人之间订立有关设立、变更、转让和消灭不动产物权的合同，除法律另有规定或者合同另有约定外，自合同成立时生效；未办理物权登记的，不影响合同效力"。第 187 条规定，"以本法第一百八十条第一款第一项至第三项①规定的财产

---

① 建筑物和其他土地附着物；建设用地使用权；以招标、拍卖、公开协商等方式取得的荒地等土地承包经营权。

或者第五项规定的正在建造的建筑物抵押的，应当办理抵押登记。抵押权自登记时设立"。可见，根据《物权法》相关规定，对于不动产抵押，采登记要件主义，抵押权自登记时设立，未登记的债权人未取得抵押权，不享有抵押物的优先受偿权。但对未办理登记的不动产抵押合同有效时抵押人责任承担如何确定无明确规定。

未办理登记的不动产抵押中抵押人责任确定在立法尚处空白之时，很多案件倾向于保护债权人权益，常常判定担保人需承担担保责任，但也有很多判例严守物权公示主义原则，判定担保人不承担担保责任。

案例：李某莉与朱某文、朱某惠借款及担保合同纠纷

2014 年江苏省新沂市人民法院在审理李某莉与朱某文、朱某惠借款及担保合同纠纷时，即简单适用《物权法》不动产抵押权登记设立的规定。以涉案抵押房屋未办理抵押登记为由，判决驳回了李某莉对朱某惠提出的承担清偿债务责任的诉讼请求。

该一审判决生效后，李某莉向新沂市人民法院申请再审被驳回，其随即向新沂市人民检察院申请监督。该院审查认为，李某莉与朱某惠的抵押合同有效，朱某惠应在抵押物价值范围内承担担保责任，遂向江苏省新沂市人民法院提出再审检察建议。该再审检察建议未得到采纳后该院向徐州市检察院提请抗诉。徐州市检察院审查认为原审判决适用法律错误，遂于 2018 年向徐州市中级人民法院提出抗诉。徐州市中级人民法院审查后作出民事裁定，指令江苏省新沂市人民法院再审本案。江苏省新沂市人民法院于 2019 年 12 月 23 日作出再审判决，改判朱某惠以涉案房屋价值为限对朱某文不能清偿的债权承担赔偿责任。

该再审改判与《九民纪要》的及时出台不无关系，虽然江苏省新沂市人民法院再审判决仍然坚持一审观点认为未办理登记的不动产抵押抵押人不承担担保责任，仅仅因为过错造成债权人无法行使抵押登记请求权承担违约赔偿责任，但立场已有微妙变化。如果说之前对未办理登记的不动产抵押合同效力及抵押人责任承担如何确定在司法实务中未形成共识，那么相关争议在《九民纪要》及《民法典担保制度解释》后应当戛然而止。

（二）《九民纪要》第 60 条的理解

《九民纪要》第 60 条规定，"不动产抵押合同依法成立，但未办理抵押登记手续，债权人请求抵押人办理抵押登记手续的，人民法院依法予以支持。因抵押物灭失以及抵押物转让他人等原因不能办理抵押登记，债权人请求抵押人以抵押物的价值为限承担责任的，人民法院依法予以支持，但其范围不得超过抵押权有效设立时抵押人所应当承担的责任"。

该条中的"承担责任"有观点认为系违约损害赔偿责任，未办理登记的不动产抵押合同中的债权人因抵押权未依法设立，只能依据抵押合同请求抵押人承担违约责任，包括要求抵押人继续履行办理抵押登记义务，或在抵押物灭失、转让他人等原因不能办理抵押登记情况下的违约损害赔偿责任。另有观点认为该"承担责任"系担保责任，未办理登记的不动产抵押合同有效，债权人即可依据合同要求抵押人承担抵押合同上的担保义务，此种担保在性质上属于债权，是介于保证担保和抵押权担保之间的非典型担保，兼具保证担保和抵押权担保的一些特点，是特定物债权担保。

《九民纪要》对此未过多进行论述，而是搁置争议，明晰了上述裁判规则，但结合其"要坚持区分原则"即区分导致物权变动的合同等原因行为和物权变动的关系，明确未完全物权变动不影响合同效力，据此，未办理登记的不动产抵押合同、因无法定登记机构而未能进行登记的非典型担保尽管不具有物权效力，但不影响合同效力，因而具有债的效力。[①] 可以看出该条中的抵押物的价值为限承担责任系担保责任。

（三）《民法典担保制度解释》第 46 条的理解

之后的《民法典担保制度解释》关于该问题的规定在《九民纪要》基础上兼采两种观点进行了区分融合。《民法典担保制度解释》第 46 条规定，"不动产抵押合同生效后未办理抵押登记手续，债权人请求抵押人办理抵押登记手续的，人民法院应予支持。抵押财产因不可归责于抵押人自身的原因灭失或者被征收等导致不能办理抵押登记，债权人请求抵押人在约定的担保范围内承担责任的，人民法院不予支持；但是抵押人已经获得保险金、赔偿金或者补偿金等，债权人请求抵押人在其所获金额范围内承担赔偿责

---

① 最高人民法院民商审判第二庭编著：《〈全国法院民商事审判工作会议纪要〉理解与适用》，人民法院出版社 2019 年版，第 344 页。

任的，人民法院依法予以支持。因抵押人转让抵押财产或者其他可归责于抵押人自身的原因导致不能办理抵押登记，债权人请求抵押人在约定的担保范围内承担责任的，人民法院依法予以支持，但是不得超过抵押权能够设立时抵押人应当承担的责任范围"。

从《九民纪要》和《民法典担保制度解释》关于未办理登记的不动产抵押合同效力及抵押人责任承担规定，可以看出其对于抵押人责任承担的争议属于有选择的吸收认可。一方面，《民法典担保制度解释》第46条第2款前半段规定，抵押财产因不可归责于抵押人自身的原因灭失或者被征收等导致不能办理抵押登记，债权人请求抵押人在约定的担保范围内承担责任的，人民法院不予支持。这样规定明显否定了"不动产抵押合同有效但未办理抵押登记时，抵押人需承担担保责任"的立场。该条款后半段规定，"但是抵押人已经获得保险金、赔偿金或者补偿金等，债权人请求抵押人在其所获金额范围内承担赔偿责任的，人民法院依法予以支持"。这里的"赔偿责任"明显系抵押人违约对债权人的债权不能得到清偿时承担损害赔偿责任。另一方面，第46条第3款规定，因抵押人转让抵押财产或者其他可归责于抵押人自身的原因导致不能办理抵押登记，债权人请求抵押人在约定的担保范围内承担责任的，人民法院依法予以支持，但是不得超过抵押权能够设立时抵押人应当承担的责任范围。该条文虽然没有明确将抵押人的责任规定为担保责任，但"约定的担保范围内承担责任"解读为担保责任似乎更合情合理。

《九民纪要》《民法典》和《民法典担保制度解释》对于未办理登记的不动产抵押中抵押人的责任，抵押人善意不登记时则是"违约损害赔偿责任"立场；抵押人恶意不登记时是"担保责任"的立场。部分学者认为恶意不登记时"担保责任"立场应被摒弃，因为抵押合同签订是为了设立抵押权这种典型担保物权，合同中的合意不仅是建立担保关系的合意，还有担保方式的合意，如果在抵押权未成功设立时，抵押合同产生设立保证或者其他非典型担保的效力，是违背当事人本意的。而且这种立场一定程度上架空了不动产抵押权登记设立的公示要件，即是否登记不影响担保关系，只是影响担保种类。

但是，通说认为该种混合立场有其合理性。一是符合抵押人意思表示。当事人在设立抵押合同时具有设立担保的目的，抵押人有明确以抵押物提供担保的意思表示，抵押人和债权人并就此形成合意，债权人对抵押人愿意在抵押物价值范围内对债务人的债务承担清偿责任有合理预期。二是未不当加重抵押人责任。保证责任没有约定或约定不明时为一般保证已为《民法典》和《担保法解释》所确认，即使是将未办理登记的不动产抵押中抵押人的责任看作类似保证责任，因不会直接产生"连带清偿责任"的后果，则并不会导致抵押人承担不可预见并超出意思表示范围的清偿责任。三是若对恶意抵押人不科以担保责任，无疑容易使债权人陷入抵押担保"陷阱"。"未登记"不能归因于抵押人而其又未获代位物时，其不需承担违约损害赔偿责任或"担保责任"，获得代位物时，以代位物价值范围承担违约损害赔偿责任；"未登记"归因于抵押人时其才承担担保责任，这样对"未登记"又转移抵押物的抵押人科以担保责任，体现了法律对不诚信的抵押人行为持否定态度，有利于阻却不诚信抵押人恶意逃避担保责任，进而保障债权人合法权益，促进担保交易。四是不会产生过度保护债权人的效果。虽然"未登记"恶意抵押人被科以担保责任，但此种担保责任与抵押权仍有不同，抵押权的权利人可以就抵押物优先受偿，此种担保责任承担方式是"抵押人在约定的担保范围内承担责任"，看起来担保责任及于抵押人的其他财产似乎更有保障，但是这种担保责任是否能够兑现，取决于抵押人偿付能力，抵押权人（债权人）设立抵押时通常知悉抵押物的价值，而未必知悉抵押人的偿付能力，因此，这种风险和差异致使债权人并未获得与设立抵押权相同或相等的债权保障，亦不会出现过度保护债权人利益的结果。

四、公司法定代表人越权担保效力

（一）《公司法》相关规定及司法实践

2005 年《公司法》第 16 条规定，"公司向其他企业投资或者为他人提供担保，依照公司章程的规定，由董事会或者股东会、股东大会决议；公司章程对投资或者担保的总额及单项投资或者担保的数额有限额规定的，不得超过规定的限额。公司为公司股东或者实际控制人提供担保的，必须经股东会或者股东大会决议。前款规定的股东或者受前款规定的实际控制人支配的股东，不得参加前款规定事项的表决。该项表决由出席会议的其他股东所持表决权的过半数通过"。但是，对于公司的法定代表人或者其他人员违反该条规定的程序实施的对外担保行为效力如何认定，2005 年《公司法》并未予以规定。由于司法审判对该条文有不同理解，有人认为该规定是公司议事日程的内部规定，属于管理性规定，违反该规定的不直接导致公司对外合同无效；有人认为属于效力性规定，违反该条规定的担保合同无效。因此，公司法定代表人越权担保是否应由公司承担担保责任，实践中认定一直未尽统一。

例如，某区人民法院和某市中级人民法院在一、二审审理吴某威诉黄某炎、某房开公司借款合同案中，关于某房开公司是否应承担担保责任，某区人民法院一审认为：《民法通则》第 43 条规定，"企业法人对它的法定代表人和其他工作人员的经营活动，承担民事责任"，黄某炎的民事行为能代表公司，其以公司名义对外担保，当然属于公司的民事行为。即使法定代表人的授权未经公司权力机关批准或未获得有效授权，公司可以事后追究该法定代表人的责任，但不能因此否定该法定代表人代表公司作出的意思表示，否则将轻易摧毁商事活动中对方的信赖利益和信赖基础。《公司法》第 16 条的规定并非合同无效事由。因此，某房开公司担保有效，应当承担保证责任，承担保证责任后有权向黄某炎追偿。① 某房开公司以其不应承担保证责任为由提起上诉。某市中级人民法院经审理认为：上诉人某房开公司签订《借款担保合同》担保形式完备，内容不违反法律、法规有关效力性的强制性法律规定，应认定为构成合法有效的第三人保证，某房开公司应承担连带责任。遂判决驳回上诉，维持原判。

（二）《九民纪要》相关规定及司法实践

《九民纪要》在"关于公司纠纷案件的审理"中对公司法定代表人越权担保用 5 个条文进行梳理规定，相关裁判思路在之后的《民法典》和《民法典担保制度解释》中有修正和体现。在《九民纪要》之前对公司法定代表人越权担保效力问题因无明确法律依据，裁判者主要凭借对《公司法》第 16 条规定的理解和个案具体情况判断。对 2006 年至 2015 年全国法院审

---

① 国家法官学院案例开发研究中心：《中国法院 2017 年度案例·借款担保纠纷》，中国法制出版社 2017 年版，第 95 页。

结的 455 件公司未经法定程序对外担保的商事案件统计分析，可以看出，认定担保合同有效的判决占 49.8%，而认定担保合同无效的判决占 50.2%；在担保合同被认定无效的案件中，判令公司对担保相对人承担部分责任的占 67.4%，承担连带责任的占 23.6%，公司不承担责任的占 9%。[1]

实际上，此类案件的处理，涉及债权人、公司股东、其他债权人甚至公司出让时公司股权受让人等多方市场主体的利益，若对公司为他人提供担保普遍采取公司盖章或法定代表人签字即有效的司法态度，恐会出现大量法定代表人肆意对外提供巨额担保"掏空"公司资产损害股东利益的情况以及公司隐形担保债务难以审查而增大公司股权受让人交易风险。

为此，对于《公司法》第 16 条规范性质的不同认识，《九民纪要》采取代表权限制规范的折中说，不直接以该条的违反与否直接确定法定代表人越权担保合同的效力，认为该条文限制的是法定代表人的代表权限，法定代表人可以一般地代表公司对外从事行为，但对于担保行为，因其涉及公司以及股东的重大利益，不是法定代表人所能单独决定的事项，而必须要以公司股东（大）会、董事会等公司机关的决议作为法定代表人代表权的基础和来源。[2] 因此，《九民纪要》第 17 条规定，"为防止法定代表人随意代表公司为他人提供担保给公司造成损失，损害中小股东利益，《公司法》第 16 条对法定代表人的代表权进行了限制。根据该条规定，担保行为不是法定代表人所能单独决定的事项，而必须以公司股东（大）会、董事会等公司机关的决议作为授权的基础和来源。法定代表人未经授权擅自为他人提供担保的，构成越权代表，人民法院应当根据《合同法》第 50 条关于法定代表人越权代表的规定，区分订立合同时债权人是否善意分别认定合同效力：债权人善意的，合同有效；反之，合同无效"。紧接着第 18 条，将如何区分担保相对人的善意规定为："前条所称的善意，是指债权人不知道或者不应当知道法定代表人超越权限订立担保合同。《公司法》第 16 条对关联担保和非关联担保的决议机关作出了区别规定，相应地，在善意的判断标准上也应当有所区别。一种情形是，为公司股东或者实际控制人提

---

[1] 最高人民法院民商审判第二庭编著：《〈全国法院民商事审判工作会议纪要〉理解与适用》，人民法院出版社 2019 年版，第 179 页。

[2] 最高人民法院民商审判第二庭编著：《〈全国法院民商事审判工作会议纪要〉理解与适用》，人民法院出版社 2019 年版，第 181 页。

供关联担保,《公司法》第 16 条明确规定必须由股东(大)会决议,未经股东(大)会决议,构成越权代表。在此情况下,债权人主张担保合同有效,应当提供证据证明其在订立合同时对股东(大)会决议进行了审查,决议的表决程序符合《公司法》第 16 条的规定,即在排除被担保股东表决权的情况下,该项表决由出席会议的其他股东所持表决权的过半数通过,签字人员也符合公司章程的规定。另一种情形是,公司为公司股东或者实际控制人以外的人提供非关联担保,根据《公司法》第 16 条的规定,此时由公司章程规定是由董事会决议还是股东(大)会决议。无论章程是否对决议机关作出规定,也无论章程规定决议机关为董事会还是股东(大)会,根据《民法总则》第 61 条第 3 款关于'法人章程或者法人权力机构对法定代表人代表权的限制,不得对抗善意相对人'的规定,只要债权人能够证明其在订立担保合同时对董事会决议或者股东(大)会决议进行了审查,同意决议的人数及签字人员符合公司章程的规定,就应当认定其构成善意,但公司能够证明债权人明知公司章程对决议机关有明确规定的除外。债权人对公司机关决议内容的审查一般限于形式审查,只要求尽到必要的注意义务即可,标准不宜太过严苛。公司以机关决议系法定代表人伪造或者变造、决议程序违法、签章(名)不实、担保金额超过法定限额等事由抗辩债权人非善意的,人民法院一般不予支持。但是,公司有证据证明债权人明知决议系伪造或者变造的除外。"还规定了机关决议的例外情况,特殊情形下,即便债权人知道或者应当知道没有公司机关决议,也应当认定担保合同符合公司的真实意思表示,合同有效。

(三)《民法典》相关规定及司法实践

《九民纪要》的上述规定,在《民法典》第 61 条、第 504 条和《民法典担保制度解释》第 7 条中充分体现。《民法典》第 61 条规定,"依照法律或者法人章程的规定,代表法人从事民事活动的负责人,为法人的法定代表人。法定代表人以法人名义从事的民事活动,其法律后果由法人承受。法人章程或者法人权力机构对法定代表人代表权的限制,不得对抗善意相对人"。第 504 条规定,"法人的法定代表人或者非法人组织的负责人超越权限订立的合同,除相对人知道或者应当知道其超越权限外,该代表行为有效,订立的合同对法人或者非法人组织发生效力"。《民法典担保制度解释》第7条第1款规定，"公司的法定代表人违反公司法关于公司对外担保决议程序的规定，超越权限代表公司与相对人订立担保合同，人民法院应当依照民法典第六十一条和第五百零四条等规定处理：（一）相对人善意的，担保合同对公司发生效力；相对人请求公司承担担保责任的，人民法院应予支持。（二）相对人非善意的，担保合同对公司不发生效力；相对人请求公司承担赔偿责任的，参照适用本解释第十七条的有关规定"。

法定代表人超越权限提供担保造成公司损失，公司请求法定代表人承担赔偿责任的，人民法院应予支持。第1款所称善意，是指相对人在订立担保合同时不知道且不应当知道法定代表人超越权限。相对人有证据证明已对公司决议进行了合理审查，人民法院应当认定其构成善意，但是公司有证据证明相对人知道或者应当知道决议系伪造、变造的除外。同时，《民法典担保制度解释》第10条对《九民纪要》第19条"无须审查公司决议的例外情形"进行了修改，新增了一人有限责任公司为其股东提供担保，将关联担保中公司"直接或间接控制的公司"修改为"全资子公司"，删除了"公司与主债务人之间存在相互担保等商业合作关系"的情形。

《民法典》及《民法典担保制度解释》对公司法定代表人越权担保效力的规定随着其施行，逐渐在司法审判中适用。例如，安徽省亳州市谯城区人民法院一审审理邓某亮与杨某杰、开封市某假日酒店公司民间借贷纠纷时，关于假日酒店是否就其法定代表人越权担保承担连带保证责任问题，审理焦点就为债权人邓某亮是否对假日酒店公司决议尽到审查义务。该院一审认为，假日酒店为其法定代表人、股东杨某杰提供担保，该担保须经假日酒店股东会决议同意，否则属于越权代表，邓某亮在接受担保时应对假日酒店是否同意为上述债务提供担保的公司决议进行合理审查，但邓某亮所提交的证据不能证明其进行了合理审查，该担保对假日酒店不发生效力，且假日酒店并无过错，故对邓某亮要求假日酒店对案涉债务承担连带保证责任的诉讼请求，该院不予支持。

《民法典》阶段担保法律制度的变化非常多而且具体。例如，保证方式的推定规则变化，保证期间及保证债务诉讼时效修改，新增共同担保人之间享有内部追偿权的情形，共同保证中部分保证人未被主张保证责任的追偿，明确抵押期间抵押人无须抵押权人同意即可转让抵押财产，明确预告抵押登记优先受偿规则，正常经营买受人规则的适用范围由浮动抵押扩展到动产抵押，进一步完善了让与担保制度，进一步完善了保证金担保制度，主合同有效而担保合同无效、担保人有过错而债权人无过错的担保人由承担"连带赔偿责任"修改为"对债务人不能清偿的部分承担赔偿责任"等，不胜枚举。这些立法的观点、态度、精神，必将随着司法实践的适用引领我国担保法律制度走向开放、革新、成熟，让担保这一古老的商事制度在我国熠熠生辉，为我国经济高质量发展提供更加有力的法律服务和保障。

第四章　劳动争议案件检察监督

　　劳动争议案件是检察机关民事诉讼监督履职中涉及较多的案件类型，该类型案件性质复杂，涉及众多法律法规及政策性规章，监督难度大。同时 2021 年《民法典》的施行对劳动争议案件产生了深刻影响，这就要求检察机关在新的发展时期，要适应劳动争议的新特点、新趋势，不断提高劳动争议领域案件的法律监督水平，公平公正、精准高效地处理劳动争议，为劳动者在新形势下更好地维护自身合法权益提供坚实的检察保障，为企业营造平等保护、稳定公平的法治化营商环境。

第一节　劳动争议案件检察监督概述

一、劳动争议案件检察监督的概念

　　劳动争议案件检察监督是指检察机关作为国家法律监督机关，依照《宪法》第 134 条、《民事诉讼法》第 14 条，及《劳动合同法》《劳动法》《劳动争议调解仲裁法》等法律的规定，对审判机关审理劳动争议案件的民事诉讼活动实行法律监督。劳动争议案件检察监督是检察机关的一项重要监督职责，近年来，随着检察机关民事检察职能权威性的增强和影响力的提升，检察机关受理劳动争议类监督案件数量也逐年攀升，成为检察机关民事诉讼监督案件中占比较高的类型之一。近几年贵州省检察机关在对劳动争议案件进行监督的过程中，针对此类案件的特殊性开展精准监督并形成一些有效的经验做法，力争以更加有效的方式做好此类案件的法律监督工作。

二、劳动争议案件检察监督的特点

(一) 申请监督主体多元化

随着"互联网＋"模式的不断发展，改变了传统就业的方式，劳动者进入互联网平台，如网约配送员、网约驾驶员、货车司机、互联网营销师等依托互联网平台的就业人员，逐渐形成相对松散的新型劳动关系。虽然传统业的劳动者向检察机关提出监督申请的案件仍占据较大比重，但新型行业劳动者向检察机关提出监督申请的案件亦逐渐增多。而争议的原告方也不再像以往那样绝大部分由劳动者构成，越来越多的用人单位因不满劳动仲裁结果、劳动者违反竞业限制等原因而提起诉讼，继而在检察监督中也出现了用人单位不服法院判决而提出监督申请的情形。

(二) 申请监督案件类型多样化

劳动者与用人单位之间的矛盾，呈现出多样化趋势，涵盖劳动法律关系的方方面面。纠纷内容不再局限于追索劳动报酬、人身损害赔偿等简单纠纷，而是出现了如养老保险、工伤保险、经济补偿或赔偿金、公积金、年休假工资、超时加班劳动人事争议等纠纷。

(三) 申请监督系列案件较多

劳动争议案件具有较强的集体性特征，特别在我国企业改制、新旧动能转换等社会因素、经济因素的影响下，集体劳动争议案件数量不断增多，尤其在建筑业、制造业等劳动密集型行业，极易出现集体劳动争议案件，例如一旦企业资金链断裂，长期无法支付薪资，就会出现劳动者群体向检察机关申请监督要求追索劳动报酬的案件。

(四) 申请监督案件政策性强

国家对劳动市场的调控对于劳动争议案件的解决具有重要的指导意义。各地政府在国家的宏观指导下，制定了不同时期的劳动政策，从而使劳动争议案件带有强烈的政策性，检察机关在办理劳动争议诉讼监督案件中要熟悉法律规定，还要对繁杂的政策性文件进行了解，故对此类案件的监督难度较大。

三、劳动争议案件检察监督的意义

（一）有利于统一劳动领域案件的监督标准，提升监督质效

如果上下级检察机关对劳动领域案件的抗诉标准把握不一致，就会影响抗诉效果。特别是在抗诉必要性标准的把握方面，如何综合平衡实体正义与程序正义、法律效果与社会效果、法律规定与司法政策、维护司法既判力与弱势群体利益保护等，均需要通过类案标准加以指引。

（二）有利于统一裁判标准，防止同案不同判

在法院审判工作中此类案件同案不同判的情形尚存在，检察机关对类案进行审查、对比分析后作出的类案监督意见，能准确、全面地反映劳动领域违法问题的整体情况，突出相关违法问题的严重性，更容易引起法院重视，被法院接受，进而促进裁判标准的统一。类案监督在促进裁判标准统一的同时，亦有利于规范法官行使自由裁量权。

（三）有利于推动社会治理，有效防范化解风险

检察机关在对劳动领域类案进行审查的过程中，可以发现此类案件中存在的普遍性社会治理问题，进而在履行监督职能的同时针对这些问题向有关部门发出检察建议，促使其开展治理、改进工作，有效防范和化解重大风险。

第二节　民法典背景下的劳动争议

一、民法典与劳动法的关系

民法典是"社会生活的百科全书"，在法律体系中居于基础性地位，是市场经济的基本法，也是民事检察应当遵循的基本行为准则。民法典的条文中无直接涉及劳动关系的规定，且未将"劳动合同"纳入"合同"编，但是如果进行深入解读，会发现民法典对民法与劳动法的关系已经作出规

定。其第 198 条规定："法律对仲裁时效有规定的，依照其规定；没有规定的，适用诉讼时效的规定。"此处的仲裁时效主要是指农村土地承包经营纠纷仲裁时效（两年）和劳动争议仲裁时效（一年），这明确了劳动争议仲裁时效作为特殊诉讼时效的地位，也从立法上明确了民法典之于劳动法是一般法与特别法的关系，是对劳动法作为特别私法地位的立法肯认。

在民法典实施背景下，明确民法与劳动法的关系将进一步促进劳动法特殊规则的改革和完善。2021 年 1 月 1 日施行的最高人民法院《关于审理劳动争议案件适用法律问题的解释（一）》就是以民法典为依据作出的司法解释。

二、民法典施行对劳动争议案件的影响

（一）扩大用人单位范畴

《民法典》第 101 条规定："居民委员会、村民委员会具有基层群众性自治组织法人资格，可以从事为履行职能所需要的民事活动。未设立村集体经济组织的，村民委员会可以依法代行村集体经济组织的职能。"根据该法条，民法典确立了居民委员会、村民委员会的法人资格，也就赋予了居民委员会、村民委员会用工主体资格，从而解决了司法实践中不能认定居民委员会、村民委员会与其工作人员劳动关系成立的问题。归纳民法典在扩大用人单位范畴方面，其中已列明了公司及各类企业等营利法人，事业单位、社会团体、基金会、社会服务机构（依法设立的慈善机构、宗教场所）等非营利法人，机关、农村集体经济组织、城镇农村合作经济组织、居委会、村委会等特别法人，以及业主委员会、个人独资企业、合伙企业等非法人组织，以上主体均可以作为劳动法上的用人单位，对其招用的劳动者承担相应的法律责任。

（二）保护劳动者个人信息

《民法典》第 1032 条至第 1034 条规定了自然人的隐私和个人信息不受非法侵害。《劳动合同法》第 8 条规定了用人单位和劳动者互享知情权和互负告知义务，如果一方在订立劳动合同时，采用欺诈手段，不提供真实信息，可能导致劳动合同无效而产生劳动争议。此外，一些企业过度对劳动

者个人信息进行收集、滥用，其收集的信息类别已远超过《劳动合同法》第17条关于劳动合同内容的规定，如婚姻状况、子女情况等相关信息一般不属于签订劳动合同时员工必须提供的信息，但在劳动者入职时用人单位对相应信息进行采集的，在《民法典》施行后，劳动者可以拒绝提供。

（三）劳动者履职中因故意或重大过失发生侵权行为，造成他人损害，用人单位赔偿后可追偿

《民法典》第1191条规定："用人单位的工作人员因执行工作任务造成他人损害的，由用人单位承担侵权责任。用人单位承担侵权责任后，可以向有故意或者重大过失的工作人员追偿……"规定了用人单位的追偿权，该条的意义在于告诫劳动者要恪尽职守，在工作中要保持谨慎，否则造成损失将承担相应责任。现实中，特别是建筑工地领域，因劳动者过失造成他人损害的情况时有发生，今后，用人单位可依据此条向劳动者行使追偿权。同时，根据《工资支付暂行规定》第16条规定："因劳动者本人原因给用人单位造成经济损失的，用人单位可按照劳动合同的约定要求其赔偿经济损失。经济损失的赔偿，可从劳动者本人的工资中扣除。但每月扣除的部分不得超过劳动者当月工资的20%。若扣除后的剩余工资部分低于当地月最低工资标准，则按最低工资标准支付"，用人单位可以在劳动者的报酬中扣取合理地金额作为赔偿，合理地保障了用人单位的利益。

（四）用人单位有义务防止性骚扰

《民法典》第1010条第2款规定："机关、企业、学校等单位应当采取合理的预防、受理投诉、调查处置等措施，防止和制止利用职权、从属关系等实施性骚扰。"用人单位有防止性骚扰的义务，这是我国在立法方面的重大突破。在劳动法领域，如果用人单位未能履行防止性骚扰的义务，可能会视为未能给劳动者提供必要的劳动保护条件而承担相应的法律责任，根据《劳动合同法》第38条"用人单位有下列情形之一的，劳动者可以解除劳动合同：（一）未按照劳动合同约定提供劳动保护或者劳动条件的……"的规定，劳动者经常受到性骚扰而用人单位未能及时合理处理，可能会承担支付经济补偿的责任。

三、民法典背景下劳动争议案件重点、难点法条解读①

民法典颁布后，最高法为切实实施民法典，保证国家法律统一适用，根据民法典等法律规定，废止了116件司法解释及相关规范性文件，这其中就包括审理劳动争议案件的四部司法解释。在2020年12月29日颁布了最高人民法院《关于审理劳动争议案件适用法律问题的解释（一）》（以下简称《劳动争议司法解释（一）》），该解释自2021年1月1日起施行。该解释的施行在劳动争议案件的法律适用上非常重要。《劳动争议司法解释（一）》关于达到法定退休年龄人员的用工认定、关于劳动合同期满后权利义务的确定、关于劳动合同无效的理解等3个问题尤为重要。

（一）关于达到法定退休年龄人员的用工认定

法条：《劳动争议司法解释（一）》第32条规定："用人单位与其招用的已经依法享受养老保险待遇或者领取退休金的人员发生用工争议而提起诉讼的，人民法院应当按劳务关系处理。企业停薪留职人员、未达到法定退休年龄的内退人员、下岗待岗人员以及企业经营性停产放长假人员，因与新的用人单位发生用工争议而提起诉讼的，人民法院应当按劳动关系处理。"

解读：关于达到法定退休年龄人员的用工认定问题，司法实践中仍有争议，《劳动争议司法解释（一）》第32条对此作了规定。准确理解这一条，应当注意以下两个方面：

第一，关于与依法享受养老保险待遇或者领取退休金人员建立的用工关系的性质认定。依法享受养老保险待遇或者领取退休金人员再就业情况非常普遍，对于这类人员的用工关系如何定性，目前司法实践争议不大。依照《劳动合同法》第44条第2项规定，劳动者依法享受养老保险待遇，是劳动者与用人单位劳动合同终止的法定原因。劳动者只要享受基本养老保险待遇，劳动合同即终止，不宜再建立劳动关系。所以用人单位与这类人员建立的用工关系，不应当认定为劳动关系，否则违背劳动合同法规定，

---

① 郑学林、刘敏、于蒙、危浪平：《关于审理劳动争议案件适用法律问题的解释（一）几个重点问题的理解与适用》，载《人民司法》2021年第7期。

也违背基本养老保险待遇制度初衷。因此，《劳动争议司法解释（一）》第32条第1款规定，用人单位与已经依法享受养老保险待遇或者领取退休金人员发生用工争议提起诉讼的，应当按劳务关系处理。

第二，关于与达到法定退休年龄但不能享受养老保险待遇人员建立的用工关系的性质认定。一般情况下，享受养老保险待遇的人员已经达到法定退休年龄，但是达到法定退休年龄不一定能够享受养老保险待遇。对于用人单位与已达到法定退休年龄但是不能享受养老保险待遇人员的用工关系定性，实践中存在争议。一种意见认为，用人单位应当继续履行劳动合同，为劳动者缴纳社会保险，当符合可以享受基本养老保险的条件时，用人单位可以终止劳动合同。另一种意见认为，劳动者已经达到法定退休年龄而不能依法享受基本养老保险待遇的情况非常复杂，可能用人单位为劳动者缴纳了社会保险费，但是由于该劳动者累计缴费年限不满15年，因此不能享受按月支付的基本养老保险待遇；还有的地方没有把农民工等人员纳入基本养老保险覆盖范围，这些劳动者可能根本没有参加基本养老保险。如果在这些情况下，一律禁止用人单位终止劳动合同，对其不公。《劳动合同法实施条例》第21条规定，劳动者达到法定退休年龄的，劳动合同终止。最高法认为，可以将该条规定视为《劳动合同法》第44条第6项规定的"法律、行政法规规定的其他情形"。但是这并不意味着劳动关系必然自动终止。人民法院应当对该条规定适用情形作实质审查，对于达到法定退休年龄，但是非因用人单位原因不能享受基本养老保险待遇的，例如前述另一种意见中出现的情况，可以终止劳动关系；对于达到法定退休年龄，但是因为用人单位原因不能享受基本养老保险待遇的，不能随意终止劳动关系。

（二）关于劳动合同期满后权利义务的确定

法条：《劳动争议司法解释（一）》第34条规定："劳动合同期满后，劳动者仍在原用人单位工作，原用人单位未表示异议的，视为双方同意以原条件继续履行劳动合同。一方提出终止劳动关系的，人民法院应予支持。根据《劳动合同法》第十四条规定，用人单位应当与劳动者签订无固定期限劳动合同而未签订的，人民法院可以视为双方之间存在无固定期限劳动合同关系，并以原劳动合同确定双方的权利义务关系。"

解读：关于劳动合同期满后权利义务的确定问题，虽然《劳动争议司法解释（一）》第34条对原解释第16条未作修改，但是应当结合劳动合同法、劳动合同法实施条例等相关规定作出准确理解。

第一，对"视为双方同意以原条件继续履行劳动合同"中"原条件"的理解。劳动合同期满，用人单位未与劳动者续订劳动合同，但是劳动者继续在用人单位工作的，视为双方同意以原条件继续履行劳动合同。实践中，对原条件如何把握，是否包括原劳动合同约定的履行期限，存在争议。我们认为，本条规定的原条件，是指原劳动合同中除劳动合同期限以外的其他权利义务内容，包括劳动时间、工资报酬、奖金、福利待遇等，"以原条件继续履行"是指上述问题参照原劳动合同的约定执行。关于劳动合同履行期限的约定，属于双方对劳动合同持续时间的合意，这种合意很难通过默示行为来推定，与可以通过工资报酬的支付、接受行为来推定双方对工资报酬的合意不同，因此不宜以劳资双方的履行默示来认定原劳动合同约定的期限就是双方合意，而需要根据当事人明示意思表示来确定。如果双方就继续履行的期限未协商或者协商不成，则应当根据劳动合同法等法律法规来认定。

第二，视为双方同意以原条件继续履行劳动合同的，不能免除用人单位应当与劳动者签订书面劳动合同的法定责任。一般情况下，为使劳动者对原劳动合同到期后是否续订有合理预期，以便提前准备再就业等，用人单位应当基于诚实信用原则在原合同到期前的合理期间内通知劳动者，协商办理终止或者续订劳动合同事宜。如果用人单位按时履行相关附随义务，就不会出现视为双方同意以原条件继续履行劳动合同的情况。如果用人单位未履行上述附随义务，用工关系继续的，用人单位对原劳动合同期满和继续用工的法律后果均有预期，原劳动合同期满之日，即是用人单位应当续订劳动合同之日和承担未续订法律后果之日。依照《劳动合同法》第10条、第14条第3款、第82条和《劳动合同法实施条例》第6条规定，劳动合同期满后，用人单位未与劳动者续订书面劳动合同的，应当按规定向劳动者每月支付2倍工资，并补订书面劳动合同；如果经用人单位书面通知，劳动者不与用人单位续订劳动合同的，用人单位应当书面通知劳动者终止劳动关系，依照有关规定支付经济补偿。用人单位自劳动合同期满之日起满1年不与劳动者续订书面劳动合同，视为用人单位与劳动者已订立无固定期限劳动合同。

第三，关于"一方提出终止劳动关系的，人民法院应予支持"的理解。本条款内容并非赋予用人单位任意终止权。为平衡劳动者和用人单位的利益，劳动合同期满1年内，用人单位不愿与劳动者续订书面劳动合同，提出终止劳动关系的，视为符合《劳动合同法》第44条第1项规定的终止情形，应当依照《劳动合同法》第46条第5项的规定支付经济补偿，不以违法终止劳动关系论。

第四，关于第2款的理解。符合《劳动合同法》第14条规定的订立无固定期限劳动合同情形，用人单位不与劳动者订立的，视为双方已经依照原劳动合同确定的权利义务建立无固定期限劳动合同关系，并且依照《劳动合同法》第82条第2款等规定支付2倍工资。符合《劳动合同法》第14条第2款规定情形的，劳动者有权选择续订、订立固定期限劳动合同或者终止劳动合同，用人单位无权作此选择，否则应当承担违法终止等相关责任。①

（三）关于劳动合同无效的处理

法条：《劳动争议司法解释（一）》第41条规定："劳动合同被确认为无效，劳动者已付出劳动的，用人单位应当按照劳动合同法第二十八条、第四十六条、第四十七条的规定向劳动者支付劳动报酬和经济补偿。由于用人单位原因订立无效劳动合同，给劳动者造成损害的，用人单位应当赔偿劳动者因合同无效所造成的经济损失。"

解读：《劳动争议司法解释（一）》第41条对劳动合同被确认无效后，用人单位如何承担责任作了系统规定，准确理解应注意三个方面。

---

① 《劳动合同法》第14条规定："无固定期限劳动合同，是指用人单位与劳动者约定无确定终止时间的劳动合同。用人单位与劳动者协商一致，可以订立无固定期限劳动合同。有下列情形之一，劳动者提出或者同意续订、订立劳动合同的，除劳动者提出订立固定期限劳动合同外，应当订立无固定期限劳动合同：（一）劳动者在该用人单位连续工作满十年的；（二）用人单位初次实行劳动合同制度或者国有企业改制重新订立劳动合同时，劳动者在该用人单位连续工作满十年且距法定退休年龄不足十年的；（三）连续订立二次固定期限劳动合同，且劳动者没有本法第三十九条和第四十条第一项、第二项规定的情形，续订劳动合同的。用人单位自用工之日起满一年不与劳动者订立书面劳动合同的，视为用人单位与劳动者已订立无固定期限劳动合同。"

　　第一，关于劳动报酬。劳动合同被确认无效后，劳动者已经付出劳动的，用人单位应当支付劳动报酬；劳动报酬支付标准依照《劳动合同法》第28条确定。劳动合同明确约定了劳动报酬数额，且不违反法律、法规和国家规定的，虽然劳动合同被确认全部无效或者部分无效，用人单位仍可以参照劳动合同约定支付劳动报酬；劳动合同没有约定劳动报酬，但是用人单位支付了劳动报酬，且符合法律、法规和国家规定的，该劳动报酬数额有效；用人单位没有支付劳动报酬或者实际支付报酬不符合法律、法规和国家规定的，报酬数额可以参照本单位相同或者相近岗位劳动者的劳动报酬确定。相同岗位，即劳动者从事工种相同，提供劳动相同；相似岗位，指劳动者从事工种不同，提供劳动性质不同，但是在本单位所处位置、发挥作用相同。

　　第二，关于经济补偿。《劳动合同法》第26条第1款规定了劳动合同无效的3种情形；依照《劳动合同法》第38条第1款第5项规定，由于用人单位存在前述3种情形致使劳动合同无效的，劳动者获得单方解除权；在上述情形下，依照《劳动合同法》第46条第1项规定，用人单位应当依照第47条规定的计算标准向劳动者支付经济补偿。因此，本条第1款规定，劳动合同被确认无效，用人单位应当按照《劳动合同法》第46条、第47条规定支付经济补偿。①

　　第三，关于经济损失赔偿。依照《劳动法》第97条、《劳动合同法》第86条规定，由于用人单位原因订立无效劳动合同，给劳动者造成损害的，用人单位应当赔偿劳动者因合同无效所造成的经济损失，本条第2款对此作了明确规定。该款规定的损害赔偿责任系过错责任，赔偿损失应当以实际损失为限，不同于惩罚性赔偿。

---

　　① 《劳动合同法》第26条规定："下列劳动合同无效或者部分无效：（一）以欺诈、胁迫的手段或者乘人之危，使对方在违背真实意思的情况下订立或者变更劳动合同的；（二）用人单位免除自己的法定责任、排除劳动者权利的；（三）违反法律、行政法规强制性规定的。对劳动合同的无效或者部分无效有争议的，由劳动争议仲裁机构或者人民法院确认。"

第三节 民法典背景下劳动争议案件检察监督

一、监督遵循的规则

（一）全面审查与重点审查相结合

全面审查解决的是监督广度的问题。全面审查要求检察官审查劳动争议案件既要关注程序，也要关注实体；既要关注事实认定，也要关注法律适用；既要关注私益，也要关注公益。尤其需要注意的是，《民法典》属于实体法，并非程序法。因此劳动者的权益维护程序并不会因为新实体法的出台而受到影响。《民法典》也没有废止劳动领域的相关法律，《劳动争议调解仲裁法》继续有效，《民法典》颁布后劳动争议的处理依然沿用现行《劳动争议调解仲裁法》设定的四种处理方式，即协商、调解、仲裁、诉讼。其中，协商和调解不是必经程序，当事人可以选择也可以不选择，但仲裁仍然是解决劳动争议的前置程序，只有经过劳动仲裁后，才可以到法院诉讼处理。现行的"一裁两审"劳动争议解决机制仍然沿用。检察官在审查劳动争议案件时绝对不能把"一裁两审"的劳动争议处理机制割裂开。

重点审查解决的是监督精准度的问题。劳动争议案件与普通的民事诉讼案件在法律适用等方面存在显著不同。对于劳动争议案件，除了适用法律、司法解释、行政法规外，还应当根据具体案件所处的时间、地点适用不同的部门规章、地方性法规或者政策性文件。检察机关在对劳动争议案件进行监督的过程中，应当对案件进行分析研判，对案件适用的法律法规进行准确梳理，对不同地域、不同行业、不同政策背景下的案件进行全面考量，准确把握法律适用问题，实现监督的专业化、精准化。

（二）个案监督与类案监督相结合

个案监督和类案监督是民事检察的不同表现形式，表现在个案中的民事审判违法行为，需要个案监督，表现在多个案件中带有普遍性的同类民事审判违法行为，就需要进行类案监督。

（三）诉讼监督与治理监督相结合

检察机关进行法律监督所针对的尽管是个案或者是具体的案件，但个案或者具体的案件中折射出的问题往往具有全局性和联动性。检察机关进行法律监督，不能简单机械地就案办案，不能将监督效能仅仅限于个案或者具体的案件范围，而要善于由此及彼、见微知著，由点带面深挖个案背后的成因以及案件中混杂的违法违纪因素，同时延伸检察监督职能，能动发现相关行业领域存在的管理漏洞、风险隐患，以及其他社会治理中的普遍性、倾向性问题，通过发出社会治理类检察建议，推动行业治理，诉讼监督与治理监督相结合，使检察机关成为社会治理体系现代化和治理能力现代化大业建设中的主力军。

二、劳动领域民事诉讼监督案件的办理

人民检察院办理劳动领域的民事诉讼监督案件应依据 2021 年 8 月 1 日施行的《监督规则》。

（一）案件类型

1. 对同级和下级人民法院作出的已经发生法律效力的劳动领域民事判决、裁定、调解书的监督。

2. 对同级人民法院劳动领域诉讼中民事审判程序及审判人员违法行为的监督。

3. 对同级人民法院劳动领域民事执行活动的监督。

4. 对劳动领域中涉及损害国家利益或社会公共利益、虚假诉讼等情形的民事案件的监督。

（二）案件来源

1. 当事人向人民检察院申请监督。

2. 当事人以外的公民、法人和其他组织向人民检察院控告、举报。

3. 人民检察院依职权发现。

当事人向人民检察院申请监督，应当提交监督申请书、身份证明、相关法律文书及证据材料。提交证据材料的，应当附证据清单。申请监督材

料不齐备的，人民检察院应当要求申请人限期补齐，并明确告知应补齐的全部材料。申请人逾期未补齐的，视为撤回监督申请。

（三）案件办理

劳动领域民事诉讼监督案件的受理、办理、管理工作分别由控告检察部门、民事检察部门、案件管理部门负责。

1. 当事人向人民检察院申请监督、当事人以外的公民、法人和其他组织向人民检察院控告、举报的劳动领域民事诉讼监督案件，由检察院控告申诉检察部门受理。控告申诉检察部门在决定受理之日起 3 日内制作《案件受理通知书》并送达当事人，将案件材料移送本院民事检察部门，同时将《案件受理通知书》抄送本院案件管理部门。

2. 下级人民检察院提请抗诉、提请其他监督等案件，由上一级人民检察院案件管理部门受理，并在 3 日内将案件材料和案件登记表移送民事检察部门。

3. 依职权启动的劳动领域民事诉讼监督案件，民事检察部门应当到案件管理部门登记受理。

民事检察部门负责对受理后的劳动领域民事诉讼监督案件进行审查。承办人审查终结后，制作审查终结报告，按照程序签批后作出最终的检察监督决定。

（四）支持起诉

检察机关作为法律监督机关，近年来坚持能动司法理念和践行"以人民为中心"发展思想，支持农民工、特殊群体劳动者等弱势群体起诉，补强他们的诉讼能力，依法保护弱势劳动者群体合法权益。同时以支持起诉为契机在审判活动中搭建多方沟通对话、解决矛盾纠纷的平台，通过协调沟通、参与调解等方式推动消除劳动者与用人单位的对立，修复社会关系。

三、劳动关系监督难点及监督思路

（一）劳动关系的确定

是否属于劳动关系一般从以下三个方面来分析：

1. 用人单位和劳动者符合法律、法规规定的主体资格。

2. 用人单位依法制定的各项劳动规章制度适用于劳动者，劳动者受用人单位的劳动管理，从事用人单位安排的有报酬的劳动。

3. 劳动者提供的劳动是用人单位业务的组成部分。劳动关系中一方是用人单位，另一方是劳动者，而"用人单位"必须是我国劳动法中的"企业、个体经济组织等"。"劳动者"同样必须具备合法的资格，所以个人与个人之间是不可能存在劳动关系的。另外劳动者的劳动行为是劳动者在用人单位的管理下，从事具体劳动，并获得报酬的过程。

（二）监督难点

1. 当事人双方真实意思表示认定难。确认劳动关系纠纷往往由用工不规范所导致，此类案件的劳动者一方文化程度普遍不高，建立和维护劳动关系的意识淡薄，保留和固化证据的意识也相对较弱。

2. 劳动关系与其他民事法律关系区分难。在多数确认劳动关系纠纷案件中，用人单位方的观点可归纳为下列三类：一是单纯地否认双方之间存在劳动关系；二是主张其并非劳动关系的主体，劳动者系与第三方建立法律关系；三是抗辩双方之间存在临时雇佣、委托、承揽或合作等关系而非劳动关系。劳动关系与劳务关系、委托关系、加工承揽关系、合作关系等表现形式相似，都具有提供劳务的特征，且因招聘、管理等单位职能需要由具体人员来代为行使，故劳动关系与其他民事关系极易混淆。

3. 对于劳动关系从属性特征判断难。劳动关系区别于一般民事法律关系的关键在于从属性特征的判断，包括经济从属及人身从属。从原劳动和社会保障部 2005 年《关于确立劳动关系有关事项的通知》中可知，用人单位依法制定的各项劳动规章制度适用于劳动者、劳动者受用人单位的劳动管理，从事用人单位安排的有报酬的劳动，且劳动者提供的劳动是用人单位业务的组成部分，这些都体现了劳动关系的从属性特征，但对于如何认定劳动关系从属性尚有较大的不确定性。

（三）监督思路

1. 监督主体是否适格。建立劳动关系的主体只能是劳动者和用人单位。审查的第一个要点便是确认劳动关系纠纷案件中双方的主体资格是否适格。

2. 确定双方达成的合意。劳动关系的建立需要具备双方当事人的合意。

这种合意无需特定的形式要求，但必须要有足够的证据予以证明。请求确认劳动关系的一方应当对双方建立劳动关系的合意承担举证责任。实践中，当事人一般会提供双方签订的合同、电话录音、短信截屏、邮件往来等予以证明。当存在书面约定时，应确定双方合意的过程，并在确认过程中注意：一是不能拘泥于合同名称，应着重审查合同中关于权利及义务的约定；二是不能囿于合同的书面约定而割裂地将其作为判定依据，要将书面约定与其他证据相结合，将约定内容与实际履行的事实相结合。若实际履行与既存约定相悖，则应注重对劳动力交换的实际状况进行审查，发现双方真实的意思表示；三是若当事人主张合同签订时受单位胁迫或合同并非本人所签等，或者认为在缔约时所签订的合同就是劳动合同，应审查是否存在缔约时意思表示不自由、意思表示不一致的情况。若双方当事人均未作此主张，则一般不宜主动审查。

3. 监督双方实际履行情况。《劳动合同法》规定用人单位自用工之日起与劳动者建立劳动关系。用人单位与劳动者应当订立而未订立劳动合同的，只要双方事实上行使了劳动权利、履行了劳动义务，应认定双方存在事实劳动关系。主张确认劳动关系的一方应对存在实际用工承担举证责任，但单位有义务提供其所掌握的材料如工资支付凭证、社会保险费缴纳记录、考勤记录等。法院应根据证据材料判断是否存在实际用工，若不存在则应排除劳动关系；若存在实际用工，则应审查是否符合劳动关系的交换形式及从属性特征。

四、劳务派遣监督难点及监督思路

（一）法律依据

《劳动合同法》第 57 条至第 67 条对劳务派遣单位、用工单位及劳动者权利义务，劳务派遣协议，劳务派遣单位的告知义务，跨地区派遣劳动者的劳动报酬、劳动条件，用工单位的义务，劳务派遣中解除劳动合同，劳务派遣的适用岗位以及用人单位不得自设劳务派遣单位等作出了规定。2014年施行的中华人民共和国人力资源和社会保障部令第 22 号《劳务派遣暂行规定》，该规定共七章 29 条，进一步对劳务派遣作了详细规定。《民法典》第 1191 条第 2 款规定："劳务派遣期间，被派遣的工作人员因执行工作任务造成他人损害的，由接受劳务派遣的用工单位承担侵权责任；劳务派遣单位有过错的，承担相应的责任。"

（二）监督难点

1. 劳务派遣法律关系认定难。劳务派遣法律关系既有别于劳动关系，也与普通民商事合同关系不同。首先，劳务派遣法律关系从形式上较易与劳动合同关系、劳务外包关系等混淆，导致案件审理中不同法律关系下的事实与法律适用难以甄别。其次，劳务派遣的用工模式需要行政许可，部分单位未经行政许可或用工模式不规范的情形下开展劳务派遣用工，导致检察监督实践中劳务派遣法律关系的认定存在难点。最后，劳务派遣法律关系的特殊性在于劳动力的雇佣与使用相分离，检察监督实践中对这一实质特征的具体理解与把握存在难度。

2. 劳务派遣中法律责任把握难。劳务派遣法律责任承担中较为复杂的是连带责任认定，对此检察监督实践存在单向连带责任与双向连带责任两种理解。2013 年 7 月 1 日起施行的《劳动合同法》将原第 92 条规定的"给被派遣劳动者造成损害的，劳务派遣单位与用工单位承担连带赔偿责任"改为"用工单位给被派遣劳动者造成损害的，劳务派遣单位与用工单位承担连带赔偿责任"，确定劳务派遣单位在哪些事项上应向用工单位承担连带赔偿责任，关键在于确定哪些事项属于由用人单位给被派遣劳动者造成的"损害"。

3. 被派遣劳动者退回后的具体处理难。用工单位退回劳动者后，劳务派遣单位通常直接依据用工单位的退回理由与劳动者解除劳动合同。由此导致审查劳动合同是否系违法解除时，检察机关在监督中需要综合考虑用工单位的退回理由与劳务派遣单位的解除理由，增加相关事实的认定难度。

同时，劳动者在退回劳务派遣单位后，在无工作期间劳务派遣单位应按照不低于所在地人民政府规定的最低工资标准按月支付劳动报酬。部分劳动者主张其在劳务派遣期间工资待遇高，在无工作期间仅享受地方最低工资标准有失公平。另有部分劳动者主张其因病、工伤、女职工三期遭到用工单位退回，无工作期间的工资待遇应参照病假、工伤、女职工三期法律规定发放工资。上述情形导致劳动者被退回后，工资标准的认定在检察监督实践中亦存在一定难度。

（三）监督思路

1. 审查劳务派遣法律关系认定应注意以下要点：（1）有效结合形式要件与实质要件，确认劳务派遣法律关系是否成立；（2）注意区分劳务外包关系、人事代理关系等较易混淆的法律关系；（3）审慎认定违反派遣用工行政法律规定的劳务派遣法律关系。

第一，劳务派遣法律关系认定的一般情形。

（1）形式要件。劳务派遣法律关系涉及三方主体。三方主体分别是劳动者、劳务派遣单位与用工单位，由此产生三重法律关系：一是劳务派遣单位与劳动者的劳动合同关系，双方形成订立劳动合同的合意；二是劳务派遣单位与用工单位的民事合同关系，双方形成订立劳务派遣协议的合意，劳务派遣单位将劳动者派遣至用工单位工作；三是劳动者与用工单位系实际用工关系，劳动者向用工单位提供劳务，用工单位对劳动者指挥监督。

（2）实质要件。劳动力雇佣与使用相分离。普通劳动关系是劳动者向用人单位提供劳动力、接受用人单位的监督以获取劳动报酬。然而在劳务派遣法律关系中，劳动者受劳务派遣单位的雇佣，却向用工单位提供劳动力。劳动力的雇佣与使用相分离是劳务派遣法律关系区别于其他法律关系的本质特征。

第二，劳务派遣法律关系认定的特殊情形。

（1）与劳务外包关系的区别。劳务外包关系，一般是发包单位将企业的部分业务或者服务以外包协议的方式发包给承包单位，承包单位自行招录并指派劳动者为发包单位提供外包协议约定的劳务内容。劳务派遣法律关系与劳务外包关系的本质区别在于：在劳务外包关系中，发包单位不对劳动者进行直接管理；在劳务派遣法律关系中，用工单位接受劳动者劳务，并对劳动者进行管理。在实际监督中，应结合用工单位的规章制度、行使指挥管理权的强弱程度等因素综合判断，注意审查以下几点：第一，如发包单位基于消防、安全生产、工作场所秩序等管理需要向劳动者行使部分指挥管理权的，不能简单认定为劳务派遣关系，而要结合案件具体情况审慎处理。第二，如发包单位名为承揽、外包，但实则与承包单位采用劳务派遣用工形式的，应认定为劳务派遣法律关系。第三，如劳务派遣单位将用工形式转换为劳务外包的，应结合案件具体情况，审慎判断是否仍构成劳务派遣法律关系。

（2）与人事代理关系的区别。人事代理关系，是指用人单位与劳动者直接订立劳动合同，但将劳动者的人事档案管理、社会养老保险金收缴等人事管理内容委托给第三方人事代理公司。劳务派遣法律关系与人事代理关系的本质区别在于：在人事代理关系中，第三方人事代理公司仅提供劳动者社保缴纳等服务，不参与对劳动者的实际管理，劳动者也不向其提供劳务。在监督实践中要注意审查法律关系的区别，实为人事代理关系但劳动者坚持主张其与第三方人事代理公司存在劳务派遣关系的，法院不予支持。

（3）未经行政许可擅自经营派遣业务的审查要点。经营劳务派遣业务应具备法律规定的行政许可条件，在实际审理中发现，部分劳务派遣单位不具备劳务派遣资质却与劳动者订立劳动合同，与实际用工单位订立派遣协议，原则上不影响劳动合同的效力认定。案件审理时应遵循：劳务派遣单位虽不具备相应资质，但用工单位需要继续使用劳动者，劳动者也同意在用工单位工作的，劳动者与用工单位的劳动关系于明确达成合意之时成立。

（4）用工单位违规使用派遣用工的审查要点。根据《劳动合同法》第66条规定，劳务派遣用工是企业用工的补充形式，只能在临时性、辅助性或替代性的工作岗位上实施（即劳务派遣三性规定）。在民事诉讼监督实践中，部分用工单位为规避劳动法律风险，并未遵循劳务派遣三性规定。就用工单位违反劳务派遣三性规定使用劳务派遣用工的，案件审理应遵循以下几点：第一，如劳务派遣合同不存在法律规定合同无效的情形，原则上应认定有效。第二，劳动者要求突破劳务派遣法律关系，确认与用工单位存在事实劳动关系的，不予支持。第三，用工单位因违反劳务派遣三性规定，给被派遣劳动者造成损害的，依法承担赔偿责任。第四，因劳务派遣三性规定属于行政管理性规定，劳动者如要求确认某具体岗位是否属于三性岗位的，不属于劳动争议案件受理范围。

2. 审查劳务派遣合同履行中的法律责任应注意以下几点：（1）需要厘清不同主体之间的法律关系，确定应当承担法律责任的当事人。（2）对于他方当事人是否应当承担连带责任，主要结合有无相应法律规定以及是否符合承担连带责任的条件。（3）双方当事人就法律责任承担另有约定的，不得对抗第三方当事人。

劳动者工资支付法律责任承担的审查要点：工资是企业以货币形式支付给劳动者的劳动报酬，包括基本劳动报酬、奖金、津贴、补贴以及加班工资等。（1）劳动报酬的法律责任承担。《劳动合同法》第58条规定，劳务派遣单位按月支付劳动报酬。因此，劳动报酬的支付主体是劳务派遣单位，劳务派遣单位不得以用工单位未及时支付管理费等原因拖欠劳动者劳动报酬。即便实际由用工单位发放劳动报酬，用工单位未能及时支付的，也应由劳务派遣单位承担法律责任。（2）加班费、绩效奖金、福利待遇的法律责任承担。《劳动合同法》第62条规定，用工单位应当履行支付加班费、绩效奖金、提供与工作岗位相关的福利待遇等义务。《劳务派遣暂行规定》第9条明确，用工单位应当向被派遣劳动者提供与工作岗位相关的福利待遇，不得歧视被派遣劳动者。因此，加班费、绩效奖金、福利待遇应由用工单位支付。加班费、绩效奖金、福利待遇与劳动报酬的支付主体存在区别的原因在于：劳务派遣关系中用工单位结合生产经营情况组织劳动者加班、发放绩效奖金与福利待遇，属于用工单位的具体工作安排与激励设置，无法在劳务派遣协议中提前约定，故应由用工单位支付。因此，如用工单位未及时足额支付加班费、绩效奖金、福利待遇的，应由用工单位承担法律责任，劳务派遣单位承担连带责任。

工伤赔偿法律责任承担的审查要点：劳动者在用工单位因工作遭受事故伤害时，由劳务派遣单位申请工伤认定，用工单位协助工伤认定的调查核实工作，劳务派遣单位承担工伤保险责任，劳务派遣单位可以与用工单位约定协商补偿办法，但双方协商结果不得对抗被派遣劳动者。根据《劳动合同法》第62条规定，用工单位应当履行执行国家劳动标准，提供相应的劳动条件和劳动保护的义务。劳动者因用工单位未履行上述义务导致工伤的，劳务派遣单位承担工伤赔偿责任后，可以用工单位未尽法律义务为由，向用工单位主张相应赔偿。

3. 审查被派遣劳动者被退回以及被退回而解除劳动合同时应注意以下要点：（1）注意区分退回主体与解除主体。（2）综合分析用工单位退回被派遣劳动者依据是否充分。（3）审慎界定被派遣劳动者退回后的工资待遇以及相应的法律责任。（4）审查劳务派遣单位解除劳动合同的依据是否具备合法合理性，不能仅凭用工单位退回依据为准。

第一，退回主体与解除主体的区分。劳务派遣法律关系的退回主体是用工单位。由于用工单位与劳动者不存在劳动关系，用工单位不能直接与劳动者解除劳动合同，而需将劳动者退回劳务派遣单位。劳务派遣法律关系中的解除主体是劳务派遣单位与劳动者。劳务派遣单位与劳动者存在劳动合同，故双方均可以提出解除。

第二，用工单位退回依据的审查。用工单位将劳动者退回劳务派遣单位的，检察机关在监督时应审查用工单位退回依据是否充分。根据《劳务派遣暂行规定》第12条、《劳动合同法》第65条规定，具备用工单位客观经营情况、劳务派遣协议期满终止或劳动者不符合录用条件、严重违纪违法、不能胜任工作等情形的，法院可以认定用工单位退回依据充分。用工单位未依照上述规定退回的，一般视为退回依据不充分。

第三，劳动者被退回后的工资待遇。劳动者被用工单位退回的，劳务派遣单位应在劳动者无工作期间按照不低于所在地人民政府规定的最低工资标准按月支付报酬，且不能随意解除劳动合同。

五、劳动合同效力、订立和变更监督难点及监督思路

（一）法律依据

1. 用人单位与劳动者协商一致，可以订立固定期限或者无固定期限劳动合同。但有下列情形之一，劳动者提出或者同意续订、订立劳动合同的，除劳动者提出订立固定期限劳动合同外，应当订立无固定期限劳动合同：（1）劳动者在该用人单位连续工作满10年的；（2）用人单位初次实行劳动合同制度或者国有企业改制重新订立劳动合同时，劳动者在该用人单位连续工作满10年且距法定退休年龄不足10年的；（3）连续订立二次固定期限劳动合同，且劳动者没有《劳动合同法》第39条和第40条第1项、第2项规定的情形，续订劳动合同的；（4）用人单位自用工之日起满一年不与劳动者订立书面劳动合同的，视为用人单位与劳动者已订立无固定期限劳动合同。①

2. 劳动合同由用人单位与劳动者协商一致，并在文本上签字或者盖章生效。

---

① 《劳动合同法》第13条、第14条。

3. 存在下列情形的，劳动合同无效或者部分无效：（1）以欺诈、胁迫的手段或者乘人之危，使对方在违背真实意思的情况下订立或者变更劳动合同的；（2）用人单位免除自己的法定责任、排除劳动者权利的；（3）违反法律、行政法规强制性规定的。劳动合同被确认无效，给对方造成损害的，有过错的一方应当承担赔偿责任。

4. 用人单位与劳动者协商一致，可以变更劳动合同约定的内容。变更劳动合同，应当采用书面形式。虽未采用书面形式，但已经实际履行了口头变更的劳动合同超过一个月，变更后的劳动合同内容不违反法律、行政法规且不违背公序良俗，该变更有效。

5. 未订立劳动合同的，用人单位应当向劳动者每月支付二倍的工资：（1）用人单位自用工之日起超过一个月不满一年未与劳动者订立书面劳动合同的；（2）用人单位违反劳动合同法规定不与劳动者订立无固定期限劳动合同的。

（二）监督难点

法律在劳动合同法的效力、订立、变更方面作了较为详尽的规定，但部分条款较为原则，实践中对涉及劳动合同效力、订立、变更等法条的理解和适用存在分歧，法院的判决标准也不统一，加大了检察机关监督的难度。

（三）监督思路

1. 明确劳动合同的审核要点。（1）主体是否合格。如用人单位是否不具备劳动合同主体资格，劳动者是否不合格。（2）劳动合同的内容。主要从以下两个方面进行审查：一是劳动合同内容是否违反国家强制性法律规范；二是劳动合同的内容是否严重违反权利、义务。

2. 明确举证责任。（1）用人单位、劳动者主张劳动合同有效或者无效、变更的，应当对其提出的主张，承担举证证明责任。有关的证据属于用人单位掌握管理的，用人单位应当提供；用人单位不提供的，应当承担不利后果（《劳动争议调解仲裁法》第6条）。（2）用人单位或者劳动者要求订立无固定期限劳动合同的，应由主张订立一方就订立无固定期限劳动合同条件成就承担举证证明责任。（3）劳动者主张用人单位因未签订劳动合同向其每月支付二倍工资的，应由用人单位举证证明已签订了劳动合同、具有劳动合同性质的其他合同文件或者因劳动者原因未能签订劳动合同。（4）劳动者为用人单位高管或者人力资源管理人员的，应就其是否与用人单位签订劳动合同承担举证证明责任。

六、劳动合同的解除和终止监督难点及监督思路

劳动合同解除是指在劳动合同有效后，因一方或者双方当事人意思表示致使劳动关系归于消灭，《劳动合同法》中规定了协商解除、单方解除、无过失解除、经济性裁员等情形。实践中此类案件双方当事人对解除的原因、时间、性质等往往存在较大争议。

（一）监督难点

1. 劳动合同解除效力认定难。部分劳动合同解除纠纷存在合同解除行为与终止事由共存，双方行使解除行为或单方多次行使解除行为等情形。由于解除、终止的行为或事实会对合同效力产生影响。如何确定劳动合同是否解除、何时解除、由谁解除，以何种理由解除是监督此类案件的重点。

2. 劳动合同解除事实判决较难。在实务中，劳动合同解除的理由纷繁复杂，其中对于劳动者的行为是否属于严重违纪，并没有明确的判断标准。

（二）监督思路

检察机关需充分审查劳动争议解除案件纠纷中解除的时间与表现形式、解除的理由、解除的事实，解除的条件与依据，解除的法律后果等，应当坚持尊重劳动合同规定、限制违法解除、衡平劳资双方合同权益的价值理念。

1. 审查解除的时间与形式，应当注意：（1）劳动合同解除的时间是指解除意思表示到达对方的时间，而非解除行为作出的时间。（2）解除的意思表示应向劳动关系的相对方作出。（3）解除的意思表示须以明示的方式呈现。

2. 解除的理由是监督审查的重点。应注意：（1）用人单位在作出解除决定时，需事先将解除理由通知工会并告知劳动者；（2）用人单位行使解除权时并未说明理由或理由笼统，在裁诉阶段补强说明理由的，以其在首

次仲裁庭中关于解除理由的表述为准；（3）用人单位行使解除权时有多个解除理由的，需要对多个理由逐一审查，只要有一个理由符合解除条件，即可认定用人单位的解除行为合法有据。

3. 监督审查中应注意用人单位不得解除的情形。劳动者存在以下情形的，用人单位不得因无过失性辞退或经济性裁员与劳动者解除劳动合同：（1）从事接触职业病危害作业的劳动者未进行离岗前职业健康检查，或者疑似职业病病人在诊断或者医学观察期间的；（2）在本单位患职业病或者因工负伤并被确认丧失或者部分丧失劳动能力的；（3）患病或者非因工负伤，在规定的医疗期内的；（4）女职工在孕期、产期、哺乳期的；（5）在本单位连续工作满15年，且距法定退休年龄不足5年的；（6）法律、行政法规规定的其他情形。

特别注意《劳动合同法》第45条"劳动合同期满，有本法第四十二条规定情形之一的，劳动合同应当续延至相应的情形消失时终止。但是，本法第四十二条第二项规定丧失或者部分丧失劳动能力劳动者的劳动合同的终止，按照国家有关工伤保险的规定执行"规定的理解和适用问题。一般情况下，有该法第42条规定情形之一的，劳动合同应当续延至相应的情形消失时终止，用人单位可以依法解除劳动合同。但存在第42条第2项劳动者因工患职业病或者负伤的，根据《工伤保险条例》第35条、第36条之规定，职工被鉴定为一级至六级伤残的，即便劳动合同期限届满或相应的情形消失，也符合保留劳动关系之规定。劳动者劳动能力鉴定为七级及以下级别，未达到保留劳动关系的标准，用人单位可以依法解除或终止劳动合同。

第四节　劳动争议案件检察监督案例

1. 劳动关系确认实务案例

案例：任某某与某矿业公司劳动争议案

基本案情： 2012年2月，任某某到贵州省某县某矿业公司工作，因任某某已满56岁，不能进行用工备案，双方未签订劳动合同。2013年2月，该矿业公司拟将任某某调整为地面调度员，因任某某不同意而离岗。双方当事人因确认劳动关系、双倍工资、经济补偿、拖欠工资发生争议。法院一审认为，任某某生于1955年5月23日，1985年起从事煤矿生产和管理工作，至2012年2月20日时，其已年满56周岁，且从事煤矿生产和管理工作已20多年，故其应该退休。又根据《劳动合同法实施条例》第21条"劳动者达到法定退休年龄的，劳动合同终止"。任某某到某某矿业公司上班时已达到法定退休年龄，其不能与某某矿业公司之间签订劳动合同。因此，某矿业公司与任某某之间不属于劳动关系，其用工关系不受《劳动合同法》中有关经济补偿规定的调整。遂判决：贵州某矿业公司不予支付任某某2012年2月20日至2013年2月17日期间的双倍工资。任某某不服提出上诉，二审维持原判。

检察机关履职情况：任某某经申请再审被驳回后，向检察机关申请民事生效裁判监督。检察机关经调阅原审法院诉讼卷宗，询问案件双方当事人，走访询问了人社部门后，查明，任某某在入职某矿业公司时并没有享受基本的社会养老保险，并且任某某不具备适用国务院《关于工人退休、退职的暂行办法》第1条第2项规定的主体条件。

监督意见：检察机关认为，根据国务院《关于工人退休、退职的暂行办法》（国发〔1978〕104号文件）的规定，任某某不具有上述主体身份，故原审法院依据《关于工人退休、退职的暂行办法》认定任某某符合年满55周岁即退休的情形属适用法律错误。无论任某某是否已达到法定退休年龄，只要他尚未开始依法享受基本养老保险待遇或领取退休金，其与某矿业公司之间的用工关系就不能按劳务关系处理，应按劳动关系处理。原审法院以任某某到某矿业公司上班时已到法定退休年龄从而认定某矿业公司与任某某之间系劳务关系而不存在劳动关系，属适用法律错误，损害了当事人的合法权益，遂提出抗诉。

监督结果：2016年12月7日，贵州省高级人民法院作出再审判决，采纳了检察机关的抗诉意见，判决某矿业公司一次性支付任某某从2012年3月21日起至2013年2月17日的2倍工资，即123281.3元。

案件意义：我国劳动法律将保护劳动者的合法权益作为立法宗旨之一。本案是用人单位与未达到退休年龄的劳动者因未签订劳动合同而产生的纠纷，检察机关从立法的宗旨与法律的适用进行了详细的阐述，维护了劳动者的合法权益。但关于用人单位与达到法定退休年龄但不能享受养老保险待遇人员建立的用工关系的性质认定，实践中仍存在争议。

案例：向某某等10人与炉某公司劳动争议系列案

基本案情： 筑某公司于1995年4月13日成立，该公司属中国有色金属工业某公司下属二级公司。向某某等15人从2003年起间断性地为筑某公司工作，工作地点不固定，一年的工作时间为1个月至4个月不等，筑某公司发给向某某等人工作期间的相应报酬。2008年10月20日筑某公司随中国有色金属工业某建设公司整体进入破产程序，2010年10月28日，筑某公司在贵州省工商行政管理局注销登记。炉某公司于2008年10月8日成立，筑某公司进入破产程序后，炉某公司承继了原筑某公司工程项目的后期工作，2009年1月18日至7月7日，向某某等人在印度的项目点工作，炉某公司发给向某某等人工作期间的报酬。2011年1月3日，向某某等人以炉某公司为被告向人民法院起诉，请求公司支付其未签订书面劳动合同的双倍工资即168000元及因违法解除劳动关系造成的多项损失。法院一、二审及再审均认定向某某等人与炉某公司不存在劳动关系，驳回诉讼请求。

检察机关履职情况： 向某某等10人不服，向检察机关申请监督。检察机关通过调阅卷宗，走访调查，核实筑某公司因特定工程项目的需要对向某某等人用工，并付用工期间的相应报酬，向某某等人间断地在筑某公司的项目地点工作，除领取所劳动期间的相应报酬外，不享受筑某公司的福利待遇。对此，向某某等人是明知且未提出过异议。2008年筑某公司破产清算期间，向某某等人也未向筑某公司主张有关权利。筑某公司进入破产程序后，其工程项目的后期工作由炉某公司承继，炉某公司沿用筑某公司的用工方式，支付了向某某的相应报酬。向某某与筑某公司、炉某公司每次用工关系的产生均基于项目的需要而临时建立，具有临时性及间断性，无论是用工方式还是报酬支付上，均符合劳务关系的法律特征。用工期间，向某某接受公司项目部考勤及工作安排等方面的管理，是公司正常生产经营需要，不能以此证明双方具有事实劳动关系。

监督意见： 检察机关认为，筑某公司因特定工程项目的需要，对向某某等人用工，并支付用工期间的相应报酬，向某某等人间断地为筑某公司不同的项目点工作，除领取所提供服务的对价外，不享受筑某公司的福利待遇，在未工作期间筑某公司不需支付费用。从2003年至2008年筑某公司申请破产，向某某等人对此用工方式未提出过异议。从用工特点分析，双方事实上形成了临时性的财产关系，每次关系的产生均基于项目的需要而临时建立，符合劳务关系的法律特征。向某某等人与炉某公司之间是劳务关系，而非劳动关系。

监督结果：贵州省人民检察院于 2015 年 1 月 6 日作出黔××民（行）监×××号不支持监督决定。

案件意义：劳动关系的认定一般应依据是否签订书面劳动合同，未签订书面劳动合同，应参照原劳动和社会保障部《关于确立劳动关系有关事项的通知》综合判断，不应随意扩大劳动关系的认定范围。本案中检察机关经过调查核实，对案件涉及的法律关系进行了梳理，并从用工特点分析，最终认定了筑某公司与向某某等人之间系劳务关系，而非劳动关系。

2. 劳务派遣实务案例

案例：兰某某与中国农业银行股份有限公司某县支行、第三人某人力资源开发有限责任公司劳动争议纠纷案

基本案情：2021 年 10 月 8 日，兰某某因与中国农业银行股份有限公司某县支行、第三人某人力资源开发有限责任公司劳动争议纠纷一案，不服某州中级人民法院民事判决，向某州人民检察院申请监督。

某州人民检察院审查查明，某人力资源开发有限公司与兰某某在 2016 年 10 月至 2020 年 4 月期间共签订 5 份《劳动合同书》，将兰某某派遣到某农行从事杂工、卫生保洁等工作。该 5 份劳动合同签订日期分别为 2016 年 10 月 8 日、2017 年 1 月 1 日、2018 年 1 月 1 日、2018 年 10 月 8 日、2019 年 1 月 1 日，其中 2019 年 1 月 1 日签订的合同期限至 2020 年 3 月 31 日。该院认为，纵观 5 份劳动合同，劳动合同期限均不满 2 年，违反了《劳动合同法》第 58 条第 2 款"劳务派遣单位应当与被派遣劳动者订立二年以上的固定期限劳动合同"的规定，损害了兰某某的合法权益。

检察机关履职情况：某州人民检察院承办检察官对近几年办理的劳动争议案件进行分析后认为，劳务派遣工的劳动关系和工作岗位分属两家，部分劳务型企业及用人单位存在不按月发放工资、随意安排加班、不按规定缴纳社保等情况，且在劳动者权益受侵害后推诿扯皮，导致责任主体不明确，劳动者维权困难，而上述案件发现的问题可能具有更大范围的普遍性。为进一步推动劳务派遣市场健康发展，切实保护劳动者合法权益，有必要向人力资源和社会保障部门发出检察建议。承办检察官在草拟检察建议后，送法律政策研究室对检察建议的必要性、合法性、说理性等进行审核。同时，该院检察长亲自审阅，要求承办检察官参照最高检发出的1号检察建议对检察建议进行修改完善，增强检察建议的说理性。

监督意见： 2021年11月22日，某州人民检察院向某州人力资源和社会保障局发出检察建议：一是调查梳理某州人力资源开发有限公司与被派遣劳动者签订的劳动合同是否普遍存在劳动合同订立不规范等违法问题，并根据查明的情况依法作出处理；二是加强对全州劳务派遣公司的监督检查，适时开展劳动执法巡查、抽查；三是完善对劳务派遣公司的工作指导，加强对被派遣劳动者上岗前的培训教育，提升劳务派遣工的法律意识，减少矛盾纠纷。

监督结果： 某州人力资源和社会保障局在收到检察建议后高度重视，立即组织该局劳动关系科、劳动监察支队等科室进行研究，对落实检察建议相关工作进行安排部署。一是要求某州人力资源开发有限公司携带兰某某相关资料赴该局配合调查。二是对某州人力资源开发有限公司劳务派遣用工开展检查，通过抽查部分劳动合同来查看工资发放、社保缴纳情况，并对劳动保障法律法规进行宣传和讲解，引导用人单位依法规范用工行为。三是印发《关于开展劳务派遣用工专项检查的通知》，要求全州人力资源和社会保障部门自通知下发之日起至2022年3月底开展劳务派遣用工专项检查工作，对是否取得劳务派遣经营许可证等劳务派遣单位资质进行审查。四是对与派遣劳动者订立劳动合同、向被派遣劳动者支付劳动报酬等经营情况以及对被派遣劳动者进行上岗知识、安全教育培训、出具解除或者终止劳动合同证明等对被派遣劳动者履行义务情况进行检查。五是采取"双随机一公开"等手段加强对劳务派遣单位的日常检查，发现违法违规行为及时责令改正，依法维护劳动者合法权益。

2021年1月17日，某州人力资源和社会保障局向检察机关书面回复了检察建议落实情况。案件承办检察官到该局查看了相关整改台账和资料，听取该局对检察建议的整改情况。同时，该局邀请检察机关派员参与到后续的整改工作中，共同做好检察建议的落实、落地。检察机关同意派员参与到后续的劳动执法检查中，并向该局通报了检察机关2021年开展的支持起诉工作，建议两家单位在治理拖欠农民工工资问题上加强工作沟通和协作，共同维护好劳动者的合法权益。

案件意义：（1）能动履职，助力提升社会治理法治化。检察机关在办案中坚持从个案中发现社会治理漏洞，通过发出检察建议，有力维护了劳务派遣市场劳动者的合法权益，体现了检察机关主动履行法律监督职责、参与社会治理的责任担当。检察机关的做法是贯彻落实最高检"既要治末端，也要重前端，防未病，治未然"的工作指示要求，推动社会诉源治理。

（2）贴近生活，满足人民群众对法治、公平的需要。每一名劳动者都是一个家庭的生活支柱，肩负着赡养老人、抚育弱小的责任，对劳动者的保护和尊重，体现了社会的文明程度。检察机关作为法律监督机关，肩负着维护法律正确实施和社会公平正义的职责，要把检察办案融入为民司法的情怀中，使人民群众有更多的司法获得感。

3. 涉仲裁程序实务案例

案例：张某某与贵州某矿业公司劳动争议生效判决监督案

基本案情：2015 年 2 月 23 日，张某某经人介绍应聘到贵州某矿业公司从事保安工作，某矿业公司未与其签订书面劳动合同。2015 年 12 月 5 日，某矿业公司保卫部经理助理王某石口头告知张某某不用再来上班，但未向张某某出具书面辞退手续，张某某遂从某矿业公司离职。2016 年 1 月 22 日某矿业公司发放张某某 2015 年 12 月的工资 102 元。因索要被拖欠的劳动报酬、加班费等，2016 年 9 月 26 日张某某持《申请》到某市劳动人事争议仲裁院主张权利，该院接待后未立案。2016 年 10 月 17 日张某某持《申请》到司法所请求帮助解决劳动争议，该所未组织协商调解。2017 年 1 月 3 日张某某再次向某市劳动人事争议仲裁院申请仲裁，该院以张某某的仲裁理由超过仲裁申请时效为由，当日即作出《仁劳（人）仲裁字〔2017〕008号不予受理通知书》，决定对张某某的仲裁申请不予受理。张某某不服，遂向法院提起诉讼，经一审、二审，均认定张某某申请仲裁时已超过了仲裁时效，判决驳回张某某的诉讼请求。

检察机关履职情况：张某某经申请再审被驳回后，向检察机关申请民事生效裁判监督。检察机关经调阅原审法院诉讼卷宗和仲裁院仲裁卷宗，询问案件双方当事人，走访询问仲裁院院长侯某某、某矿业公司人事部负责人郝某某及保卫部经理罗某某，调取某矿业公司保卫部工资发放清册和《劳动纪律管理考核细则》、司法所《接待登记表》及张某某 2016 年 10 月 17 日递交的《申请》等。查明：某矿业公司存在未与劳动者签订书面劳动合同、违法解除劳动关系等损害劳动者合法权益的情况。同时查明，某矿业公司存在本月工资下月发放的惯例，2015年12月5日口头辞退张某某后，某矿业公司直到2016年1月22日才发放张某某2015年12月工资102元，张某某在此时才知道某矿业公司未足额发放其工资和有关补偿的行为侵害了权利，本案仲裁时效应当从2016年1月22日起算，原审认定仲裁时效从2015年12月5日开始计算错误。还查明，张某某于2016年9月26日持《申请》到仲裁院申请仲裁，但该院未依法予以及时立案，而是告知张某某先到司法所申请调解。2016年10月17日张某某又持《申请》到司法所请求帮助解决劳动争议，该所接待后亦未及时组织双方调解处理，而是告知张某某自行向公共法律服务中心申请法律援助。其两次向有关部门请求权利救济的行为，依法属于仲裁时效中断的情形。

监督意见： 检察机关认为，原审判决认定仲裁时效起算时间错误，本案还存在仲裁时效中断情形，原审判决适用法律确有错误。同时，本案有新的证据能够证明检察机关审查认定的事实和本案仲裁时效未经过的事实，亦能够确实充分地证明一、二审判决适用法律错误，实体处理不公，侵害了弱势农民工张某某的合法权益，新证据足以推翻原判决，据此向人民法院提出抗诉。2019年11月15日，在省检察院的指导下，某州人民检察院向某市劳动人事争议仲裁院发出社会治理类检察建议。

监督结果： 2020年3月17日，贵州省高级人民法院裁定本案再审。经某州中级人民法院裁定发回重审，某市人民法院于2021年7月16日作出判决，由某矿业公司向张某某支付劳动报酬13651元。判决生效后，某矿业公司向张某某履行判决义务，全额支付了张某某的劳动报酬，农民工张某某的合法权益得到切实保障，本案得到圆满解决。

某市劳动人事争议仲裁院接到检察建议后，高度重视并及时整改，及时组织全体工作人员学习检察建议内容，并就提升工作人员责任心、规范案件登记、受理、审理等事宜进行认真整改，切实保障劳动者应享有的合法权益。2019年12月12日，该院将整改情况书面回复检察机关。

案件意义： 检察机关全面深入细致审查，精准发现并监督损害劳动者合法权益的错误裁判，依法监督审判机关改判，切实维护劳动者的合法权益。在案件重审过程中，鉴于张某某维权能力差的情况，检察机关及时协调当地法律援助机构派遣律师为其提供法律援助，把人文关怀贯穿于监督办案的全过程，让合法权益受损的劳动者感受到检察机关的司法温度。对民事监督工作中发现有关部门存在履职不到位、办事不规范情形的，依法发出社会治理类检察建议，从"诉源"上改进和治理矛盾纠纷，通过从源头上推动改进劳动仲裁工作，使更多的劳动争议纠纷在仲裁环节即得到公正处理和妥善化解，减少履职不当新增群众诉累。本案综合运用抗诉和社会治理检察建议，真正做到办理一案，促进解决一个领域、一个地方、一个时期司法理念、政策、导向的问题，最大化地提升劳动争议民事监督办案质效，实现法律效果和社会效果的有机统一。

4. 涉追索劳动报酬实务案例

案例：杨某某等27人与某农业公司追索劳动报酬纠纷案

基本案情：某农业公司位于某县某镇对门山村，主要从事巴西菇的种植经营，该公司在建设种植基地时，雇请当地村民为临时工从事锄地、除草、浇水、施肥、挖排水沟、搬运材料上架子、采摘和修剪巴西菇等工作，自2019年1月开始，当地共有农民工210人在该公司务工，涉及欠薪数额约40万元。截至2019年10月，农民工按照要求完成所有的工作，该公司并未按照约定支付工资，经农民工多次催索，均遭到某农业公司以种种理由拒绝，引发100余名农民工在2020年1月22日春节前到某镇人民政府、某县人民政府进行上访。

检察机关履职情况：案件发生后，某县检察院、法院、司法局等单位介入调查，引导农民工通过司法程序讨要工资。因农民工人数达210人，某农业公司还有其他债务未清偿，部分债务已经法院生效判决确认，其财产不足以清偿全部债务，其种植基地在农民工起诉前已被查封。检察机关遂建议农民工起诉前申请诉前财产保全。此后农民工向某县人民法院提交诉状起诉，要求某农业公司支付拖欠工资。因某县法院未在法律规定的期限内受理案件，27名农民工遂向某县检察院申请对某县法院审判活动违法行为进行监督，经某县检察院于2020年2月24日、25日分别立案受理，并对某县法院是否依法受理民事诉讼案件开展调查核实。

因案件原告均为农民工，且其中13人属于建档立卡贫困户，案件涉及人数众多。农民工作为弱势群体，因受教育程度、经济条件、年龄等诸多因素的影响，在民事诉讼中一般处于弱势地位，行使诉讼权利存在障碍，存在不敢起诉、无力起诉、不懂权利保护等情况，难以通过法律手段维护自身权益。经向农民工宣传检察机关的职能，农民工主动向某县检察院申请支持起诉。2020 年 3 月 11 日某县检察院受理了 27 名农民工的支持起诉申请，并协调某县司法局为农民工提供法律援助。检察机关在办理支持起诉案件中，对农民工群体给予特殊关怀，在证据收集、法律咨询、政策引导等方面给予支持和帮助，切实补强农民工的诉讼能力。

监督意见：农民工依法提起民事诉讼维护自身合法权益，是其依法应当享有的诉讼权利，人民法院应当依照《民事诉讼法》、最高人民法院《关于人民法院登记立案若干问题的规定》等规定予以及时登记立案，某县法院在农民工递交起诉状后未及时依法立案的行为，违反了上述有关规定，且由于案件的特殊性，如农民工的起诉未能得到及时立案审理，有可能引发新的群体性事件，不利于农民工权益的保护和社会稳定，针对某县法院的审判活动违法行为，检察机关有权通过提出检察建议的方式监督纠正。

检察机关开展民事支持起诉工作，支持民事权利受侵害的农民工通过民事诉讼维护自身权益，既是民事诉讼法赋予检察机关的工作职责，也是检察机关落实能动司法理念、践行"以人民为中心"发展思想的具体体现，有利于推动实现诉权实质平等、维护社会和谐稳定、维护弱势农民工合法权益、推动社会治理和矛盾纠纷化解，也能够通过支持起诉强化法治宣传教育，在民事诉讼中弘扬和谐、平等、公正、法治等社会主义核心价值观，据此，检察机关确有支持起诉的必要性。

监督结果：2020 年 2 月 28 日，某县检察院向某县法院发出检察建议书，建议某县法院纠正有案不立的审判活动违法行为，某县法院采纳了检察建议，于 2020 年 3 月 6 日受理了杨某某等 27 人起诉的追索劳动报酬案件，并积极推进审判工作进度。

2020 年 3 月 16 日，某县检察院向某县法院发送支持起诉书 27 份，经检察机关监督和支持起诉，人民法院依法及时进行了判决，支持了农民工的合法诉讼请求。

因某农业公司无财产可供执行，为了避免出现赢了官司无法执行的情况，某县检察院多次到某农业公司所在地了解情况，与对门山村村委会进行磋商，寻求解决办法，本着不能让农民工，尤其是建档立卡贫困户出现因诉返贫的初衷，检察机关在办理案件中不仅考虑保护主动提起诉讼的 27 名农民工的合法权益，而且进一步延伸检察职能，将其余未起诉的 183 名被欠薪农民工的权益保障纳入检察履职范畴。某县检察院经过与某县法院、当地司法所、村委会协商，寻找彻底解决所有被欠薪农民工工资问题的办法。经过多次协调磋商达成共识，由 210 名农民工委托代表与某农业公司签订协议，某农业公司将经营权承包流转给 210 名农民工，承包期限为 3 年，承包费用于折抵其拖欠的农民工工资 38.8837 万元。考虑到农民工人员众多，缺乏经营管理经验，为切实保障农民工权益，解决欠薪问题，由 210 名农民工委托代表与某惠农种植养殖农民专业合作社签订协议，210 农民工自愿将某农业公司内所有大棚及全部设备使用权及生产经营权租赁给某惠农种植养殖农民专业合作社，租赁期限为 3 年，租金 40 万元，分两年付清。两份协议的成功签订，切实保障了 210 名农民工的工资到手。

案件意义： 该案件属于农民工追索劳动报酬案件，检察机关发现案件线索后能动履职，及时通过履行审判活动监督及支持起诉职能介入案件。针对某县法院未在法律规定的期限内进行立案的情况发出检察建议，监督某县法院及时受理案件，保障农民工的诉讼权利。通过支持起诉职能搭建各方沟通协商的平台，协调人民法院、司法行政部门、村集体组织等全面参与诉源治理，通过多元方法化解矛盾纠纷，促成当事人之间达成一致协议，从根本上解决农民工急难愁盼问题，修复了受损害的社会关系，维护了农民工的合法权益和社会稳定，实现法律效果与社会效果的统一。

第五章　民事虚假诉讼监督

第一节　民事虚假诉讼概述

近年来，当事人伪造证据、恶意串通，利用诉讼、调解等方式侵害他人合法权益的现象日益突出，严重侵扰了人民法院的正常诉讼程序。为此，国家在政策、立法等方面均加大对虚假诉讼的打击制裁力度，以维护司法公平公正、提升社会诚信理念。然而，对于"什么是虚假诉讼"这一问题，在理论界和实务界仍有争议。

一、民事虚假诉讼的缘起

作为民事司法实践中的一种诉讼现象，"虚假诉讼"概念表述最早出现于 2003 年河南省、郑州市两级检察院联合举办的"虚假（恶意）民事诉讼"研讨会。有学者在会上将虚假诉讼一词定义为"当事人本没有正当的理由和根据，而采用虚构诉讼主体、法律事实，或者隐瞒证据、伪造证据等手段，提起并参加民事诉讼，致使法院作出错误裁判，以达到损害其他民事主体合法权益目的的违法行为"。[①] 在之后的相关报道中基本沿用了这一定义。[②]

严格来说，虚假诉讼并非法学上的概念，而是随着社会经济发展，司法实践演变过程中出现的一种异化诉讼现象，通过长期的司法实践和规律

---

① 柴春元、刘金林：《规制恶意民事诉讼，净化私权行使空间》，载《人民检察》2004 年第 1 期。

② 李自庆：《有意通过虚假诉讼造成对方经济损失须赔偿》，载《法制日报》2005 年 8 月 31 日，第 4 版；余瑶瑶：《从一起再审案件看虚假诉讼预防》，载《江苏经济报》2007 年 3 月 28 日，第 B3 版。

总结得出。我国目前与虚假诉讼有关的概念包括诉讼欺诈、诉讼诈骗、恶意诉讼和虚假诉讼等。学界对虚假诉讼行为的认识各执一词，莫衷一是。现主流观点是将诉讼欺诈等同于诉讼诈骗，[①] 更多的在刑法学界讨论。至于恶意诉讼，有的学者认为恶意诉讼是诉讼欺诈的上位概念，[②] 有的学者认为是行为人"没有虚构事实或者捏造证据"而滥用程序的行为。[③]

二、民事虚假诉讼的构成要素

根据虚假诉讼行为主体的不同，可以将虚假诉讼行为划分成两类：第一，双方串通型虚假诉讼，表现为当事人之间恶意串通，虚构案件事实或法律关系，提供虚假证据，骗取法院裁判文书，损害诉讼相对方之外的他人利益或国家利益、社会公共利益的行为。第二，单方恶意诉讼，这类诉讼又分为两种类型：一种是单方虚构案件事实或法律关系，提起诉讼骗取法院裁判文书，损害诉讼相对方利益的行为；另一种是单方基于真实的法律关系提起诉讼，但出于诉讼利益考虑，以伪造、变造部分证据的方式，侵害诉讼相对方利益的行为。此种诉讼类型又被有的学者称为"欺诈型虚假诉讼"或"恶意诉讼"。[④] 对于双方恶意的"串通型虚假诉讼"，因在主体、表现形式、损害结果方面较为典型，法律规定也相对明确，把其作为民事上的虚假诉讼学界基本没有异议。而对于单方"恶意诉讼"，则因为刑事、民事法律规定的不一致存在认识分歧：民事上将虚假诉讼限定为"双方恶意"，刑事上"单方恶意"亦构成虚假诉讼罪的要件。

三、民事虚假诉讼的概念

归纳以上相关概念的侧重点，可见我国目前对于虚假诉讼行为的重大

---

① 李翔、黄京平：《论诉讼欺诈的可罚性及其立法完善》，载《云南大学学报（法学版）》2004 年第 6 期；俞利平、娄永强：《关于诉讼欺诈定性的障碍及立法完善》，载《政法学刊》2004 年第 5 期；游涛：《诉讼欺诈之刑法规制》，载《法学杂志》2011 年第 1 期。

② 亓旭岩：《浅析诉讼欺诈行为的定性与处罚》，载《法学杂志》2009 年第 11 期。

③ 汤维建、沈磊：《论诉权滥用及其法律规制》，载《山东警察学院学报》2007 年第 2 期。

④ 王飞跃：《虚假诉讼研究》，载《中南大学学报·社会科学》2013 年第 4 期。

分歧主要集中于两点：一是行为方式上，虚假诉讼是否必须虚构事实或者法律关系，二是行为主体上，虚假诉讼究竟是一方当事人的单方行为，还是双方当事人串通之后的共同行为。对此，将民事虚假诉讼作以下解读：

（一）虚假诉讼需以虚构案件事实或法律关系为要件

"虚假"，指不可能存在、不真实；"诉讼"，是指国家审判机关即人民法院，依照法律规定，在当事人和其他诉讼参与人的参加下，依法解决讼争的活动，俗称"打官司"。"虚假诉讼"就是指打假官司。"虚假诉讼"概念之所以被提出，并被作为一个单独的法律术语规定于法律当中，本身是伴随着各类"假官司"情况的出现而产生，这类"假官司"的典型特征就是"无中生有"，凭空捏造根本不存在的案件事实和法律关系。且不论是民事法律及相关文件，还是刑事法律，都将虚假诉讼定义为虚构案件事实或法律关系的行为。这也更为符合普通、常规理解，与"虚假诉讼"概念产生的社会现实相符。因此，如果当事人基于真实的法律关系提起诉讼，仅对其中部分证据进行伪造，例如私自篡改交易价格、与鉴定人串通导致鉴定不实、收买证人作假证等，不能认定为虚假诉讼。

（二）单方恶意亦应纳入民事虚假诉讼定义范畴

实践中，主张单方恶意不属于虚假诉讼，主要在于单方恶意诉讼当中，被害方处于被告地位，面对恶意加害方虚构事实、隐瞒真相的行为，可以基于民事诉讼程序中的抗辩、举证质证、发表辩论意见、上诉等权利进行充分防御，这种意见有失偏颇。首先，不论是单方恶意还是双方串通，两者均是以规避法律、法规或国家政策谋取非法利益为目的，通过虚构事实或法律关系的方式，借用合法的民事程序侵害国家利益、社会公共利益或者案外人合法权益的诉讼行为。除了行为主体差异，两者在性质、行为方式上并无二致，社会危害相当。其次，从法律平等价值考量，不论是单方恶意还是双方串通，被害者均因虚假诉讼行为利益受损，地位平等，应给予平等保护，仅因为单方恶意中的被害人处于被告地位，就进行差别评价和保护，有悖于法律平等的价值追求。最后，实践当中，相当一部分单方恶意行为，被害方的诉讼权利并不能得到充分保障。例如一些案件当中，处于被告地位的被害人诉讼当时移居外地或长期外出，由于没有收到诉讼文书无法参与诉讼。此外，刑事责任是最为严厉的责任方式，是最低限度的道德规范，已经为刑事法律规定的构成虚假诉讼罪的行为，当然亦应纳入民事诉讼中的虚假诉讼范畴。因此，在虚假诉讼的定义上，应着重实质要件考察，即"非法目的性""虚假性""危害性"，不宜拘泥于实施主体，单方恶意虚构事实或法律关系提起的诉讼，亦应认定为虚假诉讼。

综上，民事诉讼上的"虚假诉讼"，是指当事人为了谋取不正当利益，以虚构案件事实或法律关系的方式，借用合法的民事程序侵害国家利益、社会公共利益或者他人合法权益的行为。

第二节　虚假诉讼相关法律规定及适用

一、虚假诉讼民事法律规定及适用

诉讼的本意在于定分止争、公正衡平、维护正义，但虚假诉讼却成为行为人违背诚实信用原则，谋求一己私利的手段。2012 年，《民事诉讼法》修订，在第 13 条将诚实信用原则明文化、法定化，同时增加第 112 条和第 113 条对虚假恶意诉讼加以规制，即"当事人之间恶意串通，企图通过诉讼、调解等方式侵害他人合法权益的，人民法院应当驳回其请求，并根据情节轻重予以罚款、拘留；构成犯罪的，依法追究刑事责任"，这里的"应当"说明法院对此种恶意诉讼行为必须予以惩戒。至于罚款、拘留的幅度，法院有一定的自由裁量权，有权根据案件实际情况作出处理。2017 年、2021 年民事诉讼法两次修正，均未对虚假诉讼、调解行为和恶意串通逃避执行行为的司法处罚内容进行更改。民事诉讼法的规定也为制定相应的司法解释提供了依据，最高人民法院在 2015 年 2 月 4 日施行的《关于适用〈中华人民共和国民事诉讼法〉的解释》第 190 条第 2 款中明确提及虚假诉讼一词："第三人根据民事诉讼法第五十六条第三款规定提起撤销之诉，经审查，原案当事人之间恶意串通进行虚假诉讼的，适用民事诉讼法第一百一十二条规定处理。"

2013 年 6 月 28 日，最高人民法院下发《关于房地产调控政策下人民法院严格审查各类虚假诉讼的紧急通知》，在当时房地产调控政策实施背景下，旨在妥善处理为规避税收、限贷及限购政策而出现的大量假离婚、借名买房、阴阳合同、虚构债务后协议以房抵债等纠纷，为特定历史时期解决扰乱、冲击房地产市场正常秩序的虚假诉讼行为提供了司法应对措施。

2014 年 10 月 23 日，中国共产党第十八届中央委员会第四次全体会议通过《中共中央关于全面推进依法治国若干重大问题的决定》，指出："加大对虚假诉讼、恶意诉讼、无理缠诉行为的惩治力度。"这是从国家治理层面提出了重拳整治虚假诉讼的原则要求，为维护司法秩序，运用民事、刑事等多种手段综合惩治虚假诉讼提供基本遵循。

2015 年 9 月 1 日，最高人民法院《关于审理民间借贷案件适用法律若干问题的规定》公布施行，1991 年 8 月 13 日发布的《关于人民法院审理借贷案件的若干意见》同时废止。《关于审理民间借贷案件适用法律若干问题的规定》在第 19 条规定了人民法院根据借贷发生的原因、时间、地点、款项来源、交付方式等事实来综合判断是否属于虚假民事诉讼的内容，并在第 20 条明确了对虚假民间借贷诉讼的处理方式。其后随着国家深化金融体制改革、支持实体经济特别是中小微企业的发展等各项重大战略决策的调整部署，针对不同时期民间借贷纠纷领域虚假诉讼的特点，该民间借贷解释在 2020 年、2021 年两次进行修订，为司法机关办理民间借贷纠纷案件提供了具有可操作性的司法裁判依据，为维护经济社会和谐稳定发展发挥了极其重要的作用。

2016 年 6 月 20 日，最高人民法院出台《关于防范和制裁虚假诉讼的指导意见》，对虚假诉讼的界定、虚假诉讼的表现特征、认定虚假诉讼的途径和方法，对参与虚假诉讼不同主体的制裁以及对虚假诉讼的防范等问题作出详细规定，比较全面地构建起包括虚假诉讼的释明机制、发现机制、识别机制和制裁机制在内的一整套制度体系。

2021 年 11 月 10 日，最高人民法院在广泛总结实践经验的基础上，根据民法典、刑法、民事诉讼法等规定，制定出台了《关于深入开展虚假诉讼整治工作的意见》，列举了虚假诉讼的常见情形，总结了虚假诉讼的特征表现，为认定、甄别、整治虚假诉讼提供了指南，划定了重点，对进一步扎紧制度的笼子，压缩虚假诉讼存在的空间有着重大意义。

二、虚假诉讼刑事法律规定及适用

虚假诉讼行为严重损害他人的合法权益，扰乱正常的司法秩序，但是长期以来，对虚假诉讼行为的规制仅依据民事诉讼再审程序予以纠正，或是作为妨害民事诉讼行为无罪化处理，或是以诈骗罪追究刑事责任。为了实现与相关法律的衔接，有效打击虚假诉讼行为，2015 年 11 月 1 日，《刑法修正案（九）》增设独立的虚假诉讼罪作为第 307 条之一，第 1 款规定："以捏造的事实提起民事诉讼，妨害司法秩序或者严重侵害他人合法权益的，处三年以下有期徒刑、拘役或者管制，并处或者单处罚金；情节严重的，处三年以上七年以下有期徒刑，并处罚金。"这标志着民事虚假诉讼行为正式进入刑法规制范围，成为遏制虚假诉讼、惩治诉讼欺诈的重要法律武器，对虚假诉讼行为形成有力震慑。

2018 年 10 月 1 日，最高人民法院、最高人民检察院颁布《关于办理虚假诉讼刑事案件适用法律若干问题的解释》，从虚假诉讼犯罪行为的界定、定罪量刑标准、数罪竞合的处罚原则、刑事政策的把握、地域管辖的确定等方面作出了规定，使得刑法更加完善和具有可操作性，其意义非同一般。

2021 年 3 月 10 日，最高人民法院、最高人民检察院、公安部、司法部联合颁布《关于进一步加强虚假诉讼犯罪惩治工作的意见》，对建立健全虚假诉讼犯罪惩治配合协作和程序衔接机制、进一步加强虚假诉讼犯罪惩治工作作了具体规定，为司法实践提供了有效指导。

三、检察机关受理虚假诉讼的相关规定

2013 年的《人民检察院民事诉讼监督规则（试行）》中并未对虚假诉讼案件受理作出单独规定。根据《人民检察院民事诉讼监督规则（试行）》规定，检察机关依职权监督的案件类型包括：裁判结果损害国家利益和社会公共利益的；审判人员贪污受贿、枉法裁判等行为的；依法需要跟进监督的。实践中，对于检察机关履行职责过程中发现的损害案外人利益的虚假诉讼案件线索，例如公安机关调查后移送的以及检察机关在办理执行异议之诉中发现的等，检察机关囿于"两益"界定不明，且不存在其他符合依职权监督情形而无法主动受理审查。依职权启动监督将面临不被法院认可的风险，有的法院认为虚假诉讼没有侵害"两益"，检察机关依职权监督会被认为不符合《人民检察院民事诉讼监督规则（试行）》第 41 条规定而裁定不予受理，客观上导致检察机关受理虚假诉讼门槛高，案件"进场难"。

2021 年《监督规则》施行，将充分履行监督职能与遵循民事诉讼规律有机结合，一方面，适度扩大了检察机关依职权启动监督程序的案件范围，在第 37 条明确将"当事人存在虚假诉讼等妨害司法秩序行为的"纳入依职权启动监督程序案件范畴，并规定了兜底条款；另一方面，充分考虑虚假调解的特殊性，在第 75 条新增"人民检察院对当事人通过虚假诉讼获得的民事调解书应当依照前款规定监督"的规定，明确了检察机关对虚假调解的监督方式。《监督规则》的颁布施行，消除了虚假诉讼案件受理关口依职权监督依据不足的障碍，极大提升了检察机关办理虚假诉讼案件的积极性。

四、贵州省检察机关相关机制建设

2019 年 6 月，最高人民检察院印发《全国检察机关开展虚假诉讼领域深层次违法行为监督专项活动工作方案》，在全国部署开展虚假诉讼领域深层次违法行为监督专项活动。贵州省检察机关认真贯彻落实最高检要求，及时安排部署，不断加强与法院、公安等部门的有机联动，探索建立了各项工作机制，通过民刑合力，内外联动，不断提升虚假诉讼打击力度，维护司法权威。开展专项活动以来，全省检察机关共单独制发或与其他单位会签虚假诉讼相关规范性文件 31 份。其中，省检察院于 2019 年下发了《贵州省检察机关办理虚假诉讼案件的指导意见（试行）》，对虚假诉讼发现、处置作出详细的规定，积极推进深化虚假诉讼领域深层次违法行为监督专项活动；2021 年，省检察院与省法院、省公安厅、省司法厅联合印发了《关于防范和惩处虚假诉讼的若干意见》，对建立健全虚假诉讼惩治配合协作和程序衔接机制、进一步加强虚假诉讼惩治工作作了具体规定。

黔南州检察院下发了《在扫黑除恶专项斗争中严打虚假诉讼的实施意见》，推进虚假诉讼监督与扫黑除恶专项工作双融合双提升。六盘水市水城区检察院制定了《六盘水市水城区人民检察院关于民事、行政、公益诉讼检察建议跟踪、督促、落实机制》，定期对各条线制发的检察建议落实情况进行专门检查、汇总、分析和评估。黔东南州检察院与黔东南州纪委监委共同制定《民事诉讼领域监督协作配合工作机制》，加强在开展虚假诉讼领域深层次违法行为监督工作中的协作，配合纪检监察机关依法依规查办和预防司法人员违纪违法犯罪，防控司法人员知法枉法风险。黔西南州检察院印发了《全面发挥刑事检察和民事检察职能同步推进打击黑恶犯罪及虚假民事诉讼工作办法》，在打击黑恶犯罪和查办虚假民事诉讼工作中，形成线索移送反馈、同步提前介入、协同调查取证、共同组建专案组开展侦查（调查）等常态化机制。

第三节　虚假诉讼的危害及救济

一、虚假诉讼的危害

法律是国家治理的工具，在一个法治国家，通过法律来贯彻国家的意志，运用法律来解决各类社会纠纷。然而随着社会经济的发展，人们法治意识的不断增强，却有一些人利用法治建设的不完善来规避法律，实现自己的不法目的。虚假诉讼就是规避法律行为的一种广泛类型。虚假诉讼的出现，使得诉讼定分止争的社会功能出现异化，其直接的危害是侵害国家利益、社会公共利益或者案外人的合法权益。而隐藏在虚假诉讼背后的隐患，是其可能成为当事人可资以利用谋取非法利益的工具，使得诉讼制度长期良性运行而建立在公民观念中的有效机制的依赖崩塌，如果任其发展，长此以往，将使司法公信缺失，国家治理难度增大、国家法治社会建设阻滞。

显然，防范和制裁虚假诉讼成为一种现实必要，从 2003 年河南检察机关专家学者专题研讨"虚假民事诉讼"，至 2012 年民事诉讼法对惩治虚假诉讼的首次立法回应，2014 年党的十八届四中全会决定"加大对虚假诉讼、恶意诉讼、无理缠诉行为的惩治力度"，2015 年《刑法修正案（九）》虚假诉讼入罪，2016 年最高人民法院出台《关于防范和制裁虚假诉讼的指导意见》，2018 年最高人民法院、最高人民检察院《关于办理虚假诉讼刑事案件适用法律若干问题的解释》施行，2021 年最高人民法院、最高人民检察院、公安部、司法部联合发布《关于进一步加强虚假诉讼犯罪惩治工作的意见》以及最高人民法院出台《关于深入开展虚假诉讼整治工作的意见》，十余年来，虚假诉讼历经实践——理论——立法的漫长过程，时至今日，有了相对完善的预防与惩治规定。然而，与刑事上较为明确的法律规范相比较，民事上的规定稍显概括和模糊，并且缺乏可操作性。

二、虚假诉讼损害后果之救济

从近年来司法实践中出现虚假诉讼的领域看，虚假诉讼案件多发于：（1）为稀释财产而虚构债务纠纷的诉讼，如离婚析产案件中，夫妻一方虚构共同债务，导致对方少分财产。（2）规避债务履行，如为了不履行房屋买卖合同中交付房屋义务而与他人虚构债务，导致房屋被强制执行损害原购房人利益；如企业虚构劳务关系获得法院关于支付劳动者劳动报酬的裁判文书，利用劳动报酬的优先权在破产程序实现优先受偿，对企业其他债权人实现债权产生不利影响等。（3）以规避行政审批为目的的案件，如虚构债权债务判决后强制执行公积金，以达到规避公积金审批程序、非法套取公积金的目的。（4）其他经济型纠纷案件，如虚构保险事故骗取保险赔偿的行为等。这些案件多以损害案外第三人财产性权益为主要目的，结案方式上多为调解结案。有鉴于此，此处重点探讨第三人合法权益受侵害案件救济问题。《民事诉讼法》第 115 条规定，人民法院对虚假诉讼的制裁规定有两种方式：一是驳回请求，并根据情节轻重予以罚款、拘留，二是构成犯罪的，追究刑事责任。此两种方式的前提均是损害后果尚未发生，裁判文书并未作出，人民法院能够及时发现并予以制裁。对于已经因为生效裁判文书受到实质侵害的案外人合法权益，2007 年民事诉讼法修订确立了执行异议之诉，2012 年修订又增加了第三人撤销之诉，再加上原有的法院启动再审及检察监督程序，应该说，案外人实体权利的司法救济制度是完善的。然而实践中，四种救济方式的运行却没有发挥应有的效果。因下文将专门对虚假诉讼检察监督现状进行详细论证、阐述，故在此仅就其他三种救济方式的可行性作分析说明。

（一）第三人撤销之诉

根据《民事诉讼法》第 59 条之规定，第三人撤销之诉的主体是对原案诉讼标的有独立请求权或案件处理结果同其有法律上利害关系的原案第三人，结果要件是错误的裁判内容损害第三人民事权益。然而在现有的司法案件中，很多债权受到实质侵害的案外人因不符合上述双重要件而无法得到救济。以检察机关办理的一起第三人撤销之诉纠纷案件为例：原告郑某思等人与被告魏某、杜某、周某、A 投资公司等于 2013 年 12 月、2015 年

6月签订两份《民间借款协议》，郑某思等人向魏某提供共计2200万元借款用于资金周转。后因到期未还借款，郑某思等人向法院起诉，一审判决判令魏某、杜某等人归还郑某思等人借款本金及利息，已生效。

2015年11月，魏某、周某与范某敏签订《个人借款抵押合同》，范某敏提供借款1200万元，并以魏某、周某房屋办理了抵押登记。2018年7月，范某敏针对上述债权向法院起诉，法院出具调解书：魏某、周某偿还范某敏借款本金1200万元、利息500万元，范某敏在前款债权范围内对魏某、周某提供的抵押物的拍卖、变卖款享有优先受偿权。2018年11月，郑某思等人向法院提起诉讼，诉请撤销上述民事调解书。

该案经一审、二审、再审，人民法院均以郑某思等人对调解案件诉讼标的无独立请求权，也无法律上的利害关系，作为第三人提起撤销之诉，主体不适格为由，裁定驳回郑某思等人的起诉。郑某思等人遂向检察机关申请监督，并再次提出该案系虚假调解。

检察机关审查后认为，第三人撤销之诉的主体要件是对原案诉讼标的有独立请求权或案件处理结果同其有法律上利害关系的原案第三人，结果要件是错误的裁判内容损害第三人民事权益，即生效裁判文书需与第三人的民事权益受损之间存在直接因果关系。魏某、周某与郑某思等人之间的民间借贷合同关系与魏某、周某与范某敏之间的民间借贷关系性质相同，各自独立。普通债权，不具备专属性和对世性，仅具有平等性和相对性。调解案件的处理结果同郑某思等人不存在法律上的利害关系，且未举示存在虚假诉讼的证据，故生效判决适用法律正确，遂对该案作不支持监督决定处理。

显然，现有法律框架下，案外人无法通过第三人撤销之诉得到实质救济。本案的处理折射出一个问题：对于此类普通债权被存在明显恶意的巨额债权稀释的案件，因不满足第三人撤销之诉的实质要件不得入门槛，如何畅通受害当事人的救济渠道？

（二）执行异议

《民事诉讼法》第234条规定，执行过程中，案外人可以对执行标的提出书面异议。人民法院认为理由不成立驳回的，案外人可以提起执行异议之诉。根据规定，案外人对执行标的提出异议，只有在足以排除法院对标的物强制执行的情况下方可成立。通常情况下，如果案外人对执行标的物享有物权，是可以通过执行异议达到排除执行的目的，比如案外人系实际所有人、案外人对执行标的物享有抵押权等。但是，实践当中，大多数虚假诉讼都是为了规避债务履行，而案外人对执行标的物并不享有物权。例如 A 与 B 签订房屋买卖合同，约定 A 将其所有的房屋卖给 B。后 A 基于房价上涨等原因不愿履行房屋买卖协议，便与 C 虚构债权债务关系，由 C 以 A 为被告提起诉讼，请求还款。法院判决 A 承担还款责任后，C 在申请法院强制执行过程中与 A 达成以物抵债协议，B 对法院执行房屋提出异议。在这类案件中，法院通常认为 B 与 A 虽签订有房屋买卖合同，但房屋物权并未发生变更，其仅就房屋买卖合同享有请求履行的债权，不足以排除法院强制执行。最高人民法院《关于人民法院民事执行中查封、扣押、冻结财产的规定》第 17 条规定特殊情况下，不动产未办理过户的，案外人可以排除作为执行标的物不动产的强制执行，但需满足三个条件：一是案外人已支付全部价款；二是案外人已实际占有房屋；三是案外人对未办理过户登记没有过错。最高人民法院《关于人民法院办理执行异议和复议案件若干问题的规定》第 28 条、第 29 条对金钱债权执行中，买受人对登记在被执行人名下的不动产提出异议也规定了类似的条件。

从上述规定内容可以看出，在规避交付房屋虚构债务类的虚假诉讼中，绝大多数尚未支付全部房款或尚未入住的案外人是无法通过执行异议、执行异议之诉程序获得救济的。同时，案外人亦因不符合法律关于第三人撤销之诉中"第三人"的界定，而无法通过第三人撤销之诉获得救济。

（三）法院审判监督程序

根据贵州省人民法院《关于统计全省民事再审案件中虚假诉讼案件相关情况的通知》[黔高法审监明传（2018）1 号]下发后的统计数据，2013年至 2018 年 8 月底，全省各级法院审监庭仅上报 13 件疑似虚假诉讼再审案例。经核查，其中 3 件未涉及虚假诉讼，其中 10 件均系为规避国家禁止小产权房转让的规定，通过虚构的借款合同在法院达成调解协议，进而达到以物抵债的目的。该 10 件案件均系损害了国家利益，且仅有 5 件是法院自行发现，另有 5 件是通过检察院抗诉启动再审。2022 年，省检察院调研组对虚假诉讼领域深层次违法行为监督专项活动以来办理的涉民间借贷领域虚假诉讼案件进行全要素分析时发现，2019年7月至2021年12月底，全省检察机关共立案受理涉民间借贷领域虚假诉讼案件1300件，办结1279件，其中提出抗诉146件，提出再审检察建议654件；全省法院受理民间借贷纠纷案件158007件，启动再审1058件。① 检察机关受理民间借贷领域虚假诉讼监督案件数占法院受理民间借贷纠纷案件数的0.0082%；因检察机关对民间借贷案件提出监督意见启动再审案件数占人民法院对民间借贷案件启动再审案件总数的53.88%。民间借贷纠纷是民事虚假诉讼的高发领域，但人民法院自行纠错案件占比与其受理数相比并不高。

从上述数据也不难看出，现实中大量存在的案外人权益受损的虚假诉讼案件，基本无法进入法院自我纠错程序，究其原因如下：

1. 根据民事诉讼法规定，可以向法院申请再审的主体主要是指原诉的当事人，亦即原诉原告、被告或上诉人、被上诉人，有独立请求权第三人和判决承担民事责任的无独立请求权第三人。对于案外人申请再审的，根据《民诉法解释》第301条、《民事诉讼法》第234条规定，需待原诉进入执行程序后由案外人对执行标的提出异议，如果异议被驳回，且认为原诉裁判内容有错误损害其合法权益的，案外人才可以就原诉申请再审。这就意味着，在双方串通型虚假诉讼中，如果原诉判决生效后双方已经自愿履行并未进入执行程序抑或判决后尚未申请强制执行的，案外人对原诉则不具备申请再审资格，只能选择提起第三人撤销之诉。同时，因第三人撤销之诉与针对原诉申请再审之目的均是否定原诉裁判结果，根据现行法律规定，案外人一旦已经提起第三人撤销之诉后，便不能再就原诉申请再审。

2. 如前所述，基于债权的平等性，如果虚假诉讼的案外人仅是对原诉原告享有普通债权，那么其债权并不能排除原诉当事人之间的债权行使，其无法通过第三人撤销之诉获得救济。当然，从程序上讲，案外人在第三人撤销之诉被驳回后，还可以就该诉的判决结果上诉和申请再审。但其不具有原诉第三人主体资格却是无法逾越的鸿沟。

3. 在典型的双方串通型虚假诉讼中，往往呈现出高调解率、自认规则适用较多等特征，在意思自治原则的"庇护"下，案外人难以从案件审判程序、认定事实方面找出错误之处并申请法院进行再审。加之受限于公民

---

① 法院数据由贵州省高级人民法院提供。

个人取证能力，案外人同样也难以取得原诉当事人恶意串通提起诉讼损害其利益的相关证据。因此，案外人不论是就原诉申请再审，还是对第三人撤销之诉申请再审，均存在现实的障碍。

第四节　虚假诉讼检察监督实务问题

一、虚假诉讼检察监督现状分析

根据 2021 年《贵州省检察机关虚假诉讼领域深层次违法行为监督专项活动总结报告》统计数据，2019 年 7 月至 2021 年 6 月，全省检察机关共立案受理民事虚假诉讼监督案件 1680 件；其中提出抗诉 213 件，提出再审检察建议 611 件，法院采纳 374 件；与全国数据①相比，总体呈现出案件数量少、类型单一、监督方式刚性不够及地区发展不平衡等问题。作为专门法律监督机关，检察机关对虚假诉讼的监督，不论是在职能授权，还是人员配备及人员素质上，均具有天然的监督优势。但是，在现行法律框架内，虚假诉讼检察监督作用并未得到有效发挥。主要有以下几个方面的原因：

（一）线索发现难

近年来，虚假诉讼行为愈发规模化、专业化、体系化，有的案件还有律师等法律工作者参与，证据链通常比较完善，在实践中检察机关很难通过审查案卷、询问当事人等方式发现、识别。虚假诉讼专项活动期间，适逢全国"扫黑除恶"专项斗争开展，大量刑民交叉虚假诉讼案件线索进入检察机关监督视野，此类案件依托公安等部门刑事侦查手段进行查办，刑事民事的高度融合，在特定时期内解决了虚假诉讼线索发现难、调查取证难的问题。但借助公安机关发现和突破案件并非长远之计，数据②显示，办

---

① 根据 2022 年最高人民检察院《关于虚假诉讼领域深层次违法行为监督专项活动的总结报告》统计数据，2019 年 7 月至 2021 年 6 月，全国检察机关针对生效裁判结果虚假诉讼案件，共对提出抗诉、再审检察建议 1.5 万余件。

② 数据来源于《贵州省检察机关 2019 年以来办理涉民间借贷领域虚假诉讼案件逐案分析报告》。

结的 1279 件案件中，仅有 45 件为当事人申请监督，5 件为案外人控告举报，占比不足 4%。显然，检察机关民事检察中的虚假诉讼监督职能仍未被群众广泛知晓，合法权益受侵害的案件当事人或案外第三人不清楚可以申请检察监督维护自身权益的仍为绝大多数。且司法实践中，当事人双方恶意串通采取虚假诉讼行为侵害他人合法权益的案件，往往由于隐蔽性高，很难进入检察机关的监督视野。① 虚假诉讼监督工作常态化后，亟待畅通案件来源渠道，破解申请监督、举报、控告数量偏少和发现双方串通型虚假诉讼的难题。

（二）调查核实难

虚假诉讼案件常常有熟悉专业知识的法律工作者出谋划策或者直接参与，加上本身隐蔽性高，要突破案件需要强硬有效的调查核实手段，然而目前，对于民事检察监督调查核实权如何行使，立法上并不明晰，很难发挥有效作用。2010 年，最高人民法院、最高人民检察院会签《关于对民事审判活动与行政诉讼实行法律监督的若干意见（试行）》，将人民检察院生效裁判结果监督的调查范围限制在三个方面：一是可能损害国家利益、社会公共利益的；二是民事诉讼的当事人或者行政诉讼的原告、第三人在原审中因客观原因不能自行收集证据，书面申请人民法院调查收集，人民法院应当调查收集而未调查收集的；三是民事审判、行政诉讼活动违反法定程序，可能影响案件正确判决、裁定的。着重强调了民事诉讼主体地位平等，要求检察机关审慎行使检察权，不能使用公权力打破诉讼平衡。受此传统民事检察监督原则影响，尽管 2013 年民事诉讼法修改后，规定人民检察院因履行法律监督职责提出检察建议或者抗诉的需要，可以向当事人或者案外人调查核实有关情况，但检察机关在调查权的行使上仍然比较保守。此外，无论是《人民检察院组织法》还是《民事诉讼法》《监督规则》，均未对检察调查权的行使提供强有力的保障，导致调查核实权的行使职能依赖于当事人、案外人、有关单位组织的配合，对于被调查人不协助调查的，检察机关也无计可施。"扫黑除恶"与虚假诉讼专项活动时间维度重合期间，各执法单位协作配合进入"蜜月期"，联络频繁、配合紧密，检察机关

---

① 数据显示，近三年来办理的双方串通型虚假诉讼占比为 20.95%。

通过提出建议、移送线索等方式，采取公安机关、纪委监委等外部力量为主，检察机关为辅的调查取证模式，固定证据较为容易，① 一定程度上解决了调查权受阻问题。但三年"扫黑除恶"专项斗争圆满收官后，扫黑除恶任务进入常态化阶段，在人民法院受理民商事案件数逐年增加的趋势下，② 虚假诉讼行为人"钻空子"打假官司的态势并未完全禁绝，虚假诉讼形势依然严峻，且形式不断翻新，防范和制裁虚假诉讼任务依然艰巨。如何在虚假诉讼常态化开展后，在执法单位协作配合的"冷静期"内，彻底解决调查核实难的问题，是检察机关需要重视的课题。

(三) 案件监督难

从虚假诉讼检察监督的实践来看，目前，检法两家在防范打击虚假诉讼方面相互协调配合力度仍然不够深入，案件办理中未能达成明确共识情形存在，影响了震慑、惩治虚假诉讼违法行为的效果。如关于单方虚增债务是否属于虚假诉讼的认定问题。一些法院仅对典型的"无中生有"型案件认定为虚假诉讼，对于套路贷案件中，当事人通过非法手段恶意垒高债务提起诉讼的，因有部分债权债务真实发生，有的法院认为不属于虚假诉讼。再如对虚假调解的认定问题。套路贷案件中，行为人往往胁迫受害人签订买卖合同等作为债务担保或虚增借贷金额，并通过诉讼达到非法占有他人财物的目的。此类案件中，出于对黑恶势力的畏惧，部分受害人认可对方主张并达成调解协议。对于此类案件，检察机关以虚构法律关系提起虚假诉讼为由提出监督。有的法院持不同意见，认为受害人作为权益受损方，自愿与对方达成调解，并未损害国家利益、社会公共利益或案外人利益，不属于虚假诉讼。对于司法实践中出现的检法对虚假诉讼的认识分歧问题，仍待进一步沟通交流达成共识，统一裁判尺度。

---

① 《贵州省检察机关 2019 年以来办理涉民间借贷领域虚假诉讼案件逐案分析报告》数据显示，此类案件占比达到 40.44%。
② 以贵州省法院系统受理民间借贷类案件为例，2019 年全省法院受理 34217 件，2020 年受理 55201 件，2022 年受理 68589 件。

二、完善虚假诉讼检察监督的路径

(一) 明确虚假诉讼行为均属侵害"两益"

何为"国家利益",何为"社会公共利益"并没有法律条文具体表述过,尽管这两个词条频频出现在民事诉讼法、司法解释及民事诉讼证据若干规定、民事诉讼监督规则等规定当中,这两个词条看似无须定义而明知,但是实践中又确实存在多元认识。虚假诉讼扰乱正常的司法秩序,损害司法公信力和权威,是否属于侵害国家利益或社会公共利益的范畴,争议也较大。有观点认为,在法治国家,国家作为一个政权组织,其确定自身利益范围的唯一方式就是立法,它通过法律规定将自身利益与其他利益区分开来,如果没有法律权威和公信力,法律就失去了实施的根基,国家意志就无法得以贯彻,因此,法律本身的权威和公信力就是最高的国家利益。①并且,虚假诉讼浪费司法资源,摧毁社会诚信体系,也应视为损害社会公共利益。故此,虚假诉讼既损害国家利益又损害社会公共利益,即使法律条文不便对"两益"作出定义,但也应该明确规定虚假诉讼损害"两益"。《监督规则》第37条、第75条的规定也间接印证了上述观点,将虚假诉讼纳入检察机关依职权启动监督范围,对当事人通过虚假诉讼获得的民事调解书,检察机关可以提出再审检察建议或者抗诉。

(二) 将虚假诉讼列为独立的审判监督类型

目前,虚假诉讼没有单独作为当事人可以申请再审的理由,检察机关提出抗诉或再审检察建议需对应《民事诉讼法》第207条所规定的情形。实践中,最常用的主要是以下几种情形:有新的证据,足以推翻原判决、裁定的;原判决、裁定认定的基本事实缺乏证据证明的;原判决、裁定认定事实的主要证据是伪造的。因以上三种情形着重强调主要证据伪造和主要事实认定错误,其以当事人之间存在真实的纠纷为基础,是建立在正常诉讼"攻击""防御"的抗辩之上的。虚假诉讼则不然,首先,诉讼的产生

---

① 肖晓峰:《虚假诉讼检察监督受理与检法衔接机制研究》,民事行政检察专业委员会第七届年会,第27页。

以真实纠纷为基础，解决纠纷是当事人诉诸法律请求司法保护之直接动因，而虚假诉讼中，当事人据以提起诉讼的法律关系或案件事实是虚假的，提供的证据也是虚假的，其提起虚假诉讼之目的不在于解决纠纷维护自身利益，而是为了侵害他人利益或国家利益、社会公共利益，诉讼成为其谋取非法利益的手段，不具有诉讼的正当性。其次，抗辩原则是民事诉讼的基本原则之一，其目的是尊重和保证当事人的辩论权，通过充分举证、质证和辩论，以便法官作出裁量。双方串通型的虚假诉讼，当事人之间不具有对抗性，而权益真正受损的第三人却丧失了诉讼"防御"之机会。作为一种异化的诉讼形态，虚假诉讼有其独有的特点和明显的社会危害性，有单独评价之必要。通过在民事诉讼中将虚假诉讼列为一种独立的审判监督类型，发挥法律之评价、引导、教育功能，否定虚假诉讼的外表合法性，更利于民事审判对虚假诉讼行为的纠正、教育和预防。

（三）强化民事检察监督调查核实权

第三人撤销之诉中，倘若案外人有足够的证据证明原审当事人恶意串通损害了其民事权益，即原审系虚假诉讼案件，则案外人因"案件处理结果同他有法律上的利害关系"而符合了第三人的主体身份，自然可以申请撤销原裁判文书。这就使得当事人的举证能力尤为重要。然而，必然会存在某些证据以当事人的能力是无法获取的，如虚假诉讼就属于取证非常困难的一类案件，如果此时依然坚持谁主张谁举证，那么就会出现某些证据因为当事人的能力限制而不能取得，导致这个案件最终会在形式公正的掩盖下加以判决。① 这也是实践当中，第三人撤销之诉无法发挥应有之义的主要原因。我国当前的司法理念是实事求是、有错必纠，司法活动的目的就是充分查明客观事实，最大限度实现个案公平公正。在虚假诉讼案件中，案件的不公正裁决直接损害司法公信力和正常的法制秩序，在当事人举证能力有限的情况下，司法调查权的行使有其必要性。司法调查权属于司法职能，而我国司法权又是由审判机关的审判权和检察机关的法律监督权共

---

① 田平安主编：《比较民事诉讼论丛》，法律出版社 2005 年版，第 137 页。

同构成的。①《民事诉讼法》第70条第1款规定："人民法院有权向有关单位和个人调查取证，有关单位和个人不得拒绝。"第117条规定，有关单位拒绝或者妨碍人民法院调查取证的，人民法院除责令其履行协助义务外，并可以予以罚款，人民法院对有前款规定的行为之一的单位，可以对其主要负责人或者直接责任人员予以罚款；对仍不履行协助义务的，可以予以拘留；并可以向监察机关或者有关机关提出予以纪律处分的司法建议。人民法院对不配合调查收集证据的行为有权决定采取强制措施，而人民检察院对调查核实的不配合行为仅能提出检察建议，调查核实权行使不免受限制。而虚假诉讼案件往往涉及当事人造假，诉讼代理人造假，甚至法官参与等问题，监督的对象、环节较多，不强化调查核实会导致案件无法发现真相而长时间停滞在怀疑阶段。因此，在人民检察院组织法明确规定检察监督调查核实权后，还需在修改民事诉讼监督规则时具体细化民事检察调查权行使的范围、方式、程序、保障等，例如明确是依申请启动还是依职权启动，委托鉴定的费用如何承担，相关人员和单位不配合时如何保障调查核实顺利进行等，进一步完善调查核实制度。

第五节　常见领域虚假诉讼检察监督

一、虚假诉讼的行为主体认定

虚假诉讼的行为主体，是指为获取非法利益或规避法定义务，虚构法律关系、捏造事实，提起民事诉讼或申请执行、提出执行异议、申请参与执行财产分配，妨害司法秩序或者严重侵害国家利益、社会公共利益、他人合法权益的单位或者个人。

（一）网络借贷关系中借贷主体资格的认定规则

案例：杨某笑与杨某清民间借贷纠纷案

基本案情： 2019 年，杨某笑与"杨某清"（系杨某富伪造的身份）在

---

① 魏娴：《新民事诉讼法视角下民事检察调查权研究》，苏州大学 2013 年硕士学位论文。

网络平台认识，并发展成为网友关系。2020年1月起，"杨某清"以急需资金周转为由，多次向杨某笑借钱，杨某笑通过支付宝和微信向"杨某清"转账共计132000元，约定日利率为0.042%。2020年8月，"杨某清"偿还20000元借款，并承诺在1—40个工作日内还清剩余欠款及利息。到期后，杨某笑多次催讨未果，遂起诉到贵州省J市某县人民法院，要求"杨某清"偿还借款140000元及利息，并承担交通费、住宿费5000元。2021年4月，法院一审判决认为，合法的借贷关系应当受到法律保护，判决："杨某清"在7日内偿还杨某笑140000元，并承担差旅费3000元。双方当事人均未提起上诉，也未申请再审。2021年7月，杨某笑向人民法院申请强制执行。

检察监督情况： J市某县人民检察院查明，判决书载明的"杨某清"家庭地址并无名叫"杨某清"的人居住，微信名"旅途"的实际使用人为杨某富，"杨某清"身份系杨某富虚构，经个人信息查询并不存在"杨某清"其人。检察院遂以伪造证据，存在虚假诉讼为由于2021年8月向J市某县人民法院提出再审检察建议，同时将该案犯罪线索移送J市某县公安局。2021年9月，J市某县人民法院采纳检察建议裁定再审。同月，公安局作出立案决定书，对杨某富涉嫌诈骗罪一案立案侦查。2021年10月，J市某县人民法院再审判决撤销原一审判决，驳回原告杨某笑的起诉。

办案经验总结： 检察机关办理网络借贷纠纷案件时，应重点关注以下方面：

1. 当前，人民法院向当事人送达诉讼文书的方式包含平台送达和微信、短信、邮箱等电子送达方式。电子送达具有成本低、效率高等优势，但同时也存在无法实际审查受送达人主体资格真实性的弊端，给虚假诉讼留下了"可趁之机"。涉及网络民间借贷案件中，出借人提供的借款人个人身份信息系经查询并不存在的，属被告主体不适格，应裁定驳回原告的起诉。

2. 在案件办理过程中善于发现异常现象与案件疑点。在立案登记模式下，法院受理案件时仅对立案材料作形式上的审查，加之送达阶段通常采用电子送达方式，容易忽视对受送达人的主体资格真实性审查。对此，检察机关在监督时应首先强化对诉讼主体资格的审查力度，特别是当事人通过网络媒介交流，且被告不出庭应诉无法核实其真实身份的案件，着重审查当事人是否出示身份证原件，必要时向公安机关调取当事人身份信息进行对比核实，杜绝滋生虚假诉讼。

3. 提醒广大群众需提高警惕防范网络借贷风险。随着互联网应用的高速发展，网络借贷已成为常态，其因方便简捷备受青睐。检察机关在办案过程中，要加强普法宣传：一是提醒出借人警惕在高额利润的驱使下草率实施网络借贷行为，将自身财产轻易转移交付给无法认证资信的陌生人，否则将在催收款项时面临拖延、推诿甚至隐藏身份逃避债务的风险。二是劝诚借款人，网络平台放贷人多是"贷款公司""融资公司"等未经国家批准的金融机构，其擅自从事信贷融资等金融服务的目的在于获取高额回报，后期往往会采取恐吓、威胁、上门骚扰等极端方式催债，甚至在网签借款合同中设置陷阱、捏造借款信息，造成借款人额外损失。有融资需求的借款人选择网络借贷，应存戒备心理，摸清底细，再做决定，切忌"病急乱投医"。

（二）夫妻共同债务的认定规则

案例：王某生与李某英、项某声民间借贷纠纷案

基本案情： 2015 年 1 月和 5 月，李某英分两次向王某生借款 90 万元、200 万元，并以个人名义向王某生出具《借条》两张，借款均在出具借条当日通过银行转账完成支付。因李某英到期未偿还借款，王某生遂将李某英及其丈夫项某声起诉至贵州省 A 市某区人民法院要求二人共同偿还借款本金 178.6 万元及利息。2017 年 8 月，一审法院认为，借条合法有效，但王某生扣除第一个月的利息不能认定为本金。约定的利息超过年利率 36% 的部分无效，王某生现主张按月利率 2% 支付利息，符合法律规定。王某生以涉案债务系李某英与项某声夫妻共同债务为由，要求项某声承担共同还款责任，无事实依据和法律依据。另李某英、项某声经合法传唤未到庭参加诉讼，视为其放弃相关诉讼权利。判决：李某英向王某生偿还借款本金 178.6 万元，并按照月利率 2% 的标准支付逾期还款利息。王某生不服，以债务系夫妻共同债务为由提起上诉，并提交关联公司工商信息、股东信息、李某银行流水、判决书等新证据，用以证明借款系用于夫妻共同经营。2018 年 6 月，二审法院认为，涉案借款的借款人为李某英，李某英在收到款项后将该笔款项转给了案外人项某国（项某声之父）的行为不足以证明该笔款项用于夫妻共同经营，其他证据亦不能证明，上诉请求无事实及法律依据。判决：驳回上诉，维持原判。王某生不服申请再审。再审法院于

2018 年 11 月裁定驳回其再审申请。王某生向 A 市人民检察院申请监督，该院提请省检察院抗诉。

检察监督情况：省检察院认为，从举证责任看，李某英、项某声未出庭应诉，对于债权人王某生提出借款系夫妻共同债务的主张未作答辩，理应承担不利后果。从证明标准看，债权人王某生的陈述及其提供的相应证据，已是其在举证能力范围内能够提供的充分证据，上述证据能够形成较为完整的证据锁链，在一定程度上证实李某英、项某声、项某国经营的公司系家族产业，李某英借款系家庭共同意思表示而非个人意志，其借款目的是用于家庭共同生产经营。债权人所举证据符合盖然性标准，且显然优于未出庭债务人一方。最高人民法院《关于审理涉及夫妻债务纠纷案件适用法律有关问题的解释》制定目的是正确审理涉及夫妻债务纠纷案件，平等保护各方当事人合法权益，其颁布施行的背景是实践中出现了夫妻一方与债权人恶意串通坑害另一方，导致另一方在毫不知情的情况下无端背负巨额债务的虚假诉讼案件。但从本案现查明的事实看，并不属于恶意债务。并且本案诉讼时间特殊，跨越了适用最高人民法院《关于适用〈中华人民共和国婚姻法〉若干问题的解释（二）》（2004 年 4 月 1 日）和最高人民法院《关于审理涉及夫妻债务纠纷案件适用法律有关问题的解释》（2018 年 1 月 18 日）两个阶段。一审判决本该适用最高人民法院《关于适用〈中华人民共和国婚姻法〉若干问题的解释（二）》却未适用，导致王某生的合法权益未得到有效保护，二审未全面综合衡量案件情况予以纠正，违背了平等保护各方当事人利益的立法本意。遂于 2019 年 5 月向省法院提出抗诉。2019 年 8 月，省法院指令 A 市中级人民法院再审。该院再审后完全采纳检察机关关于案涉借款应系李某英与项某声夫妻共同债务的监督理由，撤销原判决，改判由李某英、项某声共同清偿欠王某生的借款本金及利息。

办案经验总结：关于夫妻共同债务的相关规定，新旧法律、司法解释存在重大变化，检察机关在办理案件过程中要注意把握新旧法律条文的适用时间和条件，切实保障当事人合法权益：

1. 规范、评价行为人的民事法律活动应当以行为当时的法律法规作为标准。民间借贷纠纷中，债权人基于行为当时的法律能够预见到的法律后果是衡量双方权利义务的重要依据，对于债权人而言，不能以现行的法律去苛求评判此前的行为，否则是突破了法不溯及既往原则。

2. 《民法典》于 2021 年 1 月 1 日施行，该法第 1064 条规定了基于共同意思表示所负的夫妻共同债务（共签共债）、为家庭日常生活需要所负的夫妻共同债务（夫妻日常家事代理权）、债权人能够证明的夫妻共同债务三种比较重要的夫妻共同债务类型。该规定延续了最高人民法院《关于审理涉及夫妻债务纠纷案件适用法律有关问题的解释》中避免夫妻一方在外与他人串通恶意举债的立法精神，进一步表明了对虚假债务、非法债务否定性评价的鲜明立场，同时也具有引导民商事主体主动规范交易行为、加强风险防范的深刻用意，在司法实践中起到积极作用。

3. 实践中还存在依据法律规定产生的其他种类的夫妻共同债务，比如夫妻因共同侵权所负的债务，夫妻因被监护人侵权所负的债务。检察机关在办案过程中，要注意加强民法典相关知识宣传，特别提醒广大人民群众在借贷关系中注意法律的变迁，在形成债务尤其是大额债务时，为避免事后不必要的纷争，应加强事前风险防范，尽可能要求夫妻共同签名。

二、虚假诉讼法律关系的界定

但凡虚假诉讼，均是以合法形式掩盖非法目的，浮于表面的是披着合法外衣的正常诉讼，呈现出的是符合法律规范的请求和证据。隐匿于下的则是虚假诉讼行为人的不正当真实意思，通常情形下该隐藏真意因违反法律规定而无效。二者关系类似于虚伪表示与隐藏行为。

（一）名为买卖、实为借贷的认定规则

案例：张某、李某平与尹某隆房屋买卖合同纠纷案

基本案情： 2012 年 2 月，尹某隆与张某、李某平签订《私有住宅买卖合同》，约定将张某、李某平的房屋以 22 万元价格出卖给尹某隆，尹某隆支付房款后，张某、李某平出具收条并将房产证交给尹某隆。2015 年 9 月，尹某隆向贵州省 H 市某县人民法院起诉请求将房屋变更登记至其名下。2015 年 11 月，一审法院认为，张某、李某平抗辩的订立合同真实目的是为其妹夫宋某某向肖某某借款提供担保的理由没有证据证明，判决张某、李某平 10 日内协助尹某隆办理过户。张某、李某平向 H 市中级人民法院提起上诉，该院于 2016 年 4 月判决驳回上诉，维持原判。张某、李某平向贵州省高级人民法院申请再审，该院于 2016 年 12 月裁定指令 H 市中级人民法

院再审。H 市中级人民法院再审后，于 2017 年 8 月判决维持原二审判决。

检察监督情况： 张某、李某平向 H 市人民检察院申请监督，该院提请贵州省人民检察院抗诉。省检察院认为，双方当事人之间不存在真实的房屋买卖关系，所谓购房款实际是借款的一部分，签订买卖合同系为借款合同提供担保。根据法律规定，案件应当按照民间借贷法律关系审理并向当事人释明变更诉讼请求。此种借款后以担保为名签订虚假买卖合同，并通过司法诉讼途径实现非法占有买卖合同标的物的行为，系虚假诉讼行为。省检察院遂以刑事案件新证据足以证实本案系名为房屋买卖实为借款担保的合同为由于 2019 年 9 月向省高级人民法院提出抗诉。

2020 年 11 月，贵州省高级人民法院经提审后认为，双方当事人并无买卖房屋的真实意思表示，签订合同的本意是就案涉房产为宋某某与肖某某之间的借款提供担保，尹某隆不是实际借款人，不具备诉讼主体资格，裁定撤销原判，驳回尹某隆的起诉。

办案经验总结：

1. 近几年，随着社会经济的高速发展，民间借贷愈发活跃，为确保高额回报，借款人往往通过各种方式规避法律规定，其中"名为买卖，实为借款合同的担保"就是一种常见的操作模式。该种交易模式的法律关系，不应受制于当事人之间签订合同的外观与名称，而应当根据当事人的真实意思表示和合同的实质内容来判定。

2. "名为买卖，实为借贷"的合同，虽有学界观点认为其事实上达到了流押契约的效果，规避了法律禁止流押的规定而无效。但最高人民法院《关于审理民间借贷案件适用法律若干问题的规定》出台后，第 24 条①并没有对涉及买卖合同的效力作出明确规定，人民法院在处理此类案件时，通常只审民间借贷，不审买卖，回避当事人之间的买卖合同关系。且该规定第 2 款并没有"享有优先受偿权"的表述，故债权人是否对涉案房屋享有物权的优先受偿效力，司法实践中并不统一。检察机关办理此类"名为买卖，实为借贷"的合同纠纷案件时，对合同效力也不宜进行评价，可从虚假诉讼、主体资格方面进行理由阐述。

---

① 现为第 23 条。

（二）虚假调解案件的认定规则

案例：李某正与某房地产公司民间借贷纠纷案

基本案情： 2005 年 5 月至 2010 年 8 月期间，某房地产公司向案外人邹某某等 29 人借款 8800 余万元用于涉案某国际广场项目建设。2009 年 6 月，李某正向某房地产公司提供借款用于开发建设"某某花园"项目，后又将借款全部用于涉案某国际广场项目的续借抵押上，并继续追加资金的投入。2010 年 2 月，某房地产公司与农业银行 G 市黔中支行签订 2 亿元的借款合同，用于涉案某国际广场项目建设。2010 年 7 月，李某正向贵州省 G 市中级人民法院同时起诉某房地产公司民间借贷纠纷两案，诉请判令被告偿还原告借款 51965920 元（44714400 元 + 7251520 元）、违约金 3000000 元（1500000 元 + 1500000 元）以及承担逾期还款利息。诉讼中，李某正为证实债权债务关系，提交了借款合同书及借条，无相关银行转账凭证或现金交付证据，某房地产公司原法定代表人陈某对债务真实性无异议。审理过程中，李某正与某房地产公司就已起诉的借款、违约金及未起诉的借款 7000 万元及违约金 900 万元达成协议，协议中双方确认债权总额为 133965920 元，以"某国际广场"部分商铺抵付债权。G 市中级人民法院确认了双方自行达成的协议并作出（2010）安市民一初字第 12－13 号民事调解书。截至 2010 年 8 月，涉案某国际广场项目是一片空地，工程施工、材料部分的欠款本金 2440 万余元。项目施工图纸于 2010 年 12 月交给施工单位后，工程开始进行基础施工。2014 年 3 月，根据刘某梁等 21 人的申请，G 市中级人民法院裁定某房地产公司进入破产清算程序，同年 7 月被裁定破产重整。为推进某国际广场项目后续工程建设，2013 年 2 月至 2017 年 4 月期间，G 市某建设投资公司共计投入资金 10.67 亿余元，其下属的某建材商贸公司投入资金 4000 万元。2017 年 9 月，G 市中级人民法院作出（2014）安市破字第 1－15 号民事裁定书，确认某房地产公司债权人 747 位，总金额 68659.605143 万元。根据某房地产公司、管理人及债权人委员会共同作出的《资产与负债总表》，某房地产公司债权总计 247644.1 万元，负债总计 237448.1 万元。2017 年 8 月，重庆某评估公司出具评估咨询报告认为：2017 年 3 月 31 日，涉案的某国际中心广场 1—4 层、B 栋 1—4 层、B 栋与 C 栋连廊 2—4 层，中心广场与 C 栋连廊 2—4 层总价值 45345.98 万元。（贵州某资产评估有限公司作出的房地产价值咨询报告认为：2020 年 2 月 28 日，上述涉案房产总价值 47273 万元。）2018 年 5 月，某房地产公司不服生效调解书，向贵州省高级人民法院申请再审，法院认为再审申请超过了法定期限，遂驳回其再审申请。2019 年 5 月，在四川省某公证处两位公证员见证下，陈某代理律师对陈某进行现场询问，并全程摄像后出具公证书。陈某陈述：某房地产开发公司与李某正的借款共计四笔，调解书涉及三笔。第一笔 4471.4 万元，实质系 2006 年 9 月 1 日的 500 万元，按月息 8% 利滚利多次换条而来；第二笔 725.152 万元，实质系 2008 年 3 月 16 日的 230 万元，按月息 8% 利滚利多次换条而来；第三笔借款 7000 万元，实际借款为 3500 万元，借款期限 24 个月，利息 3500 万元。上述三笔借款，实际本金为 4230 万元。2019 年 8 月，陈某去世。同年，某房地产公司不服生效调解书，向检察机关申请监督。

检察监督情况： G 市人民检察院提请贵州省人民检察院抗诉。省检察院经调查取证，查实李某正本人于 2008 年 3 月 28 日向某房地产公司法定代表人陈某账户分别汇款 400 万元、400 万元和 300 万元，于 2008 年 4 月 11 日通过案外人邓某向陈某汇款 1050 万元，于 2008 年 4 月 14 日向陈某汇款 1350 万元，共计 3500 万元。陈某在公证处自述的涉案 230 万元及 500 万元汇款无单一转账汇款记录。省检察院认为，本案中，双方当事人自认的借款本金为 1.3 亿余元，但该巨额借款，除书面借据外，并无银行转款凭证等任何证实资金已实际交付的证据。根据陈某在公证处的陈述和《关于李某正案的情况说明》，结合李某正与某房地产公司签订的系列无息借款合同书，可以认定陈某所述案涉借款本金按月息 8% 利滚利而来具有一定真实性，经分笔分期计算，李某正起诉的借款 13396.592 万元，在其未提供实际交付凭证情况下，本金应认定为 42300000 元，本息依法应仅为 67558000 元，超过部分 66407920 元不受法律保护，当事人将高利转本的 66407920 元一并计入本金予以主张，实质系虚构借款本金。此外，某房地产公司对外欠 700 余人的债务约 8810 万元；李某正与某房地产公司合意用于以物抵债的工程项目，在双方达成调解协议时，该工程项目的施工、材料部分欠款本金已达到 2440 万余元，双方当事人未经评估，径行就虚增债务达成以在建、拟建工程以物抵债的协议，抵销个人普通债权，显系规避建设工程价款优先受偿的法律规定，某房地产公司选择性偿债，实际侵害了其他众多债权人的债权清偿比例，变相剥夺了工程承包人的法定优先受偿权，此种借用诉讼途径对虚假债务进行司法确认，合法化其非法债务，侵害案外人合法权益的情形，系以合法形式掩盖非法目的的虚假诉讼行为，应驳回当事人的诉讼请求。但本案系依当事人的申请而受理，其向法院申请再审时，人民法院以超过再审期限为由裁定驳回其申请。根据相关规定，本案应当终结审查。省检察院终结审查后，指导 G 市检察院依职权受理，并以生效调解书认定的借款本金部分不实，涉嫌虚假诉讼，侵害社会公共利益，且调解内容违反法律规定，调解程序严重违法为由，于 2021 年 1 月向 G 市中级人民法院提出再审检察建议。2021 年 3 月，安顺市中级人民法院经审判委员会讨论，认为调解确有错误，遂采纳检察机关再审检察建议，裁定再审。2022 年 12 月，安顺市中级人民法院作出一审判决，撤销了原调解书，采纳检察机关意见进行了改判。李某正不服一审判决向贵州省高级人民法院提起上诉，目前二审尚在审理中。

办案经验总结：民间借贷类案件以调解方式结案的不在少数，检察机关办理此类案件时应注意：

1. 民法以自治为原则，承认当事人自主决定其权利义务关系。作为意思自治的一种表现形式，自认具有免除对方当事人举证责任的法律效力，但在特殊情况下，考虑到当事人自认可能会侵犯他人、社会利益，即使当事人一方自认，人民法院也应当要求另一方对该事实进行举证。人民法院审理民事案件，应当根据当事人自愿的原则，在事实清楚、是非分明的基础上进行调解。法院在未对案件事实查明的情况下，便以民事调解书的方式结案，违反法律规定，也易导致调解领域成为滋生虚假诉讼的"温床"。

2. 借款合同为实践合同，是否实际履行需以交付标的物或完成其他现实给付为据。在借款金额较大的情况下，如除书面借据外，并无银行转款凭证等证实资金已实际交付的证据，即使双方当事人自认，但为避免发生双方当事人串通虚构借款本金，选择性偿债，变相侵害其他普通债权人债权清偿比例的虚假诉讼情形，也不能就此认定借贷已经实际发生，而要结合当事人的支付能力、借贷金额大小、当事人之间关系、交易习惯以及当事人陈述的交易细节经过等因素，对款项是否实际交付进行审查，确保查准债权债务关系真实性。

三、审判程序中其他类型虚假诉讼

虚假诉讼多发于财产性权益案件当中，如利用生效裁判文书稀释债权，利用法院强制执行程序规避应交付标的物，虚构保险事故骗取保险赔偿、虚构债权债务规避公积金审批程序套取公积金等。近年来，虚假诉讼形式更为多样，手段更为隐蔽，要通过民事、刑事等多重力量手段对虚假诉讼进行主动、集中、长效打击。

（一）破产程序中虚假申报债权的认定

案例：陈某晏与贵州某魔芋制品公司追索劳动报酬纠纷案

基本案情： 2013 年 12 月，贵州某魔芋制品公司组建后，法定代表人罗甲聘请陈某晏为该公司的农业技术顾问驾驶员，由陈某晏自行提供车辆，月工资为 4800 元。5 年中陈某晏累计从公司领取了生活费 60000 元。公司尚欠陈某晏工资 228000 元未予支付。2019 年 6 月，陈某晏以贵州某魔芋制品公司拖欠其劳动报酬为由，将贵州某魔芋制品公司诉至贵州省 F 市某县人民法院，请求公司支付尚欠的工资 228000 元。2019 年 10 月，陈某晏以 F 市中级人民法院已立案贵州某魔芋制品公司破产清算案件，需撤回起诉进行破产债权申报为由主动撤诉，贵州省 F 市某县人民法院作出民事裁定书，裁定准许原告陈某晏撤诉。2021 年 6 月，F 市某县人民检察院提请 F 市人民检察院抗诉。

检察监督情况： F 市人民检察院认为，根据已生效的刑事判决书认定的内容，陈某晏与贵州某投资公司（法定代表人罗甲）于 2012 年 12 月签订《石材采购合同》，由陈某晏提供路沿修建用石材给贵州某投资公司房开工程并负责安装，协议约定单价为人民币 95 元/米，陈某晏安装了 1400 米左右，罗甲、罗乙拖欠陈某晏工程款约 133000 元，同时罗乙向陈某晏借款 30000 元用于公司开支。陈某晏多次找罗甲、罗乙讨要欠款未果。2019 年 6 月，罗甲经与罗乙商议，将欠陈某晏的钱转化为罗甲公司（贵州某魔芋制品公司）欠陈某晏的工人工资，与陈某晏签订了虚假的劳动合同，并制作了贵州某魔芋制品公司欠陈某晏工资的欠款单后由罗甲签字认可。后在陈某晏提起的民事诉讼中，法院审判人员询问时，陈某晏与罗甲均作了虚假陈述。现罗甲、罗乙均因犯虚假诉讼罪被追究刑事责任，陈某晏的起诉属于虚假诉讼，F 市某县人民法院未查清是否构成虚假诉讼的情况下，允许陈某晏撤诉违反相关法律规定，遂向 F 市中级人民法院提出抗诉。2021 年 8 月，F 市中级人民法院裁定指令 F 市某县人民法院再审。F 市某县人民法院再审后，采纳检察机关抗诉意见，判决撤销原裁定书，驳回陈某晏的诉讼请求。

办案经验总结：破产案件一直是虚假诉讼的"重灾区"，在破产案件的审理过程中申报捏造的债权，包括以通过虚假诉讼取得的生效法律文书申报债权，是虚假诉讼的重要表现形式之一。检察机关在办理企业破产纠纷案件时应注意：

1. 2018 年 10 月 1 日起施行的最高人民法院、最高人民检察院《关于办理虚假诉讼刑事案件适用法律若干问题的解释》（法释〔2018〕17 号）第 1 条第 1 款规定："采取伪造证据、虚假陈述等手段，实施下列行为之一，捏造民事法律关系，虚构民事纠纷，向人民法院提起民事诉讼的，应当认定为刑法第三百零七条之一第一款规定的'以捏造的事实提起民事诉讼'……"其中第 5 项规定"在破产案件审理过程中申报捏造的债权的"，属于"以捏造的事实提起民事诉讼"。根据《企业破产法》的规定和原则，这里的审理过程，指破产案件受理到终结的整个程序过程，包含法院工作过程和管理人依职权工作过程。因而，在破产程序中虚假申报债权属于"以捏造的事实提起民事诉讼"，应当认定为虚假诉讼，构成虚假诉讼罪。

2. 破产程序中，虚假申报债权，既包括"无中生有"，也包括"变 A 为 B"。有的当事人法律意识淡薄，误认为债权债务是真实存在的就不属于虚假申报。但当事人企图通过债权性质转化，达到优先受偿的目的，管理人在信息不对称的情况下认定了虚假申报人的债权，法院因债权审查工作的局限性，原则上会根据管理人的认定对虚假的债权进行确认。在债务人处于破产的情形下，债务人资产不能清偿全部债务，所有债权人的债权只能按比例进行清偿，债权人债权的基数越大，债权人的清偿比例越低。因而虚假的债权确认，要么将导致债务人财产利益的不当减少，要么将导致普通债权异化为优先债权，均会侵害其他债权人的利益，故同样属于虚假申报。

（二）执行程序中的虚假诉讼

案例：杨某忠与某工艺公司民间借贷纠纷执行案

基本案情：2010 年 12 月，贵州省 H 市某县人民法院对杨某忠与某工艺公司民间借贷纠纷一案作出民事调解书，主要内容为：某工艺公司限于2010年12月16日前归还杨某忠借款100万元及利息。2010年12月，因某工艺公司未按期履行调解书确定的还款义务，杨某忠向H市某县人民法院申请强制执行。人民法院依法查封某工艺公司所有的厂房及其厂房范围内的土地使用权，并于2011年1月委托该院外委办对某工艺公司塌方部分土地使用权价值、三合板厂房右侧四间两层楼价值、三合板厂房左侧八间三层楼价值进行评估。2011年3月，经贵州某房地产资产评估有限公司评估，上述土地及厂房价值231.34万元，面积为1738.50m²。2011年4月，H市某县人民法院向该县国土资源局发出协助执行通知书，要求县国土资源局协助将某工艺公司抵偿给杨某忠的4389.2m²土地使用权办理过户登记手续。同月，某工艺公司与杨某忠达成土地抵偿补充合同书，将某工艺公司后坡土地进行抵偿。2011年6月，某工艺公司委托某房地产资产评估有限公司对原三合板厂塌方处后坡土地使用权进行评估。经评估，该宗土地价值60.85万元，面积为2650.7m²。2011年10月，杨某忠向县国土资源局申请对某工艺公司4389.2m²土地使用权变更登记。12月，县国土资源局将某工艺公司4389.2m²的土地使用权变更登记至杨某忠名下。

检察监督情况： H市某县人民检察院认为，某工艺公司系镇政府下属的集体企业，其土地使用权均为划拨取得，土地使用权转让、出租、抵押需经县人民政府土地管理部门和房产管理部门批准方能处置。人民法院对某工艺公司财产进行查封后，在未经县人民政府土地管理部门和房产管理部门批准，且未对面积为2650.7m²土地使用权价值进行评估的情况下，直接将某工艺公司国有划拨土地共计4389.2m²的土地使用权裁定抵偿给杨某忠的行为违反《城镇国有土地使用权出让和转让暂行条例》第44条及最高人民法院《关于人民法院执行工作若干问题的规定（试行）》第47条的规定。检察院遂于2019年12月向H市某县人民法院提出执行监督检察建议，民事检察部门同时将执行法官可能存在违法违纪行为的案件线索移送刑事执行检察部门。2020年3月，H市某县人民法院复函检察院，认为承办法官在执行过程中确实存在违反法律规定的行为，现已被刑事拘留；针对检察建议，将在全院展开警示教育，告诫干警依法、依规办案，公正司法，坚决杜绝类似情况出现。2020年7月，涉案执行法官因执行判决、裁定滥用职权罪被追究刑事责任。

办案经验总结：

1. 民事执行工作是维护司法公正和司法权威的最后一道防线，事关人民群众切身利益，事关社会和谐稳定。虚假执行案件，不仅损害国家利益、社会公共利益或者他人合法权益，也进一步加剧"执行难""执行乱"问题。检察机关有权对法院执行活动进行监督，监督对象包括执行中的裁定、决定和执行中的强制措施等。检察机关发现人民法院执行活动中可能存在虚假诉讼情形的，应当向同级人民法院提出检察建议。

2. 虚假诉讼在执行程序中通常有以下几种表现形式，检察机关在办案中应高度警惕：一是申请执行人与被执行人恶意串通，通过虚假诉讼产生的判决书、调解书，在执行过程中很快达成执行和解协议或自动履行，或以物抵债，从而规避对其他债权人的债务或行政机关的有效监管。二是财产被查封的被执行人与案外人串通，由案外人捏造事实提起执行异议，协助被执行人转移被查封的财产以逃避偿债。三是当事人恶意串通提起仲裁，获得有利的仲裁裁决书后，一方当事人故意不履行义务，再串通对方当事人向法院申请强制执行，利用法院的强制执行措施侵害他人合法权益。

3. 本案监督的目的是纠正执行中的违法行为，人民法院虽回函表示执行中存在不规范行为，但认为以地抵债后，杨某忠已根据县政府批准取得土地使用权、与国土部门签订《国有土地使用权出让合同》并足额缴纳土地出让金，国有资产并未损害或流失，县政府的批准也构成此前人民法院将土地使用权抵偿给杨某忠的追认，故未对执行裁定进行纠正。因该抵偿行为并不排除系双方当事人之间恶意串通为之，且实质系选择性偿债，可能损害不特定其他债权人的合法利益。检察机关应进一步分析研判案情，精准把握事实认定和法律适用，适时采取跟进监督措施。

四、刑民交叉案件的处理

随着经济社会发展，越来越多的问题不再单纯涉及刑法或者民法，而是同时受到民法规范及刑法规范的调整，在刑法与民法之间交叉作用，虚假诉讼即为此。刑民交叉案件是指民事争议事实与刑事犯罪事实之间可能存在牵连关系、重合关系等，当前我国《民事诉讼法》及《刑法》都针对虚假诉讼作出了治理规定，民事虚假诉讼与刑事虚假诉讼罪之间有着千丝万缕的联系，刑民交叉案件也频频发生。检察机关办理刑民交叉监督案件，对所涉刑事证据应当按照民事诉讼证据规则进行审查，并与民事证据形成完整证据链条。

（一）"套路贷"认定规则

案例：覃某定与杨某龙民间借贷纠纷案

基本案情： 2013年3月、4月，覃某定向杨某龙借款4万元、5万元，两次借款交付时无第三人在场，均由杨某龙提供格式借款条让覃某定填写，未约定还款期限。其中2013年3月的借条内容为：本人因做生意需用资金，今在杨某龙处借到人民币肆万元（大写）￥40000元（小写）。自愿从借款之日起按月支付3%的资金占用费（银行贷款利率的四倍）。如到期不能一次性归还借款本息，由担保人代为一次归还借款本息，如担保人不能一次性偿还本息。杨某龙可向人民法院提起清还诉讼，因债务诉讼所产生的诉讼费、律师费等一切经济费用，全部由借款人、担保人承担。（此借款条直至全部还清借款本息终止，借款尚未还清全部本息，此借款条终身有效。）划线部分内容为空白，后期填写。另5万元借款条，除借款金额及借款时间外，其余内容与情形与上述借款条相同。2014年6月，杨某龙向贵州省E市某县人民法院起诉要求覃某定偿还9万元借款及利息。2014年9月，一审法院认为，杨某龙要求覃某定偿还两次借款共计9万元及利息的诉求有借款条为据，月利率3%过高调整为1%。覃某定主张借款实际系案外人韦某果所借，借款金额仅为4.55万元，出借人栏和时间栏在借款时是空白后面补填的理由无证据证实；覃某定主张借款已用车辆抵押还清的辩解与提供的"车辆转让合同"不符；李某祥等证人证实内容均系听覃某定所说为传来证据，且与证人罗某娜证言内容矛盾，不予采信。判决覃某定清偿杨某龙借款9万元，利息1.2万元。覃某定不服上诉。2015年2月，二审法院认为，覃某定作为完全民事行为能力人，对借条应有的认知及杨某龙在一审对借款事实的举证，可以认定双方之间的借贷关系存在并已生效。对覃某定主张4万元借款条系向案外人韦某果借款2万元时出具无证据证明。覃某定主张5万元借款已用车辆抵偿，但提交的《转让协议书》内容所涉及的车辆系转让而非抵偿借款，该协议与偿还争议借款无直接关系，如有异议可另行主张权利，判决驳回上诉，维持原判。二审判决后，在刑事案件中公安机关查明，本案系杨某团伙系列"套路贷"案件之一，借款存在双倍填写借款金额及扣除砍头息情形。且覃某定两次借款的第一笔 2 万元已还清，第二笔 4.45 万元以其所有的车辆作为借款担保，后杨某已将车辆以 13.68 万元转卖并占有全部卖车款。诉讼期间，覃某定与案外人合伙购买的大型货车被法院保全（查封），为解除查封进行年审，覃某定按杨某龙要求出具"愿用大型货车抵偿债务"的条子。因覃某定未履行判决确定的义务，2015 年，韦某果、杨某龙按杨某安排，将货车开走并转卖给杨某龙亲属得款 9.8 万元。杨某、韦某果、杨某龙等因涉嫌"套路贷"犯罪被追究刑事责任，其为骗取他人钱财进行的系列民事诉讼属于虚假诉讼，诉讼行为实质是"套路贷"行为的延伸，且审判员黄某某、毛某某等人利用职权为杨某团伙在"套路贷"系列民事诉讼案件审判、执行活动中提供帮助，充当黑恶势力"保护伞"，经监察机关调查核实已移送审查起诉。

检察监督情况：2019 年 6 月，E 市人民检察院以生效判决认定事实错误，杨某、韦某果、杨某龙等人长期从事"套路贷"违法犯罪活动，其实施的虚假民事诉讼应予纠正为由向 E 市中级人民法院提出再审检察建议，E 市中级人民法院于 2019 年 9 月采纳再审检察建议，裁定再审。2020 年 9 月，E 市中级人民法院再审后采纳检察机关关于本案系虚假诉讼的意见，裁定撤销原判决，驳回杨某龙的起诉。

办案经验总结：

1. 近年来，"套路贷"犯罪开始出现。所谓"套路贷"，并不是一个新的法律上的罪名或专业的术语，而是随着社会经济发展出现的一类犯罪的通常说法。根据最高人民法院、最高人民检察院、公安部、司法部 2019 年 4 月 9 日颁布施行的《关于办理"套路贷"刑事案件若干问题的意见》之规定："套路贷"，是对以非法占有为目的，假借民间借贷之名，诱使或迫使被害人签订"借贷"或变相"借贷""抵押""担保"等相关协议，通过虚增借贷金额、恶意制造违约、肆意认定违约、毁匿还款证据等方式形成虚假债权债务，并借助诉讼、仲裁、公证或者采用暴力、威胁以及其他手段非法占有被害人财物的相关违法犯罪活动的概括性称谓。

2. "套路贷"作为近年来高发的一种新型恶性犯罪案件，虽然中央和各地均出台规定予以严厉打击，但由于其和民事诉讼中高利贷行为之间的关系错综复杂，故司法实践中对套路贷案件入刑的认定，仍然存在较大难度。检察机关在办理"套路贷"民事案件中，要转变以往民事案件"坐堂阅卷"传统办案模式，能动履职，综合施策，精准监督，取得突破和创新。对内，按照"省院指导、市院统筹、调动基层院"的作战模式和上下级一体化办案机制开展工作，发现司法人员违法犯罪线索后，由民事检察和刑事检察部门检察官组建专案组开展案件初查和侦查，及时查清司法人员职务犯罪事实。对外，建立公、检、法、司联合防范、查办、打击虚假诉讼的协作机制，通过文件会签、座谈交流、互派人员挂职等方式，对各部门密切配合合力防范和打击虚假诉讼达成共识，为开展虚假诉讼监督工作提供指导规范和制度保障。

3. "套路贷"与高利贷之区别。一是在行为目的方面，高利贷之核心目的在于"高利"二字，即为了获取高额利息。从提升资金使用率等方面来说，民间高利贷仍可以起到正面之功用，满足市场对资金的需求，刺激与促进经济发展。"套路贷"则是以"贷款"为名，行非法占有被害人财产之实，其真正目的并非获得利息，而是具有占有型财产犯罪构成要件中的"排除意思"和"利用意思"。需要注意的是，出借人非法占有目的的认定不以借款人明知为条件，只要出借人套路设计时存在虚构借款本息、不平等设定单方违约条款等，不论借款人是否对此明知，均不影响出借人非法占有目的的认定。二是在侵害客体方面，高利贷是一种超过规定标准的具有资金融通性质的民间借贷行为，其主要表现为对金融管理秩序的破坏。而套路贷不仅破坏金融管理秩序，还侵害了被害人的人身权、财产权，危害公共秩序，甚至亵渎司法权威，严重妨害公正司法，甚至引发被害人隐私暴露、自残、自杀等恶劣后果，带来一系列社会问题。三是在行为手段方面，两者虚增金额采用的名目不同。高利贷本金以外的金额，一般由借贷双方以利息名义作出约定。"套路贷"中的虚增数额常以"担保""抵押"或类似名目出现。四是贷款方对借款人"违约"所持的态度不同。高利贷的贷款方希望借款人按约定还本付息，而"套路贷"犯罪为实现非法占有虚增款项之目的，犯罪嫌疑人通常以拒接电话"玩失踪"等方式，故意使借款人无法在约定期限内还款而"被违约"。五是在法律后果方面，须以民法中的"契约自由"界定债权债务的虚假属性。民间借贷的利率是民间借贷合同中的核心要素，也是当事人意思自治与国家干预的重要边界。高利贷的出借方是以获取本金产生的利益为目的，订立合同时双方意思表示真实、清楚，无争议，体现了双方意思自治。根据 2021 年 1 月 1 日施行的最高人民法院《关于审理民间借贷案件适用法律若干问题的规定》，高利贷本金及一定程度上的高额利息受法律保护，只有在借贷双方约定的年利率超过"一年期贷款市场报价利率四倍"时，其超过部分的利息约定才不受法律保护。故高利贷的本质仍然是正常的民间借贷行为，是一种民事法律关系，适用私权救济。而"套路贷"，虽然具有民间借贷的表象，但借款方会收取名目繁多的费用，虚增贷款金额，故意设置明显不符合民间借贷习惯的不平等条款等，其主观上具有非法占有他人财物的故意，不论其行为如何表现，都违背民事契约的公平自愿核心。

（二）民事虚假诉讼与虚假诉讼犯罪行为界定

案例：某小贷公司与A房地产公司、向某林、黄某军等借款合同纠纷案

基本案情：2013年12月，A房地产公司与某小贷公司签订《借款合同》，约定A房地产公司向某小贷公司借款1600万元，年利率21.6%。A房地产公司以其建造的78套房屋及4000平方米架空层作担保。同日，B房地产公司分公司出具《担保函》，对上述借款提供连带保证责任，并以分公司所有的地块及地上附着物作担保，黄某军、向某林、余某吉在《担保函》上签字。2014年12月，某小贷公司起诉至贵州省A市某区人民法院，诉请判令A房地产公司返还借款1600万元及利息，B房地产公司及其分公司、黄某军、向某林、余某吉承担连带返还责任。2015年6月，一审法院认为，借款合同签订后，某小贷公司分别于2013年12月3日、4日支付了借款1300万元和300万元，A房地产公司主张2013年12月3日支付给陈某芳的300万元系预先扣除本金证据不足。某小贷公司要求返还借款于法有据，约定利息21.6%未违反法律法规强制性规定。分公司不具有法人资格，其民事责任由B房地产公司承担。黄某军、向某林、余某吉在《担保函》上签字也应承担相应保证责任。判决：A房地产公司返还某小贷公司借款本金1600万元及按照年息21.6%计算利息，B房地产公司及其分公司、黄某军、向某林、余某吉对上述义务承担连带清偿责任。向某林、B房产地公司不服上诉至A市中级人民法院，理由是认定上诉人对1600万元承担连带责任事实不清；被上诉人放弃A房地产公司以自己的财产设定抵押，保证人在被上诉人丧失优先受偿权的范围内免除担保责任；分公司已经注销，诉讼主体资格不存在，列为被告程序不当。2015年12月，二审法院认为，借款合同及打款凭证足以证明借款真实有效，A 房地产公司应当承担还款责任。B 房地产公司分公司加盖公章承担的连带责任保证应由 B 房地产公司承担责任。向某林也在担保函上担保人法人及股东处签字，故向某林认为其不承担连带保证责任的上诉理由不能成立。判决：驳回上诉，维持原判。向某林、B 房产地公司不服申请再审。贵州省高级人民法院裁定指令 A 市中级人民法院再审本案。2018 年 2 月，再审法院认为，原一、二审认定某小贷公司与 A 房地产公司签订借款合同后提供了借款 1600 万元事实清楚。至于担保责任问题，B 房地产公司的股东中有黄某军、向某林和余某吉，且 B 房地产公司曾授权分公司对其经营业务全权负责、并独立享有经营项目的一切处理权利，后经分公司召开股东会，决议由公司和股东为 A 房地产公司借款 1600 万元提供连带责任担保，并向某小贷公司出具担保函。原一、二审判决公司和保证人承担连带清偿责任符合法律规定。经审判委员会讨论决定，判决：维持二审判决。

检察监督情况：再审判决生效后，中央督导组向 A 市公安局交办某小贷公司法定代表人、经理、财务等人涉嫌的刑事犯罪案件，A 市人民检察院在参加刑事案件调度会中，发现系列民事案件可能涉嫌虚假诉讼，依职权受理本案后提请省检察院抗诉。省检察院认为，根据刑事讯问笔录，A 房地产公司收到借款本金 1600 万元后，按照某小贷公司的要求，将其中 300 万元本金转回到该公司工作人员陈某芳账户。该 300 万元中的 157.7 万元，系 A 房地产公司、案外人黄某林此前向某小贷公司的其他两笔借款未支付的月利率为 5% 的高额利息，另 142.3 万元的收取毫无依据。某小贷公司通过高额利息转本等方式，虚增借款本金，并通过司法诉讼途径对虚假债权进行司法确认，合法化其非法债权，严重损害司法权威和公信力，损害他人合法权益，遂以有新的证据足以推翻生效判决且案件存在虚假诉讼情形为由向贵州省高级人民法院提出抗诉。2021 年 7 月，省高级人民法院提审后，采纳检察机关抗诉意见，裁定：撤销原生效判决，指令 A 市某区人民法院重审。2021 年 12 月，某小贷公司法定代表人陈某麟、工作人员段某全、车某、周某、汪某、陈某芳等人因犯虚假诉讼罪、高利转贷罪等罪被追究刑事责任。

办案经验总结：

1. 出借人强迫借款人签订借款协议，又通过循环转账，将款项转给借款人后又回到出借人实际控制的账户的方式，制造借款已实际交付的假象，并借此提起民事诉讼，意图使其非法利益合法化，该行为符合虚假诉讼罪的构成要件，依法应认定为虚假诉讼罪。

2. 民间借贷纠纷因事实简单，成诉证据门槛低且证据链条易虚构不易被察觉等特点，成为虚假诉讼的"重灾区"。检察机关在办案中要充分运用调查核实权，从各证据与案件事实的关联程度、各证据之间联系等方面，客观、公正、全面审查借款事实是否真实发生，确保调查实、监督准。除民间借贷外，执行异议之诉、劳动争议、离婚析产、企业破产、公司分立（合并）、涉房屋限购和机动车配置指标调控等宏观调控政策的买卖合同、以物抵债等纠纷也是虚假诉讼的高发领域，检察机关在办案中要予以重点关注。

第六章　审判程序监督

第一节　审判程序检察监督概述

一、制度演进

2001 年最高人民检察院在《人民检察院民事行政抗诉案件办案规则》中规定人民检察院可以向人民法院和有关单位发出检察建议。该规则第 47 条规定："有下列情形之一的，人民检察院可以向人民法院提出检察建议：……（三）人民法院对抗诉案件再审的庭审活动违反法律规定的；……"同年最高人民法院在《关于当前审判监督工作若干问题的会议纪要》中第 17 条："人民检察院对人民法院的审判工作提出检察建议书的，人民法院应认真研究以改进工作；……"对检察建议这一监督方式给予了承认和回应。

2007 年修正后的《民事诉讼法》第 14 条规定人民检察院有权对民事审判活动实行法律监督，从立法上确立了民事审判活动监督的法律地位，但是对民事审判活动的监督仅有一原则性规定，实践操作有待进一步完善。

随着法治进程的推进和司法实践的发展，2010 年 7 月 26 日最高人民法院、最高人民检察院、公安部、国家安全部、司法部颁布《关于对司法工作人员在诉讼活动中的渎职行为加强法律监督的若干规定（试行）》（高检会〔2010〕4 号），明确人民检察院依法对司法工作人员在诉讼活动中的渎职行为实行法律监督，即对徇私枉法、非法拘禁、违法处置被查封款物、违反办案期限等影响公正司法的诉讼违法行为和职务犯罪行为，经严格报批调查后根据查明的情况提出处理意见。

2011 年 3 月 10 日，最高人民法院、最高人民检察院颁布《关于对民事审判活动与行政诉讼实行法律监督的若干意见（试行）》（高检会〔2011〕1 号），完善了检察机关对民事审判程序实行法律监督的范围和程序，对不适用抗诉和再审程序的，人民检察院应当向人民法院提出检察建议。

2013 年 11 月 18 日最高人民检察院施行的《人民检察院民事诉讼监督规则（试行）》第七章规定了对审判程序中审判人员违法行为的监督对象。

2012 年、2017 年修正的《民事诉讼法》第 208 条第 3 款、2021 年修正的《民事诉讼法》第 215 条第 3 款均规定："各级人民检察院对审判监督程序以外的其他审判程序中审判人员的违法行为，有权向同级人民法院提出检察建议。"

2021 年 8 月 1 日最高人民检察院施行的《监督规则》第六章规定了对审判程序中审判人员违法行为的监督的范围，进一步细化了操作规程。

二、制度功能和价值

检察机关系法律监督机关，通过行使检察权以达到对审判权监督和制约的目的。根据《民事诉讼法》《监督规则》的规定，对审判程序中审判人员的违法行为，采用检察建议的方式进行监督。检察建议与再审检察建议或抗诉相比具有不可比拟的优势。

（一）满足社会大众对规范司法的渴求

在民事审判活动中，除了裁判结果实体或可能影响案件处理结果的重要程序确有错误之外，更多的民事审判案件存在审判程序中审判人员的违法行为或程序违法行为，如调解违反自愿合法原则、送达违法、司法确认违法、违反审理期限等情形，使当事人对裁判结果产生不信任，从而影响司法权威和公信力。

（二）维护司法裁判权威

通过检察建议监督法院，不启动再审程序或再审与否的审查程序，有利于检察监督功能的发挥，既不影响生效裁判的既判力，也不影响当事人处分权。对司法实践中因维护司法裁判既判力及当事人诉讼成本的考虑，对确有错误但当事人服判息诉的案件，检察机关如提出再审检察建议或抗诉达不到预期的社会效果，检察建议这一监督方式则可弥补这一缺憾。如民间借贷纠纷案件中法院将已支付超过法律规定的利息未折抵借款本金，但双方当事人已执行完毕，当事人已服判息诉。

（三） 突破民事检察"倒三角"困境

我国当前审级制度下，大部分一审案件在基层法院，当事人申请监督由作出原生效民事判决、裁定、调解书的人民法院的同级人民检察院受理，基于"上抗下"的工作机制，民事检察监督案件大量集中于省、市级检察机关。《民事诉讼法》规定对审判人员违法行为的监督由审理案件人民法院所在地同级人民检察院办理，即采用检察建议方式实行同级监督，可重点发挥基层检察院的力量达到对基层人民法院的监督，破解民事检察监督"倒三角"的工作困境。

三、监督对象

《监督规则》第六章专章规定对审判程序中审判人员违法行为的监督，分为审判程序违法行为监督和审判人员违法行为监督，具体如下：

（一） 监督程序范围

《监督规则》第 98 条的监督范围，具体为：第一审普通程序、简易程序、第二审程序、特别程序、审判监督程序、督促程序、公示催告程序、海事诉讼特别程序、破产程序。

（二） 监督人员范围

为适应司法制度改革的需要，《监督规则》在《人民检察院民事诉讼监督规则（试行）》的基础上增加了法官助理，《监督规则》第99条规定了可监督的四类审判人员：法官、人民陪审员、法官助理、书记员。

（三） 监督审判程序违法行为范围

《监督规则》第100条规定了11项提出检察建议的违法行为：（1）判决、裁定确有错误，但不适用再审程序纠正的；（2）调解违反自愿原则或者调解协议的内容违反法律的；（3）符合法律规定的起诉和受理条件，应当立案而不立案的；（4）审理案件适用审判程序错误的；（5）保全和先予执行违反法律规定的；（6）支付令违反法律规定的；（7）诉讼中止或者诉讼终结违反法律规定的；（8）违反法定审理期限的；（9）对当事人采取罚款、拘留等妨害民事诉讼的强制措施违反法律规定的；（10）违反法律规定送达的；（11）其他违反法律规定的情形。

（四）监督审判人员违法行为范围

《监督规则》第101条规定，人民检察院发现同级人民法院民事审判程序中审判人员有《法官法》第46条等规定的违法行为："（一）贪污受贿、徇私舞弊、枉法裁判的；（二）隐瞒、伪造、变造、故意损毁证据、案件材料的；（三）泄露国家秘密、审判工作秘密、商业秘密或者个人隐私的；（四）故意违反法律法规办理案件的；（五）因重大过失导致裁判结果错误并造成严重后果的；（六）拖延办案，贻误工作的；（七）利用职权为自己或者他人谋取私利的；（八）接受当事人及其代理人利益输送，或者违反有关规定会见当事人及其代理人的；（九）违反有关规定从事或者参与营利性活动，在企业或者其他营利性组织中兼任职务的；（十）有其他违纪违法行为的"，且可能影响案件公正审判、执行的，应当向人民法院提出检察建议。

四、监督程序

（一）受理

1. 案件来源

《监督规则》第18条规定，对民事审判程序中审判人员违法行为的监督案件来源有三个渠道：（1）当事人向人民检察院申请监督；（2）当事人以外的自然人、法人和非法人组织向人民检察院控告；（3）人民检察院在履行职责中发现。

《监督规则》第19条第1款第2项规定，当事人认为民事审判程序中审判人员存在违法行为的，可以向人民检察院申请监督。

2. 前置程序

民事诉讼是平等主体之间就财产关系或人身关系的争议向人民法院提起诉讼，即当事人之间对立或对抗、法院居中审理裁判的一种活动，是当事人诉权与法院审判权交互作用的载体。民事检察监督权是对审判权运行进行有序监督与控制，应秉持依法监督、居中监督、事后监督以及谦抑性原则。面对审判人员的违法行为，《民事诉讼法》《民诉法解释》赋予当事人提出异议、申请复议等自我救济的权利和途径。作为诉讼参与人，当事人对于自身权利是否受到侵害、何时受到侵害在实践中最先感知，可以在第一时间通过提出异议（如《民事诉讼法》第 81 条、第 130 条、第 223 条）、申请复议（如《民事诉讼法》第 50 条、第 111 条、第 119 条）等方式进行自我救济。

基于此，《监督规则》第 28 条第 1 款规定："当事人认为民事审判程序或者执行活动存在违法情形，向人民检察院申请监督，有下列情形之一的，人民检察院不予受理：（一）法律规定可以提出异议、申请复议或者提起诉讼，当事人没有提出异议、申请复议或者提起诉讼的，但有正当理由的除外；（二）当事人提出异议、申请复议或者提起诉讼后，人民法院已经受理并正在审查处理的，但超过法定期限未作出处理的除外；（三）其他不应受理的情形。"故首先由当事人进行自我救济，只有当穷尽自我救济的途径后，才能申请检察机关进行监督。

（二）监督

1. 监督方式

《监督规则》第 102 条规定，人民检察院针对审判人员的违法行为提出检察建议的，应当制作《检察建议书》，在决定提出检察建议之日起 15 日内将《检察建议书》连同案件卷宗移送同级人民法院，并制作决定提出检察建议的通知书，发送申请人。如案件系依职权发现，则无须向当事人送达决定提出检察建议的通知书。

《监督规则》第 103 条规定，人民检察院认为当事人申请监督的审判程序中审判人员违法行为认定依据不足的，应当作出不支持监督申请的决定，并在决定之日起 15 日内制作《不支持监督申请书》，发送申请人。

检察建议的效力来源于检察建议严格规范的制发程序，以人民检察院的名义送达人民法院，不能以部门名义制发。在 2.0 办案系统创建案件后，经部门集体讨论决定，制作检察建议书报请分管检察长审批同意后入卷，申请加盖本院电子印鉴后，将原件发往同级人民法院，同时将检察建议向上级人民检察院民事检察部门进行备案。

2. 个案监督与类案监督

对当事人向人民检察院申请监督以及当事人以外的自然人、法人和非法人组织向人民检察院控告的案件，因申请主体基于个案向检察机关申请监督，检察机关应就个案开展审查并依法进行监督。

对于原审程序已结束且未影响案件裁判结果的，检察机关在履行职责中依职权发现审判程序违法行为未影响当事人实体权益的，原则上不提出纠正个案违法的检察建议，除非存在损害国家利益、社会公共利益或者审判人员违法等特殊情形。对于办案履职中发现的法院存在多起类似违法问题，同级检察机关可以采取类案监督措施，符合提出社会治理检察建议条件的，可以向同级人民法院发出社会治理检察建议。

3. 跟进监督

最高人民法院、最高人民检察院《关于对民事审判活动与行政诉讼实行法律监督的若干意见（试行）》第 10 条规定，人民检察院提出检察建议的，人民法院应当在一个月内作出处理并将处理情况书面回复人民检察院。人民检察院对回复意见有异议的，可通过上一级人民检察院向上一级人民法院提出。上一级人民法院认为人民检察院的意见正确的，应当监督下级人民法院及时纠正。

《民事诉讼法》《监督规则》均未明确规定检察建议监督效力，实践中仅依靠最高人民法院、最高人民检察院《关于对民事审判活动与行政诉讼实行法律监督的若干意见（试行）》第 10 条规定，存在监督刚性不足的问题，司法实践中少数法院对检察建议的回复率不高、认为建议合理但回复不予接受、不接受的不予说明理由或者说明理由不充分等。同时，人民法院收到检察建议后由哪个部门进行审查、审查程序、回复程序、检察机关能否参与等也无明确规定。如何保障检察建议的实施效果，建议完善审查程序，明确审查主体、审查规则、检察机关可参与其中，促进该类法律监督从空泛走向法律的程序保障。

第二节　民事调解检察监督

民事调解检察监督是指人民检察院针对人民法院所进行的民事诉讼活

动中民事调解活动实施监督。民事调解是民事诉讼的主要结案方式，是人民法院依法行使审判权的重要方式之一，民事调解书与民事判决书、民事裁定书具有同等的法律效力。民事调解作为一项重要制度，在人民法院审判活动中发挥了重要的作用。《民事诉讼法》第14条规定："人民检察院有权对民事诉讼实行法律监督。"这是对民事调解活动进行检察监督的法律依据。检察机关作为法律监督机关，依法行使法律监督权要充分发挥检察职能，加强对民事调解工作的监督，促进民事调解工作能够依法规范开展。

一、民事调解检察监督相关法律规定

现行法律中关于调解监督的规定主要集中在《民事诉讼法》和《监督规则》。《民事诉讼法》第9条规定，人民法院审理民事案件，应当根据自愿和合法的原则进行调解；调解不成的，应当及时判决。也就是说法院组织调解必须根据自愿和合法的原则进行调解。第96条规定："人民法院审理民事案件，根据当事人自愿的原则，在事实清楚的基础上，分清是非，进行调解"，第99条规定："调解达成协议，必须双方自愿，不得强迫。调解协议的内容不得违反法律规定。"结合前述法律规定，法院进行民事调解须根据自愿合法的原则以查清事实、分清是非为依据，从而通过调解促进双方达成协议。《民事诉讼法》第208条规定："当事人对已经发生法律效力的调解书，提出证据证明调解违反自愿原则或者调解协议的内容违反法律规定的，可以申请再审。经人民法院审查属实的，应当再审。"也就是说法院自行进行再审的调解书只需要符合"确有错误"即可。当事人对于已经生效的调解书能够提出证据证明调解协议的内容违反法律规定或者调解违反自愿原则，就可以向法院申请再审。检察机关对于调解书的法律监督规定体现在《民事诉讼法》第215条：最高人民检察院对各级人民法院已经发生法律效力的判决、裁定，发现有《民事诉讼法》第207条规定情形之一的，或者发现调解书损害国家利益、社会公共利益的，应当提出抗诉。地方各级人民检察院对同级人民法院已经发生法律效力的判决、裁定，发现有《民事诉讼法》第207条规定情形之一的，或者发现调解书损害国家利益、社会公共利益的，可以向同级人民法院提出检察建议，并报上级人民检察院备案；也可以提请上级人民检察院向同级人民法院提出抗诉。由此可见，《民事诉讼法》对于检察机关的监督职责及范围作出了明确的规定。除《民事诉讼法》之外，《监督规则》亦对检察机关的法律监督职能作出了明确的规定，其中第 75 条及第 100 条分别对民事调解检察监督范围及监督方式进行了区分。该规则第 75 条规定："人民检察院发现民事调解书损害国家利益、社会公共利益的，依法向人民法院提出再审检察建议或者抗诉。人民检察院对当事人通过虚假诉讼获得的民事调解书应当依照前款规定监督。"明确了应当提出再审以及抗诉的民事调解案件的范围。此规定主要是针对生效裁判的监督，而对于非审判程序违法行为的监督，第 100 条规定："人民检察院发现同级人民法院民事审判程序中有下列情形之一的，应当向同级人民法院提出检察建议：……（二）调解违反自愿原则或者调解协议的内容违反法律的；……"该规定明确了本章重点探讨的审判程序违法行为监督，即对于调解书应当提出检察建议的监督类型。

由此，结合我国现行法律中关于民事调解监督的规定进行分析，调解监督的范围应当建立在遵循自愿、合法原则及遵守一定规则的基础上，主要包括：调解违反自愿原则、调解协议的内容违反法律规定、调解书损害国家利益、社会公共利益。针对前述情形，在民事调解检察监督中，对于调解书损害国家利益、社会公共利益的情形应当纳入生效裁判监督。对于本章重点探讨的审判程序违法行为的监督范围主要包括的是两种情形：调解违反自愿原则及调解协议的内容违反法律规定。

二、民事调解检察监督的审查重点

（一）对调解违反自愿原则情形的审查

调解制度的本质属性及正当化基础是当事人的合意，因此自愿原则成为了调解制度的核心原则。调解协议的正当性在很大程度上建立在调解自愿的基础上，自愿原则的含义主要包括两个方面的内容：一是案件是否选择调解由当事人决定，禁止强制调解，以调代判；二是调解达成的协议必须是双方当事人的真实意思表示。因此，对于调解是否违反自愿原则，可以从以下几个方面进行审查。

1. 法官在调解活动中，是否存在违背当事人的真实意思，强制调解或变相强制调解。强制调解是牺牲当事人的正当利益，不顾当事人的意愿强迫当事人接受以调解方式结案，这就严重破坏了民事诉讼调解的自愿原则。

司法实践中部分审判人员为提高结案率减少结案周期，在案件事实未查清的情况下，提出调解方案，迫使当事人接受调解方案从而达到调解结案的目的。如某县法院调解的一起离婚案件，李某向法院起诉离婚，庭审中双方当事人对于财产分割及债务承担争议较大，庭后法院组织双方进行调解，王某称若李某自行承担债务则同意离婚，某法院为促使双方达成调解，在尚未查明涉案债务是否系共同债务的情形下，要求李某自行承担债务则予以解除婚姻关系，为此，该案调解结案。后，李某向检察机关提出申诉，称其自行承担债务这一协议内容并非自己真实意思表示，该调解书违反自愿原则。后检察机关对该案进行了调查核实，调取了该案庭审录音及庭后调解记录，并对涉案当事人王某进行了询问，查明该案确实存在变相强制调解，依法提出检察建议，后法院组织双方对债务的承担重新达成了协议。

2. 当事人一方存在欺诈或胁迫行为，导致另一方当事人意思表示不真实的。如果申诉人有证据证明在调解协议达成期间受到对方当事人欺诈或胁迫的，应认定该调解书违反了自愿原则。例如某法院办理的陈某某与周某民间借贷纠纷一案，周某于 2016 年向陈某某借款 11 万元，其间，周某向其偿还了部分款项，陈某某于 2017 年将周某起诉至法院要求其偿还借款，该案经法院调解后达成协议并制作了民事调解书送达了双方当事人。2020 年周某向某检察机关申请监督，陈述该案调解书达成的协议并非其真实意思表示，调解中载明的金额系陈某某在诉前胁迫其认可，且当日双方到法院参加调解亦是陈某某胁迫其参与，因双方在借款时口头约定的利息为 8 分，明显高于法律规定的范围，为规避法律，故该借条上并未约定利息，故陈某某胁迫其到法院达成不符合真实情况的调解金额。后检察机关依法进行调查核实，重新向陈某某做了相关笔录，并结合陈某某的刑事案件查明的部分事实，以及陈某某在公安机关的涉案陈述，查明了该案确系周某被陈某某胁迫达成的调解协议，调解协议的内容并非当事人的真实意思表示，该调解书违反了自愿原则，由此检察机关依法向法院提出检察建议，人民法院经审查后，采纳了检察机关的建议，启动再审程序并撤销了该民事调解书。

3. 不具备调解权限的诉讼代理人越权代理。根据法律规定，参与法院调解的代理人需是特别授权的代理人，因此，如果法院组织调解过程中，参与调解的诉讼代理人代理权限属一般代理的情况下，则该诉讼代理人签署的调解协议,可能存在不是当事人的真实意思表示,存在违反自愿原则的可能性。如某法院办理的某借贷公司与某运输公司、杨某民间借贷纠纷一案,该案中某运输公司系借款人,杨某为担保人,某运输公司在某借贷公司借款后未按期还款,故该借贷公司将借款人及担保人诉至法院,法院依法组织双方当事人进行调解,但保证人并未到庭参加调解,某运输公司向法院出示了授权委托书,称该案保证人委托其代为参加诉讼。后双方达成了调解协议,法院于当日出具了调解书。该文书生效后,某借贷公司申请强制执行,保证人在执行过程中被列入失信名单。后,该保证人向检察机关申请监督,提出该调解书上载明的保证人自愿承担连带清偿责任的内容自己并不知情,且该案借款人提交的授权委托书并未写明代理权限,要求撤销该案调解书,后检察机关依法进行调查核实,认为该案的调解违反了自愿原则,依法向人民法院发出了审判程序违法的检察建议。

(二) 对调解协议的内容违反法律规定情形的审查

对于调解协议合法性的审查,在程序合法的情况下要求当事人之间达成的调解协议不违反法律、行政法规的强制性规定和公序良俗,不得损害国家利益、社会公共利益和他人的合法权益。对于调解协议的合法性可以从以下几个方面进行审查:

1. 案件是否属于可以调解的范围。根据《民诉法解释》第 143 条"适用特别程序、督促程序、公示催告程序的案件,婚姻等身份关系确认案件以及其他根据案件性质不能进行调解的案件,不得调解"的规定,最高人民法院已经明确了不能调解的案件范围,因此,我们在审查民事调解案件中需要严格对照法律规定的范围进行审查,若审查的案件中确有不能适用调解结案的案件,那么该案达成的调解协议一定是违反法律规定的,应当予以监督。

2. 调解协议涉及的内容违反相关法律的强制性规定。当事人虽然可以在调解过程中互相妥协以达成协议,审判人员亦无须绝对查清事实,分清责任,但是调解内容仍需符合法律法规的强制性规定。司法实践中,对于法律强制性规定最常见的是民间借贷案件关于利息的禁止性规定。即最高人民法院《关于审理民间借贷案件适用法律若干问题的规定》(2020 年版)第 25 条第 1 款规定:"出借人请求借款人按照合同约定利率支付利息的,人民法院应予支持，但是双方约定的利率超过合同成立时一年期贷款市场报价利率四倍的除外。"故法院在调解民间借贷案件中，要重点审查涉案本金的利息部分达成的协议是否违反法律的禁止性规定，如某区人民法院办理赵某诉吴某某民间借贷纠纷案件，赵某与吴某某双方在 2012 年 4 月 25 日、6 月 25 日两次的借款本金共计 13 万元，借款后，被告已经偿还了 77200 元，借款期限届满后，尚欠部分款项未还，故原告向法院提出诉讼请求，要求被告按照月息 3% 偿还借款本息共计 359400 元。该院按照前述金额进行了调解并达成了分期支付的协议。后吴某某向检察机关申诉，经检察机关审查后认为：该案中原告诉请金额系以未还本金为基数并按照月利率 3 分计算利息至 2019 年 1 月 2 日，该调解书对于支持原告按月息 3 分计算后的诉求金额并未进行纠正，违反了当时最高人民法院《关于审理民间借贷案件适用法律若干问题的规定》（2015 年版）第 26 条的规定。故检察机关依法予以监督，向人民法院发出检察建议，法院亦采纳了检察机关的建议，撤销涉案民事调解书，并组织双方当事人重新达成了调解协议。

3. 调解过程中当事人对自己权利的处分是否符合法律规定。对于处分权的审查主要表现在：当事人争议的法律关系是否涉及案外人的权益，协议指定转移的财产上是否存在案外人的权利，协议是否符合善良风俗和公共道德。如某县检察院办理的一起监督案件，该案系人民法院调解的一起以物抵债的案件，案外人向检察机关申请监督，检察机关依法进行调查核实，发现该案中涉案财产确系案外人所有，该法院组织双方达成的调解协议中对该涉案财产的处置损害了案外人的利益，经申请人申请，检察机关依法向人民法院提出检察建议，得到了法院的采纳，并撤销了涉案民事调解书。

第三节　民事送达检察监督

民事诉讼中的送达，是人民法院按照法定的方式和程序，将诉讼文书交给当事人及其他诉讼参与人的行为。送达作为诉讼必经程序贯穿于审判工作中的各个环节，是承接实体与程序的桥梁，事关当事人诉讼权利与实体权益的实现。实践中，不合法送达导致当事人丧失诉讼权利，案件处理结果往往难言公正。比如在遇到找不到被告或被告下落不明时，就需要进行公告送达。"送而不达"的问题始终困扰着法院审判执行工作，因法院未穷尽其他送达方式直接采用公告送达，导致缺席判决和裁判不公的情形依然存在。

送达程序作为诉讼程序组成部分，法律赋予检察机关对诉讼活动实施法律监督的职权，要求检察机关监督人民法院依法审判、执行，共同守住司法公正的最后防线。检察机关不能忽视其对保障当事人诉讼权益，确保实体判决合法、公正的意义，既要对严重违反送达法律规定，影响实体裁判的行为依法履行生效裁判监督职能，也要对其他违法行为通过检察建议等形式进行监督。

一、民事送达的相关法律规定

关于民事诉讼送达，目前适用的主要法律有《民事诉讼法》、《民诉法解释》、《关于进一步加强民事送达工作的若干意见》、最高人民法院《关于适用简易程序审理民事案件的若干规定》和最高人民法院《关于以法院专递方式邮寄送达民事诉讼文书的若干规定》等。

根据送达的方式不同，民事诉讼送达可以分为直接送达、留置送达、委托送达、转交送达、邮寄送达、公告送达以及电子送达等七种送达方式。

二、民事送达检察监督的审查重点

（一）送达期限问题

《民事诉讼法》第87条规定："送达诉讼文书必须有送达回证，由受送达人在送达回证上记明收到日期，签名或者盖章。受送达人在送达回证上的签收日期为送达日期。"第128条第1款规定："人民法院应当在立案之日起五日内将起诉状副本发送被告，被告应当在收到之日起十五日内提出答辩状。答辩状应当记明被告的姓名、性别、年龄、民族、职业、工作单位、住所、联系方式；法人或者其他组织的名称、住所和法定代表人或者主要负责人的姓名、职务、联系方式。人民法院应当在收到答辩状之日起五日内将答辩状副本发送原告。"实践中部分法院并未按上述期限和规范的方式进行送达，检察院的监督可以在部分和理解的前提下发出检察建议，规范文书的送达程序和方式。比如李某诉杨某偿还借款，法院于2020年1月9日立案受理，但至2020年2月21日才向被告杨某送达应诉材料。同时向原告送达手续和向被告送达文书均未载明送达和收到日期，不符合《民事诉讼法》（2017年）第84条和第113条第1款之规定，不利于计算原、被告对文书的上诉期限，针对该送达不规范情形，检察院可向人民法院发出审判程序违法的检察建议。

（二）邮寄送达问题

《民事诉讼法》第91条规定："直接送达诉讼文书有困难的，可以委托其他人民法院代为送达，或者邮寄送达。邮寄送达的，以回执上注明的收件日期为送达日期。"对于本地被告，很多法院将邮寄作为正式送达的第一步，退件后才尝试其他送达方式；对于外地被告，除了少量委托当地法院送达外，各地法院基本只进行邮寄送达。邮寄送达被退件的，邮递员在"改退批条"所填写的理由为"原址查无此人""原写地址不详""迁移新址不明""拒收"等。但这些格式化的退件理由难以反映究竟是原告提供的送达地址有误，还是因为邮递员没有找到门牌号、打不通电话也未上门投递、被告暂时不在送达场所、假称非本人等；或者"拒收"的到底是被告或法定有资格签收的人，还是不相关的人员。由于这涉及法院能否以被告"下落不明"为由公告送达，或者以被告"不明确"为由裁定驳回起诉，或者要求原告另行提供送达地址、对原告已提供的其他地址尝试送达、对同一地址再进行直接或委托送达。还有些情况是网上查询显示已"投妥"，但邮件回执未返回审判庭，或者即使返回，法院未装订在卷即缺席审理，过了一段时间不能在网上查询投递信息，也无当事人签收的记录，导致不能判断是否妥投。比如杨某诉何某离婚纠纷，法院向被告何某送达应诉手续后缺席审理，后法院作出民事判决书，采用法院专递向原告和被告邮寄送达，但该邮件仅有寄件人存联，未记载送达日期，也未有送达回执，无法核实是否签收。不符合最高人民法院《关于以法院专递方式邮寄送达民事诉讼文书的若干规定》第8条第1款"受送达人及其代收人应当在邮件回执上签名、盖章或者捺印"和第9条"有下列情形之一的，即为送达：（一）受送达人在邮件回执上签名、盖章或者捺印的……"之规定。检察院可依此向法院发出审判程序违法的检察建议，也可以向履职存在突出问题的邮政机构发出社会治理类建议，督促其依法履行邮寄送达职责。

（三）公告送达问题

公告送达在民事送达中被视为一种兜底性的送达方式，同时公告送达作为一种拟制的送达方式，不要求受送达人真实地看到公告，只要公告经过一定的时间，便推定送达完成，诉讼进入下一阶段。《民事诉讼法》第95条规定："受送达人下落不明，或者用本节规定的其他方式无法送达的，公告送达。自发出公告之日起，经过三十日，即视为送达。公告送达，应当在案卷中记明原因和经过。"即出现下列两种情形之一的，可以适用公告送达：一是受送达人下落不明；二是用直接送达、邮寄送达、留置送达等均无法送达的。因此，公告送达在适用过程中存在一些漏洞。虽然公告送达是为了让当事人参与诉讼，但在司法实践中，公告送达的案件，受送达人在公告期满后参加诉讼的情况并不多，长周期对于实际通知当事人参加诉讼、告知当事人权利义务的效果不佳。公告送达的适用存在诸多问题，造成当事人在不知道诉讼的情况下"被判决""被执行"，难以保障当事人的诉讼权利。

1. 对"下落不明"标准把握不一致。原最高人民法院《关于贯彻执行〈中华人民共和国民法通则〉若干问题的意见（试行）》中规定，被告人"下落不明"指的是公民离开最后居住地后没有音讯的状况。这样的规定是模糊的，存在较大裁量范围，实际执行中缺乏具体操作尺度。何为最后居住地？没有音讯的含义是什么？又如何确认没有音讯？有的法院仅因邮政机构送达不能或多次电话联系无人接听就直接推定受送达人为下落不明；有的法院仅简单询问受送达人的近亲属或户籍所在地、经常居所地邻居后即认定受送达人下落不明。还有个别审判人员与当事人或其诉讼代理人串通，故意根据伪造的下落不明证明材料公告送达应诉文书，致使当事人诉讼权利和实体权益严重受损。比如某市人民法院原法官刘某忠在审理郭某丽与王某凤离婚纠纷一案中，与原告郭某丽的诉讼代理人周某宇勾结，采信原告方伪造的下落不明证明材料，向王某凤公告送达应诉文书，实施一系列违法行为后，在王某凤不知情的情况下判决其离婚，后刘某忠被依法以民事枉法裁判罪追究刑事责任。人民法院在缺席判决案件中对查明事实担负更多责任，注意查明当事人虽未主张但对正确处理案件有意义的事实，调查当事人虽未提供但确定客观真实的证据，以便于最大限度降低缺席审理中双方对抗失衡所可能带来的消极影响，同时在实践中，检察机关可以建议法院规范缺席判决证据的审核认定标准。

2. 其他方式无法送达的情形。随着法院案件数量的增加，为提高结案率，公告送达作为兜底性条款使得法院对其适用率较高，实践中存在未严格依照优先次序选择送达方式，在邮寄送达未果后直接适用公告送达的情况。这种送达方式下，当事人了解诉讼文书内容的概率较低。比如李某与陈某合同纠纷一案，被告陈某因其他刑事案件被羁押，按照民事诉讼法规定，受送达人被监禁的，应当通过其所在的监所转交法律文书，但法院未进行必要核查，在未查证受送达人下落不明，未采用其他送达方式的情况下，直接采用公告送达方式送达相关法律文书，未在案卷中记明原因和经过，该案卷宗中也无被告户籍所在地出具的无法联系的相关证明材料，违反了上述规定，检察院可依此向法院发出审判程序违法的检察建议。

3. 公告送达的其他不规范情形。严格履行送达程序，是严格执法的必然要求，但公告送达的适用存在一些不规范之处。首先，公告送达的形式问题，有的只在法院公告栏张贴，有的在报纸上刊登公告，所刊登的报纸类型也并非唯一确定，甚至将公告送达登载在《农民日报》上，还存在边角登载、版面夹缝登载等情形。信息量小，受众群体小，知晓概率微乎其微，公告送达效果不尽如人意。公告程序的不规范，不仅剥夺了当事人的诉讼权利，还削弱了司法权威和公信力，对送达程序的规范与完善迫在眉睫。其次，公告送达的适用问题，应当适用公告送达的，却未依法进行公告送达。有的法院未将公告送达的相关证据（如张贴公告的照片、刊登公告的复印件）入卷，缺席并败诉的被告一旦在阅卷时发现这些疏漏，往往会据以提出上诉、申请再审或申诉。比如安某与龙某装饰装修合同纠纷一案，本案立案后因被告龙某下落不明，无法向其直接送达或留置送达裁定转为普通程序，但未见法院的任何印证材料，后也未向被告送达应诉材料，卷宗中仅装订了一张公告，未在媒体上刊登，也未在法院公告栏或被告住所地张贴，不符合《民事诉讼法》第95条（2021年）和《民诉法解释》第138条"公告送达可以在法院的公告栏和受送达人住所地张贴公告，也可以在报纸、信息网络等媒体上刊登公告，发出公告日期以最后张贴或者刊登的日期为准。对公告送达方式有特殊要求的，应当按要求的方式进行。

公告期满，即视为送达。人民法院在受送达人住所地张贴公告的，应当采取拍照、录像等方式记录张贴过程"之规定，据此发出的检察建议书获法院采纳。

检察机关可以建议人民法院严格按照《民事诉讼法》《民诉法解释》的规定在案件卷宗中记明公告送达的原因及经过，确保公告送达起诉状或者上诉状副本、传票以及判决书、裁定书、执行程序相关文书的主要内容完整规范。

（四）电子送达问题

《民事诉讼法》第90条规定："经受送达人同意，人民法院可以采用能够确认其收悉的电子方式送达诉讼文书。通过电子方式送达的判决书、裁定书、调解书，受送达人提出需要纸质文书的，人民法院应当提供。采用前款方式送达的，以送达信息到达受送达人特定系统的日期为送达日期。"随着信息化时代发展，当事人收件方式多样化，且还在不断新增、更新收件方式，2021年民事诉讼法修正不再列举传真、电子邮件这样的具体方式，改用概括式的"能够确认其收悉的电子方式"，即只要当事人能够收悉，任何电子方式均可，如短信、传真、电子邮件、微信、在线诉讼平台、移动微法院等。判决书、裁定书、调解书，关乎当事人切身利益，对当事人影响重大，比如一审判决书的送达时间直接影响当事人的上诉期、上诉权，此前电子送达明确将这三种重要文书排除。只有互联网法院可以根据最高人民法院《关于互联网法院审理案件若干问题的规定》（法释〔2018〕16号）第15条第3款规定，在告知当事人权利义务，并征得其同意后可以电子送达裁判文书，并在当事人提出需要纸质版裁判文书后提供纸质文书。顺应信息化发展和无纸化办公，民事诉讼法本次修正借鉴、吸收互联网法院经验，将判决书、裁定书、调解书也纳入了电子送达范围内。

事实上，实践中各地方、各部门、各单位的信息化、无纸化程度参差不齐，加之多年来形成的纸质材料归档保存习惯，很多情况下仍然需要纸质版文书，当事人有权向法院申请纸质版文书，法院也应当提供。但是当事人收到纸质版文书的时间不等同于法律意义上的文书送达时间，电子送达与纸质文书获取存在一定的时间差，通常电子送达早于当事人获取纸质文书的时间，如以电子方式送达文书的，即便当事人向法院获取了纸质文书，仍以电子送达的日期作为送达日期。

1. 适用标准不一。关于"受送达人同意"，部分法院要求当事人必须明确表示同意，签署送达地址确认书后才可以适用电子送达，而有的法院则将其分为"明示同意"和"默示同意"两种。关于送达完成方式，部分法院要求"知悉主义"，部分法院坚持"到达主义"，故存在适用标准不一。检察院可以根据卷宗载明的具体送达情况对于法院电子送达不适宜的地方进行监督。

2. 法律文书送达格式不规范。目前送达平台形成的送达回证记录的法律文书命名格式主要有三种。一是以文书内容命名，如判决书等；二是以案件案号命名；三是未命名，直接以扫描件上传时系统默认的序号作为文书名称。此种不规范的送达行为导致后续卷宗归档混乱，也给检察监督带来不便。当事人可能还会以乱码的文书格式为垃圾文件进行删除，导致不能及时地行使上诉等权利。当事人可根据《民诉法解释》第135条规定的受送达当事人可以证明送达信息到达自己系统日期与人民法院系统记录信息不一致的情况以及《民事诉讼程序繁简分流改革试点实施办法》中第26条规定的受送达当事人可以证明电子送达系统存在错误、送达地址非本人使用、受送达当事人不知晓送达行为、未阅读电子送达信息等情况向检察院申请监督。

3. 送达方式不规范。对于微信等即时聊天通讯工具作为电子送达媒介的送达，法院在微信送达时，一般是用送达人员个人微信号与受送达人联系，在添加联系人时未备注当事人真实姓名，就将聊天记录附卷作为送达凭证，未注明送达时间，未收到受送达人回复确认即认可为送达。又比如法院案多人少或者书记员责任心等问题，当电子送达在送达给受送达人时，系统一直未产生送达回证或者受送达人没有任何反馈信息，法院即不再处理。检察院可根据当事人申请或者依职权查看卷宗的送达情况对相关问题进行监督。

4. 选择送达方式的问题。2020年7月，全国法院统一送达平台建成，平台根据受送达人预留的电子送达地址确定电子送达方式，如预留电话号码，则发送短信附链接的形式；预留电子邮箱则以发送电子邮件形式。电子送达的本质是一种送达方式，不应盲目追求其高效性，不能为了"送"而"送"，还要"达"到受送达人，"电子"只是工具，其利用目的也应当是保障当事人的诉权。法院在大力推行电子送达的同时，鼓励无纸化办公，将电子送达适用率纳入考核办法，但并不是每一个案件都适合此种送达方式。比如一些偏远地区的当事人因为网络或者手机配置等原因，无法打开法院送达的文书，若法院仍采取电子送达方式，导致当事人不能及时收到判决信息，错过上诉期限，检察院可依此向法院发出纠正审判程序违法的检察建议。

第四节　民事审限检察监督

民事案件审理期限，是指人民法院办理民事案件的法定时间限制，即法院及审判人员对民事案件的审理应从立案之日起至裁判宣告或调解书送达之日止的期间内完结。但应将一些特殊期间排除在外，如管辖权异议、鉴定、和解及公告期间等。归根结底，民事案件审理期限是一项期间制度，是指受诉法院、当事人、其他诉讼参与人实施诉讼行为的时间要求，也是对法院进行审判活动的时间要求。设置期间的意义在于为当事人双方积极进行抗辩，收集证据，准备庭审提供必要的时间，并督促当事人在法定期限内实施相应诉讼行为，履行诉讼义务，并严格督促法院行使审判权，提高审判业务能力，在规定时间内审结案件，及时保护当事人合法权益。检察机关对人民法院违反法定审理期限的行为进行监督，可以有效保障审判权公正、高效运行，确保社会安定和谐。

一、民事案件审理期限的主要内容

民事案件审限的主要内容包括：审限的长短、审限的起算、审限延长的理由与程序、审限的排除等。根据我国的法律及相关司法解释规定，审限的长短主要有 30 日、1 个月、3 个月、6 个月。审限从立案之日起算。审限延长的理由为案件事实繁冗，法律关系复杂等特殊情况，必经院长或上级人民法院批准，最高人民法院《关于严格规范民商事案件延长审限和延期开庭问题的规定》（法释〔2019〕4 号）明确了，需要延长审限的，必须在期限届满 15 日前提出，并详细说明情况和理由。审限排除的理由有管辖权异议、公告、鉴定、和解期间等。

我国民事案件审理期限的内容主要规定在《民事诉讼法》《民诉法解释》和最高人民法院《关于严格执行案件审理期限制度的若干规定》中，其他法律法规中也有所涉及，贯穿于普通程序、简易程序、二审程序、再审程序、特别程序之中。

（一）关于普通程序的审理期限

根据《民事诉讼法》第 152 条"人民法院适用普通程序审理的案件，应当在立案之日起六个月内审结。有特殊情况需要延长的，经本院院长批准，可以延长六个月；还需要延长的，报请上级人民法院批准"的规定，人民法院适用普通程序审理的案件，应当在立案之日起 6 个月内审结。民事案件范围广、种类多，各个案件的复杂、疑难程度都不同，同时作了可以延长审理期限的规定，即审理期限有特殊情况需要延长的，由本院院长批准，可以延长 6 个月；还需要延长的，报请上级人民法院批准，根据最高人民法院《关于严格执行案件审理期限制度的若干规定》第 2 条第 1 款的规定，可以再延长 3 个月，即一审案件审限最长为 15 个月。

（二）关于简易程序的审理期限

根据《民事诉讼法》第 164 条"人民法院适用简易程序审理案件，应当在立案之日起三个月内审结。有特殊情况需要延长的，经本院院长批准，可以延长一个月"的规定，将简易程序的审理期限规定为 3 个月，这也是设置简易程序的应有之义，即及时有效地尽快解决民事纠纷。审理期限到期后，有特殊情况需要延长的，经本院院长批准，可以延长审理期限 1 个月。延长后的审理期限累计不得超过 4 个月。

（三）关于第二审程序的审理期限

根据《民事诉讼法》第 183 条"人民法院审理对判决的上诉案件，应当在第二审立案之日起三个月内审结。有特殊情况需要延长的，由本院院长批准。人民法院审理对裁定的上诉案件，应当在第二审立案之日起三十日内作出终审裁定"的规定，第二审人民法院审理对判决的上诉案件的期限为 3 个月，审理裁定的上诉案件的期限为 30 日。根据最高人民法院《关于严格执行案件审理期限制度的若干规定》第 2 条第 5 款的规定，审理判决的上诉案件可以延长 3 个月，即针对判决二审案件审限最长为 6 个月。针对裁定提起上诉的案件的期限，仅规定为 30 日，有特殊情况需要延长审限的，由本院院长批准，可以延长，但具体可延长多久暂无明确规定，实践中应注意严格把握，杜绝出现经过延长比普通程序最长期限还长的情况发生。

（四）关于审判监督程序的审查期限

根据《民事诉讼法》第 211 条第 1 款"人民法院应当自收到再审申请书之日起三个月内审查，符合本法规定的，裁定再审；不符合本法规定的，裁定驳回申请。有特殊情况需要延长的，由本院院长批准"的规定，人民法院应当自收到再审申请书之日起 3 个月内审查，并作出是否再审的裁定。经审查，符合《民事诉讼法》第 207 条、第 208 条规定的，裁定再审；不符合的，裁定驳回申请。有特殊情况需要延长审查期限的，经本院院长批准，可以延长，但具体可延长多久暂无明确规定，裁定再审的案件，根据再审适用的不同程序，分别执行第一审或第二审审理期限的规定。

（五）关于特别程序的审理期限

适用特别程序审理的案件，主要是确认法律事实，一般不存在民事权益争议，因此应及时审结，所以规定了与普通程序、简易程序不同的审限。根据《民事诉讼法》第 187 条规定："人民法院适用特别程序审理的案件，应当在立案之日起三十日内或者公告期满后三十日内审结。有特殊情况需要延长的，由本院院长批准。但审理选民资格的案件除外。"第 189 条第 1款规定："人民法院受理选民资格案件后，必须在选举日前审结。"特别程序一般则为 30 日，有特殊情况需要延长的，由本院院长批准，根据最高人民法院《关于严格执行案件审理期限制度的若干规定》第 2 条第 3 款的规定，可以再延长 30 日，即适用特别程序审理的案件，最长为 60 日。需要注意的是，选民资格案件的审限，不是 30 日，并且不得延长。选民资格案件的审限，即必须在选举日前审结。如果从立案之日到选举日少于 30 日的，人民法院仍然应当在选举日前作出判决并完成判决书的送达。因为如果不在选举日前审结，选民名单就未最终确定，这就无法保障公民选举权的行使和选举工作的顺利进行。

二、民事审限检察监督的审查重点

司法实践中，由于办案系统信息化、规范化水平逐渐提高，案件均通过线上办理，案件明显超期的现象比较少见，但由于案件数量大幅增长、案件复杂程度日益增加，而司法规范的要求越来越高，办案法官在法定期限内办结案件的压力比较大，导致隐性超审限的情况偶有发生。比如，通过变更审判程序，如将简易程序变更为普通程序；利用中止诉讼期间不计算在审限内的规定，任意中止诉讼；通过先假撤诉假结案然后重新起诉的方式等。在日常监督中，应当重点审查是否存在以下隐性超期的情况。

（一）注意审查是否存在任意变更审判程序延长审限的问题

根据《民诉法解释》第 258 条第 2、3 款"人民法院发现案件不宜适用简易程序，需要转为普通程序审理的，应当在审理期限届满前作出裁定并将审判人员及相关事项书面通知双方当事人。案件转为普通程序审理的，审理期限自人民法院立案之日计算"的规定，人民法院需要"简转普"的，应当在审限届满前作出裁定，并将审判人员及相关事项书面通知双方当事人。案件转为普通程序审理的，审理期限自人民法院立案之日计算。但何种情况下才属不宜适用简易程序，需要"简转普"，相关法律及司法解释并无明确规定。实践中，个别办案法官适用简易程序的案件快到期了，为了避免超期，便将案件转为普通程序审理，且为防止引起当事人的不满，未将合议庭组成人员及相关事项书面通知双方当事人，案件转为普通程序后，审理期限也未从立案之日计算，导致案件转为普通程序后还是超期办理。

案例：赵某某与某房地产开发有限公司普通破产债权确认纠纷案

该案于 2020 年 1 月 14 日立案，适用简易程序审理，2020 年 6 月 24 日，因案件疑难复杂转为普通程序审理。2020 年 9 月 29 日、10 月 26 日、11 月 26 日，涉案当事人分别申请庭外和解时间 30 天，三次共计 90 天。2020 年 12 月 12 日才向当事人送达判决书。人民法院在裁定转普通程序审理时，未将合议庭成员及相关事项书面通知当事人，且扣除该庭外和解时间后，从立案之日起计算，已超过普通程序 6 个月的审理期限。检察机关可进行检察监督。

（二）注意审查是否存在任意中止诉讼规避审限的问题

根据《民事诉讼法》第153条之规定："有下列情形之一的，中止诉讼：（一）一方当事人死亡，需要等待继承人表明是否参加诉讼的；（二）一方当事人丧失诉讼行为能力，尚未确定法定代理人的；（三）作为一方当事人的法人或者其他组织终止，尚未确定权利义务承受人的；（四）一方当事人因不可抗拒的事由，不能参加诉讼的；（五）本案必须以另一案的审理结果为依据，而另一案尚未审结的；（六）其他应当中止诉讼的情形。中止诉讼的原因消除后，恢复诉讼。"在民事案件审理过程中，如发生上述情形，法官可以依法中止审理，待中止诉讼的原因消除后，再恢复诉讼。检察机关应注意审查法官是否存在随意以"另一案尚未审结"为由而中止审理。

案例：王某某与袁某某离婚纠纷案

法院依法受理后，原告王某某在审理过程中向法院提出中止审理，理由是被告袁某某涉嫌重婚罪，原告王某某拟向公安机关报警或向法院提起自诉刑事案件。随后，法院以《民事诉讼法》第153条第1款第5项之规定裁定中止审理。但是，该条规定的是"本案须以另一案的审理结果为依据"，该"另一案"应当是法院已经立案受理的案件或者是公安机关、其他司法机关正在立案侦查办理的案件。

上述案件中原告仅仅是拟向公安机关报案或向法院提起自诉案件，法院以此作为中止审理的理由明显不符合法律规定，检察院可以以此向法院提出检察建议。

（三）注意审查是否存在假撤诉假结案后再起诉以规避审限的问题

新冠疫情暴发以来，各地发布疫情防控措施，有些案件因案情复杂且必须到庭的当事人无法到庭，或者承办法官必须到当地去调查取证才能查清案件事实等原因导致案件久拖不决，在案件审理期限即将到期的情况下，有法官通过承诺退还诉讼费、告知当事人证据不足等方式劝解当事人撤诉，建议当事人收集完所有证据后再另行起诉，以规避超审限的情况。

案例：刘某某与云南某建设工程公司建设工程施工合同纠纷案

由于被告公司地处云南，证明案件事实的关键证据财务资料也在云南昆明，而被告公司又不够配合，导致案件在法定期限内很难办结，案件即将到期时，承办法官便劝解原告刘某某撤诉，再收集证据后再起诉，若不撤诉则可能会败诉，后原告刘某某认为承办法官与被告有勾结，起诉几个月后又威胁其撤诉，遂向检察机关申请监督。经检察院调查核实，不存在承办法官与被告相互勾结侵害原告合法权益的情况，但承办法官为规避审限，通过不当言论劝解原告撤诉的情况属实，遂向人民法院提起了监督。如果检察机关在履职中发现法院存在多起类似问题，也可采取类案监督措施。

（四）注意审查是否存在通过多次扣除鉴定期间延长审限的问题

在民事诉讼案件审理过程中，由于很多案件事实需要专门的鉴定机构出具鉴定意见后才能被认定，因此，《民事诉讼法》第 79 条规定，当事人可以就查明事实的专门性问题向人民法院申请鉴定，而根据最高人民法院《关于严格执行案件审理期限制度的若干规定》第 9 条第 6 项的规定，鉴定期间是不计入法定审限的。故而个别法官利用这一法律规定，以多次扣除鉴定期间方式延长审限。

案例：骆某某与贵州某建筑公司、张某某劳务合同纠纷案

本案于 2021 年 12 月 29 日按普通程序立案受理，2022 年 2 月 8 日至 2022 年 5 月 9 日第一次扣除鉴定期间；2022 年 5 月 10 日至 2022 年 8 月 8 日第二次扣除鉴定期间；2022 年 8 月 1 日至 2022 年 9 月 30 日扣除第三次鉴定期间。本案经过一审判决，二审发回重审，现法院重审该案至今未结案。根据最高人民法院《关于人民法院民事诉讼中委托鉴定审查工作若干问题的规定》第 13 条第 1 款"人民法院委托鉴定应当根据鉴定事项的难易程度、鉴定材料准备情况，确定合理的鉴定期限，一般案件鉴定时限不超过30 个工作日，重大、疑难、复杂案件鉴定时限不超过 60 个工作日"之规定，上述案件受理法院就同一鉴定事项三次扣除鉴定期间，且已超过 60 个工作日的法律规定，检察院可依此向人民法院提出检察建议。

（五）注意审查是否存在以庭外和解时间不计入审限为由规避审限的问题

根据最高人民法院《关于人民法院民事调解工作若干问题的规定》第 2 条第 1 款"当事人在诉讼过程中自行达成和解协议的，人民法院可以根据当事人的申请依法确认和解协议制作调解书。双方当事人申请庭外和解的期间，不计入审限"的规定，当事人双方以庭外和解为由，申请法院暂缓判决的，法院不需要中止诉讼或者延长审限，当事人任何一方提出不再进行庭外和解的，应当恢复审限计算。实践中，检察机关在办理案件时应注意审查当事人是否提出庭外和解申请、是否系双方当事人申请、和解期限是多少、是否有一方当事人提出不再和解等情况。同时，也要注意人民法院启动庭外和解程序的必要性，必要时，应当通过调阅审查法院诉讼卷宗或者开展调查核实工作来确定法院在民事案件中是否存在超审限问题。如果存在以上情况，可以进行检察监督。

第七章　民事执行监督

第一节　民事执行检察监督概述

司法是维护社会公平正义的最后一道防线，保证民事生效裁判得以公正执行是促进法律被信仰的关键一环。民事执行程序的目标之一是依法保障胜诉当事人及利害关系人合法权益。检察机关作为国家法律监督机关，要积极支持人民法院依法履职，同时，也要立足检察职能，加大对人民法院执行行为的监督力度，规范人民法院民事执行权的正确实施，保护当事人及案外人合法权益，维护司法公正与权威。

一、制度演进

民事执行检察监督，是指人民检察院根据法律规定对人民法院的民事执行活动进行法律监督。相比于审判程序中审判人员违法行为监督，民事执行检察监督起步更晚，也同样经历了制度从无到有、规定从粗到细的演变和探索过程。起初的法律规定并没有赋予检察机关可以对执行活动进行监督，1991 年、2007 年《民事诉讼法》仅规定了人民检察院有权对民事审判活动实行法律监督，实践中主要由各地检察机关探索开展执行活动监督。

2011 年 3 月 10 日，为贯彻落实中央司法体制和工作机制改革精神，最高人民法院与最高人民检察院商定，在山西、内蒙古、上海、浙江、福建、江西、山东、湖北、广东、陕西、甘肃、宁夏等省（自治区、直辖市）开展民事执行活动法律监督的试点工作，并发出《关于在部分地方开展民事执行活动法律监督试点工作的通知》（高检会〔2011〕2 号），明确人民检察院可以依当事人、利害关系人的申请，对以下五类民事执行活动实施法律监督：（1）人民法院收到执行案款后超过规定期限未将案款支付给申请执行人的，有正当理由的除外；（2）当事人、利害关系人

193

依据《民事诉讼法》第 202 条之规定向人民法院提出书面异议或者复议申请，人民法院在收到书面异议、复议申请后，无正当理由未在法定期限内作出裁定的；（3）人民法院自立案之日起超过两年未采取适当执行措施，且无正当理由的；（4）被执行人提供了足以保障执行的款物，并经申请执行人认可后，人民法院无正当理由仍然执行被执行人其他财产，严重损害当事人合法权益的；（5）人民法院的执行行为严重损害国家利益、社会公共利益的。

2012 年《民事诉讼法》规定检察机关有权对民事诉讼实行法律监督，突破了原先对民事审判活动实行法律监督的规定，由此民事检察监督范围扩展至了全流程监督，即包括执行监督。2013 年最高人民检察院《人民检察院民事诉讼监督规则（试行）》进一步细化了执行监督条件、方式和程序，保障了当事人申请执行监督的权利。

2016 年"两高"会签的《关于民事执行活动法律监督若干问题的规定》专门对民事执行监督的基本程序进行了细化。

2021 年《监督规则》明确人民检察院对人民法院执行生效民事判决、裁定、调解书、支付令、仲裁裁决以及公证债权文书等法律文书的活动实行法律监督，为民事执行检察监督开创了新的历史征程。

二、管辖和受理

（一）管辖

民事执行检察监督的管辖与审判程序违法监督基本一致，原则上由同级检察院监督，必要时可以由上级检察院监督。根据《监督规则》第 30 条的规定，当事人认为民事审判程序中审判人员存在违法行为或者民事执行活动存在违法情形，向人民检察院申请监督的，由审理、执行案件的人民法院所在地同级人民检察院负责控告申诉检察的部门受理。当事人不服上级人民法院作出的复议裁定、决定等，提出监督申请的，由上级人民法院所在地同级人民检察院受理。人民检察院受理后，可以根据需要将案件交由原审理、执行案件的人民法院所在地同级人民检察院办理。

同时，"两高"《关于民事执行活动法律监督若干问题的规定》第 4 条第 2 款规定：上级人民检察院认为确有必要的，可以办理下级人民检察院管辖的民事执行监督案件。下级人民检察院对有管辖权的民事执行监督案件，认为需要上级人民检察院办理的，可以报请上级人民检察院办理。

（二）受理

一是检察机关依有关主体申请受理。根据《监督规则》第30条、第35条的规定，当事人认为民事执行活动存在违法情形，可以向人民检察院申请监督。当事人以外的自然人、法人和非法人组织认为人民法院民事执行活动存在违法情形等，可以向人民检察院控告。由人民检察院负责控告申诉检察的部门受理。根据《监督规则》第28条的规定，当事人认为执行活动存在违法情形，向人民检察院申请监督，有下列情形之一的，人民检察院不予受理：（1）法律规定可以提出异议、申请复议或者提起诉讼，当事人没有提出异议、申请复议或者提起诉讼的，但有正当理由的除外；（2）当事人提出异议、申请复议或者提起诉讼后，人民法院已经受理并正在审查处理的，但超过法定期限未作出处理的除外；（3）其他不应受理的情形。需要注意的是，检察机关执行活动监督作为外部监督方式的一种，与生效裁判结果监督必须经再审程序一样，法律法规规定了可以通过法院内部纠错途径如可以提出执行异议、复议的，必须先通过法院内部相关程序寻求救济后仍不服的，方可申请监督机关监督。但当事人对执行人员违法行为申请监督的，则不受上述规定限制，检察机关应依法予以受理。

二是检察机关依职权受理。由于检察机关监督具有一定被动性，故原则上需有当事人申请或案外人控告且符合有关受理条件时方可受理。但检察机关作为国家法律监督机关，对特殊情形下发现的民事执行案件，应当依职权启动检察监督程序。2016年"两高"会签的《关于民事执行活动法律监督若干问题的规定》第7条规定，具有下列情形之一的民事执行案件，人民检察院应当依职权进行监督：（1）损害国家利益或者社会公共利益的；（2）执行人员在执行该案时有贪污受贿、徇私舞弊、枉法执行等违法行为、司法机关已经立案的；（3）造成重大社会影响的；（4）需要跟进监督的。2021年《监督规则》结合司法实践，对人民检察院依职权启动监督的案件范围进一步完善，并增加了虚假诉讼行为和兜底条款，即：（1）损害国家利益或者社会公共利益的；（2）审判、执行人员有贪污受贿，徇私舞弊，枉法裁判等违法行为的；（3）当事人存在虚假诉讼等妨害司法秩序行为的；（4）人民法院作出的已经发生法律效力的民事公益诉讼判决、裁定、调解书确有错误，审判程序中审判人员存在违法行为，或者执行活动存在违法情形的；（5）依照有关规定需要人民检察院跟进监督的；（6）具有重大社会影响等确有必要进行监督的情形。

三、监督范围和监督原则

（一）监督范围

根据《监督规则》第 104 条以及"两高"《关于民事执行活动法律监督若干问题的规定》第 3 条的规定，人民检察院对人民法院执行生效民事判决、裁定、调解书、支付令、仲裁裁决以及公证债权文书等法律文书的活动实施法律监督，即对人民法院民事执行行为实行全面监督。

（二）监督原则

根据《监督规则》第 4 条规定，人民检察院办理民事诉讼监督案件，应当以事实为根据，以法律为准绳，坚持公开、公平、公正和诚实信用原则，尊重和保障当事人的诉讼权利，监督和支持人民法院依法行使审判权和执行权。

四、监督方式

（一）发出《说明案件执行情况通知书》

根据《监督规则》第 105 条的规定，人民检察院认为人民法院在执行活动中可能存在怠于履行职责情形的，可以依照有关规定向人民法院发出《说明案件执行情况通知书》，要求说明案件的执行情况及理由。该监督方式在 2016 年最高人民法院、最高人民检察院《关于民事执行活动法律监督若干问题的规定》中首次予以规定，对于执行活动中的消极执行、拖延执行等怠于履职情形的民事执行检察监督具有重要的实践意义。

（二）提出检察建议

根据《监督规则》第 106 条的规定，人民检察院发现人民法院在执行活动中有下列情形之一的，应当向同级人民法院提出检察建议：（1）决定是否受理、执行管辖权的移转以及审查和处理执行异议、复议、申诉等执行审查活动存在违法、错误情形的；（2）实施财产调查、控制、处分、交付和分配以及罚款、拘留、信用惩戒措施等执行实施活动存在违法、错误情形的；（3）存在消极执行、拖延执行等情形的；（4）其他执行违法、错误情形。

本条中"其他执行违法、错误情形"具有特定含义，"违法情形"是指人民法院执行活动违反法律或者司法解释的规定，"错误情形"是指人民法院执行活动违反其他规范性文件的情形，由于规范性文件效力低于法律和司法解释，更多地体现司法政策导向，故称之为"错误情形"。

根据《监督规则》第108条的规定，人民检察院对执行活动提出检察建议的，应当经检察长或者检察委员会决定，制作《检察建议书》，在决定之日起15日内将《检察建议书》连同案件卷宗移送同级人民法院，并制作决定提出检察建议的《通知书》，发送当事人。

（三）提出其他检察建议

在办理民事执行监督案件过程中，人民检察院除对具体执行案件提出检察建议外，还可以向人民法院或有关单位提出类案监督检察建议、纠正违法检察建议以及社会治理检察建议等。

根据《监督规则》第117条第1款的规定，有下列情形之一的，人民检察院可以向人民法院提出类案监督的检察建议：（1）人民法院在多起案件中同类问题适用法律不一致的；（2）人民法院在多起案件中适用法律存在同类错误的；（3）其他同类违法行为的。

根据《监督规则》第117条第2款的规定，人民检察院在执行监督过程中发现有关单位的工作制度、管理方法、工作程序违法或者不当，需要改正、改进的，可以向有关单位提出社会治理检察建议。

根据《人民检察院检察建议工作规定》第9条的规定，人民检察院在执行监督过程中发现行政机关有违反法律规定、可能影响人民法院公正执行的行为的，可以提出纠正违法检察建议。

（四）跟进监督

检察建议作为民事执行检察监督的一种重要监督方式，具有柔和性与谦抑性的优势，但也存在非强制性、刚性不足等问题，当人民法院、有关单位对检察建议处理明显错误时，应当依法跟进监督。跟进监督的方式主要有：（1）根据《监督规则》第124条的规定，人民检察院可以按照有关规定再次监督，即提出检察建议的人民检察院再次向同级人民法院提出检察建议，或者提请上级人民检察院监督，即提请上一级人民检察院向其同级人民法院提出检察建议。（2）根据《人民检察院检察建议工作规定》第25条的规定，人民检察院对被建议单位在规定期限内经督促无正当理由不予整改或者整改不到位的，经检察长决定，可以将相关情况报告上级人民检察院，通报被建议单位的上级机关，必要时可以报告同级党委、人大，通报同级政府、纪检监察机关。

需要注意的是，根据最高人民法院《关于对执行程序中的裁定的抗诉不予受理的批复》规定，人民法院为了保证已发生法律效力的判决、裁定或者其他法律文书的执行而在执行程序中作出的裁定，不属于抗诉的范围。结合《监督规则》以及最高人民法院、最高人民检察院《关于民事执行活动法律监督若干问题的规定》等相关规定，民事执行审查活动、执行实施活动等存在违法情形的，人民检察院的监督方式是检察建议，故不能使用抗诉的监督方式。此外，2019年3月28日全国人大常委会法工委给最高人民检察院的《关于人民检察院在开展民事行政诉讼监督中可否采用提出纠正意见的监督方式问题的意见》明确，执行活动中人民检察院不应当采取提出纠正意见的监督方式，因此民事执行监督中亦不能使用纠正违法通知的监督方式。

第二节　民事执行立案、结案程序检察监督

执行立案、结案是执行案件开始和结束执行程序的重要环节，做好执行立案、结案程序检察监督工作，对于维护当事人及案外人合法权益、保障法律正确实施意义重大。结合办案实践，本节将重点围绕执行立案、结案程序中一些常见的法律规定和可能出现的违法情形进行简要梳理。

一、执行立案检察监督

根据最高人民法院《关于执行案件立案、结案若干问题的意见》第3

条的规定，人民法院不得有审判和执行案件统一管理体系之外的执行案件，任何案件不得以任何理由未经立案即进入执行程序。执行立案检察监督，是指检察机关对人民法院执行案件立案环节的行为或采取的相关措施是否符合法律和司法解释规定进行审查和监督。执行立案检察监督要点如下：

（一）审查执行依据是否合法

根据最高人民法院《关于人民法院执行工作若干问题的规定（试行）》第16条的规定，人民法院受理执行案件首要的条件就是申请或移送执行的法律文书已经生效，因此，作为执行依据的法律文书必须是已经生效的法律文书。此外，根据《监督规则》的规定，人民检察院还应当审查人民法院据以执行的民事判决、裁定、调解书涉嫌虚假诉讼或者损害国家利益、社会公共利益等情形。

（二）审查立案行为是否合法

1. 根据最高人民法院《关于人民法院执行工作若干问题的规定（试行）》第16条规定，人民法院应当自收到执行申请之日起7日内决定是否立案。实践中，主要审查人民法院是否在规定的期限内予以立案、是否存在有案不立、违规立案等情形。

2. 根据《民诉法解释》第481条的规定，申请执行人超过申请执行时效期间向人民法院申请强制执行的，人民法院应予受理。被执行人对申请执行时效期间提出异议，人民法院经审查异议成立的，裁定不予执行。被执行人履行全部或者部分义务后，又以不知道申请执行时效期间届满为由请求执行回转的，人民法院不予支持。因此，人民法院不能依职权审查申请执行时效期间，如被执行人未提出异议，人民法院不能依职权以超过申请时效为由不予受理。

（三）审查法院对仲裁裁决及公证债权文书的立案是否合法

根据最高人民法院《关于适用〈中华人民共和国仲裁法〉若干问题的解释》第29条的规定，当事人申请执行仲裁裁决案件，由被执行人住所地或者被执行的财产所在地的中级人民法院管辖。最高人民法院《关于人民法院办理仲裁裁决执行案件若干问题的规定》第2条的规定，当事人对仲裁机构作出的仲裁裁决或者仲裁调解书申请执行的，由被执行人住所地或者被执行的财产所在地的中级人民法院管辖。符合下列条件的，经上级人民法院批准，中级人民法院可以参照《民事诉讼法》第 38 条①的规定指定基层人民法院管辖：（1）执行标的额符合基层人民法院一审民商事案件级别管辖受理范围；（2）被执行人住所地或者被执行的财产所在地在被指定的基层人民法院辖区内。实践中，主要审查人民法院是否存在违反地域或级别管辖，是否存在指定执行不符合法定条件，对裁定中止执行、申请撤销仲裁裁决、申请不予执行仲裁裁决、公证债权文书的处理是否合法等情形。

案例：侯某与某建筑工程公司买卖合同纠纷执行监督案

基本案情： 2016 年 4 月 5 日，侯某与某建筑工程公司因买卖合同纠纷，向某区人民法院起诉，请求依法判决某建筑工程公司给付装修材料款 19200 元并承担本案受理费。某区人民法院经审理后于 2016 年 5 月 9 日作出民事判决，全部支持了侯某的诉讼请求。后双方均未上诉，判决发生法律效力。因某建筑工程公司未履行付款义务，侯某于 2016 年 11 月向某区人民法院申请强制执行。但某区人民法院在收取侯某申请执行的相关材料后，一直未立案受理，也未采取任何强制执行措施。侯某多次到法院反映情况均未得到有效处理。

检察机关履职情况： 2017 年 3 月，侯某以某区人民法院未依法对其申请执行案立案向检察机关申请监督。检察机关经查明，本案某区人民法院在收取侯某申请执行的材料后，未按照最高人民法院《关于人民法院执行工作若干问题的规定（试行）》第 16 条等规定及时立案，损害了侯某的合法权益，依法于 2017 年 4 月 11 日向某区人民法院发出检察建议书，建议其纠正违法行为。

监督结果： 2017 年 4 月 25 日，某区人民法院书面回函检察机关，采纳检察建议，对侯某的强制执行申请正式立案受理，并对相关工作人员未及时立案的行为作出通报批评处理。

---

① 现为第 39 条。

二、执行结案检察监督

执行结案检察监督，是指检察机关对人民法院执行案件结案程序、结案方式等是否符合法律和司法解释规定进行监督。从相关法律及司法解释规定的内容看，执行结案的形式虽然多种多样，但一般意味着案件将暂时告一段落或完全执行完毕，对当事人的权利是否实现有着重要影响。执行结案检察监督要点如下：

（一）审查是否在法定期限内结案

根据最高人民法院《关于人民法院办理执行案件若干期限的规定》第 1 条的规定，被执行人有财产可供执行的案件，一般应当在立案之日起 6 个月内执结；非诉执行案件一般应当在立案之日起 3 个月内执结。有特殊情况须延长执行期限的，应当报请本院院长或副院长批准。申请延长执行期限的，应当在期限届满前 5 日内提出。该规定与最高人民法院《关于人民法院执行工作若干问题的规定（试行）》第 63 条的规定基本一致。从上述规定可以看出，执行结案期限因执行的法律文书不同而有所区别，即被执行人有财产可供执行的案件，一般应当在立案之日起 6 个月内执结；非诉执行案件一般应当在立案之日起 3 个月内执结。中止执行的期间应当在办案期限内予以扣除。此外，根据最高人民法院《关于严格执行案件审理期限制度的若干规定》第 5 条的规定，对于有特殊情况需要延长执行期限的，经本院院长批准，可以延长 3 个月，还需延长的，则应当层报高级人民法院备案。

（二）审查结案方式是否合法

根据最高人民法院《关于执行案件立案、结案若干问题的意见》第 14 条的规定，除执行财产保全裁定、恢复执行的案件外，其他执行实施类案件的结案方式包括：（1）执行完毕；（2）终结本次执行程序；（3）终结执行；（4）销案；（5）不予执行；（6）驳回申请。与之相对应，执行实施类案件结案方式检察监督主要审查：

1. 以执行完毕方式结案是否合法。根据最高人民法院《关于执行案件立案、结案若干问题的意见》第 15 条的规定，以执行完毕方式结案的需满足以下条件：（1）生效法律文书确定的执行内容，经被执行人自动履行、人民法院强制执行，已全部执行完毕；（2）当事人达成执行和解协议的，且执行和解协议需履行完毕。

2. 是否存在违法终结本次执行程序情形。根据最高人民法院《关于执行案件立案、结案若干问题的意见》第16条规定，有下列情形之一的，可以以"终结本次执行程序"方式结案："（一）被执行人确无财产可供执行，申请执行人书面同意人民法院终结本次执行程序的；（二）因被执行人无财产而中止执行满两年，经查证被执行人确无财产可供执行的；（三）申请执行人明确表示提供不出被执行人的财产或财产线索，并在人民法院穷尽财产调查措施之后，对人民法院认定被执行人无财产可供执行书面表示认可的；（四）被执行人的财产无法拍卖变卖，或者动产经两次拍卖、不动产或其他财产权经三次拍卖仍然流拍，申请执行人拒绝接受或者依法不能交付其抵债，经人民法院穷尽财产调查措施，被执行人确无其他财产可供执行的；（五）经人民法院穷尽财产调查措施，被执行人确无财产可供执行或虽有财产但不宜强制执行，当事人达成分期履行和解协议，且未履行完毕的；（六）被执行人确无财产可供执行，申请执行人属于特困群体，执行法院已经给予其适当救助的。人民法院应当依法组成合议庭，就案件是否终结本次执行程序进行合议……"最高人民法院《关于严格规范终结本次执行程序的规定（试行）》第1条亦规定，人民法院终结本次执行程序，应当同时符合下列条件："（一）已向被执行人发出执行通知、责令被执行人报告财产；（二）已向被执行人发出限制消费令，并将符合条件的被执行人纳入失信被执行人名单；（三）已穷尽财产调查措施，未发现被执行人有可供执行的财产或者发现的财产不能处置；（四）自执行案件立案之日起已超过三个月；（五）被执行人下落不明的，已依法予以查找；被执行人或者其他人妨害执行的，已依法采取罚款、拘留等强制措施，构成犯罪的，已依法启动刑事责任追究程序。"但根据最高人民法院（法〔2018〕141号）通知的内容，在严格按照终本规定的程序标准和实质标准完成必要的执行措施后，可不受上述第4项"自执行案件立案之日起已超过三个月"限制。实践中，该结案方式主要违法情形有：未向被执行人发出限制消费令；未将符合条件的被执行人纳入失信被执行人名单；未穷尽财产调查措施（如：未对申请执行人或者其他人提供的财产线索进行核实，未通过网络执行查控系统对被执行人的存款、车辆及其他交通运输工具、不动产、有价证券等财产情况进行查询，对被执行人隐匿财产、会计账簿等资料且拒不交出的，未采取搜查措施，未将财产调查情况记录笔录等）；被执行人下落不明，未依法予以查找；对逾期报告、拒绝报告或者虚假报告的被执行人或者相关人员未采取强制措施，对构成犯罪的未启动刑事责任追究程序等。

3. 是否存在违法终结执行情形。根据《民事诉讼法》第264条的规定，裁定终结执行的情形有以下几种：（1）申请人撤销申请的；（2）据以执行的法律文书被撤销的；（3）作为被执行人的公民死亡，无遗产可供执行，又无义务承担人的；（4）追索赡养费、扶养费、抚养费案件的权利人死亡的；（5）作为被执行人的公民因生活困难无力偿还借款，无收入来源，又丧失劳动能力的；（6）人民法院认为应当终结执行的其他情形。由于终结执行是特殊情况下执行程序的非正常结束，对当事人的权利是否实现有着重要影响，因此，执行法院对其他应当终结执行情形兜底条款的适用应当有相关司法解释和规范性文件明确予以规定，否则属于执行行为违法。

4. 是否按照法律规定予以销案。根据最高人民法院《关于执行案件立案、结案若干问题的意见》第18条的规定，执行法院以"销案"方式结案的需满足以下条件：（1）被执行人提出管辖异议，经审查异议成立，将案件移送有管辖权的法院或申请执行人撤回申请的；（2）发现其他有管辖权的人民法院已经立案在先的；（3）受托法院报经高级人民法院同意退回委托的。

5. 不予执行是否合法。根据最高人民法院《关于执行案件立案、结案若干问题的意见》第19条的规定，执行实施案件立案后，被执行人对仲裁裁决或公证债权文书提出不予执行申请，经人民法院审查，裁定不予执行的，以"不予执行"方式结案。实践中，主要审查申请不予执行的主体是否适格；申请不予执行是否在期限内；执行法院对不予执行申请的处理及救济是否合法。

6. 驳回申请是否合法。根据最高人民法院《关于执行案件立案、结案若干问题的意见》第20条的规定，执行实施案件立案后，经审查发现不符合最高人民法院《关于人民法院执行工作若干问题的规定（试行）》第18条①规定的受理条件，裁定驳回申请的，以"驳回申请"方式结案。而最高

---

① 现为第16条。

人民法院《关于人民法院执行工作若干问题的规定（试行）》第16条规定，人民法院受理执行案件应当符合下列条件：（1）申请或移送执行的法律文书已经生效；（2）申请执行人是生效法律文书确定的权利人或其继承人、权利承受人；（3）申请执行的法律文书有给付内容，且执行标的和被执行人明确；（4）义务人在生效法律文书确定的期限内未履行义务；（5）属于受申请执行的人民法院管辖。人民法院对符合上述条件的申请，应当在7日内予以立案；不符合上述条件之一的，应当在7日内裁定不予受理。从上述规定可以看出，只有执行实施类案件立案后，经审查发现不符合受理条件时，才能以驳回申请方式结案。

（三）审查执行裁定书制作或送达是否合法

根据《民事诉讼法》第244条的规定，人民法院裁定不予执行的，裁定书应当送达双方当事人和仲裁机构。最高人民法院《关于严格规范终结本次执行程序的规定（试行）》第6条规定，终结本次执行程序应当制作裁定书，载明下列内容：（1）申请执行的债权情况；（2）执行经过及采取的执行措施、强制措施；（3）查明的被执行人财产情况；（4）实现的债权情况；（5）申请执行人享有要求被执行人继续履行债务及依法向人民法院申请恢复执行的权利，被执行人负有继续向申请执行人履行债务的义务。终结本次执行程序裁定书送达申请执行人后，执行案件可以作结案处理。人民法院进行相关统计时，应当对以终结本次执行程序方式结案的案件与其他方式结案的案件予以区分。终结本次执行程序裁定书应当依法在互联网上公开。实践中，主要违法情形有：未将不予执行裁定书送达仲裁机构；终结本次执行程序未制作裁定书以及裁定书内容不符合规定；终结本次执行程序裁定书未送达申请执行人；终结本次执行程序裁定书未依法在互联网上公开等。

案例：刘某与龙某机动车交通事故责任纠纷执行监督案

基本案情：刘某与龙某机动车交通事故一案，某县人民法院于2015年6月24日作出生效民事判决书。判决生效后，因龙某未履行生效判决所确定向刘某赔偿医疗费、护理费等费用共计154110.34元的义务，刘某于2015年8月27日向某县人民法院申请执行。在执行过程中，某县人民法院查明，龙某在德凤街道西门冲"兰溪谷"1号楼有一套商品房屋备案登记，但未采取执行措施。2015 年 11 月 11 日，某县人民法院作出执行裁定书，裁定终结本次执行。

检察机关履职情况： 刘某依法向法院反映有关情况仍未得以顺利解决后，向检察机关申请监督。某县人民检察院经依法开展调查核实，查明龙某名下商品房已取得房产证，面积为 140.45 平方米，仍抵押在中国工商银行，以县人民法院在执行中没有充分履行执行职责，对被执行的财产未采取任何强制执行措施即终结本次执行程序，违反了最高人民法院《关于执行案件立案、结案若干问题的意见》第 16 条以及最高人民法院《关于严格规范终结本次执行程序的规定（试行）》第 1 条的规定，遂向某县人民法院发出检察建议，建议某县人民法院及时恢复执行，并对龙某名下的房产依法采取强制执行措施，有效地维护申请执行人的合法权益。

监督结果： 后某县人民法院书面回复某县人民检察院，恢复该案执行，对龙某在德凤街道西门冲"兰溪谷"1 号楼所有的一套房予以查封，并已对被执行人龙某采取拘留措施。

第三节 民事执行实施行为检察监督

根据最高人民法院《关于执行权合理配置和科学运行的若干意见》第 3 条规定，执行实施权的范围主要是财产调查、控制、处分、交付和分配以及罚款、拘留措施等实施事项。与之相对应，民事执行实施行为检察监督主要针对执行法院采取的财产调查、控制、查封、扣押、冻结、处分、交付和分配措施等是否存在违法情形进行监督。

一、财产调查检察监督

财产调查是指法院依申请执行人申请或依职权对被执行人的财产通过网络执行查控系统或其他方式进行调查，是法院采取实质性执行措施的开端，主要的目的在于及时查清被执行人可供执行的财产。财产调查检察监督要点如下：

（一）审查对申请执行人提供的财产线索是否怠于调查核实

根据最高人民法院《关于民事执行中财产调查若干问题的规定》第 2

205

条的规定，申请执行人提供被执行人财产线索，应当填写财产调查表。财产线索明确、具体的，人民法院应当在 7 日内调查核实；情况紧急的，应当在 3 日内调查核实。财产线索确实的，人民法院应当及时采取相应的执行措施。申请执行人确因客观原因无法自行查明财产的，可以申请人民法院调查。通过上述规定可以看出，执行法院对申请执行人提供的财产线索负有及时调查核实的义务，如未调查核实及采取其他执行措施，则构成执行活动违法。

（二）审查对被执行人的财产情况是否怠于调查核实

根据最高人民法院《关于民事执行中财产调查若干问题的规定》第 1 条的规定，执行过程中，申请执行人应当提供被执行人的财产线索；被执行人应当如实报告财产；人民法院应当通过网络执行查控系统进行调查，根据案件需要应当通过其他方式进行调查的，同时采取其他调查方式。最高人民法院《关于人民法院办理执行案件若干期限的规定》第 6 条第 3 款亦规定，承办人一般应当在 1 个月内完成对被执行人收入、银行存款、有价证券、不动产、车辆、机器设备、知识产权、对外投资权益及收益、到期债权等资产状况的调查。因此，执行法院对被执行人的财产怠于调查核实或采取强制措施的，属于执行活动违法。

（三）审查是否告知财产调查结果

根据最高人民法院《关于人民法院执行公开的若干规定》第 7 条的规定，人民法院对申请执行人提供的财产线索进行调查后，应当及时将调查结果告知申请执行人；对依职权调查的被执行人财产状况和被执行人申报的财产状况，应当主动告知申请执行人。但根据最高人民法院《关于民事执行中财产调查若干问题的规定》第 8 条的规定，对被执行人报告的财产情况，人民法院应当及时调查核实，必要时可以组织当事人进行听证。申请执行人申请查询被执行人报告的财产情况的，人民法院应当准许。申请执行人及其代理人对查询过程中知悉的信息应当保密。该规定第 12 条第 3 款的规定，申请执行人申请查询人民法院调查的财产信息的，人民法院可以根据案件需要决定是否准许。申请执行人及其代理人对查询过程中知悉的信息应当保密。可以看出，对于被执行人报告的财产情况和执行法院依职权调查的财产情况，需要申请执行人提出查询申请，执行法院不再主动告知。

案例：林某、吴某与陈某、游某、甲汽车物流有限公司等机动车交通事故责任纠纷执行监督案

基本案情： 2013 年，林某、吴某以机动车交通事故责任纠纷为由向某市人民法院起诉陈某、游某、罗某、邬某、袁某、甲汽车物流有限公司、乙保险股份有限公司，后某市人民法院判决陈某、游某赔偿林某、吴某各项损失 606582 元，罗某、邬某、袁某、甲汽车物流有限公司对上述应赔偿的款项承担连带赔偿责任；乙保险股份有限公司赔偿林某、吴某车上人员（乘客）损失保险 50000 元。后该判决进入法院强制执行程序。在执行过程中，某市人民法院裁定查封甲汽车物流有限公司 3 辆车，划扣游某名下存款 2600 元，划扣甲汽车物流有限公司投保的机动车损失险 238000 元，扣除车辆评估费、执行费等费用后，林某、吴某于 2015 年 6 月 9 日在某市人民法院领取到执行款 217518 元。因案件久执不结，林某、吴某于 2018 年 8 月 28 日向法院申请恢复执行。某市人民法院向游某、陈某发出执行通知书、传票和报告财产令，责令二人限期履行生效法律文书确定的义务。游某、陈某逾期仍未履行。

检察机关履职情况： 林某、吴某认为某市人民法院在执行过程中存在怠于调查被执行人财产的执行行为，于 2019 年 9 月向某市人民检察院申请监督。检察机关查明，执行法院存在未全面查询、执行被执行人财产，未向同为被执行人的甲汽车物流有限公司发出执行通知书、报告财产令和传票，且存在未通过全国网络执行查控系统及有关单位协助查询被执行人的财产状况等情形。某市人民检察院认为，执行法院在执行过程中怠于履职，致使执行案件久拖不结，且还存在其他违法情形。遂向某市人民法院发出检察建议书，建议某市人民法院在执行活动中，应严格遵守法律规定，确保执行程序合法、执行行为规范，及时对本案被执行人现有财产采取拍卖、变卖等处分措施，严格依据全国网络执行查控系统及有关单位协助，查询被执行人的财产状况，发现被执行人有可供执行财产的，及时采取执行措施，将执行案件执结，切实维护申请人吴某的合法利益。

监督结果： 2019 年 12 月 4 日，某市人民法院书面回复某市人民检察院，表示在查询财产、限制被执行人措施等方面存在不规范之处，采纳检察建议，其将严格履行相关法律规定，并对此案查缺补漏，及时采取失信、限高等措施。后某市人民法院已依据全国网络执行查控系统及有关单位协助，查询被执行人的财产状况，并对被执行人作出限制消费令和将其纳入失信被执行人名单等执行措施。

二、财产控制检察监督

财产控制措施是指人民法院在民事执行案件中为控制被执行人的财产所实施的限期申报财产、查询、审计、查封、冻结、扣押、扣留、扣划、提取、搜查、指定保管、管理等强制执行措施的行为。财产控制检察监督要点如下：

（一）审查是否存在违法查封、扣押、冻结被执行人的财产

该违法情形主要表现为：

1. 超标的查封、扣押、冻结被执行人的财产。根据《民事诉讼法》第249条第1款的规定，人民法院查询、扣押、冻结、划拨、变价的财产不得超出被执行人应当履行义务的范围。最高人民法院《关于人民法院民事执行中查封、扣押、冻结财产的规定》第19条第1款的规定，查封、扣押、冻结被执行人的财产，以其价额足以清偿法律文书确定的债权额及执行费用为限，不得明显超标的额查封、扣押、冻结。实践中，由于相关法律和司法解释规定得比较原则，超标的查封、扣押、冻结被执行人的财产的问题存在。主要违法情形有：查封、扣押、冻结被执行人的财产明显超过执行标的，利息或迟延履行金计算错误导致超标的查封、扣押、冻结等。

2. 对不得查封、扣押、冻结的被执行财产采取查封、扣押、冻结措施。根据最高人民法院《关于人民法院民事执行中查封、扣押、冻结财产的规定》第3条的规定，人民法院对被执行人下列的财产不得查封、扣押、冻结：（1）被执行人及其所扶养家属生活所必需的衣服、家具、炊具、餐具及其他家庭生活必需的物品；（2）被执行人及其所扶养家属所必需的生活费用。当地有最低生活保障标准的，必需的生活费用依照该标准确定；（3）被执行人及其所扶养家属完成义务教育所必需的物品；（4）未公开的发明或者未发表的著作；（5）被执行人及其所扶养家属用于身体缺陷所必需的辅助工具、医疗物品；（6）被执行人所得的勋章及其他荣誉表彰的物

品；（7）根据《缔结条约程序法》，以中华人民共和国、中华人民共和国政府或者中华人民共和国政府部门名义同外国、国际组织缔结的条约、协定和其他具有条约、协定性质的文件中规定免于查封、扣押、冻结的财产；（8）法律或者司法解释规定的其他不得查封、扣押、冻结的财产。该条规定属于禁止性规定，如执行法院对上述财产采取控制措施即构成执行活动违法。

3. 超期限查封、扣押、冻结被执行人财产。根据《民诉法解释》第485条第1款的规定，人民法院冻结被执行人的银行存款的期限不得超过1年，查封、扣押动产的期限不得超过2年，查封不动产、冻结其他财产权的期限不得超过3年。最高人民法院《关于人民法院民事执行中查封、扣押、冻结财产的规定》第28条的规定，有下列情形之一的，人民法院应当作出解除查封、扣押、冻结裁定，并送达申请执行人、被执行人或者案外人：（1）查封、扣押、冻结案外人财产的；（2）申请执行人撤回执行申请或者放弃债权的；（3）查封、扣押、冻结的财产流拍或者变卖不成，申请执行人和其他执行债权人又不同意接受抵债，且对该财产又无法采取其他执行措施的；（4）债务已经清偿的；（5）被执行人提供担保且申请执行人同意解除查封、扣押、冻结的；（6）人民法院认为应当解除查封、扣押、冻结的其他情形。解除以登记方式实施的查封、扣押、冻结的，应当向登记机关发出协助执行通知书。

（二）审查是否存在违法查封、扣押、冻结案外人的财产

根据最高人民法院《关于人民法院民事执行中查封、扣押、冻结财产的规定》第2条第3款的规定，对于第三人占有的动产或者登记在第三人名下的不动产、特定动产及其他财产权，第三人书面确认该财产属于被执行人的，人民法院可以查封、扣押、冻结。该规定第12条、第13条、第14条、第15条、第16条、第17条等进一步规定了执行法院对被执行人与他人共有财产、被执行人出卖给第三人的财产、被执行人购买的第三人的财产如何采取查控措施。实践中，主要违法情形表现为：对于第三人占有的动产或者登记在第三人名下的不动产、特定动产及其他财产权，人民法院未经第三人书面确认该财产属于被执行人的，予以查封、扣押、冻结；查封、扣押、冻结合同约定被执行人保留所有权的财产出卖给第三人，第三

人已经支付部分价款并实际占有该财产，第三人向人民法院交付全部余款后，未裁定解除查封、扣押、冻结；查封、扣押、冻结被执行人已经支付部分价款购买第三人的财产，并实际占有该财产，第三人依合同约定保留所有权并办理登记的，未允许第三人的剩余价款从该财产变价款中优先支付等情形。

（三）审查采取查封、扣押、冻结措施的相关程序是否违法

根据最高人民法院《关于人民法院民事执行中查封、扣押、冻结财产的规定》第 1 条的规定，人民法院查封、扣押、冻结被执行人的动产、不动产及其他财产权，应当作出裁定，并送达被执行人和申请执行人。采取查封、扣押、冻结措施需要有关单位或者个人协助的，人民法院应当制作协助执行通知书，连同裁定书副本一并送达协助执行人。查封、扣押、冻结裁定书和协助执行通知书送达时发生法律效力。此外，该规定的第 6 条、第 7 条、第 8 条、第 9 条等进一步规定了执行法院采取查封、扣押、冻结措施的相关程序要求。从上述规定可以看出，执行法院查封、扣押、冻结除应当符合法定条件外，还需要履行一定的程序要求，否则影响查控措施的效力，构成执行活动违法。实践中，该违法情形主要表现在：需要有关单位或者个人协助的，未制作协助执行通知书；未将协助执行通知书与查封、扣押、冻结裁定书副本一并送达协助执行人；查封不动产的，人民法院未张贴封条或者公告；查封、扣押、冻结已登记的不动产、特定动产或其他财产权，未通知有关登记机关办理登记手续；查封尚未进行权属登记的建筑物时，未通知其管理人或者该建筑物的实际占有人，未在显著位置张贴公告；扣押尚未进行权属登记的机动车辆时，未在扣押清单上记载该机动车辆的发动机编号；查封、扣押、冻结被执行人的财产时，未制作笔录。执行人员及保管人未在查封、扣押、冻结笔录上签名，有《民事诉讼法》第 252 条规定的人员到场的，到场人员未在笔录上签名等。

案例：刘某、陈某、刘某军与某房地产开发有限责任公司借款合同纠纷执行监督案

基本案情： 2019 年 9 月 20 日，刘某、陈某、刘某军向某县人民法院提起诉讼，请求某县人民法院判决某房地产开发有限责任公司偿还借款 2068.15 万元的本金及利息。2019 年 11 月 26 日，某县人民法院作出判决，

支持了刘某、陈某、刘某军的诉讼请求。即：判决某房地产开发有限责任公司偿还借款 2068.15 万元及利息。判决生效后，刘某、陈某、刘某军向某县人民法院提出强制执行申请，执行标的为本金 2068.148 万元及被执行人逾期不支付执行款所产生的利息。2020 年 3 月 20 日，某县人民法院在没有对某房地产开发有限责任公司财产价值进行调查的情况下，将某房地产开发有限责任公司价值 4.88 亿元的国有建设用地使用权在建、已建房产项目全部查封，导致某房地产开发有限责任公司生产经营陷入绝境，濒临破产。

检察机关履职情况：某房地产开发有限责任公司向某县人民检察院申请监督，认为执行法院存在超执行标的查封情形。某县人民检察院对某房地产开发有限责任公司被查封财产价值证据进行调取，通过某房地产开发有限责任公司竞拍土地成交资料、价格评估机构对该公司已建、在建房产评估报告等证据，充分证明该公司被查封财产价值达 4.88 亿元，远超该案执行标的。检察机关经审查认为，某县人民法院超标的额查封某房地产开发有限责任公司财产的行为，违反了《民事诉讼法》第 244 条第 1 款、最高人民法院《关于人民法院民事执行中查封、扣押、冻结财产的规定》第 21 条第 1 款之规定，发出执行监督检察建议，建议执行法院及时纠正超标的额查封的违法行为。

监督结果：某县人民法院书面回复，承认对某房地产开发有限责任公司执行活动存在超标的查封行为，经执行法院重新评估，除继续保留对某房地产开发有限责任公司已建 4000 平方米商铺（价值约 5000 万元）查封外，已解除对某房地产开发有限责任公司国有建设用地使用权及其他已建、在建商铺的查封。

三、财产处置检察监督

财产处置是指人民法院在执行过程中，对查封、扣押、冻结的被执行人财产通过评估、拍卖、变卖等方式将财产变现，分配给申请执行人的执行行为。财产处置检察监督要点如下：

（一）审查是否存在怠于采取拍卖、变卖等执行措施情形

根据最高人民法院《关于人民法院民事执行中拍卖、变卖财产的规定》第 1 条的规定，在执行程序中，被执行人的财产被查封、扣押、冻结后，人

民法院应当及时进行拍卖、变卖或者采取其他执行措施。最高人民法院《关于人民法院确定财产处置参考价若干问题的规定》第1条进一步规定，人民法院查封、扣押、冻结财产后，对需要拍卖、变卖的财产，应当在30日内启动确定财产处置参考价程序。实践中，主要违法情形表现为：被执行人的财产在执行中被查封、扣押、冻结后，未及时进行拍卖、变卖或者采取其他执行措施；人民法院查封、扣押、冻结财产后，对需要拍卖、变卖的财产，未在30日内启动确定财产处置参考价程序。

（二）审查评估活动是否违法

根据最高人民法院《关于人民法院确定财产处置参考价若干问题的规定》第14条的规定，法律、行政法规规定必须委托评估、双方当事人要求委托评估或者网络询价不能或不成的，人民法院应当委托评估机构进行评估。最高人民法院《关于人民法院委托评估、拍卖工作的若干规定》第2条的规定，取得政府管理部门行政许可并达到一定资质等级的评估、拍卖机构，可以自愿报名参加人民法院委托的评估、拍卖活动。人民法院不再编制委托评估、拍卖机构名册。从上述规定可以看出，委托评估虽不是确定财产处理参考价的唯一方式，但在执行活动中仍具有重要作用。实践中，常见违法情形有：对拟拍卖的财产未委托具相应资质的评估机构进行价格评估。评估机构和评估人员不具有相应资质。收到评估机构作出的评估报告后，未在5日内将评估报告发送当事人及其他利害关系人等。

（三）审查拍卖活动是否违法

1. 未发布拍卖公告或发布的拍卖公告、内容不合法。根据最高人民法院《关于人民法院民事执行中拍卖、变卖财产的规定》第8条的规定，拍卖应当先期公告。拍卖动产的，应当在拍卖7日前公告；拍卖不动产或者其他财产权的，应当在拍卖15日前公告。最高人民法院《关于人民法院网络司法拍卖若干问题的规定》第12条也规定，网络司法拍卖应当先期公告，拍卖公告除通过法定途径发布外，还应同时在网络司法拍卖平台发布。拍卖动产的，应当在拍卖15日前公告；拍卖不动产或者其他财产权的，应当在拍卖30日前公告。拍卖公告应当包括拍卖财产、价格、保证金、竞买人条件、拍卖财产已知瑕疵、相关权利义务、法律责任、拍卖时间、网络平台和拍卖法院等信息。实践中，主要违法情形表现为：网络司法拍卖未先期公告，拍卖公告除通过法定途径发布外，未同时在网络司法拍卖平台发布，拍卖公告内容未包括拍卖财产、价格、保证金、竞买人条件、拍卖财产已知瑕疵、相关权利义务、法律责任、拍卖时间、网络平台和拍卖法院等信息。

2. 确定网络拍卖起拍价或保证金不合法。根据最高人民法院《关于人民法院网络司法拍卖若干问题的规定》第10条的规定，网络司法拍卖应当确定保留价，拍卖保留价即为起拍价。起拍价由人民法院参照评估价确定；未作评估的，参照市价确定，并征询当事人意见。起拍价不得低于评估价或者市价的70%。该规定第17条规定，保证金数额由人民法院在起拍价的5%至20%范围内确定。竞买人应当在参加拍卖前以实名交纳保证金，未交纳的，不得参加竞买。申请执行人参加竞买的，可以不交保证金；但债权数额小于保证金数额的按差额部分交纳。交纳保证金，竞买人可以向人民法院指定的账户交纳，也可以由网络服务提供者在其提供的支付系统中对竞买人的相应款项予以冻结。

3. 未按规定程序交付拍卖财产。根据最高人民法院《关于人民法院网络司法拍卖若干问题的规定》第22条的规定，网络司法拍卖成交的，由网络司法拍卖平台以买受人的真实身份自动生成确认书并公示。拍卖财产所有权自拍卖成交裁定送达买受人时转移。最高人民法院《关于人民法院民事执行中拍卖、变卖财产的规定》第26条规定，不动产、动产或者其他财产权拍卖成交或者抵债后，该不动产、动产的所有权、其他财产权自拍卖成交或者抵债裁定送达买受人或者承受人时起转移。（1）关于交付期限问题，最高人民法院《关于人民法院民事执行中拍卖、变卖财产的规定》第27条规定，人民法院裁定拍卖成交或者以流拍的财产抵债后，除有依法不能移交的情形外，应当于裁定送达后15日内，将拍卖的财产移交买受人或者承受人。被执行人或者第三人占有拍卖财产应当移交而拒不移交的，强制执行。（2）关于交付方式问题，最高人民法院《关于人民法院执行工作若干问题的规定（试行）》第43条规定，被执行人的财产经拍卖、变卖或裁定以物抵债后，需从现占有人处交付给买受人或申请执行人的，适用《民事诉讼法》第249条、第250条和本规定第41条、第42条的规定。

（四）审查变卖活动以及以物抵债是否违法

根据最高人民法院《关于人民法院民事执行中拍卖、变卖财产的规定》第31条第1款的规定，对查封、扣押、冻结的财产，当事人双方及有关权利人同意变卖的，可以变卖。最高人民法院《关于执行和解若干问题的规定》第6条的规定，当事人达成以物抵债执行和解协议的，人民法院不得依据该协议作出以物抵债裁定。最高人民法院《关于人民法院民事执行中拍卖、变卖财产的规定》第16条、第24条、第25条、第32条等的规定，被执行人财产的变卖和以物抵债必须具备一定的条件。实践中，违法情形主要表现为：变卖未征求当事人的意见，即变卖未经当事人及相关权利人同意；有约定而未按照其约定价格变卖，无约定价格但有市价的，变卖价格低于市价，无市价但价值较大、价格不易确定的，未委托评估机构进行评估，经评估后未按照评估价格进行变卖；变卖的财产无人应买的，申请执行人或者其他执行债权人拒绝接受或者依法不能交付其抵债的，未解除查封、扣押，未将该财产退还被执行人；依据以物抵债执行和解协议，作出以物抵债裁定；有两个以上执行债权人申请以拍卖财产抵债的，未由法定受偿顺位在先的债权人优先承受；受偿顺位相同的，未以抽签方式决定承受人；对于第二次拍卖仍流拍的动产，人民法院即将其作价交申请执行人或者其他执行债权人抵债，申请执行人或者其他执行债权人拒绝接受或者依法不能交付其抵债的，人民法院未解除查封、扣押，未将该动产退还被执行人；对于第二次拍卖仍流拍的不动产或者其他财产权，人民法院将其作价交申请执行人或者其他执行债权人抵债，申请执行人或者其他执行债权人拒绝接受或者依法不能交付其抵债的，未在60日内进行第三次拍卖；流拍后再行拍卖时，降低保留价的，降低的数额超过前次保留价的20%等。

案例：农业银行某分行与某公司金融借款合同纠纷执行监督案

基本案情： 农业银行某分行与某公司金融借款合同纠纷一案，某区人民法院于2018年9月5日作出民事判决，由某公司返还农业银行某分行借款本金14100000元及相应利息，同时判令农业银行某分行有权就前述债权判决的应付款项，对某公司名下位于某市某区某路17栋6号（1-2）、26号（1-4）—（1-6）、8号（1-1）的房产折价或者以拍卖、变卖所得价款限额内优先受偿。判决后某公司未履行生效法律文书确定的义务，农业银行某分行向某区人民法院申请强制执行。此后，执行法院委托某房地产土地估价有限公司对上述抵押房地产［包括多出的一间抵押房产 20 号 (1-3)］进行评估。2020 年 3 月 26 日 10 时至次日 10 时某区法院对上述四处房产（包括内固定装修）在淘宝网司法拍卖平台上公开拍卖，在拍卖公告中说明起拍价 294 万，在拍卖标的物栏中，对拍品现状描述为："租赁情况：无；钥匙：有；搬离情况：腾空；权利限制情况：1. 已查封，2. 有抵押"，并附注了相关房产证号码及记载的房产面积、房屋用途等主要内容。2020 年 3 月 27 日赵某参与竞价并成交，以 294 万的价格取得了涉案四处房产，并办理了涉案房屋的房产证。赵某依法取得前述房产的所有权后，在准备装修时发现其中的 6 号 (1-2)、20 号 (1-3) 被分割成两层后由某公司使用并对外租赁，目前有人居住或用作棋牌室，并拒绝腾退。赵某遂向法院申诉，执行法院认为该被占用隔层由钢筋混凝土隔开，属于具备单独功能的"夹层"，不属于本案网络司法拍卖的房产范围，因此不予强制腾退。

检察机关履职情况：2020 年 9 月 15 日，赵某向某区人民检察院提出监督申请，认为某区人民法院在网络司法拍卖房产时未如实公布拍卖房产现状，导致其拍买的房产部分隔层被他人长期占用，未按规定程序交付拍卖房产。某区人民检察院查明：第一，某区人民法院在拍卖过程中对拍卖房产隔间占用的情况未予以公示说明。第二，经向不动产交易中心查询，确认该拍卖房产的占用隔间未经确权登记。第三，调取档案资料。根据竣工图纸显示拍卖房产层高在 4.8 米左右，不存在分隔两层的情形。第四，联系出具涉案房产《房地产评估报告》的评估人员，确认拍卖评估报告是对包含隔间在内的整体房产所作出的评估。某区人民检察院经审查认为，执行法院的拍卖行为违反最高人民法院《关于人民法院网络司法拍卖若干问题的规定》第 12 条、第 22 条的规定，于 2021 年 3 月 11 日向某区人民法院提出检察建议，建议法院及时要求占用该隔层的某公司腾退房屋，纠正违法行为，以维护赵某的合法权利。

监督结果：某区人民法院采纳检察建议，并于 2021 年 8 月 18 日作出执行裁定书，认定涉案房地产夹层与本次拍卖成交的房地产系一个整体，无法分割，法院在房产拍卖过程中未查明拍卖房地产现状，致使对标的物公示披露信息不完整，瑕疵说明严重失实，致使赵某对拍卖标的产生重大误解，拍卖目的无法实现，故裁定撤销某区人民法院于 2020 年 3 月 26 日在淘宝网司法拍卖网络平台就涉案房产所作出的拍卖行为及相应结果。

四、到期债权执行检察监督

到期债权执行是指法院在执行过程中被执行人不能偿还债务，但被执行人对案外第三人享有的到期债权，执行法院可以根据申请执行人申请或被执行人申请，强制执行该第三人的执行行为。到期债权执行检察监督要点如下：

（一）审查是否承担履行通知义务、履行通知内容及送达是否合法

根据最高人民法院《关于人民法院执行工作若干问题的规定（试行）》第 45 条的规定，被执行人不能清偿债务，但对本案以外的第三人享有到期债权的，人民法院可以依申请执行人或被执行人的申请，向第三人发出履行到期债务的通知（以下简称履行通知）。履行通知必须直接送达第三人。履行通知应当包含下列内容：（1）第三人直接向申请执行人履行其对被执行人所负的债务，不得向被执行人清偿；（2）第三人应当在收到履行通知后的 15 日内向申请执行人履行债务；（3）第三人对履行到期债权有异议的，应当在收到履行通知后的 15 日内向执行法院提出；（4）第三人违背上述义务的法律后果。从上述规定可以看出，对被执行人到期债权执行，必须要向第三人直接送达履行通知，且履行通知的内容必须包括以上四个方面，否则属于执行活动违法。

（二）审查是否符合到期债权执行的前提条件

根据最高人民法院《关于人民法院执行工作若干问题的规定（试行）》第 45 条的规定，执行法院对被执行人到期债权的执行前提是被执行人不能清偿债务，且一般依申请执行人或被执行人的申请，不宜依职权启动程序。需要注意的是，根据最高人民法院《关于人民法院执行工作若干问题的规定（试行）》第 52 条的规定，在对第三人作出强制执行裁定后，第三人确无财产可供执行的，不得就第三人对他人享有的到期债权强制执行。

（三）审查对到期债权异议的处理是否合法

根据《民诉法解释》第 499 条的规定，人民法院执行被执行人对他人

的到期债权，可以作出冻结债权的裁定，并通知该他人向申请执行人履行。该他人对到期债权有异议，申请执行人请求对异议部分强制执行的，人民法院不予支持。利害关系人对到期债权有异议的，人民法院应当按照《民事诉讼法》第234条规定处理。对生效法律文书确定的到期债权，该他人予以否认的，人民法院不予支持。最高人民法院《关于人民法院执行工作若干问题的规定（试行）》第47条规定，第三人在履行通知指定的期间内提出异议的，人民法院不得对第三人强制执行，对提出的异议不进行审查。从上述规定可以看出，第三人提出异议的，执行法院不进行审查，且不得对第三人强制执行；对利害关系人提出异议的，执行法院应当按照《民事诉讼法》第234条规定处理，即：执行过程中，案外人对执行标的提出书面异议的，人民法院应当自收到书面异议之日起15日内审查，理由成立的，裁定中止对该标的的执行；理由不成立的，裁定驳回。案外人、当事人对裁定不服，认为原判决、裁定错误的，依照审判监督程序办理；与原判决、裁定无关的，可以自裁定送达之日起15日内向人民法院提起诉讼。

案例：某建材公司与某实业公司、某设备公司买卖合同纠纷执行监督案

基本案情：某建材公司与某实业公司、某设备公司买卖合同纠纷一案，某区人民法院于2020年2月13日作出判决，判令某实业公司向某建材公司支付合同款项576.6135万元及逾期付款利息，某设备公司不承担责任。后该判决进入法院强制执行程序。执行过程中，某区人民法院依某建材公司的申请，于2020年3月23日对某设备公司作出履行到期债务通知书，认为某建材公司要求执行某实业公司对某设备公司享有的到期债权的申请符合法律规定，通知某设备公司直接向某建材公司履行到期债务585.3602万元，如有异议，自收到该通知书15日内提出。同日，该院又作出执行裁定，认为某实业公司在某设备公司享有到期债权可供执行，但其至今未履行，裁定冻结某设备公司的银行存款585.3602万元。某设备公司在履行通知指定的期间内向该院当面提交了执行异议书，称某建材公司主张的债权实际系某实业公司及案外人某公司共同享有，未经结算，且债权并未到期，请求撤销履行到期债务通知书，解除对该公司银行存款的冻结。法院对某设备公司提出的异议未予回复，亦未解除冻结银行存款的执行措施。

检察机关履职情况：2020年8月7日，某设备公司以某区人民法院无任何证据证明存在到期债权情况下强行冻结其巨额银行存款违反法律规定，向某区人民检察院申请监督。检察机关查明：一是法院在作出履行到期债务通知书的同日，即裁定冻结某设备公司的银行存款。二是某设备公司在通知书指定的期间内提出异议，法院对此未予回复，亦未解除冻结该公司银行存款的执行措施。某区人民检察院审查认为，执行法院存在以下违法情形：一是直接裁定冻结某设备公司银行存款错误。本案执行程序中，法院于 2020 年 3 月 23 日在对某设备公司作出履行到期债务通知书的同日，即裁定冻结其银行存款 585.3602 万元，剥夺了第三人的异议权利，明显违反《民诉法解释》的相关规定。二是怠于履行解除对银行存款冻结措施的执行职责。本案中，某设备公司在通知书指定的期限内向法院提出异议，主张并不存在到期债务。根据最高人民法院《关于人民法院执行工作若干问题的规定（试行）》第 63 条的规定，法院不得对某设备公司强制执行，已经采取强制执行措施的，也应及时依法解除。2020 年 8 月 27 日，某区人民检察院向执行人民法院提出检察建议，建议该院结合本案目前查明的情况，及时解除冻结某设备公司银行存款的执行措施，规范到期债权执行行为。

监督结果：某区人民法院书面回复，认定该案执行活动存在违法情形，采纳检察建议，并解除冻结某设备公司银行存款的执行措施。

五、参与分配检察监督

参与分配是指在执行程序开始后，债务人的全部财产不足以清偿全部债务时，未参加执行程序的其他债权人申请加入已开始的执行程序，要求实现债权公平受偿的制度。参与分配检察监督要点如下：

（一）审查参与分配的主体是否适格

根据《民诉法解释》第 506 条的规定，被执行人为公民或者其他组织，在执行程序开始后，被执行人的其他已经取得执行依据的债权人发现被执行人的财产不能清偿所有债权的，可以向人民法院申请参与分配。对人民法院查封、扣押、冻结的财产有优先权、担保物权的债权人，可以直接申请参与分配，主张优先受偿权。参与分配制度仅适用于被执行人为公民或者其他组织，被执行人为企业法人的不能适用。实践中，违法情形主要有：准许未取得执行依据的债权人参与分配；不予准许对人民法院查封、扣押、冻结的财产有优先权、担保物权的债权人直接参与分配；对被执行人为企业法人的适用参与分配制度等。

（二）审查对分配方案异议处理是否违法

根据《民诉法解释》第 509 条的规定，多个债权人对执行财产申请参与分配的，执行法院应当制作财产分配方案，并送达各债权人和被执行人。债权人或者被执行人对分配方案有异议的，应当自收到分配方案之日起 15 日内向执行法院提出书面异议。该条规定较为原则，最高人民法院《关于适用〈中华人民共和国民事诉讼法〉执行程序若干问题的解释》第 18 条以及《民诉法解释》第 510 条进一步规定，债权人或者被执行人对分配方案提出书面异议的，执行法院应当通知未提出异议的债权人、被执行人。未提出异议的债权人、被执行人自收到通知之日起 15 日内未提出反对意见的，执行法院依异议人的意见对分配方案审查修正后进行分配；提出反对意见的，应当通知异议人。异议人可以自收到通知之日起 15 日内，以提出反对意见的债权人、被执行人为被告，向执行法院提起诉讼；异议人逾期未提起诉讼的，执行法院按照原分配方案进行分配。诉讼期间进行分配的，执行法院应当提存与争议债权数额相应的款项。

（三）审查对参与分配债权人受偿、清偿顺序是否违法

根据最高人民法院《关于人民法院执行工作若干问题的规定（试行）》第 56 条的规定，对参与被执行人财产的具体分配，应当由首先查封、扣押或冻结的法院主持进行。首先查封、扣押、冻结的法院所采取的执行措施如系为执行财产保全裁定，具体分配应当在该院案件审理终结后进行。该规定第 55 条进一步明确了受偿、清偿顺序，多份生效法律文书确定金钱给付内容的多个债权人分别对同一被执行人申请执行，各债权人对执行标的物均无担保物权的，按照执行法院采取执行措施的先后顺序受偿。多个债权人的债权种类不同的，基于所有权和担保物权而享有的债权，优先于金钱债权受偿。有多个担保物权的，按照各担保物权成立的先后顺序清偿。一份生效法律文书确定金钱给付内容的多个债权人对同一被执行人申请执行，执行的财产不足清偿全部债务的，各债权人对执行标的物均无担保物权的，按照各债权比例受偿。

案例：叶某、付某、饶某与孙某民间借贷纠纷执行监督案

基本案情： 孙某与叶某、付某、饶某三人之间分别有借款关系，因孙某无法清偿借款，被叶某、付某、饶某先后起诉至某县人民法院。2015 年 9 月 10 日，叶某与孙某民间借贷纠纷案调解生效后，叶某向某县人民法院申请强制执行。2015 年 12 月 4 日，某县人民法院对孙某所有的房屋进行查封。2017 年 5 月 26 日，查封房产以 1544640 元的价格拍卖成交，2017 年 10 月 13 日，拍卖房产过户到买受人名下。2016 年 11 月 30 日，付某与孙某民间借贷纠纷案判决生效。之后，付某向某县人民法院申请强制执行。2017 年 1 月 6 日，某县人民法院作出执行裁定对上述房屋进行轮候查封。2017 年 4 月 1 日，付某向某县人民法院申请参与分配，但该申请被某县人民法院裁定驳回。此后，因付某是否符合参与分配资格的问题，引起多次异议及诉讼，房屋拍卖款未发放，作为执行款一直存放在某县人民法院账户上。直至 2019 年 11 月 25 日，某市中级人民法院作出执行裁定书，驳回叶某的复议申请，确认了付某参与分配资格。2018 年 10 月 19 日，某县人民法院对饶某与孙某民间借贷纠纷案作出民事判决。判决书生效后，经饶某申请，某县人民法院于 2019 年 5 月 10 日立案执行，在立案执行前一日，饶某申请参与上述拍卖房屋执行款的分配。某县人民法院准许饶某参与分配。付某不服该裁定，向某县人民法院申请执行异议。某县法院裁定驳回付某的执行异议。

检察机关履职情况： 2020 年 6 月 2 日，付某向某县人民检察院申请监督，认为某县人民法院准许饶某参与分配违法。某县人民检察院查明：一是该案房屋拍卖后，房屋拍卖款一直存在某县人民法院执行账户中未发放。二是房屋拍卖成交时间为 2017 年 5 月 26 日，饶某取得执行根据并申请参与分配时间为 2019 年 5 月 9 日，而某县人民法院对饶某申请强制执行案立案时间为 2019 年 5 月 10 日。三是除了已经拍卖的房屋外，被执行人孙某名下再无其他财产可供执行。某县人民检察院经审查认为，某县人民法院准许饶某参与分配违反《民诉法解释》关于"参与分配申请应当在执行程序开始后"的规定。2020 年 6 月 28 日，某县人民检察院向执行人民法院发出检察建议书，建议依照法律程序对该案进行复查，并纠正错误执行行为。

监督结果： 某县人民法院采纳检察建议，认定该案执行活动存在违法情形，取消饶某参与分配的权利。

第四节　民事执行审查行为检察监督

根据最高人民法院《关于执行权合理配置和科学运行的若干意见》第4条规定，执行审查权的范围主要是审查和处理执行异议、复议、申诉以及决定执行管辖权的移转等审查事项。与之相对应，民事执行审查行为检察监督主要是针对执行行为异议、案外人异议，变更、追加执行案件当事人，不予执行，执行复议等案件进行监督。

一、执行行为异议检察监督

执行过程中，当事人、利害关系人认为法院执行行为违反法律规定的，可以向执行法院提出执行行为异议。执行行为异议制度的目的旨在保护执行案件中当事人及利害关系人的合法权益，同时可以纠正已经生效执行文书的错误。执行行为异议检察监督要点如下：

（一）审查执行行为异议的主体是否符合规定

根据《民事诉讼法》第232条、第234条的规定，执行行为异议主体包括当事人、利害关系人、案外人。具体来说，"当事人"不限于执行依据上所载明的申请执行人和被执行人，还包括执行依据的执行力所及的其他人，如权利义务承受人、参与分配的其他债权人等。"利害关系人"则是指执行当事人以外，因强制执行而导致其法律上的权利、利益受到侵害的公民、法人或其他组织。对于利害关系人的具体范围，最高人民法院《关于人民法院办理执行异议和复议案件若干问题的规定》第5条进行了明确：有下列情形之一的，当事人以外的自然人、法人和非法人组织，可以作为利害关系人提出执行行为异议：一是认为人民法院的执行行为违法，妨碍其轮候查封、扣押、冻结的债权受偿的；二是认为人民法院的拍卖措施违法，妨碍其参与公平竞价的；三是认为人民法院的拍卖、变卖或者以物抵债措施违法，侵害其对执行标的的优先购买权的；四是认为人民法院要求协助执行的事项超出其协助范围或者违反法律规定的；五是认为其他合法权益受到人民法院违法执行行为侵害的。只要符合上述情形之一，都可以作为利害关系人提出执行行为异议。

（二）审查执行行为异议是否系法律规定的范围

《民事诉讼法》第 232 条概括性地规定了可以提出异议的情形，即"执行行为违反法律规定"。最高人民法院《关于人民法院办理执行异议和复议案件若干问题的规定》第 7 条第 1 款规定了执行行为异议的范围：当事人、利害关系人认为执行过程中或者执行保全、先予执行裁定过程中的下列行为违法提出异议的，人民法院应当依照《民事诉讼法》第 225 条①规定进行审查：一是查封、扣押、冻结、拍卖、变卖、以物抵债、暂缓执行、中止执行、终结执行等执行措施；二是执行的期间、顺序等应当遵守的法定程序；三是人民法院作出的侵害当事人、利害关系人合法权益的其他行为。此外，还有部分参照《民事诉讼法》第 232 条规定审查的情形，比如：案件受理异议、管辖异议、债务人异议等。

（三）审查提出执行行为异议的形式及时间是否符合规定

执行程序作为民事诉讼程序的重要一环，同样注重追求公正与效率并重。实践中，如果对提出执行行为异议的形式和时间不作任何限制或要求，势必会降低执行效率，影响司法工作。基于此，《民事诉讼法》第 232 条、第 234 条均规定，当事人、利害关系人提出执行行为异议的，应当以书面形式提出。对于提出异议的时间，最高人民法院《关于人民法院办理执行异议和复议案件若干问题的规定》第 6 条则根据提出异议主体的不同作出了基本一致的规定，如果是当事人、利害关系人依照《民事诉讼法》第 225 条②规定提出异议的，应当在执行程序终结之前提出，但对终结执行措施提出异议的除外。如果是案外人依照《民事诉讼法》第 227 条③规定提出异议的，应当在异议指向的执行标的执行终结之前提出；执行标的由当事人受让的，应当在执行程序终结之前提出。

---

① 现为第 232 条。
② 现为第 232 条。
③ 现为第 234 条。

（四）审查法院对执行行为异议的处理是否合法

对当事人、利害关系人或案外人提出的执行行为异议，根据最高人民法院《关于人民法院办理执行异议和复议案件若干问题的规定》第 2 条之规定，人民法院应当在 3 日内立案，并在立案后 3 日内通知异议人和相关当事人。不符合受理条件的，裁定不予受理；立案后发现不符合受理条件的，裁定驳回申请。执行异议申请材料不齐备的，人民法院应当一次性告知异议人在 3 日内补足，逾期未补足的，不予受理。同时该规定第 11 条规定，人民法院审查执行异议，应当依法组成合议庭。指令重新审查的执行异议案件，应当另行组成合议庭。办理执行实施案件的人员不得参与相关执行异议案件的审查。人民法院对执行行为异议依法审查后，应当结合审查的具体情况，根据该规定第 17 条予以分别处理：一是异议不成立的，裁定驳回异议；二是异议成立的，裁定撤销相关执行行为；三是异议部分成立的，裁定变更相关执行行为；四是异议成立或者部分成立，但执行行为无撤销、变更内容的，裁定异议成立或者相应部分异议成立。与此同时，在作出处理结果时还应当依法告知相关权利人申请复议或提起诉讼的权利和期限。

案例：B 银行执行异议申请监督案

基本案情：2014 年 10 月 10 日，A 公司与 B 银行签订个人汽车信用卡专项分期付款合作协议。2014 年 11 月 1 日，A 公司和 C 公司签订合作协议一份，约定 C 公司在汽车销售过程中，如遇客户因需办理 B 银行汽车消费贷款业务的，由 A 公司通过 B 银行为 C 公司客户办理汽车消费贷款。C 公司随后向 A 公司交付保证金 35 万元，并陆续垫付退还客户保证金 21.6 万元。2019 年 1 月 29 日，C 公司将 A 公司起诉至某法院，请求法院解除双方的《合作协议》，返还 C 公司交付的 35 万元保证金以及垫付的 21.6 万元保证金。2019 年 5 月 21 日，某法院作出判决支持了 C 公司的诉讼请求。2019 年 10 月 17 日，C 公司向法院申请强制执行。2019 年 10 月 24 日，法院作出执行裁定，裁定冻结划拨 A 公司的银行存款 59 万元或查封、扣押 A 公司有关单位收入 59 万元的财产。同日，法院扣划 A 公司在 B 银行保证金账户存款 56.6 万元。2019 年 10 月 29 日，该案执行终结。2019 年 11 月 18 日，B 银行向法院提出执行异议，认为法院扣划 A 公司在该行开立的保证金账户里的资金，直接导致该行的质权无法行使，请求撤销执行裁定，返还扣划的 56.6 万元保证金。该案由某法院审判员王某独任审理。2020 年 3 月 3 日，法院作出执行裁定书，驳回了 B 银行的异议请求。

检察机关履职情况：后 B 银行向检察机关申请监督，检察机关经审查认为：一是法院审查执行异议程序违法。最高人民法院《关于人民法院办理执行异议和复议案件若干问题的规定》（法释〔2015〕10 号）第 11 条第 1 款规定："人民法院审查执行异议和复议案件，应当依法组成合议庭。"而本案执行异议审查时仅由一名承办法官办理，未组成合议庭进行审查，违反上述法律规定。二是扣划 A 公司 56.6 万元银行保证金违法。最高人民法院《关于适用〈中华人民共和国担保法〉若干问题的解释》第 85 条规定："债务人或者第三人将其金钱以特户、封金、保证金等形式特定化后，移交债权人占有作为债权的担保，债务人不履行债务时，债权人可以以该金钱优先受偿。"法院执行人员扣划案涉保证金账户时，经银行工作人员口头告知后仍行扣划，已经造成 B 银行无法行使质权。据此，向执行法院提出执行监督检察建议。

监督结果：执行法院书面回复检察机关，采纳检察建议，并及时纠正了违法行为，启动执行监督程序，另行组成合议庭审查本案并对该案承办人行政记过处分。

二、案外人执行异议检察监督

为了保护第三人合法权益免受违法执行行为的侵害，《民事诉讼法》第 234 条规确立了案外人异议之诉制度。同时，为了司法公正与效率兼顾，从制度上设置了案外人异议作为前置程序，即：案外人对执行标的提出异议的，人民法院裁定驳回，案外人认为原判决、裁定错误，案外人可以向作出该判决、裁定的法院申请再审。如与原来判决、裁定无关，执行错误的，案外人可以向人民法院提起执行异议之诉。当然，在此过程中一定要注意提出期限，否则将可能因逾期导致无法救济。案外人执行异议检察监督要点如下：

（一）审查案外人提出异议的管辖及期限是否符合规定

依照最高人民法院《关于人民法院办理执行异议和复议案件若干问题

的规定》第 6 条第 2 款规定，案外人依照《民事诉讼法》第 227 条①规定提出异议的，应当在异议指向的执行标的执行终结之前提出；执行标的由当事人受让的，应当在执行程序终结之前提出。一是关于案外人提出异议的管辖，原则上应由异议标的查封、扣押或冻结法院管辖。但当执行案件被指定执行、提级执行、委托执行时，案外人对原执行法院查封、扣押或冻结的执行标的提出异议的，应由提出异议时的执行法院管辖。受指定或者受委托的法院是原执行法院的下级法院的，由该上级法院管辖。二是对提出时间的把握，即"执行标的执行终结之前"的认定，一般认为是指法院处分执行标的所需履行的法定手续全部完成之前。对于不动产、法律规定需要登记的动产或者其他财产权，是指协助办理过户登记的通知书送达之前，如后续需要腾退房屋的，可以放宽至房屋腾退交付之前；对于其他动产或者银行存款类财产，是指交付或者拨付给申请执行人之前。"执行程序终结之前"，是指申请执行人请求强制执行的权利已得到全部实现或执行程序已经完全终结，即相关执行案件符合《民事诉讼法》第 257 条②以及最高人民法院《关于执行案件立案、结案若干问题的意见》第 14 条、第 17 条规定的结案条件，但终结本次执行程序和当事人因长期履行达成的执行和解协议而终结执行的除外。

（二）审查对被轮候查封、扣押、冻结标的的异议处理是否合法

依照最高人民法院《关于人民法院民事执行中查封、扣押、冻结财产的规定》第 26 条第 1 款及最高人民法院《关于查封法院全部处分标的物后轮候查封的效力问题的批复》的规定，轮候查封、扣押、冻结自在先的查封、扣押、冻结解除时自动生效。人民法院对已查封、扣押、冻结的全部财产进行处分后，该财产上的轮候查封、扣押、冻结自始未产生查封、扣押、冻结的效力。因此，轮候查封并未发生实际查封的效力，案外人对轮候查封的执行标的主张实体权利要求排除执行的，应当向首查封法院提出异议。案外人向轮候查封法院提出异议的，轮候查封法院裁定不予受理，已经受理的，裁定驳回异议申请。

---

① 现为第 234 条。
② 现为第 264 条。

（三）审查案外人以享有租赁权阻止执行标的转让、交付的处理是否合法

最高人民法院《关于人民法院民事执行中拍卖、变卖财产的规定》第28条第2款规定，拍卖财产上原有的租赁权及其他用益物权，不因拍卖而消灭，但该权利继续存在于拍卖财产上，对在先的担保物权或者其他优先受偿权的实现有影响的，人民法院应当依法将其除去后进行拍卖。最高人民法院《关于人民法院民事执行中查封、扣押、冻结财产的规定》第24条第1款规定，被执行人就已经查封、扣押、冻结的财产所作的移转、设定权利负担或者其他有碍执行的行为，不得对抗申请执行人。根据上述规定，承租人基于执行标的被抵押或查封前与被执行人订立的租赁合同提出执行异议，请求在租赁期内阻止执行标的的转让、交付的，应适用《民事诉讼法》第227条①的规定，作为案外人执行异议案件受理。承租人基于执行标的被抵押或查封后与被执行人订立的租赁合同提出执行异议的，适用《民事诉讼法》第225条②的规定进行审查。承租人请求在租赁期内停止对执行标的的处置或者阻止执行标的的转让、交付的，不予支持。

（四）审查案外人系商品房买受人对房开商被执行时的异议处理是否合法

实践中，被执行人是房地产开发企业时，商品房买受人能否适用最高人民法院《关于人民法院办理执行异议和复议案件若干问题的规定》第28条排除执行是大众较为关心的问题。根据最高人民法院《关于人民法院办理执行异议和复议案件若干问题的规定》第28条规定："金钱债权执行中，买受人对登记在被执行人名下的不动产提出异议，符合下列情形且其权利能够排除执行的，人民法院应予支持：（一）在人民法院查封之前已签订合法有效的书面买卖合同；（二）在人民法院查封之前已合法占有该不动产；（三）已支付全部价款，或者已按照合同约定支付部分价款且将剩余价款按照人民法院的要求交付执行；（四）非因买受人自身原因

---

① 现为第234条。
② 现为第232条。

未办理过户登记。"第 29 条规定："金钱债权执行中，买受人对登记在被执行的房地产开发企业名下的商品房提出异议，符合下列情形且其权利能够排除执行的，人民法院应予支持：（一）在人民法院查封之前已签订合法有效的书面买卖合同；（二）所购商品房系用于居住且买受人名下无其他用于居住的房屋；（三）已支付的价款超过合同约定总价款的百分之五十。"笔者认为，第 28 条系普适性条款，对于所有类型的被执行人均可适用，第 29 条是专门针对被执行人为房地产开发企业而规定的特别条款，二者是一般规定和特别规定的关系，并非相互排斥，商品房买受人可以选择适用最高人民法院《关于人民法院办理执行异议和复议案件若干问题的规定》第 28 条或第 29 条排除执行。

案例：吴某案外人执行异议申请监督案

基本案情：A 公司因与 B 公司建设工程合同纠纷一案，达成调解协议后 B 公司未按照协议约定履行付款义务。2015 年 11 月 5 日，A 公司申请强制执行，后执行法院查明被执行人 B 公司有房产，遂于 2015 年 11 月 30 日作出民事裁定，对被执行人 B 公司所有的建筑面积为 115.6 平方米房产予以查封。

检察机关履职情况：2021 年 12 月 6 日，吴某向检察机关申请执行监督，认为法院裁定错误查封了其应享有的产权，致使不能办理登记，损害了其合法权益。经检察机关查明，吴某于 1993 年 11 月 1 日与 B 公司订立公房拆迁返还安置协议书，按协议交纳了集资建房款 19000 元；2000 年 9 月 11 日，吴某与某县房地产管理局订立了"直管公房出售合同"，交纳了公房款 18188.61 元，至此被拆房屋属吴某所有。该县房屋产权部门于 2014 年 7 月 28 日确认该房屋所有权人 B 公司，属大证，产权性质为私产，建筑面积 115.6 平方米。且 2021 年 10 月 19 日，B 公司出具证明材料，证实该安置房 115.6 平方米由吴某全款集资。检察机关审查后认为法院在执行案中，未查明案涉房产产权性质，错误查封导致真正权利人无法进行产权登记，损害了第三人合法权益，依法提出检察建议，要求对案涉房产查封事实进行审查，防止违法和不当执行行为侵害案外人的合法权益。

监督结果：执行法院采纳检察建议，解除对登记在 B 公司名下案涉房产的查封。2022 年 4 月 24 日，申请人依法取得案涉房屋的不动产权证书。

三、执行复议行为检察监督

执行复议是指执行异议人对法院不予受理或者驳回申请裁定不服的，

可以依法向上一级人民法院申请复议的制度规定。根据最高人民法院《关于执行案件立案、结案若干问题的意见》第9条、第10条的规定，执行复议案件主要包括不服下列执行异议裁定申请复议的情形：（1）当事人、利害关系人认为法院的执行行为违反法律规定、提出书面异议的；（2）法院受理执行申请后，当事人对管辖权提出异议的；（3）申请执行人申请追加、变更被执行人的；（4）被执行人以债权消灭、超过申请执行期间或其他阻止执行的实体事由提出阻止执行的；（5）被执行人对仲裁裁决或者公证机关赋予强制执行效力的公证债权文书申请不予执行的。上一级人民法院审查后认为符合受理条件的，应当裁定撤销原裁定，指令执行法院立案或者对执行异议进行审查。执行复议行为检察监督要点如下：

（一）审查申请执行复议的形式、管辖及期限是否合法

首先，申请执行复议，应当采用书面申请的形式。根据最高人民法院《关于适用〈中华人民共和国民事诉讼法〉执行程序若干问题的解释》的规定，当事人、利害关系人申请复议的，应当采取书面形式。其次，执行复议管辖法院的确定。根据该规定第7条，当事人、利害关系人申请复议的书面材料，可以通过执行法院转交，也可以直接向执行法院的上一级人民法院提交。执行法院收到复议申请后，应当在5日内将复议所需的案卷材料报送上一级人民法院；上一级人民法院收到复议申请后，应当通知执行法院在5日内报送复议所需的案卷材料。最后，申请复议的期限，当事人、利害关系人对裁定不服的，应当根据《民事诉讼法》第232条之规定，在裁定送达之日起10日内向上一级人民法院申请复议。

（二）审查法院对执行复议审查期限是否合法

对当事人、利害关系人提起的执行复议申请，人民法院应当及时予以审查。根据最高人民法院《关于适用〈中华人民共和国民事诉讼法〉执行程序若干问题的解释》第8条的规定，当事人、利害关系人依照《民事诉讼法》第225条①规定申请复议的，上一级人民法院应当自收到复议申请之日起30日内审查完毕，并作出裁定。有特殊情况需要延长的，经本院院长

---

① 现为第232条。

批准，可以延长，延长的期限不得超过 30 日。值得注意的是，还有其他的特殊情形的复议情形，如最高人民法院《关于人民法院办理执行异议和复议案件若干问题的规定》第 9 条规定，被限制出境的人认为对其限制出境错误的，可以自收到限制出境决定之日起 10 日内向上一级人民法院申请复议。上一级人民法院应当自收到复议申请之日起 15 日内作出决定。第 10 条规定，当事人不服驳回不予执行公证债权文书申请的裁定的，可以自收到裁定之日起 10 日内向上一级人民法院申请复议。上一级人民法院应当自收到复议申请之日起 30 日内审查，理由成立的，裁定撤销原裁定，不予执行该公证债权文书；理由不成立的，裁定驳回复议申请。该条未规定可以延迟审查期限。另外，除复议申请人提供了较为充分、有效的担保情形，一般情况下，复议期间原则上都不停止执行。

（三）审查法院对执行复议的审查处理结果是否合法

根据最高人民法院《关于人民法院办理执行异议和复议案件若干问题的规定》第 23 条的规定，上一级人民法院对不服异议裁定的复议申请审查后，应当按照下列情形，分别处理：一是异议裁定认定事实清楚，适用法律正确，结果应予维持的，裁定驳回复议申请，维持异议裁定；二是异议裁定认定事实错误，或者适用法律错误，结果应予纠正的，裁定撤销或者变更异议裁定；三是异议裁定认定基本事实不清、证据不足的，裁定撤销异议裁定，发回作出裁定的人民法院重新审查，或者查清事实后作出相应裁定；四是异议裁定遗漏异议请求或者存在其他严重违反法定程序的情形，裁定撤销异议裁定，发回作出裁定的人民法院重新审查；五是异议裁定对应当适用《民事诉讼法》第 227 条[①]规定审查处理的异议，错误适用《民事诉讼法》第 225 条[②]规定审查处理的，裁定撤销异议裁定，发回作出裁定的人民法院重新作出裁定。除依照最高人民法院《关于人民法院办理执行异议和复议案件若干问题的规定》第 23 条第 1 款第 3、4、5 项发回重新审查或者重新作出裁定的情形外，裁定撤销或者变更异议裁定且执行行为可撤销、变更的，应当同时撤销或者变更该裁定维持的执行行为。人民法院对

---

① 现为第 234 条。
② 现为第 232 条。

发回重新审查的案件作出裁定后，当事人、利害关系人申请复议的，上一级人民法院复议后不得再次发回重新审查。

案例：某公司执行复议申请监督案

基本案情： 2018 年 9 月，某木材销售公司起诉李某至法院，请求判令李某支付所拖欠的货款等款项 536 万元。某木材销售公司在案件审理过程中提出诉讼保全申请，法院于 2018 年 10 月 8 日采取诉讼保全措施并作出民事裁定书：查封李某银行存款 536 万元或相应价值的财产。2018 年 10 月 9 日，法院向某公司送达协助执行通知书，要求某公司停止向李某支付工程款 536 万元。2019 年 2 月 16 日，法院就上述合同纠纷作出一审民事判决，判令李某支付某木材销售公司货款等款项 536 万元及利息。一审判决生效后，某木材销售公司于 2019 年 4 月 2 日向法院申请强制执行。法院于 2019 年 7 月 15 日作出执行裁定书，载明：现已查明李某在某公司有 536 万元的收入，扣留被执行人李某在某公司的收入 536 万元。2019 年 7 月 21 日，某公司向法院提出执行异议，主要理由为：某公司与李某虽存在建设工程施工关系，但截至 2018 年 5 月，双方之间工程款已结算完毕，某公司不欠李某工程款。2019 年 10 月 20 日，法院作出执行裁定，驳回执行异议。某公司不服，向某中级人民法院申请复议。2020 年 1 月 14 日，该中级法院作出执行复议裁定，驳回复议申请，主要理由为：某公司在诉讼保全时未提出异议，时隔 9 个月后在案件进入执行后才提出异议，最终导致某木材销售公司的债权无法实现。因此，无论自 2018 年 6 月开始某公司所付款项与李某有无关系，某分公司都应当对某木材销售公司的损失承担赔偿责任。

检察机关履职情况： 某公司主张执行法院执行活动存在违法行为，向检察机关申请执行监督。检察机关经审查认为，本案法院在没有证据证明某公司违反停止支付义务的情况下，以某公司在诉讼保全时未提出异议为由，裁定其承担赔偿责任于法无据。且某公司对执行法院要求其履行 536 万元到期债权时提出异议，执行法院驳回异议申请并继续强制执行属程序违法。债权是否到期等事项需经诉讼程序进行实体审理，第三人收到履行到期债务通知书后，只要提出异议，法院就不得强制执行。据此，依法提出检察建议，要求法院依法监督纠正违法执行行为。

监督结果： 执行法院书面回复检察机关，采纳检察建议，并及时纠正了违法行为，启动执行监督程序。

第八章　民事检察支持起诉

民事检察支持起诉是检察机关遵循权力监督与权利救济相结合的民事检察思维，主动适应人民群众日益增强的权利意识和法治需求，运用国家检察权，为相对弱势、困难的群体，特别是诉讼能力偏弱的群体提供诉讼保障，充分体现了检察机关"以人民为中心"的司法理念。

第一节　民事检察支持起诉概述

一、支持起诉的含义及法律规定

《实用诉讼法学新词典》对"支持起诉"的定义："指对于损害国家、集体或者个人民事权益的侵害行为，受害方由于某种特殊原因未起诉，机关、社会团体、企业事业单位有权支持受害的单位或个人向人民法院起诉，要求给予司法保护。"[1]《法学大辞典》中对"支持起诉原则"的定义："民事诉讼法的基本原则之一。中国民事诉讼法规定，机关、团体、企业事业单位对损害国家、集体或者个人民事权益的行为，可以支持受损害的单位或者个人向人民法院起诉。民事诉讼依法由与本案有直接利害关系的当事人提起。法律规定支持起诉原则，目的在于发挥机关、团体、企业事业单位同民事违法行为作斗争的积极性，切实维护国家、集体或者个人的民事权益。这一原则要求：（1）支持起诉仅限于侵权行为引起的民事案件；（2）支持起诉人只限于机关、团体、企业事业单位；（3）支持起诉必须是受害人没有起诉；（4）支持起诉人只能支持原告起诉，而不能以原告的身份起诉。"[2]

---

[1]　于邵元：《实用诉讼法学新词典》，吉林人民出版社 2004 年版，第 172—173 页。

[2]　邹瑜：《法学大辞典》，中国政法大学出版社 1991 年版。

《民事诉讼法》第 15 条规定："机关、社会团体、企业事业单位对损害国家、集体或者个人民事权益的行为，可以支持受损害的单位或者个人向人民法院起诉。"该条规定最初见于 1982 年的《民事诉讼法（试行）》，民事诉讼法虽历经数次修订，但该条却被完全保留，且因其在第一编"总则"第一章"任务、适用范围和基本原则"中，该条不仅被学术界视为支持起诉的法律依据，同时支持起诉原则也被大多数学者认为属于民事诉讼法的基本原则之一。

《消费者权益保护法》第 37 条第 1 款第 7 项规定："消费者协会履行下列公益性职责：……（七）就损害消费者合法权益的行为，支持受损害的消费者提起诉讼或者依照本法提起诉讼；……"《工会法》第 22 条第 3 款规定："职工认为用人单位侵犯其劳动权益而申请劳动争议仲裁或者向人民法院提起诉讼的，工会应当给予支持和帮助。"《妇女权益保障法》第 73 条第 2 款规定："受害妇女进行诉讼需要帮助的，妇女联合会应当给予支持和帮助。"《水污染防治法》第 99 条第 2 款规定："环境保护主管部门和有关社会团体可以依法支持因水污染受到损害的当事人向人民法院提起诉讼。"《未成年人保护法》第 106 条规定："未成年人合法权益受到侵犯，相关组织和个人未代为提起诉讼的，人民检察院可以督促、支持其提起诉讼；涉及公共利益的，人民检察院有权提起公益诉讼。"《军人地位和权益保障法》第 60 条规定："军人、军人家属和烈士、因公牺牲军人、病故军人遗属的合法权益受到侵害的，有权向有关国家机关和军队单位提出申诉、控告。负责受理的国家机关和军队单位，应当依法及时处理，不得推诿、拖延。依法向人民法院提起诉讼的，人民法院应当优先立案、审理和执行，人民检察院可以支持起诉。"

我国关于支持起诉的法律规定有以下特点：第一，规定过于原则，缺乏具体的可操作的规定，《民事诉讼法》除了第 15 条原则性的规定外，并未有任何明确和细化支持起诉原则的规定，此外，虽有部分法律明确了消费者协会、工会、妇女组织、环境保护主管部门或者人民检察院可以作为支持起诉的主体，但对于可以支持起诉的案件范围以及支持起诉的方式并没有详细具体的规定。第二，对于支持起诉的规定集中在国家、社会公共利益以及涉及特殊群体权益保护、环境保护的法律规范中，突出对上述利益的重视与保护。

二、民事检察支持起诉的含义

民事检察支持起诉是指民事权益受到侵害的当事人，经有关行政机关、社会组织等依法履职后合法权益仍未能得到维护，具有起诉维权意愿，但因诉讼能力较弱提起诉讼确有困难或惧于各种原因不敢起诉的，人民检察院可以支持起诉。①

（一）民事检察支持起诉与法律援助的区别

法律援助是指由政府设立的法律援助机构或者非政府设立的合法律所组织法律援助的律师，为经济困难或特殊案件的人给予无偿提供法律服务的一项法律保障制度。法律援助是由政府设立的法律援助机构组织实施，受援对象为经济困难者、残疾者、弱者，或者经人民法院指定的特殊对象。法律援助机构对受援对象减免法律服务费，法院对受援对象减免案件受理费及其他诉讼费用。法律援助的形式，既包括诉讼法律服务，如刑事辩护和刑事代理，民事、行政诉讼代理；也包括非诉讼法律服务，如公证证明。因此，支持起诉与法律援助虽然都有着扶助贫弱、保障社会弱势群体合法权益的共同点，但在主体、客体、行为方式上均存在较大差异。

（二）民事检察支持起诉与民事督促起诉的区别

民事督促起诉是指针对遭受损害的国有资产或社会公共利益，监管部门或国有单位不行使或怠于行使自己的监管职责，案件可通过民事诉讼获得司法救济的，检察机关以监督者的身份，督促有关监管部门或国有单位履行职责，依法提起民事诉讼，保护国家和社会公共利益的制度。从贵州省检察机关 2014 年在全省范围开展为期一年的督促起诉专项工作所取得的经验来看，督促起诉是检察机关对因相关部门不履行或怠于履行职责而损害国家利益、社会公共利益的情况进行监督，督促其履行职责或提起诉讼，依法对国有资产进行追收。督促起诉是以受侵害人不行使或怠于行使诉权为前提，并且限定了案件范围，在相关部门无正当理由，在受督促后仍不

---

① 《民事检察部门支持起诉工作指引》第 2 条。

起诉时，检察机关还可以移送案件线索给有关部门，给予责任人纪律处分，甚至追究其刑事责任。而支持起诉中受侵害人一般具有起诉维权意识，但因多种原因无法起诉或不敢起诉。

三、民事检察支持起诉的依据

（一）民事检察支持起诉的法律依据

根据《宪法》第 134 条规定："中华人民共和国人民检察院是国家的法律监督机关。"《民事诉讼法》第 15 条规定："机关、社会团体、企业事业单位对损害国家、集体或者个人民事权益的行为，可以支持受损害的单位或者个人向人民法院起诉。"《人民检察院组织法》第 2 条规定："人民检察院通过行使检察权，追诉犯罪，维护国家安全和社会秩序，维护个人和组织的合法权益，维护国家利益和社会公共利益，保障法律正确实施，维护社会公平正义，维护国家法制统一、尊严和权威，保障中国特色社会主义建设的顺利进行。"检察机关作为国家法律监督机关，在当事人因国家机关职能缺失、职责缺位或经有关国家机关、社会组织等依法履职后，合法权益仍未能得到维护，又因提起诉讼确有困难或不敢起诉时，应当积极履行法律赋予的法律监督机关的职能，作为"最后的一道防线"支持合法权益受损害的当事人起诉。

（二）民事检察支持起诉的理论来源

一是来源于社会主义国家民事诉讼的社会干预原则。《苏俄民事诉讼法》的立法成果在 1982 年编撰《民事诉讼法（试行）》时被大量学习和借鉴，支持起诉原则便是其中之一，不同之处在于，随着我国法治建设的进步，社会干预人只能支持他人进行诉讼，而不能代替他人起诉。二是融合了世界范围的民事司法改革理念"接近正义"。虽然当今各国更加强调当事人在民事诉讼中的平等对抗，但由于存在因社会地位或财富、诉讼能力的差异而带来的诉讼活动实质不公平的后果，为了减少甚至消除前述不公平现象，保证当事人不论贫富悬殊、不论能力大小都拥有同等的寻求司法救济的机会，国家和社会对于那些有意向提起诉讼主张权利而又受阻于各种客观因素的纠纷当事人，担负起给予必要支援的义务，使其起诉或应诉成为可能，并在诉讼程序中给予一视同仁的对待。"接近正义"司法理念体现了支持起诉原则的正当性。

（三）民事检察支持起诉的实践基础

2001 年 10 月 24 日，最高人民检察院发布了《关于加强民事行政检察工作若干问题的意见》，提出"积极稳妥地开展支持起诉工作。对侵害国家利益、社会公共利益的案件，支持有起诉权的当事人向人民法院提起民事、行政诉讼"。实践中，各地检察机关开始在国有资产流失案件方面进行民事支持起诉工作的探索，用支持起诉的方式进行国有资产、公共利益保护，同时，充分发挥主观能动性，结合本地实际，将支持起诉的适用进一步扩大到弱势群体权益保护领域。近年来，全国检察机关民事检察部门积极探索完善支持起诉职能，办案规模不断扩大。2019 年，全国检察机关共受理民事支持起诉案件 18510 件，支持起诉 15419 件；2020 年，全国检察机关共受理民事支持起诉案件 32546 件，支持起诉 24355 件。2021 年 1 月至 9 月，全国检察机关受理民事支持起诉案件 41966 件，同比上升 87.9%；支持起诉 29303 件，同比上升 70.1%。① 案件涉及领域不断扩展，以贵州省检察机关为例，从开展该项工作之初的支持农民工讨薪的单一领域，逐步拓展到支持残疾的被监护人起诉监护人侵害财产权，支持缺乏劳动能力或者生活困难的老年人起诉成年子女给付赡养费，支持惧于家庭暴力不敢起诉受家暴妇女起诉离婚，支持非物质文化遗产传承人起诉电商企业侵犯肖像权等多个领域，检察机关支持起诉职能正在逐步实现与服务大局、保障民生的深度融合，其在主动参与社会治理、防范化解重大风险、助力精准脱贫、保护非物质文化遗产等方面都发挥了重要作用。

① 数据来源于 2021 年 12 月 23 日，最高人民检察院召开主题为"能动履行民事支持起诉职能，依法保障特殊群体合法权益"的新闻发布会。

第二节 民事检察支持起诉具体规范

一、基本原则

(一) 坚持自愿、自主处分原则

充分尊重当事人在法律规定的范围内自由处分其享有的民事权利和诉讼权利，包括是否提起诉讼、诉讼请求范围、是否撤诉、是否同意调解或自行和解、是否提起上诉等。需要特别注意的是，民事检察支持起诉一般限于一审诉讼，一审判决后，当事人自主行使上诉、撤诉、调解、和解、申请再审、申请执行、申请检察监督等诉讼权利。检察机关对当事人的诉讼行为有不同意见的，应当依法向人民法院提出，不能干扰当事人正当的诉权行使。

(二) 坚持诉权平等、有限介入原则

民事诉讼法在程序构造上为当事人实施诉讼提供了充分、平等的诉权。检察机关应当严格遵守有关当事人诉权平等的法律规定，秉持客观公正立场，遵循民事诉讼基本规律，支持特殊群体通过依法行使诉权获得救济，保障当事人诉权实质平等。检察机关应秉持司法的谦抑性，将有限介入和必要性原则贯穿于支持起诉的全过程，从支持起诉程序、支持起诉案件范围、审慎运用调查核实权等各方面落实有限介入的要求，避免双方当事人平等的诉权受到影响，破坏民事诉讼结构平衡。

(三) 坚持支持人民法院依法独立行使审判权

准确理解和把握民事检察监督的内涵，加强与人民法院的沟通协商，支持和监督人民法院依法独立公正受理、审理案件，保障诉讼活动顺利进行。除具有重大社会影响的案件外，一般不出席法庭；出庭时可以宣读支持起诉意见书，但不参与举证、质证等其他庭审活动。

（四）坚持诉源治理、能动履职

检察机关办理支持起诉案件，应当积极运用多元化解纠纷机制，做好当事人的矛盾纠纷化解工作。司法办案既要抓末端、治已病，更要抓前端、治未病。坚持和发展新时代"枫桥经验"，将矛盾纠纷多元化解机制贯穿于民事支持起诉工作始终，推动更多法治力量向引导和疏导端用力，从源头上减少诉讼增量。作出支持起诉决定前，当事人有和解意愿的，积极引导当事人达成和解协议。作出支持起诉决定的，应当积极配合人民法院开展诉讼调解工作，努力实现矛盾纠纷的实质性化解。

二、对象及范围

民事检察支持起诉以保障特殊群体诉权实质平等为目标，对象为未成年人、老年人、残疾人、妇女、农民工等诉讼能力偏弱的民事主体以及依照法律、行政法规规定可以支持起诉的其他民事主体。

民事检察支持起诉的案件范围为损害民事主体民事权益引发的纠纷，不包括刑事附带民事诉讼。有下列情形之一的，当事人可以申请支持起诉：（1）请求劳动报酬、社会保险待遇等；（2）因年老、疾病、缺乏劳动能力等不能独立生活或生活困难，请求给付扶养费、赡养费的；（3）残疾人的人身权利、财产权利或其他合法权益遭受侵害，提起诉讼确有困难的；（4）因遭受人身损害，提起诉讼确有困难的；（5）确有支持起诉必要的其他情形。当事人有前述情形，同时符合《民事诉讼法》规定的支持公益诉讼条件的，应当准确区分民事支持起诉和民事公益诉讼的适用范围，做好程序衔接，切实提高民事检察依法能动履职的精准度和实效性。

三、来源及管辖

民事检察支持起诉案件的来源包括：（1）当事人向人民检察院申请；（2）人民检察院在履职中自行发现的案件线索；（3）有关国家机关、社会团体或其他组织移送；（4）上级人民检察院交办；（5）其他情形。

民事检察支持起诉由对案件有管辖权的人民法院所在地的同级人民检察院受理。

四、申请及受理

当事人向检察机关申请民事支持起诉，应当递交申请书及身份证明材料。书写申请书确有困难的，可以口头申请，由检察机关记入笔录。申请书应当载明下列事项：（1）申请人的姓名、性别、出生日期、民族、职业、工作单位、住所、有效联系方式，法人或者非法人组织的名称、住所和法定代表人或者主要负责人的姓名、职务、有效联系方式；（2）被申请人的姓名、性别、工作单位、住所、有效联系方式等信息，法人或者非法人组织的名称、住所、负责人、有效联系方式等信息；（3）申请支持起诉的具体请求；（4）申请支持起诉的事实、理由。

申请人向检察机关申请民事支持起诉的，由负责受理案件的部门从以下方面进行形式审查：（1）申请人与本案有直接利害关系；（2）有明确的被申请人；（3）有具体的请求和事实、理由；（4）属于本院管辖范围。经审查符合受理条件的，应当在 7 日内受理，并制作《受理通知书》，发送申请人，并将案件移送民事检察部门；经审查不符合受理条件的，由负责受理案件的部门告知不予受理。对于其他单位或部门移送的案件线索，当事人有起诉意愿的，应告知当事人提出申请，并参照前述程序审查。

五、审查及办理

办理民事支持起诉案件，一般情况下，应以有关行政机关、社会团体等单位履职后仍未实现当事人最低维权目标作为前提条件，即受理案件后，检察机关经审查认为可以通过协调、督促有关行政机关、社会组织等依法履职维护申请人合法权益的，应当先行协调、督促，相关部门未依法履职或依法履职后仍无法维护申请人合法权益的，应当继续审查并作出处理决定。

办理民事支持起诉案件，检察机关可以向申请人提供法律咨询，协助申请法律援助，协助收集证据，协助申请缓、减、免交案件受理费等；当事人有和解意愿的，可以引导当事人自行和解。对于起诉所必需的证据材料，原则上由申请人自行收集，或通过法律释明引导申请人收集；对于申请人确有客观原因不能自行收集的，可以依法协助收集。

办理民事支持起诉案件，检察机关可以结合案件具体情况，对案情重大疑难复杂，在本辖区内有重大社会影响的，涉及国家利益和社会公共利益的，人大代表、政协委员、特约检察员、人民监督员等密切关注的案件，根据《人民检察院审查案件听证工作规定》，组织有关当事人公开听证。

办理民事支持起诉案件，检察机关应坚持在办案中监督、在监督中办案，把个案办理与类案监督、专项治理相结合，将办案职能向社会治理领域延伸。办案中发现违法犯罪行为的，应当及时将犯罪线索移送有管辖权的机关或者部门；发现社会治理存在《人民检察院检察建议工作规定》第 11 条①规定情形的，可以依法发出改进工作、完善治理的检察建议。

办理民事支持起诉案件，具有下列情形之一的，检察机关应当作出终结审查的决定：（1）有关单位或者部门对申请人合法权益保障提出具体可行的解决方案，无起诉必要的；（2）双方当事人达成和解，申请人撤回支持起诉申请的；（3）申请支持起诉的自然人死亡，没有继承人或者继承人放弃申请的；（4）检察机关认为应当终结审查的其他情形。对于终结审查的案件，应当依法作出终结审查的决定，制作《终结审查决定书》，并在 7 日内将《终结审查决定书》发送申请人。

办理民事支持起诉案件，检察机关应当自受理之日起 3 个月内审查终结并作出处理决定。对于审查终结的案件，检察机关应当制作《审查终结报告》，根据情形，分别作出以下处理决定：（1）符合支持起诉条件的，应当作出支持起诉的决定，制作《支持起诉意见书》，内容应当包括：案件来源、当事人基本情况、基本案件事实及支持起诉的理由，由检察长签发，加盖人民检察院印章；并在 7 日内将《支持起诉意见书》送达同级人民法院立案部门，检察机关协助收集的证据，应当一并移送人民法院，同时将

---

① 《人民检察院检察建议工作规定》第 11 条规定："人民检察院在办理案件中发现社会治理工作存在下列情形之一的，可以向有关单位和部门提出改进工作、完善治理的检察建议：（一）涉案单位在预防违法犯罪方面制度不健全、不落实，管理不完善，存在违法犯罪隐患，需要及时消除的；（二）一定时期某类违法犯罪案件多发、频发，或者已发生的案件暴露出明显的管理监督漏洞，需要督促行业主管部门加强和改进管理监督工作的；（三）涉及一定群体的民间纠纷问题突出，可能导致发生群体性事件或者恶性案件，需要督促相关部门完善风险预警防范措施，加强调解疏导工作的；（四）相关单位或者部门不依法及时履行职责，致使个人或者组织合法权益受到损害或者存在损害危险，需要及时整改消除的；（五）需要给予有关涉案人员、责任人员或者组织行政处罚、政务处分、行业惩戒，或者需要追究有关责任人员的司法责任的；（六）其他需要提出检察建议的情形。"

《支持起诉意见书》副本发送申请人；人民法院未在法定期限内通知申请人办理立案手续的，应当及时向人民法院了解具体情况。检察机关认为需要撤回《支持起诉意见书》的，应当制作《撤回支持起诉意见书》，经检察长批准后，向人民法院撤回支持起诉意见；检察机关发出《支持起诉意见书》后，申请人撤回起诉或人民法院裁定按撤诉处理的，支持起诉程序自行终结，检察机关无须撤回支持起诉意见。（2）不符合支持起诉条件的，应当作出不予支持起诉的决定，制作《不支持起诉决定书》，并在 7 日内将《不支持起诉决定书》发送申请人。

办理民事支持起诉案件，除下列情形外，检察机关一般不参加支持起诉的庭审活动：（1）对于具有重大社会意义或者法律治理意义的案件，经与人民法院会商，检察人员可以出庭宣读《支持起诉意见书》；（2）人民检察院协助收集证据的，经与人民法院会商，检察人员可以出庭对证据予以出示和说明；（3）人民法院组织调解的，人民检察院可以根据情况派员参与。

六、其他

（一）持续巩固办案效果

灵活采取电话回访、实地走访、联合回访等形式，跟踪了解生效裁判执行、特殊群体权益保护落实等情况，及时化解新矛盾、解决新问题。根据当事人客观困难情况，检察机关可依法为其提供司法救助。对确有救助安置需要的，检察机关可以与民政部门联系，为当事人提供临时生活帮助，将当事人安置到救助管理机构或者福利机构提供的临时庇护场所等。

（二）加强与相关职能部门的协作配合

特殊群体权益保护是一项系统工作，需要各方协同推进。检察机关要主动加强与人民法院、公安机关、人力资源和社会保障部门、民政部门、工会、妇联等单位的沟通协调，通过建立联席会议制度、会签规范性文件等多种形式，凝聚多方智慧，共同研究解决特殊群体合法权益保护的重大疑难问题，实现信息资源共享、工作有效衔接，形成维护特殊群体合法权益的整体合力。

第三节　贵州省民事检察支持起诉概况

一、总体情况及特点

贵州省民事检察支持起诉工作起步较晚。2017 年 12 月，最高人民检察院民事行政检察厅下发《关于充分发挥民事行政检察监督职能协助解决农民工讨薪问题的通知》，部署从 2017 年 12 月 15 日至 2018 年 2 月 15 日，在全国检察机关开展为期两个月的专项监督活动，积极协助解决农民工讨薪问题，贵州省民事检察支持起诉工作才随着此次专项监督活动逐渐发展起来。

2017 年 12 月至 2021 年 12 月，全省检察机关共办理民事支持起诉案件 1377 件，办案数量呈现逐年递增趋势，但在前述案件中，各地区开展极不平衡；办理支持农民工讨薪案件 1309 件，占比 95.06%，支持农民工讨薪案件数量占据绝对优势；依职权受理 898 件，占比 65.21%，举行公开听证 154 件，占比 11.19%，调查核实 605 件，占比 43.94%，彰显了检察机关在支持起诉工作中主动积极作为；基层检察院办理 1376 件，占比 99.93%，基层检察机关作为支持起诉办案的绝对主力军，在实践"枫桥经验"、诉源治理方面发挥了重要作用。

二、主要做法及成效

全省检察机关发挥主观能动性，拓宽民事支持起诉案件线索，如黔南州采取"检察机关＋工作室模式"，即检察机关在法院设立工作室，利用法院立案资源收集符合支持起诉的案件线索；贵阳市、遵义市采取"检察官＋宣传模式"，即通过检察官在网络或到社区、学校、农村、企业进行普法宣传，发放民事检察宣传手册、宣传单，介绍检察机关的工作职责，民事支持起诉的条件、步骤，收集案件线索；黔东南州、黔西南州采取"检察机关＋多部门联动模式"，即通过与人社局、国土局、公安局、信访局等部门加强联动，收集支持起诉案件线索。

全省检察机关将"枫桥经验"贯穿在支持起诉办案工作始终，在保障农民工基本生活的前提下，引导有和解意愿的农民工与企业达成和解协议。

对企业、行业等在支付劳动报酬方面具有普遍性、倾向性、苗头性问题的，依法向有关行政机关发出社会治理检察建议，促进源头治理。例如黔西南州贞丰县人民检察院不仅在易地扶贫搬迁中支持 300 多名农民工起诉讨薪，且还延伸触角向没有收缴农民工工资保证金的 74 个工程主管部门发出检察建议书，随后，当地人社部门共收到了 1500 多万元农民工工资保证金，当地人社部门对检察机关给予了高度评价，认为检察机关的积极履职为整治欠薪工作提供了源头治理方案与坚强的法治保障。

全省检察机关在开展民事支持起诉工作中，通过纵向联动、横向协作，建立了多部门联动机制。一是检察机关上下级在支持起诉工作中建立多层次一体化案件办理模式，树立省市县"一盘棋"思想，筑牢保护弱势群体意识，持续做好支持起诉工作，积极融入社会治理大局，增强支持起诉质效。二是检察机关与信访局、住建局、人社局、国土局、司法局等相关部门积极协作，建立联动机制，形成多方合力、整体联动维护人民权益，化解矛盾。

全省检察机关多措并举，优化办案模式，提高支持起诉实效。一是借用公开听证、专家咨询等办案手段，竭力化解矛盾。全省检察机关民事部门自觉树立开展检察听证的意识，做到"能听证尽听证"，在听证中加强释法说理，充分听取各方意见，做到"三个效果"的有机统一，真正实现案结事了人和。二是结合地域特色，开展支持起诉工作。贵州省是一个多民族聚居的省份，检察机关在开展民事支持起诉工作中，将民族特色贯穿于案件办理中。例如，黔东南州榕江县人民检察院参与协调解决老人赡养问题时，检察官用侗语向老人子女宣讲《民法典》关于赡养老人的规定，并释明不履行赡养义务将承担的法律后果，同时通过侗戏《三媳尊奶》的故事教育几个子女要尊老爱幼，履行赡养老人的义务。

三、现实困境及不足

（一）全省检察机关民事支持起诉办案模式不统一

各地办理民事支持起诉案件的具体方式存在差异，带来不同的后续效应。由于我国立法对民事支持起诉的主体、范围、程序等都未作出具体规定，贵州省检察机关在开展支持起诉工作时存在不同的办案模式：一是认为民事支持起诉的重点在于"起"，即检察机关帮助当事人提起诉讼，法院依法受理后，就不应再介入诉讼进程，仅在法庭之外给予当事人专业知识或者物质上的支持，如贵阳市、铜仁市、黔东南州等，此种模式更加契合民事诉讼的"当事人主义"，但对于诉讼能力偏弱甚至缺失的弱势群体而言，办案取得的社会效果并不理想。二是认为民事支持起诉的重点在于"诉"，目的是帮助弱势群体增加诉讼能力，在诉讼中获得实质平等的地位，检察机关对当事人的支持应该贯穿于整个诉讼过程，包括参与法庭调查及法庭辩论等后续诉讼进程，如毕节市、安顺市、遵义市、黔西南州、黔南州等，此种模式更加凸显了"社会干预"与"接近正义"理念，但伴生的是对方当事人对诉讼主体平等地位及法院能否独立行使审判权的质疑，办案取得的法律效果并不完美。

（二）全省检察机关民事支持起诉外部宣传联系欠缺

一是检察机关职能宣传不到位，目前仍然有很多老百姓不了解检察机关民事检察部门的职能职责，甚至不知道检察机关有民事检察部门，更遑论民事检察部门的支持起诉职能，在权益受到侵害时，出于诉讼成本高、周期长、举证困难等考虑，有时通过上访等偏激方式解决问题，而不是通过诉讼途径或寻求检察机关支持。二是与有关部门信息交换机制不健全。从上述数据分析来看，当前贵州省检察机关办理的民事支持起诉案件中，支持农民工讨薪案件占绝对优势。而检察机关获取恶意欠薪案件线索往往依赖于当地人力资源和社会保障部门中的劳动监察大队告知或信访局受理后移送。由于检察机关与上述部门没有形成固定的案件信息共享机制，导致案件不能及时移送立案，一些案件甚至因过了诉讼时效而无法获得司法救济。

（三）全省检察机关民事支持起诉内部职能分工交叠

一是与检察公益诉讼部分职能重合。2017 年《民事诉讼法》修订，在第 55 条增加 1 款，作为第 2 款："人民检察院在履行职责中发现破坏生态环境和资源保护、食品药品安全领域侵害众多消费者合法权益等损害社会公共利益的行为，在没有前款规定的机关和组织或者前款规定的机关和组织不提起诉讼的情况下，可以向人民法院提起诉讼。前款规定的机关或者组织提起诉讼的，人民检察院可以支持起诉。"该条增加了人民检察院可以支持有关机关提起民事公益诉讼的规定，客观上导致了在环保、食药品领域公益诉讼职能与民事检察职能的重合。二是与未检职能的重合。2020年12月，最高人民检察院下发《关于加快推进未成年人检察业务统一集中办理工作的通知》，2021年3月，贵州省人民检察院出台《关于加快推进未成年人检察业务统一集中办理的工作方案》，明确要求原则上涉未成年人刑事、民事、行政、公益诉讼案件应由未成年人检察机构统一集中办理，其他部门予以支持配合。当前正处于未检部门职能转变的过渡期，涉未成年人支持起诉工作的行使出现民事部门与未检部门权限不清、职责不明的情况。

第四节 贵州省民事检察支持起诉的发展方向

一、具体工作方向及举措

全省检察机关应准确把握民事支持起诉制度的职能定位，把加强民事支持起诉工作作为重要工作任务。检察长应带头办理有社会影响和示范引领作用的民事支持起诉案件，帮助解决工作中遇到的问题和困难，充分发挥关键少数在关键环节的关键作用。充分发挥考评"指挥棒"作用，从有利于促进办案质量、效率、效果有机统一出发，科学设置个案、类案等考评指标，研究建立相关配套制度，完善符合民事支持起诉工作特点和规律的考核评价体系。

全省检察机关应遵照最高人民检察院于2022年3月22日制定的《人民检察院支持起诉工作指引》办理案件，并积极深化民事支持起诉调查研究工作，坚持问题导向，适应民事支持起诉工作面临的新形势新任务，不断完善细化民事支持起诉制度的办法、举措，为民事检察支持起诉制度的进一步完善奠定坚实基础。此外，还应积极与人民法院沟通协调，探索建立支持起诉协作机制，对检察机关办理支持起诉案件达成共识，重点解决支持起诉案件进入诉讼程序后，检察机关可以进行的诉讼活动的广度与深度，旨在充分尊重法院独立审判权的基础上，通过平等维护当事人之间的诉讼权利，达到保护弱势群体合法权益的目的。

全省检察机关应加强民事检察、控告申诉检察和案件管理部门之间的协调，针对检察机关内部民事支持起诉部分职能与公益诉讼、未成年人权益保护职能重合的问题，明确案件受理条件、加快案件流转，提高工作效率。加强民事检察与刑事检察、行政检察、公益诉讼检察、未成年人检察、知识产权检察等部门之间的协作，建立案件线索、处理结果双向移送工作机制。综合运用刑事、民事、行政等多种检察职能，协同推进，共同发力。在建立紧密的内部工作联系机制保障下，明确凡是涉及公益保护、未成年人权益保护的支持起诉职能分别由公益诉讼部门和未检部门行使，民事检察部门予以支持配合，通过加强检察院内部分工配合，增强民事检察、公益诉讼检察、未成年人检察在推动解决弱势群体合法权益上的工作合力，共同破解弱势群体维权困境。

全省检察机关应在办案中注意采取"以个案找类案""以类案找规律""以规律突破领域"方式，扩大民事检察为民服务覆盖面，对一些有创新、引领价值的支持起诉案件开展全方位支持、监督，力争办理一件案件促进解决一个领域、一个地方、一个时期司法理念、政策、导向的问题，发挥对类案的指导作用。同时增强案例培养意识，转变"事后总结"传统做法，树立"典型前置"观念。在办案过程中注意收集资料、总结经验、提炼做法，积极编写、报送相关案例，持之以恒推进民事检察支持起诉工作向纵深发展。

二、以《民法典》为基础的格局拓展方向

（一）着眼乡村振兴，积极拓展富农兴农领域案件类型

随着《民法典》的颁布实施，从"三农"主体资格确认到土地权利的完善保护都更加有利于农村发展、农业稳定和农民增收。① 针对农民在出租、入股或者以其他方式向他人流转土地经营权过程中权益受损的案件、农民在自主开展农业生产经营中权益受损的案件、农民承包地被征收后补偿利益受损的案件以及农民在买卖农产品、农业生产用品过程中合同利益受损的案件等，检察机关应当站在助力乡村振兴、主动融入大局的高度，充分发挥司法能动性，积极开展民事支持起诉工作，帮助农民合法增加收入，预防农民因案返贫。

---

① 《民法典》对"三农"的民事主体资格作了全方位、多层次的规定，将农村集体经济组织、城镇农村的合作经济组织、村民委员会明确为特别法人；同时，《民法典》还落实了土地所有权、承包权和经营权的"三权分立"。

（二）凸显人文关怀，依法维护老弱病残等弱势群体合法权益

结合《民法典》的规定，全省检察机关可以开展如下支持起诉工作：一是针对未成年人、老人、残疾人和其他丧失或被限制民事行为能力的成年人，检察机关可针对不履行、怠于履行监护义务的情形①，支持被监护人起诉撤销监护人资格，防止监护人滥用监护权损害被监护人的合法权益。目前，贵州省部分地区已经就此进行了相关探索，并取得了良好的社会效果和法律效果。② 二是针对未成年人遭受性侵类案件支持起诉。《民法典》第191条新增了未成年人遭受性侵害的损害赔偿请求权的诉讼时效期间，明确从受害人年满18周岁之日起计算。对于未成年人遭受性侵案件，可由检察机关的未检部门对相关刑事案件进行备案，并建立相应的受害人档案，并联合民事检察部门的专业优势，支持受害人在成年后提起诉讼，同时做好受害人的心理辅导和隐私保护等工作，让受害人能尽快回归正常的学习、生活和工作中。三是针对妇女权益保护，《民法典》第1010条首次规定了反性骚扰条款③，由于性骚扰案件发生的地点一般较为隐秘，受害者要取得被骚扰的证据十分困难，这类案件是否能够维权成功不仅取决于女性本身

---

① 《民法典》第36条第1、2款规定："监护人有下列情形之一的，人民法院根据有关个人或者组织的申请，撤销其监护人资格，安排必要的临时监护措施，并按照最有利于被监护人的原则依法指定监护人：（一）实施严重损害被监护人身心健康的行为；（二）怠于履行监护职责，或者无法履行监护职责且拒绝将监护职责部分或者全部委托给他人，导致被监护人处于危困状态；（三）实施严重侵害被监护人合法权益的其他行为。本条规定的有关个人、组织包括：其他依法具有监护资格的人，居民委员会、村民委员会、学校、医疗机构、妇女联合会、残疾人联合会、未成年人保护组织、依法设立的老年人组织、民政部门等。"

② 毕节市黔西县人民检察院支持县民政局诉蒋某撤销监护权案，该案的基本案情是：蒋某以无抚养能力为由，与尚某甲签订抚养协议，将出生不久的婴儿尚某乙以6万元价格卖给尚某甲，因蒋某构成拐卖妇女儿童罪不宜作为监护人，尚某乙的生母系未成年人，无监护能力，检察机关支持民政部门起诉撤销蒋某的监护权后，交由尚某乙的外祖父母抚养。

③ 《民法典》第1010条规定："违背他人意愿，以言语、文字、图像、肢体行为等方式对他人实施性骚扰的，受害人有权依法请求行为人承担民事责任。机关、企业、学校等单位应当采取合理的预防、受理投诉、调查处置等措施，防止和制止利用职权、从属关系等实施性骚扰。"

有无自我保护的法律意识，还与女性所处的职场环境、社会环境等具有密切的联系。因此，检察机关依公权力对该类案件开展支持起诉工作，可以很大程度上打消受害人的心理顾虑，让他们更加勇敢地拿起法律武器捍卫自己的合法权益。

（三）关注新型业态，保护公民个人信息、虚拟财产等新型权益

在网络科技高速发展的大数据时代，信息的共享和利用已经成为我们日常生活的一部分，也由此引发了一系列新的社会问题和法律问题。《消费者权益保护法》和《网络安全法》中对于个人信息的零散规定已无法适应新情况新问题。对此，《民法典》总则明确了自然人的个人信息受法律保护，[①] 并在"人格权"编设立"隐私权和个人信息保护"专章，对隐私和个人信息的处理原则和保护规则作出了区别性的规定，并明确了数据和网络虚拟财产受法律保护。[②] 侵犯公民隐私、个人信息、数据财产权益和网络虚拟财产权益的侵权手段一般较为隐蔽，侵权行为和损害后果之间的关联性证明需要搜集固定大量证据，由公民提起诉讼的难度较大、收益较低。传统的行政监管、刑事追诉等救济途径无法有效保障公民权益，检察机关作为法律授权并具有丰富实践经验的公权力机关，在锁定侵权人和完成证据收集固定方面优势较为明显，并且，针对此类问题开展民事支持起诉还有利于促进大数据、网络安全等新领域、新业态的健康有序发展。

（四）聚焦社会热点，促进社会治理创新和社会矛盾化解

作为推进社会治理现代化的"推进器"，《民法典》的实施有利于在社会治理方面形成集社会各方力量齐抓共管的良好局面。如针对近年来频繁发生的高空抛物事件，《民法典》不仅明文禁止该种违背社会公德的行为，明确了责任的归属原则，还对物业管理方、公安机关等相关主体的责任范围进行了规定。又如针对利用网络服务侵权事件，清晰划分了网络用户和

---

① 《民法典》第 111 条规定："自然人的个人信息受法律保护。任何组织或者个人需要获取他人个人信息的，应当依法取得并确保信息安全，不得非法收集、使用、加工、传输他人个人信息，不得非法买卖、提供或者公开他人个人信息。"

② 《民法典》第 127 条规定："法律对数据、网络虚拟财产的保护有规定的，依照其规定。"

网络服务提供者的权利和义务，使相关民事行为有法可依，防止出现权利真空。上述新规则的制定均带有很强的社会性和时代性，对相关问题的恰当处置有利于形成善良正义的社会风气，值得检察机关在相关领域做进一步的研究和探索。除了《民法典》为检察机关的民事支持起诉注入新活力外，在其他的部门法领域，也不乏探索的空间。如在经济法领域可以重点关注不正当竞争案件的支持起诉问题，助力构建公平的市场竞争环境；在金融法领域，可以重点关注中小投资者的合法权益保护问题，积极响应国家关于金融发展要服务实体经济的大政方针，探索在证券虚假陈述等证券欺诈案件中，发挥民事支持起诉职能帮助金融消费者获得损害赔偿。

第五节　民事检察支持起诉案例

1. 案例：廖某与贵州某建筑工程公司、吴某某、高某某劳务合同纠纷支持起诉案

基本案情：2019年2月至5月，廖某（现役军人）之父廖某甲作为班组长，组织当地村民15人在贵州某建筑工程承建的务川自治县泥高镇某公路项目上做工，吴某某为该项目负责人，高某某为现场负责人，工程完工后按照约定尚欠人工工资等费用11万余元。2019年10月廖某甲意外身故后，高某某向廖某甲的前妻杨某某支付5000元欠款，并出具金额为106338元的《结算清单》，后杨某某和现场工人蔡某某等人多次找到公司和吴某某索要欠款，并到劳动监察部门和交通主管部门反映，均未能解决。2022年初，廖某请假回家与家人协商一致后以其名义提起民事诉讼，但假期结束后廖某无法继续参加诉讼，且证据收集不全面，可能面临败诉风险。

检察机关履职情况：2022年3月8日，廖某委托其母亲杨某某到务川县人民检察院申请支持起诉，该院审查后予以受理。务川县人民检察院调查确认了廖某现役军人的身份，鉴于其家庭经济困难，该院与务川自治县司法局联系，为廖某指派了法律援助律师，并协助律师收集了项目工程合同、结算清单、劳务名册等书证，查明了贵州某建筑工程公司和吴某某、高某某共同拖欠廖某甲等人劳动报酬等费用的事实。2022年3月13日，务川县人民检察院召集人大代表、政协委员，就廖某申请支持起诉案进行公开听证，县人大常委会副主任作为听证员参与听证，听证员经评议一致同意务川县人民检察院支持廖某起诉。检察机关认为，廖某作为现役军人，·该案同时涉及农民工追索劳动报酬，符合支持起诉条件，遂于2022年3月31日发出支持起诉意见书，支持廖某向务川县人民法院提起诉讼。

监督结果：该案审理过程中，务川县人民法院和务川县人民检察院多次共同开展释法说理，双方当事人于2022年4月14日签订和解协议，贵州某建筑工程公司已支付拖欠款项。同年4月15日，务川县人民检察院向该县人力资源和社会保障局、县交通运输局发出检察建议，指出劳动监察部门和行业主管部门在工作中落实国务院《保障民工工资支付条例》及相关政策措施不到位等问题，建议从强化教育培训、完善制度机制等方面在今后的工作中进行改进。该院还将以此案为契机，结合办理的其他农民工工资支持起诉案件，向务川县委、县人大专题报告军人权益保护和农民工工资保障中存在的问题，推动理顺相关机制，形成工作合力，提升相关部门维护军人和军属合法权益、保障农民工劳动报酬的意识和能力。

案件意义：（1）检察履职保障特殊群体合法权益。《军人地位和权益保障法》第60条规定："军人、军人家属和烈士、因公牺牲军人、病故军人遗属的合法权益受到侵害的，有权向有关国家机关和军队单位提出申诉、控告。负责受理的国家机关和军队单位，应当依法及时处理，不得推诿、拖延。依法向人民法院提起诉讼的，人民法院应当优先立案、审理和执行，人民检察院可以支持起诉。"国务院《保障农民工工资支付条例》第3条规定，任何单位和个人不得拖欠农民工工资。军人和农民工这两类特殊群体合法权益受法律和行政法规特别保护，但当其合法权益受到侵害时，军人由于需要履行职责无暇维权、农民工由于缺乏政策法律知识不会维权等原因，往往导致其合法权益长期得不到保障。检察机关能动履职，依法开展支持起诉，维护当事人合法权益的同时，形成示范引领效应，提高整个社会对特殊群体的关注度。

（2）"调查核实＋公开听证"，精准开展民事检察工作。"精准"是中央对新时代民事检察工作提出的总体要求，检察机关在办理支持起诉案件中，要平衡好帮助支持与当事人诉权平等之间的关系，避免"拉偏架"。可以通过法律咨询、协调法律援助、协助调取当事人无法自行调取的客观证据等进行帮助。在查清基本事实的基础上进行检察公开听证，把办案过程"晒"出来，请人民群众来"评评理"，最大限度展现检察机关客观公正立场，以程序公正实现更高层面的实体公正。

（3）延伸办案质效，助力社会治理。军人权益保护与农民工工资保障除了有法律和行政法规的规定，还有各级党委政府的文件、意见、机制等予以配套支持，制度层面不可谓不健全。本案中两个特殊群体重合，维权近四年未果，体现出相关行政部门和社会责任主体对制度的理解和执行存在偏差。检察机关以履职办案为切入点，一方面，就个案中体现出的具体政策落实不到位问题向人事劳动监察部门和行业主管部门发出检察建议，帮助其找出问题，提出改进工作建议；另一方面，结合近年来办理农民工讨薪案件的情况，专题向县委、县人大汇报农民工工资保障和军人权益保障中存在的问题，以"我管"促"都管"，推动县级各相关部门对该两项工作的重视和落实。

2. 案例：全某某赡养纠纷支持起诉案

基本案情： 全某某现年86岁，患有老年痴呆综合征，生活不能自理，被托管在黔东南州三穗养护中心照料。全某某育有6名子女，分别为亲生子女全某甲、全某乙、全某丙、全某丁，继子吴某甲、吴某乙。全某某的费用一直由全某甲一人负担，其余5名子女相互推脱，不愿意承担赡养义务。由于费用开支较大，没有固定收入的全某甲也表示无力再承担赡养义务，全某某生活陷入困境。

检察机关履职情况： 2022年5月，全某某以其年事已高，身患老年痴呆综合征，没有诉讼能力，维权困难为由，向剑河县人民检察院申请支持起诉，要求为其追索赡养费，维护其合法权益，该院依法审查后予以受理。剑河县人民检察院经询问当事人、实地走访、调取养护中心《入住协议》和《病人入院通知》等书证了解到，全某某被托管在黔东南州三穗养护中心照理，每月需生活费、护理费、床位费等开支四千余元，其6名子女以自己无责任承担费用或认为责任划分不均等原因而拒绝承担赡养义务，当地政府和居委会多次上门调解无果。针对全某某没有诉讼能力的问题，剑河县人民检察院帮助全某某申请了法律援助律师。2022年5月7日，全某某以赡养纠纷为由向剑河县人民法院提起诉讼，剑河县人民检察院同日发出支持起诉意见书。检察机关认为，根据《民法典》《老年人权益保障法》等法律规定，成年子女对父母负有法定赡养义务，全某甲等人拒不履行赡养义务，违反法律规定。

监督结果：法院受理本案后，剑河县人民检察院主动与法院沟通，配合开展调解工作。在法院、检察院的共同努力下，当事人达成调解协议。2022年6月14日，雷山县人民法院作出民事调解书：一、确认全某某每月所需赡养费暂计5000元，由全某甲承担2500元，全某乙承担2000元，全某丙承担500元，全某丁、吴某甲、吴某乙不承担赡养费；上述费用从2022年6月起开始计付。二、因全某某目前无能力管理赡养费，赡养费由全某丙代为保管，全某甲和全某乙每月于当月的15日前将自己承担的赡养费支付全某丙处，由全某丙统一支出。三、如全某某的赡养费增加，对于增加的部分，由全某甲、全某乙按照6∶4的比例承担。

2022年7月7日，剑河县人民检察院办案检察官前往老人所在医护中心进行回访，了解到老人各项费用均能按时足额缴纳，其子女也经常来探望老人，目前老人身体状况良好。为进一步将民事检察支持起诉职能与社会综合治理有机融合，剑河县人民检察院依法向全某某户籍所在地的剑河县敏洞乡敏洞社区居民委员会发出社会治理类检察建议，建议将敬老、养老内容纳入村规民约，对拒绝赡养老人的当事人，采取督促、批评、惩戒等措施，切实保障老年人的合法权益。2022年10月25日，居委会回复称，检察建议对维护老年人权益，加强和改进工作、完善社会治理等方面都起到积极的推动作用。为确保检察建议的落实，社区开展了以下工作：一是及时召开村、支两委和群众代表会议，针对社区养老、尊老、敬老存在的问题，广泛征求意见，提出整改措施，形成一致共识。二是将老年人权益保障、尊老、敬老纳入村规民约，在原有的村规民约基础上加以完善，并发放至村民手中，加以实施。三是在社区广泛宣传新修订后的村规民约，特别是养老、尊老、敬老等章节，在本社区内形成养老、尊老、敬老良好社会风尚。

案件意义：（1）倡导文明家风，修复破损亲情。老人安则家庭安，家庭安则社会安。习近平总书记多次强调要"让老年人共享改革发展成果、共享幸福晚年"。尊老敬老是中华民族的传统美德，赡养父母更是子女的法定义务，维护老年人等弱势群体的合法权益，一直是检察机关的关注重点，也是全社会的共同责任。检察机关在办理涉老年人支持起诉案件过程中，应以修复家庭关系，回归血肉亲情为原则，以"如我在诉"的精神，用心用情用力维护好老年人的合法权益，实现"老有所养、老有所依"。

（2）跟进监督实效，开展案件回访。对案件进行回访，是提升检察公信力、树立司法权威的重要方法。办理此类弱势群体的支持起诉案件，检察机关不能一诉了之，而要持续关注并巩固办案效果，通过电话回访、实地回访等形式，跟踪了解监督后续情况，确保案件取得良好的法律效果与社会效果，真正实现"案结事了人和"。

（3）践行能动司法，健全综合治理。检察机关在办理老年人权益保护支持起诉案件的过程中，针对发现的相关职能部门在维护老年人合法权益方面存在的问题，可以发出社会治理类检察建议，以检察监督的"我管"，促职能部门依法履职的"都管"，通过办案实现"办理一案，治理一片"的效果，以"检察蓝"倾力守护"夕阳红"。

3. 案例：潘某某与杨某某离婚纠纷支持起诉案

基本案情：1990 年，潘某某与杨某某按照民间习俗办酒席结婚，婚后二人共同生活并育有五女一子。在共同生活初期，双方感情尚好、家庭和睦，但近十余年来，夫妻双方常因家庭琐事发生争吵，丈夫杨某某多次对潘某某实施家庭暴力。2017 年 7 月 10 日，潘某某向黄平县人民法院起诉离婚，经法院调解和好。2018 年 9 月 25 日，潘某某再次向黄平县人民法院起诉离婚，法院审理认为，潘某某诉称杨某某经常动手打人，夫妻感情已破裂，只有口述，没有证据证明，夫妻双方产生矛盾是因缺少沟通交流，不属于感情破裂，只要双方互相理解和信任，加强沟通，可以维护好夫妻感情，离婚对未成年子女健康成长明显不利，且杨某某性格偏激，离婚可能会产生不良后果。2018 年 12 月 18 日，法院判决不准予离婚。判决生效后，夫妻关系并未改善，反而更加恶化，此后一直处于分居状态。2022 年 1 月 22 日，杨某某在路上遇到潘某某，二人因家庭纠纷发生争吵，杨某某对潘某某实施殴打。经黄平县公安司法鉴定中心鉴定，潘某某的损伤程度为轻伤一级，杨某某因涉嫌故意伤害罪被黄平县公安局立案侦查，2022 年 5 月 13 日，移送黄平县人民检察院审查起诉，该院审查后于 2022 年 7 月 13 日向黄平县人民法院提起公诉。

检察机关履职情况：黄平县人民检察院在办理杨某某涉嫌故意伤害罪一案中，了解到潘某某曾多次受到杨某某的家庭暴力，并两次起诉离婚未果，该院检察官向潘某某宣传了民事支持起诉的相关法律规定。2022 年 7 月 7 日，潘某某以长期遭受家庭暴力为由向黄平县人民检察院申请支持起诉，该院审查后予以受理。黄平县人民检察院通过询问潘某某、调阅杨某某涉嫌故意伤害罪案卷材料、电话询问二人成年子女、向二人所在村委会了解情况等调查核实工作，查明：潘某某曾多次遭受杨某某家庭暴力，2022年1月22日，在公共场合偶然遇到潘某某后，杨某某再次对其实施殴打，致使潘某某肋骨多处骨折，经司法鉴定中心鉴定为轻伤一级。考虑到二人尚有未成年子女需要抚养等问题，检察机关组织双方先行调解。经调解，潘某某表示长期以来遭受杨某某家暴，因无证据而未能离婚，此次被家暴如此严重，今后在一起生活可能还会被家暴，甚至有生命危险，坚决要与杨某某离婚。杨某某则表示离婚的前提条件是潘某某赔偿他10万元钱，并谅解他此次故意伤害行为，不追究他的刑事责任。双方经调解未能达成一致。潘某某一家经济困难，潘某某因此次被家暴承担了部分医疗费用，而实施家暴的杨某某又因故意伤害罪可能被判处刑罚入狱服刑，两个未成年子女尚需潘某某抚养，对此，黄平县人民检察院为其申请获得司法救助资金3000元。同时，承办检察官对潘某某进行了心理疏导，消除家暴对潘某某造成的心理危害，鼓励其向家庭暴力勇敢说"不"。

2022年8月2日，潘某某再次向黄平县人民法院提起离婚诉讼，黄平县人民检察院同日发出支持起诉意见书。检察机关认为，潘某某多次遭受家庭暴力，系家暴受害妇女，其合法权益依法应得到保护，根据《民事诉讼法》第15条之规定，可以支持其向人民法院起诉离婚。黄平县人民检察院在向法院发出支持起诉意见书后，及时跟踪案件办理情况，促使该案以最有效最快捷的方式结案，维护了潘某某的合法权益。同时，针对杨某某家暴潘某某已经涉嫌故意伤害刑事犯罪的问题，检察机关引导潘某某就其身体被侵害事实向黄平县人民法院提起刑事附带民事诉讼。

监督结果： 2022年9月27日，黄平县人民法院组织双方进行调解，双方自愿达成离婚协议，法院作出了民事调解书。2022年9月28日，黄平县人民法院作出刑事附带民事判决，杨某某因犯故意伤害罪被判处有期徒刑1年，并赔偿刑事附带民事诉讼原告人潘某某医疗费、护理费、误工费等各种费用共计人民币37251.78元。案件办结后，潘某某主动给承办检察官打来电话，对检察机关为她解决难题表示感谢。

案件意义：（1）尊重当事人意愿，依申请支持起诉。家庭暴力，是指家庭成员之间以殴打、捆绑、残害、限制人身自由以及经常性谩骂、恐吓等方式实施的身体、精神等侵害行为。家庭暴力给家庭成员的身体、精神等方面的伤害是巨大的，严重的甚至会患上抑郁症，同时家暴会给孩子造成心理阴影，不利于家庭的和谐，社会的稳定。反对家庭暴力不仅是家事，更是国家和全社会的共同责任。家庭暴力受害人向检察机关申请监督的，检察机关可以依法支持其向法院提起诉讼。

（2）各部门能动履职，形成保护合力。检察机关在办案中发现家暴线索，对符合司法救助条件的，要积极开展司法救助，彰显司法人文关怀，帮助受害人解决面临的生活困难，避免"因案致贫"。对于家庭暴力涉嫌刑事犯罪的，可以引导家庭暴力受害人向人民法院提起刑事附带民事诉讼。通过支持受家暴妇女起诉离婚、为生活困难受家暴妇女申请司法救助、追究实施家暴违法犯罪行为人刑事责任、引导受家暴妇女提起刑事附带民事诉讼等，形成保护受家暴妇女合法权益的强大合力。

（3）心理疏导解心结，帮助其依法维权。家庭暴力直接作用于受害者身体或精神，使受害人身体或心理上感到痛苦，损害其身体健康和人格尊严。遭受家暴后，抑郁、焦虑、恐惧等不良情绪常常伴随着众多家暴受害人，检察机关在办理此类案件过程中，应当关注受家暴妇女的心理健康，通过心理疏导引导其走出心理阴影，消除家暴对受家暴妇女造成的心理伤害，帮助其拿起法律武器维护自己的合法权益。

4. 案例：张某追索抚养费纠纷支持起诉案

基本案情：张某系吴某某与他人的非婚生子女。2008年，吴某某在怀有身孕的情况下到张某某家与其共同生活。2009年底，在张某出生后未满一周岁时，吴某某便离开张家，此后从未对张某履行过抚养义务，亦未支付过抚养费，张某出生后一直与张某某生活。2018年，张某某死亡，张某与张某某的父亲张某送、母亲杨某动共同生活至今。由于张某送、杨某动均为残疾人，且常年多病，家庭唯一收入为低保金和残疾人补助金。张某逐年长大，张某送、杨某动无力承担张某日益增多的生活、教育等开支，生活陷入困境。

检察机关履职情况：2021年5月，台江县人民检察院在帮扶村开展政法大走访活动中，张某送、杨某动向走访的干警反映其因家庭困难向张某的亲生母亲吴某某追索抚养费，但迟迟未能得到反馈，且现在已无法联系上吴某某。张某送、杨某动向检察机关申请支持起诉，请求检察机关为其诉讼提供法律帮助，该院审查后予以受理。台江县人民检察院经询问当事人、实地走访当事人所在的村寨以及村委会干部查明，吴某某自张某出生后一直未履行抚养义务以及支付抚养费，2009年，吴某某离开张家后嫁入邻乡。吴某某承认张某系自己的孩子，但是其生父不详，目前吴某某与丈夫育有3名子女，生活十分困难，无法再向张某支付抚养费。

2022年5月17日，张某送、杨某动代表张某向台江县人民法院提起诉讼，同日，台江县人民检察院发出支持起诉意见书。检察机关认为，保护未成年人合法权益，是国家、社会、家庭的共同责任，父母对未成年子女负有抚养义务，张某作为未成年人，向其母亲追要抚养费的请求应当得到支持。

监督结果： 2022年8月25日，台江县人民检察院应台江县人民法院的邀请参与本案的调解工作，通过释法说理、耐心劝解，从保护张某的身心健康和成长环境等方面考虑，最终促成双方当场达成调解协议，张某继续由张某送、杨某动抚养，张某的母亲吴某某每月支付300元的抚养费，至张某满18岁为止。如果两位老人在此期间因身体健康问题无法抚养张某，吴某某需承担相应的抚养责任。

台江县人民检察院在走访吴某某家以及其所在的村委会后，得知吴某某家庭经济状况非常困难，平时需要到村委会申请救助金和救助粮，吴某某的第四个孩子又于2022年7月出生，生活陷入新的困境。同时，一直抚养张某的张某送于2022年9月被医院诊断为肺癌，原就苦难的家庭更加雪上加霜。为充分保障张某的合法权益，台江县人民检察院及时启动司法救助程序，并开通救助绿色通道，最终决定对张某予以救助人民币6万元。目前救助金已经发放到张某送手中。

案件意义：（1）依法履行支持起诉职能，保障未成年人合法权益。《未成年人保护法》第106条规定："未成年人合法权益受到侵犯，相关组织和个人未代为提起诉讼的，人民检察院可以督促、支持其提起诉讼；涉及公共利益的，人民检察院有权提起公益诉讼。"支持起诉作为检察机关能动履职、参与社会治理、维护社会公平正义、保护弱势群体的重要途径，在保障未成年人合法权益方面具有十分重要的现实意义和积极作用，未成年人向检察机关提出申请的，检察机关可以支持其向法院提起诉讼。

（2）坚持未成年人利益最大化原则，护航未成年人健康成长。根据

《民法典》《未成年人保护法》的规定，在家事纠纷中应加强对未成年人的司法保护，实现未成年人利益最大化。检察机关在办理未成年人支持起诉案件的过程中，应当注重倾听未成年人心声，充分尊重未成年人的真实意愿，从最有利于未成年人保护的角度出发，帮助解决实际困难。

（3）"支持起诉＋司法救助"，形成未成年人权益保护合力。检察机关在办理支持起诉案件的过程中，对于生活困难符合司法救助条件的未成年人，应当及时启动司法救助程序，与此同时，做好跟踪考察，确保国家司法救助金专款专用。通过搭建"支持起诉＋司法救助"暖心桥，努力让司法温度"看得见、摸得着"。

5. 案例：毛某与某贸易有限公司、某信息技术有限公司肖像权纠纷支持起诉案

基本案情： 雷山银球茶作为国内唯一的特型茶，因其独特的圆球造型和优良的品质于 2014 年获批为国家地理标志产品，其制作技艺为雷山县非物质文化遗产代表性项目。2022 年 6 月，雷山县非物质文化遗产代表性项目银球茶制作技艺传承人毛某发现自己参与拍摄的雷山银球茶宣传视频被福建某贸易公司作为销售宣传视频上传至某公司电商平台，用以销售一款名为"高山绿茶"的茶叶产品，且销售量已达 10 万余件。

检察机关履职情况： 2022 年 6 月 13 日，毛某向雷山县茶叶工业园区的"合规检察联络室"反映其在某公司电商平台上遭受侵权，得知该线索后，负责对该企业定点帮扶的检察官迅速向企业负责人了解情况，在明确基本侵权事实的基础上，告知毛某有权向法院提起诉讼并申请检察机关支持起诉，随后毛某向雷山县人民检察院提出支持起诉申请。2022 年 6 月 23 日，雷山县人民检察院受理该案。围绕毛某被侵权事实是否存在以及对毛某支持起诉是否合理，检察机关作了如下调查核实：一是针对毛某描述其在某公司电商平台被商家盗用宣传视频中的个人形象用于销售宣传的侵权事实，防止因商家删除商品链接而造成取证困难，及时引导毛某到公证部门进行电子证据保全。二是对毛某支持起诉是否合理向相关职能部门和茶叶种植户进行核实，经核实，毛某所经营的茶企主要生产国家地理标志产品雷山银球茶，是省级"重点龙头企业"，也是贵州省著名商标，该公司原材料供应链辐射当地三万多茶叶种植户，有效解决 2000 多个建档立卡贫困户就业问题，但受疫情影响，该公司目前经营陷入困难，且公司没有专业的法务人员。三是围绕某公司电商平台是否应当承担连带侵权责任，召开检察官联席会进行讨论，并多次邀请市场监督管理部门、工信部门等进行座谈，听取专家意见，在明确侵权事实的基础上厘清法律关系和责任。

2022年7月4日，雷山县人民检察院向雷山县人民法院发出支持起诉意见书。检察机关认为，公民对自己肖像享有法定的支配权，他人未经允许不得进行使用，商家依托非物质文化遗产传承人较高的知名度和影响力，以其个人形象来宣传商品，容易让消费者陷入错误认识，属于虚假宣传。根据《民法典》《电子商务法》和最高人民法院《关于审理利用信息网络侵害人身权益民事纠纷案件适用法律若干问题的规定》，毛某对自己的肖像享有法定的支配权，某贸易公司在未经许可的情况下使用毛某的肖像对所销售商品进行虚假宣传，其行为已严重侵犯了毛某的肖像权。某公司作为电商平台的运营者，对平台注册卖家发布的商品宣传信息负有审查义务，其未尽到审查义务的行为间接造成了毛某肖像权遭受侵犯的结果，应当对侵权行为承担责任。

监督结果： 2022年9月9日，雷山县人民法院组织庭前调解，主办检察官出庭支持起诉。通过释法说理，积极促成双方当事人达成和解，某公司电商平台及时删除商品链接，下架侵权产品，并协助毛某的公司免费入驻该平台，打通银球茶的线上销售渠道，考虑到某贸易公司属于创业起步阶段，毛某主动放弃高额赔偿。

本案办结后，雷山县人民检察院督促相关职能部门开展非遗侵权诉源治理，摸清非遗底数，并出台《雷山银球茶地理标志保护产品专用标志使用管理办法》，进一步规范对银球茶的保护和使用。同时，督促涉案电商平台积极履行企业社会责任，助推政府部门和电商平台的沟通联系，借助电商平台销售优势积极推广该县茶叶等特色优势生态农产品，帮助茶叶打通线上销售渠道，实现销售模式的升级转型，助力巩固脱贫攻坚成果与乡村振兴有效衔接，实现"雷货出山"。

案件意义：（1）依法支持起诉，助推非遗保护。非物质文化遗产，是指各族人民世代相传，并视为其文化遗产组成部分的各种传统文化表现形式，以及与传统文化表现形式相关的实物和场所。非物质文化遗产是一个国家和民族历史文化成就的重要标志，是优秀传统文化的重要组成部分。支持起诉是检察机关支持民事权益受到损害的个人提起诉讼的活动，其在保护弱势群体合法权益、维护社会公平正义、解决社会矛盾、完善社会治理等方面具有独特价值。通过民事支持起诉方式加强对非物质文化遗产保护，符合支持起诉的价值取向。非物质文化遗产传承人因民事权益受到侵害，向检察机关申请支持起诉的，检察机关可以依法支持其向法院提起诉讼。

（2）引导调查取证，破解监督难题。涉电商平台的侵权案件，面对大量具有无形性、易篡改等特点的电子数据，如何合法有效的从技术层面破解取证、存证、出证难题成为办案的关键。检察机关可以引导当事人到司法行政部门通过公证形式对电子证据进行保全，对证据来源、取证时间、存证人员等进行全面固定，确保证据的真实性、客观性。同时，针对案件办理中的疑难、复杂问题，可以借助律师、法学专家等外脑智慧，破解监督难题。

（3）坚持服务大局，护航经济发展。线上销售平台已然成为当下最活跃最广阔的市场，特别是疫情暴发以来，对实体经济的冲击，使得线上销售优势更突出，这也成为众多企业寻求转型的一个突破口。检察机关在办理支持起诉案件的过程中，助推电商平台守法合规经营，围绕乡村振兴战略目标，积极促成电商平台和政府的深度合作，为非遗市场化提供了司法助力。

6. 案例：吴某成等59户与某工程公司财产损害赔偿纠纷支持起诉案

基本案情： 2018年3月，某工程公司承接了G211榕江县乐里至平永公路改扩建工程。2019年3月，该公司在修建乐里镇平相村附近的香岭大桥时，在一自然河道上以铺设3根水泥涵管并填充土石的方式修建了一条施工便道。2020年7月9日晚至10日中午，乐里镇辖区连降大雨，某工程公司未按防汛应急预案的要求安排人员在现场值守，及时挖开便道泄洪，致使便道堵塞河道形成堰塞湖，上游平定寨一座风雨桥及18户群众房屋被淹，其后，因堰塞湖库容不断增大，便道被整体冲垮形成洪流，造成下游一座风雨桥被毁及37户群众房屋（厂房）被淹，2辆私家车被冲毁。经评估，共造成59户财产损失为2527584元。同时洪水还造成国家修建的通村便桥、排洪渠、进村水泥路毁损，造成经济损失2487736元。2021年9月3日，榕江县人民检察院针对国家财产损失和河道疏浚向榕江县人民法院提起民事公益诉讼。2022年1月29日，榕江县人民法院作出一审判决，判令某工程公司承担桥梁重建费、排洪渠和道路修复费、评估费共计200.4万余元，并对受损河道进行疏浚。某工程公司不服提出上诉，黔东南州中级人民法院经审理于 2022 年 5 月 29 日作出终审判决，驳回上诉，维持原判。

检察机关履职情况： 由于某工程公司对受灾群众的财产损失赔付不积极，群众多次采取阻碍施工、扣押施工设备等方式找某工程公司维权。2022 年 10 月 8 日，吴某成等 59 户以文化水平低，无法收集法院受理案件所需的证据为由，向榕江县人民检察院申请支持起诉，该院审查后予以受理。榕江县人民检察院从榕江县乐里镇人民政府，调取了 59 户群众财产受损统计清单和财物损失评估报告，向县水务局调取了洪水复核报告，联系有资质的评估公司对毁损的两座桥梁进行鉴定，并垫付鉴定费用，经询问当事人、走访了解，查明：某工程公司在河道上修建施工便道后，在汛期未按防汛应急预案的要求安排人员在现场值守，及时消除危险，是造成 59 户群众财产受损的直接原因，经评估公司评定，共计经济损失 250 余万元。榕江县人民检察院与榕江县司法局联系，帮助吴某成等人聘请法律援助律师，提供无偿法律服务，经与榕江县人民法院联系，帮助吴某成等人缓交案件受理费 13603 元。

监督结果： 2022 年 10 月 12 日，吴某成等人向榕江县人民法院提起诉讼，榕江县人民检察院同日发出支持起诉意见书。检察机关认为，吴某成等 59 户群众合法财产应受法律保护，某工程公司占用河道修建施工便道，在汛期未落实防汛应急预案的要求，致使群众财产受损。吴某成等 59 户群众是民事诉讼的适格原告，有权通过民事诉讼获得救济，本案有明确的被告和具体的诉讼请求及事实、理由，符合法定受理条件。

本案办结后，榕江县人民检察院到案发地走访，了解赔偿款兑现情况。同时结合本案，教育引导村民，今后遇到类似情况，要依法理性维权。针对毁损桥梁的修复和重建，建议当地村委要充分考虑民族文化因素，坚持修旧如旧，让风雨桥成为乡愁的地标。

案件意义：（1）支持起诉，巩固脱贫攻坚成果。经过多年脱贫攻坚战，贫困地区建档立卡贫困户生产生活条件显著改善，经济收入增加，成功实现脱贫摘帽，但受制于历史因素、地理环境等原因，部分脱贫群众受教育程度低、经济条件还较差、依法维权的能力不足。脱贫户因被侵权致财产损失欲通过起诉维权的，检察机关可以依申请支持起诉，保障双方当事人诉权实质平等，在巩固脱贫攻坚成果同乡村振兴有效衔接中彰显检察担当。

（2）多措并举，维护脱贫户合法权益。脱贫户等弱势群体由于文化水平、经济条件、法律意识等方面的原因，难以围绕法定的起诉条件收集证据，提出诉讼请求。由于文化水平较低，难以收集固定相关证据的，检察机关可以通过提供法律咨询等方式，引导脱贫户自行收集案件相关证据。由于经济条件差，脱贫户在缴纳案件受理费等方面存在困难的，检察机关可以协助申请缓、减、免交案件受理费等。由于法律意识弱，维权能力差的，检察机关可以协助申请法律援助。

（3）能动履职，人民检察为人民。针对同一侵权行为既侵害国家利益，又造成脱贫户等弱势群体私益受损的，检察机关可以在提起公益诉讼挽回国家财产损失维护国家利益的同时，根据弱势群体的申请支持起诉，为弱势群体起诉维权提供有力支持。

第九章 民事检察跟进监督

第一节 民事检察跟进监督概述

一、民事检察跟进监督的历史沿革

民事检察监督工作是为保障民事法律统一正确实施而进行的监督，核心是对公权力的监督。对于检察机关的监督案件，如果人民法院在处理决定中有错不纠，检察机关的监督任务并未完成。因此，检察机关应当认真履行法律监督职责依法跟进监督。

为落实中央关于"完善检察机关对民事、行政诉讼实施法律监督的范围和程序"的改革任务，2011年3月10日颁布实施的最高人民法院、最高人民检察院《关于对民事审判活动与行政诉讼实行法律监督的若干意见（试行）》对裁判结果的"跟进监督"作了初步规定，该意见第7条规定："地方各级人民检察院对符合本意见第五条、第六条规定情形的判决、裁定、调解，经检察委员会决定，可以向同级人民法院提出再审检察建议。人民法院收到再审检察建议后，应当在三个月内进行审查并将审查结果书面回复人民检察院。人民法院认为需要再审的，应当通知当事人。人民检察院认为人民法院不予再审的决定不当的，应当提请上级人民检察院提出抗诉。"第10条规定："人民检察院提出检察建议的，人民法院应当在一个月内作出处理并将处理情况书面回复人民检察院。人民检察院对人民法院的回复意见有异议的，可以通过上一级人民检察院向上一级人民法院提出。上一级人民法院认为人民检察院的意见正确的，应当监督下级人民法院及时纠正。"

2012年8月31日，十一届全国人大常委会通过了《关于修改〈中华人民共和国民事诉讼法〉的决定》，对《民事诉讼法》进行了修改完善，同年

12 月，十一届全国人大常委会第三十次会议听取和审议了最高检关于民事行政检察工作情况的报告，要求检察机关进一步加大民事行政检察监督力度，切实加强和改进民事行政检察工作。为深入贯彻执行修改后民事诉讼法，认真落实全国人大常委会审议意见，最高人民检察院印发了《关于深入推进民事行政检察工作科学发展的意见》，意见指出："民事行政检察工作是检察机关为保障民事行政法律统一正确实施而进行的法律监督，其核心是对公权力的监督。"其主要效力在于依法启动相应的法律程序或促使被监督者自行纠正违法情形。

2013 年 11 月 18 日，最高人民检察院制定的《人民检察院民事诉讼监督规则（试行)》正式发布，规则延续了最高人民法院、最高人民检察院《关于对民事审判活动与行政诉讼实行法律监督的若干意见（试行)》对检察建议处理结果错误的提请上级院监督制度，正式规定了跟进监督制度，且跟进监督的范围不局限于裁判结果监督类案件，而是包括所有以检察建议监督的民事案件类型，即对民事执行活动和民事审判活动违法发出检察建议后，若人民法院未在规定的期限内作出处理并书面回复，或对检察建议的处理结果错误的，人民检察院也应当按照有关规定跟进监督或者提请上级人民检察院监督。

2016 年 11 月 2 日，最高人民法院、最高人民检察院发布了《关于民事执行活动法律监督若干问题的规定》（法发〔2016〕30 号)，该规定第 14 条规定："人民法院收到检察建议后逾期未回复或者处理结果不当的，提出检察建议的人民检察院可以依职权提请上一级人民检察院向其同级人民法院提出检察建议。上一级人民检察院认为应当跟进监督的，应当向其同级人民法院提出检察建议。人民法院应当在三个月内提出审查处理意见并以回复意见函的形式回复人民检察院，认为人民检察院的意见正确的，应当监督下级人民法院及时纠正。"再次明确了民事执行检察监督中跟进监督的具体程序。

2020 年 5 月 28 日，十三届全国人大三次会议表决通过了《民法典》，法典自 2021 年 1 月 1 日起施行。习近平总书记在《充分认识颁布实施民法典重大意义依法更好保障人民合法权益》中强调："要加强民事检察工作，加强对司法活动的监督，畅通司法救济渠道，保护公民、法人和其他组织合法权益，坚决防止以刑事案件名义插手民事纠纷、经济纠纷。"这为加强民事检察对司法活动的监督、保护当事人合法权益指明了方向。

2021 年 6 月 15 日,《中共中央关于加强新时代检察机关法律监督工作的意见》指出:"以全面实施民法典为契机,进一步加强民事检察工作,畅通司法救济渠道,加强对损害社会公共利益、程序违法、裁判显失公平等突出问题的监督,依法保护公民、法人和其他组织合法权益。健全检察机关依法启动民事诉讼监督机制,完善对生效民事裁判申诉的受理审查机制,完善案卷调阅制度。"该意见为检察机关依法启动依职权监督,加强跟进监督,将公权监督与私权救济落到实处提供了指引。2021 年 8 月 1 日,《监督规则》正式施行,进一步明确了跟进监督的类型和适用情形。

二、民事检察跟进监督的特点

(一)程序的启动具有职权性

跟进监督的初衷在于对确有明显错误、确有监督必要性的案件进行二次甚至多次监督,其立足于人民检察院是国家法律监督机关的宪法定位,因而无需当事人的申请,相较于民事检察初次监督,其职权性更加突出。

(二)监督的对象和情形具有特定性

民事检察跟进监督的对象仅指人民法院,不包括其他国家机关、社会组织与个人。民事检察跟进监督的情形也仅包括法院审理民事抗诉案件作出的裁判仍有明显错误、法院对检察建议未在规定的期限内作出书面回复、法院对检察建议的处理结果出现错误这三种情形,无其他兜底条款,不能随意扩大跟进监督的对象和范围,否则将造成监督权的滥用。

(三)在监督时序与程度上具有事后性、跟随性及推进性

民事检察跟进监督是相对于第一回合的初次监督而言的,无论是由实施初次监督的检察院开展再次监督,或者由实施初次监督的检察院提请上级人民检察院开展检察监督,在检察监督时序上毫无疑问具有事后性、跟随性和推进性。这也决定了跟进监督不是简单重复初次监督的监督意见,而应当通过调查取证等多种方式对初次监督进行补强,通过检法沟通等方式强化检法共识,从而强化监督效力。

三、民事检察跟进监督的价值

（一）跟进监督是实现民事检察精准监督的重要手段

健全以精准化为导向的民事诉讼监督机制，明确将精准化作为民事检察科学发展的新思路已被写入《2018—2022 年检察改革工作规划》，精准监督强调办案数量、质量、效率、效果的有机统一。在案件的选择上，强调注重选择适当的监督方式对有纠偏和引领价值的案件进行监督，从而促进解决一个领域、一个地方、一个时期司法理念、政策、导向问题，尤其是涉及公共价值或公共利益的问题。《中共中央关于加强新时代检察机关法律监督工作的意见》提出检察机关应当精准开展民事诉讼监督，增强监督的主动性、精准度和实效性。因此，对于民事检察履职过程发现的具有纠偏和引领价值的案件，如果监督后明显错误和违法的情形仍然存在，更要通过跟进监督达到应有的监督质效。

（二）跟进监督是体现民事检察公权监督和私权救济双重效果的重要方式

民事检察监督是对民事审判权和民事执行权的监督，检察机关通过纠正法院在审判权和执行权行使过程中的违法行为及相关后果，保障国家法律统一正确实施，维护国家利益、社会公共利益，保护公民、法人和其他组织的合法权益。如果检察监督目的还未最终实现，检察机关有责任依职权再次监督，在对公权力行为纠错的同时实现对申请监督人的私权利救济。

第二节　民事检察跟进监督相关法律规定及理解适用

一、民事检察跟进监督相关法律规定

《监督规则》第 124 条规定："有下列情形之一的，人民检察院可以按照有关规定再次监督或者提请上级人民检察院监督：（一）人民法院审理民事抗诉案件作出判决、裁定、调解书仍有明显错误的；（二）人民法院对检察建议未在规定的期限内作出处理并书面回复的；（三）人民法院对检察建

议的处理结果错误的。"对比修订前《人民检察院民事诉讼监督规则（试行）》第117条对跟进监督的规定，此次修订的主要内容为：一是将"人民检察院应当按照有关规定跟进监督或者提请上级人民法院监督"中的"应当"修改为"可以"，将"跟进监督"修改为"再次监督"；二是将原条文第1项"仍符合抗诉条件的"修改为"仍有明显错误的"；三是将原条文第2项"人民法院对人民检察院提出的检察建议未在规定的期限内作出处理并书面回复的"修改为"人民法院对检察建议未在规定的期限内作出处理并书面回复的"。

《监督规则》之所以对跟进监督的规定作出上述修改，原因有三：一是检察机关是否需要进行跟进监督，需要考量多种因素，并坚持政治效果、法律效果和社会效果的有机统一，不宜作出硬性规定，因此，新规定将"应当"修改为"可以"；二是从文字的含义来看，原监督规则条文中的"跟进监督"包含"提请上级检察院监督"这一方式，因此将上述两者并列作出规定，为了让语义上更加通顺，此次修订将"跟进监督"改为"再次监督"；三是为慎重行使再次抗诉权，对于抗诉后再审裁判只有存在明显错误的，检察机关才会跟进监督。因此，此次修订将"符合抗诉条件"改为"有明显错误"，并与《监督规则》第91条有关再次抗诉的规定衔接一致，即："人民检察院提出抗诉的案件，接受抗诉的人民法院将案件交下一级人民法院再审，下一级人民法院审理后作出的再审判决、裁定仍有明显错误的，原提出抗诉的人民检察院可以依职权再次提出抗诉。"

二、民事检察跟进监督相关规定的理解与适用

一是《监督规则》第124条所称的"有关规定"包括：最高人民法院、最高人民检察院《关于对民事审判活动与行政诉讼实行法律监督的若干意见（试行）》第7条第2款、第10条第2款，最高人民法院、最高人民检察院《关于民事执行活动法律监督若干问题的规定》第14条及《监督规则》第91条。

二是《监督规则》第124条所称的"检察建议"，是指再审检察建议、审判程序中审判人员违法行为监督检察建议和执行监督检察建议。社会治理检察建议和其他检察建议的办理，应当适用《人民检察院检察建议工作规定》的有关规定。

三是《监督规则》第 124 条所称的"未在规定期限内作出处理",关于"规定期限"应如何计算问题。根据《监督规则》第 132 条的规定:"检察建议案件的办理,本规则未规定的,适用《人民检察院检察建议工作规定》。"最高人民检察院《人民检察院检察建议工作规定》第 19 条的规定:"人民检察院提出检察建议,除另有规定外,应当要求被建议单位自收到检察建议书之日起两个月内作出相应处理,并书面回复人民检察院。因情况紧急需要被建议单位尽快处理的,可以根据实际情况确定相应的回复期限。""两高"《关于对民事审判活动与行政诉讼实行法律监督的若干意见(试行)》第 7 条明确,人民法院收到再审检察建议后的回复期限为 3 个月,对审判人员违法检察建议回复期限为 1 个月,该条文与上述第 19 条的规定是特殊与一般的关系,因此,法院对再审检察建议的回复期限应当是 3 个月,对审判人员违法检察建议回复期限应为 1 个月。对于民事执行检察建议的回复期限,2016 年"两高"《关于民事执行活动法律监督若干问题的规定》规定了 3 个月的回复期限,根据新法优于旧法原则,民事执行检察建议的回复期限应为 3 个月。

四是跟进监督是与初次监督相比,其包含了本条文中的"再次监督"和"提请上级人民检察院监督"。跟进监督的责任更重,要求更严,是否跟进监督必须在充分考虑案件办案效果的基础上,进一步判断监督的必要性。

第三节　民事检察跟进监督措施的实践运用

基于精准监督和有限监督的理念,启动跟进监督程序应当坚持审慎谦抑的原则,对监督必要性和法定性进行评估,严把案件事实关、程序关和法律适用关,在维护司法权威和纠错的适当性之间寻求平衡点,重点培育权力监督和权利救济的民事检察思维,做到既敢于监督,又善于监督,通过监督实现权力纠错和权利救济的双重效果。充分发挥案例在业务指导、政策指引和司法理念引领中的重要作用,有助于准确把握跟进监督工作重点。因此,笔者对最高检迄今发布的两批共 9 件民事检察跟进监督典型案例进行了梳理,并按照案件类型和领域将其分为损害"两益"类、借贷纠纷类、执行活动违法类跟进监督三个板块,对上述案例监督的过程、结果、监督重点进行分类总结，以借他山之石，对贵州省民事检察跟进监督工作转变工作理念方式、提升监督工作质效作出有益的借鉴。

一、聚焦损害国家利益和社会公共利益的案件开展跟进监督

对于涉及国家利益和社会公共利益的民事案件，检察机关应当主动依职权监督，如查实生效裁判确有错误而法院未予采纳监督意见的情况下，可以适时跟进监督，督促法院依法纠正案件，维护国家利益和社会公共利益。

（一）针对虚假诉讼开展跟进监督

虚假诉讼行为妨害司法秩序，浪费司法资源，损害司法权威和司法公信力，对虚假诉讼行为进行跟进监督具有正当性和必要性，并且，"当事人存在虚假诉讼等妨害司法秩序行为的"是《监督规则》第 37 条规定的人民检察院应当依职权启动监督程序的法定情形之一。从以往的监督实践来看，法检两家曾对虚假诉讼是否损害"两益"存在不同理解，有的认为虚假诉讼损害的仅是第三人的合法权益，但笔者认为，虚假诉讼利用民事诉讼这一合法形式达到非法目的，其所损害的不仅是当事人的私益，还损害了国家司法秩序等公共利益，不能简单视为当事人对自己诉讼权利和实体权利合法有效的处分，是人民检察院依职权监督的重点之一，从跟进监督的案件类型分布来看，虚假诉讼所占比例也较大。

1. 涉及刑民交叉虚假诉讼案件的审查

检察机关在办理"刑民交叉"案件中，对如何准确适用"先刑后民"原则的认识存在分歧。根据"两高两部"《关于进一步加强虚假诉讼犯罪惩治工作的意见》第 14 条规定："……刑事案件的审理结果不影响民事诉讼程序正常进行的，民事案件应当继续审理。"因此，并非所有刑民交叉的案件都要在刑事案件处理结果出来后方可启动民事再审纠错程序，机械适用"先刑后民"原则不仅不利于及时保护相关民事主体的合法权益，还会架空民事再审纠错制度。在办理"民刑交叉"的跟进监督案件中，若初次监督法院以"先刑后民"原则不采纳监督意见，再次监督应抓住以下重点：一是要注意审查刑事案件和民事案件是否为同一事实、同一基础法律关系，以此判断生效刑事裁判能否对民事案件形成免证效力；二是

要围绕刑事判决认定的事实与民事案件基础法律关系两者之间的联系进行审查，若民事案件的纠错并非必须以刑事案件的处理结果为依据，则不宜适用"先刑后民"原则。

下面一案中，检察机关敏锐察觉到案件的异常特征并进行调查核实，在查清案件事实的基础上，对法院简单适用"先刑后民"原则不采纳再审检察建议持续跟进监督，确保了监督效果，及时保护了相关民事主体的合法权益。

案例：周某凤与林某辉、华某大酒店有限公司民间借贷纠纷跟进监督案

基本案情： 2017 年 8 月 11 日，周某凤向福建省武夷山市人民法院（以下简称武夷山市法院）起诉华某大酒店有限公司（以下简称华某大酒店）及法定代表人林某辉。诉请判令二被告偿还借款本金 1505 万元及利息，承担实现债权的律师代理费等其他费用，并于同年 8 月 14 日申请诉中财产保全，8 月 22 日，武夷山市法院依据周某凤提出的申请裁定查封华某大酒店房产。案件审理中，双方达成调解协议，被告认可原告全部诉讼请求。武夷山市法院遂作出民事调解书，对调解协议予以确认。周某凤随即向该法院申请执行，拍卖华某大酒店房产。

案外人何某清系林某辉债权人，对林某辉享有 750 万元的债权。何某清得知上述情形后，向武夷山市法院反映周某凤与林某辉、华某大酒店恶意串通，虚构事实，骗取法院民事调解书，进而参与执行分配，侵犯了其合法利益。武夷山市法院以现有证据不足以证实该案系虚假诉讼为由，未予处理。2019 年 3 月 13 日，案外人何某清向福建省武夷山市人民检察院（以下简称武夷山市检察院）提出控告。

初次监督： 武夷山市检察院对上述案件进行审查后发现以下异常：一是诉讼时间节点异常。华某大酒店房产因与何某清等人民间借贷纠纷案，于 2016 年 8 月 23 日被武夷山市法院裁定查封，后经双方协商，2017 年 7 月 13 日，法院裁定解封。同年 8 月 11 日，周某凤即向法院起诉华某大酒店、林某辉，并于 8 月 14 日申请查封华某大酒店房产，存在逃债嫌疑。二是原被告双方为亲属关系。林某辉系华某大酒店法定代表人，是周某凤的舅舅。三是涉案金额巨大，庭审却无对抗性，双方很快达成调解协议。针对上述疑点，武夷山市检察院随即开展调查核实工作，在对华某大酒店、周某凤、林某辉等人名下的银行账户调查时，发现周某凤账户有 100 万元流水异常。

即周某凤通过其名下一个账户将 100 万元转给华某大酒店账户后不久，华某大酒店实际控制人林某辉利用其控制的其他人账户将 100 万元返回到周某凤名下同一账户。通过初步调查核实，2019 年 6 月 18 日，武夷山市检察院认为周某凤与林某辉、华某大酒店涉嫌虚假诉讼违法犯罪，遂将案件线索移送至福建省武夷山市公安局。公安机关经过初查发现，本案所涉及的 9 笔借款中有 8 笔共计 1405 万元在短期内又通过其他主体的账户回流至周某凤银行账户。但公安机关初查后未予立案。武夷山市检察院向公安机关发出《要求说明不立案理由通知书》，福建省武夷山市公安局随后立案，查明了周某凤、华某大酒店、林某辉犯虚假诉讼罪的案件事实。

2019 年 9 月 27 日，武夷山市检察院向武夷山市法院发出再审检察建议，认为：林某辉、华某大酒店与周某凤不存在真实债权债务关系，双方恶意串通提起诉讼旨在恶意串通损害第三人何某清的利益，同时损害了社会公共利益与国家利益。武夷山市法院作出《民事决定书》，认为本案的处理应当按照"先刑后民"原则，以刑事案件的最终处理结果为依据，决定对再审检察建议不予采纳。

武夷山市检察院认为，法院仅以"先刑后民"为由对人民检察院的再审检察建议不予采纳，显属不当。武夷山市检察院决定启动跟进监督程序，提请福建省南平市人民检察院（以下简称南平市检察院）抗诉。

跟进监督：南平市检察院审查后向福建省南平市中级人民法院（以下简称南平中院）提出抗诉。理由是：周某凤向林某辉、武夷山市华某大酒店有限公司转账的 1505 万元款项，经公安机关后续侦查发现，在周某凤起诉前林某辉均已偿还。故周某凤起诉时双方之间不存在真实的债权债务关系；林某辉与周某凤虚构借贷事实，共谋提起虚假诉讼，双方恶意串通侵害了何某清的合法权益，致使何某清无法通过拍卖华某大酒店名下房产实现债权。周某凤、林某辉实施的虚假诉讼行为扰乱正常诉讼秩序，损害司法权威和司法公信力。在现有证据能够证明本案属于虚假诉讼的情形下，民事案件并非必须以刑事案件的处理结果为依据，不宜适用"先刑后民"原则。武夷山市法院收到再审检察建议后，应该对出具的本案调解书是否存在错误，本案是否属于虚假诉讼进行审查。至于再审后案件的事实认定是否要以刑事案件的调查结果为依据，应启动再审程序后法院再行决定，武夷山市法院直接决定不予再审不当。

监督结果： 2020 年 6 月 3 日，南平中院裁定提审，中止原调解书的执行。2020 年 10 月 9 日，武夷山市法院判决华某大酒店犯虚假诉讼罪，判处罚金人民币 10 万元，林某辉犯虚假诉讼罪，判处有期徒刑 2 年，缓刑 3 年，并处罚金人民币 10 万元；周某凤犯虚假诉讼罪，判处有期徒刑 1 年，缓刑 2 年，并处罚金人民币 5 万元。2021 年 2 月 20 日，南平中院裁定撤销武夷山市法院民事调解书，驳回周某凤的起诉。

2. 针对建筑工程等重点领域虚假诉讼案件跟进监督，应关注企业合法权益保护和法治营商环境建设

法治是最好的营商环境。习近平总书记强调："要实施好民法典和相关法律法规，……完善各类市场主体公平竞争的法治环境。"检察机关作为国家的法律监督机关，应当坚持保护企业合法权益与促进企业守法合规经营并重，支持、平等保护各类企业经营发展。在企业经营过程中，股东或投资人因企业遭受虚假诉讼、利益受损情况较为常见，加强对此类案件监督对于维护企业合法权益、营造良好法治营商环境、提振投资人信心具有重要意义。特别是针对近年来虚假诉讼多发频发的民间借贷、建筑工程施工等领域案件，用好跟进监督措施，不仅可以帮助企业挽回经济损失，恢复社会名誉，还可以警示和督促企业重视和加强合规经营，有利于净化行业生态，规范相关市场行业秩序，营造诚信有序的行业环境，促进行业健康可持续发展。

下面两个案例均反映了建设工程施工领域的违法违规乱象。实践中，建筑工程领域借用资质承包工程、高息借用资金垫付工程款等违法违规现象较为普遍，一旦发生纠纷，有的行为人为转嫁债务或谋取非法利益，通过双方恶意串通或单方捏造事实等方式实施虚假诉讼，意图将个人债务转嫁给第三方，通过伪造合同、签章、违规评估鉴定等方式向公司转嫁个人债务，或试图通过虚增工程款或工人劳动报酬等方式获得优先受偿权，在民事检察监督中，检察机关应当用好用足调查核实权，加强对这类违规违法行为的监督，用穿透式监督思维，查清案件事实，防止不法行为人有机可乘。

案例：范某传与吴某某等 9 人虚假诉讼跟进监督案

基本案情： 范某传是某建设集团有限公司四分公司（以下简称某建设集团四分公司）负责人范某浩的侄子。叔侄二人自 1999 年至 2008 年借用该

建设集团有限公司（以下简称某建设集团）施工资质和名义承揽工程建设项目。2008年12月起，范某传开始借用其他公司资质承揽工程项目，2009年底开始，范某传不再以某建设集团名义承接工程。2010年至2013年间，范某传因工程建设需要周转资金，以个人名义从吴某某等人处借款。2014年七八月间，因无力偿还个人借款，范某传向吴某某等人出具私自加盖某建设集团四分公司财务专用章及公司负责人范某浩私章的新借据，借款金额、借款时间、借款利息等其他内容保持不变。随后，范某传委托代理律师、缴纳诉讼费用，指使吴某某、李某展、范某升等11人持新借据以某建设集团四分公司、某建设集团为被告向法院起诉。

2014年12月，吴某某、李某展、范某升等11人以民间借贷纠纷为由向安徽省合肥高新技术产业开发区人民法院（以下简称高新区法院）起诉，诉请法院判令某建设集团四分公司、某建设集团偿还借款本金及利息。理由是某建设集团四分公司因建设工程资金周转需要，从吴某某等11名出借人处借款共计597万元，某建设集团四分公司分别向他们出具《借支单》或《借条》，借据上加盖有某建设集团四分公司财务专用章和负责人范某浩个人印章。2016年7月，11个案件中除李某展在一审审理中撤回起诉、范某升自认借款系范某传个人借款、吴某某提交证据存在矛盾一审被判败诉外，其他8名出借人一审均胜诉，某建设集团、某建设集团四分公司不服该8个案件的判决结果向安徽省合肥市中级人民法院（以下简称合肥市中院）提起上诉。出借人之一吴某某不服一审败诉结果亦提出上诉。2016年12月、2017年3月二审法院先后作出9份终审判决，维持8名出借人一审胜诉的判决结果；改判吴某某二审胜诉；驳回了某建设集团及其四分公司的上诉请求。

一审中，某建设集团公司以对相关事实毫不知情，相关民事诉讼涉嫌诈骗为由向公安机关报案。2015年6月2日，公安机关以范某传及相关债权人的行为属于民事欺诈为由，作出不予立案的决定。某建设集团向安徽省合肥高新技术产业开发区人民检察院（以下简称高新区检察院）申请立案监督。经检察机关监督，2017年7月28日公安机关决定立案侦查。2018年5月30日，高新区检察院以范某传涉嫌虚假诉讼罪向高新区法院提起公诉。2018年8月20日，一审法院判决范某传犯虚假诉讼罪，判处有期徒刑9个月并处罚金30000元。安徽省合肥市人民检察院以一审判决量刑畸轻为由向合肥市中院提出抗诉。2018 年 12 月 19 日，合肥市中院以虚假诉讼罪改判范某传有期徒刑 4 年，并处罚金 50000 元。

初次监督： 在范某传涉嫌虚假诉讼罪一案提起公诉后，合肥市检察院依职权对相关民事案件进行了审查，确认存在虚假诉讼事实。

2018 年 9 月 14 日，合肥市检察院向合肥市中院提出再审检察建议，认为范某传因无力偿还个人借款，向 11 名出借人出具了私自加盖某建设集团四分公司财务专用章及负责人私章的新借据，并以提供代理律师、缴纳诉讼费用等方式，指使上述 11 人持捏造的借据向人民法院提起民事诉讼，诉请某建设集团及其四分公司偿还借款本金利息，涉及金额本金达 597 万元，致使人民法院作出 9 份错误的生效民事判决。范某传指使他人以捏造的借据提起民事诉讼，妨碍司法秩序并严重侵害某建设集团及其四分公司的合法权益，构成虚假诉讼，建议法院启动再审程序。

2018 年 11 月 7 日，合肥市中院向合肥市检察院复函，决定对上述民事案件按审判监督程序处理。再审审查过程中，吴某某等 9 人申请撤回起诉。法院认为吴某某等人撤回起诉的请求，不损害国家利益、社会公共利益和他人合法权益，遂于 2018 年 12 月裁定准许撤回起诉。

跟进监督： 合肥市检察院认为准予撤诉处理明显不当，提请安徽省人民检察院抗诉。安徽省人民检察院查明，范某传指使吴某某等人持伪造的借据提起民事诉讼，致某建设集团为应诉支出律师代理费、案件受理费、鉴定费等费用合计 30 余万元。二审判决生效后，吴某某等人申请强制执行，某建设集团被列入中国执行信息公开网失信被执行人名单，长达一年多不能参与招投标活动，也不能申请金融贷款。此外，吴某某等人在原审法庭上作虚假陈述，误导法院作出错误判决。

2019 年 11 月 4 日，安徽省人民检察院就合肥市中院前述 9 份民事裁定书，向安徽省高级人民法院提出抗诉，认为吴某某等 9 人受范某传指使，以伪造的借据提起民事诉讼，妨碍司法秩序，侵害他人合法权益，损害了国家和社会公共利益，应该受到法律的否定性评价。对吴某某等人提出的撤诉申请，人民法院应严格审查，依法判决驳回其诉讼请求，并对参与虚假诉讼的违法行为人予以惩戒。原审法院作出准予撤诉的民事裁定，属适用法律明显错误。

监督结果： 2020 年 6 月 8 日，安徽省高级人民法院作出再审判决，撤销了合肥市中院原审裁定及高新区法院原审判决，驳回吴某某等 9 人的诉讼请求，同时决定对吴某某等 9 名起诉人分别给予 2000 元至 20000 元不等的罚款惩戒。对于代理律师焦某决定给予其罚款 20000 元的民事诉讼制裁措施，并就代理律师参与虚假诉讼的违法问题，向安徽省司法厅、安徽省律师协会发出司法建议。此外，吴某某等人还向某建设集团自愿赔偿律师费等直接经济损失 45 万元。

案例：某建筑公司与某置业公司建设工程施工合同纠纷跟进监督案

基本案情：2017 年 10 月 12 日，某建筑公司起诉某置业公司至浙江省金华市浦江县人民法院，诉称：2014 年 7 月 2 日，该公司中标某置业公司开发的某小区二期工程项目，并于 2014 年 7 月 8 日签订建设工程施工合同，约定工程由某建筑公司承建，建筑总面积 102358m²，工程总造价约 35000 万元。承包方式为包工包料，工程量按实计处，按照 1994 浙江省建筑工程预算定额作为计价依据，土建工程综合费率 31.5%；水电安装工程综合费率 201.8%，由某造价咨询公司进行跟踪审计，双方依据该跟踪审计结果结算工程进度款。所有工程验收合格后，20 天内付已完成工程总造价的 90%，审价报告确认后 15 天内支付至 97%，另有 3% 作为工程质保金。2017 年 9 月 22 日，某小区二期工程通过竣工验收。同日，经某造价咨询公司审定工程造价为 25121 万元，某置业公司现已支付工程款 15800 万元，剩余工程款未能给付。故某建筑公司请求法院判令某置业公司支付工程欠款 9321 万元，并就案涉工程折价或变卖的价款优先受偿。某置业公司对某建筑公司诉称事实无异议，辩称因资金紧张未能按时给付。案件审理过程中，双方达成调解协议，约定：某置业公司欠某建筑公司工程款共 9321 万元，于 2017 年 12 月 16 日前付清，如某置业公司未按期履行，某建筑公司有权申请强制执行；某建筑公司就案涉工程折价或者拍卖的价款在 9321 万元的限额内享有优先受偿权。浦江县人民法院出具民事调解书对上述调解协议内容予以确认。

初次监督：2019 年 5 月，案外人某集团公司主张本案系虚假诉讼，向浙江省金华市浦江县人民检察院提出控告。浦江县人民检察院审查认为本案涉嫌虚假调解，遂依职权立案并开展调查核实。检察机关查明，2014 年 4 月某置业公司全部股份被某集团公司收购，法定代表人变更为潘某义；杜某春为某建筑公司法定代表人。检察机关赴浦江县公共资源交易中心调取了备案合同文本，发现备案施工合同签订日期为 2014 年 6 月 13 日（以下简称《六月合同》），而向法院提交的施工合同签订日期为 2014 年 7 月 18 日（以下简称《七月合同》），两份合同在工程综合费率、定额人工单价等方面有较大差异，浙江省早已按照 2010 定额标准进行造价控制，双方却采用 1994 定额标准，不符合市场行情。检察机关询问某置业公司的法定代表人潘某义得知，潘某义因融资需要多次以个人名义向杜某春等人借款，某小区二期工程完工后，杜某春为了让潘某义偿还欠款，跟潘某义合谋，将潘某义个人欠款计入工程款，编造《七月合同》提高综合费率和人工造价虚增工程价款，以期通过工程款优先受偿。工程监理、预决算、跟踪审计人员均证实工程实际均按照《六月合同》履行，某置业公司也是按照该协议支付相应阶段工程款，并提供了工程预决算报告、计量汇总表、工程费用汇总表等涉及工程款结算的基础材料，印证了上述人员的陈述。

浦江县人民检察院审查认为，潘某义与杜某春恶意串通，伪造建设工程施工合同，通过虚假诉讼手段骗取人民法院民事调解书，侵害了某置业公司合法权益，破坏了正常司法秩序，损害了国家利益和社会公共利益，遂于 2019 年 6 月 28 日向浦江县人民法院提出再审检察建议。2019 年 9 月 25 日，浦江县人民法院函复浦江县人民检察院，认为现有证据不足以证实案涉民事调解书损害国家利益和社会公共利益，对再审检察建议不予采纳。

跟进监督：浦江县人民检察院认为浦江县人民法院未予采纳再审检察建议确有错误，决定依法跟进监督。2019 年 9 月 29 日，浦江县人民检察院向金华市人民检察院提请抗诉。金华市人民检察院抗诉认为：（1）有证据证明《七月合同》不符合常理，且在实际施工过程中并未依此结算工程款。工程监理、预决算、跟踪审计人员的询问笔录证实工程实际履行均是按照《六月合同》履行，《七月合同》将定额人工单价由"41.5 元/工日"调增为"88.24 元/工日"，土建工程综合费率由 14% 提高到 31.5%；水电安装工程综合费率由 77.58% 提高到 201.8%，明显不符合建筑市场行情。（2）案涉民事调解书是杜某春、潘某义相互串通形成。潘某义自认通过编造《七月合同》提交给某造价咨询公司，进而形成《工程造价审定单》，并向法院提起虚假诉讼的事实。杜某春虽予以否认，但相关工程管理人员的陈述均可以证实工程实际按《六月合同》约定的计价标准结算工程款。工程结算标准为施工实质性内容及核心条款，如双方合意更改，应有充分协商的痕迹，不可能在履行过程中没有通知其他管理人员且未留存工作记录。同时二人均明知某置业公司实际控股人系某集团公司，将潘某义个人债务虚构混入公司债务，具有虚假诉讼故意，严重妨害司法秩序，损害国家利益和社会公共利益。

监督结果： 2019 年 10 月 30 日，金华市中级人民法院裁定提审本案，中止原调解书的执行。2020 年 2 月 20 日，金华市中级人民法院作出裁定，撤销原审民事调解书，将本案发回浦江县人民法院重审。2020 年 12 月 24 日，浦江县人民法院重审后作出民事判决，判令某置业公司支付某建筑公司工程款 2223 万元及相应利息，并据此确认某建筑公司优先受偿范围。

（二）针对破坏生态环境等损害社会公共利益案件开展跟进监督

虽然国家利益和社会公共利益在法律上并无明确的界定，但综观学理和实践中的各种解释，国家利益一般是指能够满足或能够满足国家生存发展且对国家具有好处的利益。社会公共利益，一般是指全体公民或区域性的大多数公民所能够享受及所应遵守的公共秩序和公共道德，一般是指社会上大多数成员的利益，区别于个人利益、特定部门或者集团的利益。在实际生活中，与老百姓生活联系较为密切的社会公共利益一般涉及生态环境、食品药品安全等。

案例：赵某章与康某勇、康某成买卖合同纠纷跟进监督案

基本案情： 2007 年 12 月 16 日，福建省漳州市华安县人民政府以华政林证字（2007）第 012×× 号《中华人民共和国林权证》将坐落于华安县沙建镇大坑村、小地名为北坑底、林业小班为 17（2，3）、18（3）、面积为 247 亩的林木所有权、林地使用权确权给赵某章。

2001 年 9 月 3 日，华安县人民政府确认林业小班 17（1，4）为生态公益林之水土保持林。2010 年 12 月 1 日，华安县大坑村委会与赵某章签订两份《集体林权制度改革承包合同书》，将小班 17（1，4）林地承包经营权发包给赵某章承包。双方约定，赵某章承包的林木只能用于造林绿化，不能私自改变林地用途，如造房、造墓等。华安县人民政府于 2011 年 5 月 9 日将小班 17（1，4）林地使用权确权给赵某章，森林性质为省级生态林，主要树种为桉树，造林年度为 2007 年，其中 17（1）面积为 59 亩，17（4）面积为 14 亩。

2012 年 8 月 4 日，赵某章与康某勇、康某成签订《合同书》约定，赵某章将位于北坑底的山林以 115 万元的价格卖给康某勇、康某成采伐，买卖标的包括小班 17（2，3）、18（3）、17（1，4）范围内的林木。约定：（1）付款方式：合同签订之日康某勇、康某成应首付赵某章 40 万元，余款在砍伐前再付 20 万元，尾款部分在砍伐后一个月内付清。（2）在砍伐过程中，一切事务、费用都由康某勇、康某成自理，山上一切木材都归康某勇、康某成所有，砍伐完山地归赵某章所有。（3）康某勇、康某成应在 2013 年底将山上树木砍伐完毕，将山地归还赵某章……以上合同条款经双方协商通过，如单方悔约应赔偿对方经济损失 15 万元。

2013 年 6 月、2014 年 11 月，经政府林业主管部门审批，赵某章分别取得林业小班 17（2，3）、18（3）林木采伐许可证，采伐林种为短周期工业原料林，采伐方式为皆伐。自 2013 年 1 月 1 日至赵某章起诉时，林业小班 17（1，4）未办理林木采伐许可证。至 2013 年 6 月 21 日，康某勇、康某成共支付给赵某章林木款 70 万元。至赵某章起诉时，小班 17（2，3）、18（3）范围内的林木未砍伐完毕，小班 17（1，4）范围内的林木尚未开始砍伐。

2013 年 9 月 10 日，赵某章起诉至福建省漳州市华安县人民法院（以下简称华安县法院），请求判令康某勇、康某成支付剩余林木买卖款 45 万元及违约金 15 万元。

2014 年 4 月 21 日，华安县法院作出一审民事判决。该院认为，依据《森林法》《森林法实施条例》规定，国家对林木采伐采取限额许可制度，对生态公益林不得核发林木采伐许可证，并未规定生态公益林禁止、限制买卖，因此，本案的生态公益林买卖作出的约定并不违反法律、行政法规的禁止性规定，赵某章和康某勇、康某成之间签订的《合同书》依法成立，合法有效，康某勇、康某成应支付赵某章林木买卖余款 45 万元。本案《合同书》在约定的 2013 年底采伐期限届满后，仍具有履行的必要性，应按约定内容予以继续履行，故赵某章应配合康某勇、康某成办理相关的采伐许可手续。据此，判令：一、康某勇、康某成于本判决生效之日起 30 天内支付赵某章林木买卖价款 450000 元；二、驳回赵某章的其他诉讼请求。

初次监督：福建省漳州市人民检察院（以下简称漳州市检察院）发现该案件线索后移交给福建省漳州市华安县人民检察院（以下简称华安县检察院）受理。华安县检察院经审查认为，赵某章与康某勇、康某成订立合同的目的是砍伐山林，买卖合同标的包括小班17（1，4）范围内的生态公益林。依照《森林法》《森林法实施条例》等法律法规规定，生态公益林不得转让和砍伐，双方订立的民事合同因违反法律、行政法规的效力性强制性规定而无效。2018年2月8日，华安县检察院就华安县法院前述民事判决发出再审检察建议书，认为案涉《合同书》约定的采伐73亩生态公益林的约定内容应为无效，生效判决适用法律错误，建议再审。

华安县法院再审认为，康某勇、康某成向赵某章购买案涉生态公益林（防护林），仍可进行抚育和更新性质的采伐；在条件成就时，经批准采伐，不构成严重损害国家和社会公共利益，不属于合同无效的情形。因此，华安县检察院认为双方当事人所签订的案涉防护林转让合同无效与法不符，不予支持。2018年8月27日，该院作出《民事决定书》：不予采纳再审检察建议。

跟进监督：2018年10月10日，华安县检察院向漳州市检察院提请抗诉。

2018年10月11日，漳州市检察院对该案予以受理。该院指令华安县检察院向福建省漳州市华安县林业局森林资源管理站、福建省漳州市华安县国土资源局、福建省漳州市华安县沙建镇大坑村村委会等单位调查取证，查明小班17（1，4）范围内的生态公益林为二级保护的省级生态公益林之水土保持林，只可以进行抚育性和更新性质的采伐，采取择伐、间伐方式，且更新采伐年龄必须达到21年以上。

漳州市检察院审查认为，根据《森林法》第31条第2项关于防护林只准进行抚育和更新性质采伐的规定，小班17（1，4）上的桉树种植于2007年，故必须到2028年以后才能更新采伐；根据案涉合同约定，赵某章将包括小班17（1，4）在内的林木卖给康某勇、康某成，康某勇、康某成于2013年底前采伐完毕后将山地归还赵某章。赵某章与康某勇、康某成签订合同的目的就是在较短的时间内全部采伐包括小班17（1，4）在内的林木并转让该批木材所有权，双方是按照短周期工业原料林皆伐方式采伐，明显违反防护林更新采伐的强制性法律规定，继续履行双方小班17（1，4）部分合同将严重破坏生态环境，损害社会公共利益，故该部分约定的合同内容应为无效。因此，华安县法院有关赵某章与康某勇、康某成之间就小班17（1，4）范围内的生态公益林的买卖约定并不违反法律、行政法规的禁止性规定，双方签订的《合同书》依法成立、合法有效的认定属于适用法律确有错误。遂于 2022 年 10 月 29 日向漳州市中级人民法院提出抗诉。

监督结果： 2019 年 4 月 26 日，漳州市中级人民法院作出再审民事判决，认定赵某章的行为，违反了生态公益林只能采取择伐和更新性采伐及不得转让的法律规定，涉及生态公益林的部分内容应为无效。涉及生态公益林不能砍伐部分的林木价值，康某勇、康某成可不予支付，故判令：一、撤销一审判决；二、改判康某勇、康某成支付赵某章除生态公益林之外的其余林木买卖款 193239 元；三、驳回赵某章的其他诉讼请求。

二、聚焦借贷纠纷案件开展跟进监督

（一）在审查民间借贷纠纷案件时正确区分物权行为和债权行为

在民间借贷纠纷案件中，为了确保债权的实现，债权人往往要求债务人提供一定的担保，其中，物的担保特别是不动产作为抵押物的担保是民间借贷中较为常见的一种担保形式，《物权法》颁布实施后，物权行为和债权行为的区分原则成为法院处理该类案件中的一个基本共识，涉及不动产抵押的，根据法律规定，抵押合同未登记的不发生物权效力，但物权未生效不影响该抵押合同的效力，也不妨碍债权人要求担保人在担保物价值范围内承担债权清偿责任。《全国法院民商事审判工作会议纪要》（法〔2019〕254 号）第 60 条进一步明确："不动产抵押合同依法成立，但未办理抵押登记手续，债权人请求抵押人办理抵押登记手续的，人民法院依法予以支持。因抵押物灭失以及抵押物转让他人等原因不能办理抵押登记，债权人请求抵押人以抵押物的价值为限承担责任的，人民法院依法予以支持，但其范围不得超过抵押权有效设立时抵押人所应当承担的责任。"因此，如法院仅以涉案不动产没有办理抵押登记为由驳回债权人对担保人提出的诉讼请求的，检察机关应当依法进行监督，若法院未予纠正，检察机关应落实精准监督理念，及时采取跟进监督措施，增强检察监督的刚性。

案例：李某莉与朱某文、朱某惠民间借贷纠纷跟进监督案

基本案情： 2013 年 2 月，李某莉以朱某文、朱某惠为被告诉至江苏省新沂市人民法院，请求：判令朱某文偿还借款本金 45 万元、利息 3 万元、违约金 2 万元，合计 50 万元；判令担保人朱某惠承担清偿债务责任。法院审理查明，朱某文因房地产开发项目的工程施工需用资金，自 2010 年 5 月起，累计向李某莉借款共计45万元。朱某惠（朱某文的姐姐）于2010年7月8日立有书面承诺一份，内容为：本人愿意把房产证借给朱某文作为借款抵押。随后朱某文将产权人为朱某惠的房产证原件交给李某莉，但双方未到房产交易中心就案涉房屋办理他项权利抵押登记手续。2012年7月8日，李某莉与朱某文达成还款协议，约定：借款人朱某文保证于2012年8月10日前归还借款2万元；其余借款以房产担保抵押，于2012年8月10日后再做协商。后李某莉多次催要借款未果，遂成本诉。案件审理期间，朱某惠于2013年6月7日将约定抵押的房产以164655元的价格转让房屋产权给其胞弟朱某伟并办理约定抵押的过户登记。2014年8月8日，朱某伟将讼争抵押房产以25万元价格转让给孙某晴并办理产权过户登记。江苏省新沂市人民法院对李某莉有关朱某文偿还借款本金、利息、违约金合计50万元的诉讼请求予以支持，但以涉案约定抵押房屋未办理抵押登记为由，判决驳回了李某莉对朱某惠提出的诉讼请求。一审判决生效后，李某莉向新沂市人民法院申请再审，请求改判朱某惠承担清偿债务责任。江苏省新沂市人民法院于2017年4月17日作出民事裁定，驳回李某莉提出的再审申请。李某莉不服，向新沂市人民检察院申请监督。

初次监督： 江苏省新沂市人民检察院审查认为，李某莉与朱某惠的抵押合同成立并有效，朱某惠应在抵押物价值范围内承担担保责任，遂于2018年4月2日向江苏省新沂市人民法院发出再审检察建议书。江苏省新沂市人民法院认为，本案李某莉对朱某惠主张的是抵押担保责任而非违约赔偿责任，法院应当尊重当事人的处分权，不得对朱某惠应否承担合同责任进行审理，再审检察建议中关于朱某惠应当在抵押物价值范围内承担责任的意见在本案中没有适用的条件，决定对再审检察建议不予采纳。

跟进监督： 江苏省新沂市人民检察院认为，江苏省新沂市人民法院对再审检察建议未予采纳不当，依法向徐州市人民检察院提请抗诉。徐州市人民检察院审查后认为原审判决适用法律错误，遂于2018年12月24日向徐州市中级人民法院提出抗诉。主要理由为：第一，李某莉与朱某惠之间存在抵押合同且成立并生效。不动产抵押权的设立和抵押合同的订立是不同的法律事实，抵押权自登记时生效，但抵押担保合同自合同成立时生效，不以办理抵押登记为生效要件。本案朱某惠同意以自己所有的涉案房屋作为朱某文向李某莉借款的抵押物，意思表示明确，且不违反法律规定，故本案中抵押合同依法成立并生效。第二，朱某惠应在抵押物价值范围内承担责任。抵押物因抵押合同已经特定，故抵押人能够预见到自己可能替债务人代为履行的债务就是抵押物价值范围内的部分。在抵押合同有效的情况下，债权人可以基于抵押合同要求抵押人在抵押物价值范围内对债务承担责任。故李某莉基于有效的抵押合同，有权要求朱某惠在抵押物价值范围内承担责任。第三，法院对李某莉与朱某惠之间的抵押合同进行审查不违背处分原则。李某莉作为债权人已提出诉讼请求要求朱某文和朱某惠一并承担清偿责任，该请求权基础包括借贷关系和担保关系；原审判决基于当事人诉请对借款合同及担保合同是否成立及履行情况依法审查并不违背处分原则。

监督结果： 徐州市中级人民法院审查后作出民事裁定，指令江苏省新沂市人民法院再审本案。江苏省新沂市人民法院于 2019 年 12 月 23 日作出再审判决，改判朱某惠以涉案房屋价值为限对朱某文不能清偿的债权承担赔偿责任。主要理由为：第一，朱某惠应朱某文要求向李某莉出具房产抵押担保承诺，李某莉接受该书面承诺及涉案房产证原件，此连续行为可以认定朱某惠与李某莉之间就设立房产抵押达成合意。在朱某惠未明确提出反对意见或终止担保意见的情况下，李某莉有理由相信朱某文用该房产作为抵押物向其连续借款已取得朱某惠的授权，故涉案抵押担保的主债权是可以确定的。据此可以认定，双方之间的抵押合同成立且有效。第二，涉案房产抵押合同虽然生效，但未办理抵押登记，抵押权并未有效设立，双方仅存在合同债务关系。本案中，朱某惠在原审审理期间便将抵押房产转让他人，导致李某莉无法行使抵押登记请求权，债权实现丧失抵押物保障，由此造成的损失，李某莉有权要求朱某惠承担违约赔偿责任。

（二）在审查金融借款合同纠纷中，应注重通过跟进监督推进金融行业规范管理、合规经营

除自然人、法人与非法人组织之间因资金融通行为发生的民间借贷纠纷外，经金融监管部门批准设立的从事贷款业务的金融机构及其分支机构，因发放贷款引发的金融借款纠纷也是借贷纠纷的一种常见类型。相比普通的自然人、法人和非法人组织等借款人，金融机构具有更加丰富的交易经

验和更为专业的金融知识，还有一系列专门的监管法律法规对金融机构的行为进行监督管理，因此，对金融借款合同纠纷案件的审查，不仅应关注相关民商事法律和司法解释的规定，还要注重结合有关行政监管法规规章来进行。必要时，应当在对案件本身进行监督的同时，发出社会治理类检察建议，实现"办理一案，治理一片"的社会效果。

下面这个案件中，检察机关通过跟进监督，不仅从实体上使法院改判驳回金融机构对"保证人"的诉讼请求，还针对金融行业管理疏漏及管理不到位问题，向金融机构发出社会治理类检察建议，将办案职能向社会治理领域延伸，推动相关银行整改防范交易风险，取得了良好的社会效果。办案不仅体现了民事检察对法院审判权进行监督的公权监督属性，也实现了对当事人私权进行救济的客观需要。

案例：杨某、耿某强与天津某银行津南支行金融借款合同纠纷跟进监督案

基本案情：2016 年 4 月 19 日，天津某银行津南支行诉至天津市津南区人民法院，请求判令某贸易公司清偿贷款本息合计 17538230 元，并支付自 2016 年 3 月 21 日至判决确认给付之日所发生的利息；耿某忠、薛某、耿某强、杨某对上述债务承担连带清偿责任。一审法院查明：天津某银行津南支行与某贸易公司于 2013 年 11 月 28 日签订《流动资金借款合同》，约定天津某银行津南支行向某贸易公司借贷 15500000 元用于归还原贷款，借期自 2013 年 11 月 28 日起至 2014 年 11 月 27 日止，年息 9.6%。如未按合同约定偿还贷款本金，自贷款本金逾期之日起按照约定的贷款利率水平上加收 50% 计收逾期利息。耿某忠、耿某强与天津某银行津南支行签订《保证合同》，约定耿某忠、耿某强为上述借款提供连带责任保证，保证期限为末次贷款自主合同约定的主债务履行期限届满之日起两年。2013 年 11 月 29 日，薛某、杨某出具《保证人配偶承诺书》，承诺同意耿某强、耿某忠的上述担保行为，同意与保证人共同承担该笔借款的担保责任。同日，天津某银行津南支行按约向某贸易公司发放贷款本金 15500000 元。截至 2016 年 3 月 20 日，某贸易公司尚欠借款本金 14500000 元及利息 3038230 元。天津某银行津南支行多次催收未果，遂成本诉。法院在邮寄送达未果后，即通过公告送达方式向某贸易公司、耿某强、杨某等人送达法律文书。津南区人民法院于 2016 年 8 月 16 日作出一审判决，支持天津某银行津南支行的诉讼请求。一审判决生效后，天津某银行津南支行向津南区人民法院申请强制执行。杨某、耿某强工资账户被法院冻结后始知生效判决，遂向津南区人民法院申请再审。津南区人民法院于 2017 年 7 月 21 日裁定驳回耿某强、杨某的再审申请。2017 年 8 月 23 日，杨某、耿某强向津南区人民检察院申请监督。

初次监督：杨某、耿某强主张在案涉合同中其签名并非本人所写，并提交了其自行委托天津市开平司法鉴定中心作出的文检鉴定意见予以佐证。检察机关受理后，随即开展调查核实：一是委托司法鉴定科学研究院鉴定，查明《保证合同》中耿某强签名处的指印不是本人手指所留；二是询问天津某银行津南支行工作人员，获知根据国家关于银行信贷风险防控的管理规定，订立《保证合同》必须面签，但贷款银行客户经理未要求面签，而是让耿某忠将签好字的《保证合同》《保证人配偶承诺书》交还银行。津南区人民检察院认为，本案中一审法院作出的判决判令杨某、耿某强承担保证责任依据的主要证据系伪造，遂于 2018 年 5 月 24 日向津南区人民法院发出再审检察建议书。津南区人民法院对再审检察建议未予采纳。

跟进监督：津南区人民检察院认为，津南区人民法院对再审检察建议未予采纳不当，依法向天津市人民检察院第二分院提请抗诉。天津市人民检察院第二分院审查后于 2019 年 11 月 15 日向天津市第二中级人民法院提出抗诉。主要理由为：天津市开平司法鉴定中心出具鉴定意见，《保证合同》《保证人配偶承诺书》上"耿某强""杨某"签名非本人的笔迹；司法鉴定科学研究院鉴定意见认为，《保证合同》上耿某强签名处捺印非耿某强所留；天津某银行经办人员接受检察机关询问时表示，签订合同时耿某强未在现场，而是耿某忠将签好字的《保证合同》《保证人配偶承诺书》交给银行。上述证据足以证实天津某银行津南支行与耿某强、杨某签订的借款担保协议不是二保证人的真实意思表示，原审判决认定的基本事实缺乏证据证明。

监督结果：天津市第二中级人民法院审理后作出再审民事裁定，将本案发回津南区人民法院重审。津南区人民法院于 2020 年 11 月 2 日作出再审判决，改判驳回天津某银行津南支行对耿某强、杨某的诉讼请求。主要理由为：天津某银行津南支行未按照程序与耿某强、杨某面签。《保证合同》《保证人配偶承诺书》上耿某强、杨某签名捺印非本人所写或捺印，《保证合同》《保证人配偶承诺书》对耿某强、杨某不产生相应的法律效力。2018年6月14日，津南区人民检察院就银行管理不到位的问题向天津某银行津南支行发出检察建议。2018年9月5日，天津某银行津南支行书面反馈处理措施：按照银行相关规定，给予经办人员、分管副行长行政处分。对全行信贷逐笔进行自查和排查，发现问题及时整改补救，并对责任人予以相应处理；对专项自查和排查中未发现问题的，由客户经理出具承诺书，确保贷款"面签"制度落到实处；将本次处理结果在某银行系统内通报，警示全员。

三、聚焦民事执行难、执行乱问题开展跟进监督

（一）如何通过跟进监督纠正执行异议审查中存在的"以执代审"问题

下面这一典型案例中，三级检察机关通过三次执行监督，促使法院纠正民事执行违法行为，厘清了民事执行领域长期存在的一些具有代表性的问题，促进民事执行法律统一正确实施。一是明确了第三人在诉讼保全阶段的协助义务特征。人民法院在诉讼阶段对被执行人到期债权的保全，本质上是要求第三人不作出向被执行人履行债务的行为，是一种消极不作为义务，第三人只要不履行其被执行的债务即可，对是否存在到期债权无回应义务。不能因为第三人在诉讼保全阶段中不提出异议，就认定其丧失在执行程序中提出执行异议的权利。二是明确了执行异议审查中审判权和执行权的边界，即审执分离。人民法院的审判权和执行权由审判部门和执行部门分别行使，任何一方不应跨越职权界限。当第三人在执行阶段提出异议后，第三人和被执行人之间的实体法律关系应交由审判部门按照审判程序进行审理，执行部门不应进行实体判断。本案中执行法院实际上对第三人与被执行人之间的实体法律关系进行了审查并认定了第三人的赔偿责任。

案例：辽宁某集团公司第四分公司申请执行跟进监督案

基本案情： 2008年9月，某木材销售公司起诉李某江至沈阳市大东区人民法院，请求判令李某江支付所拖欠的货款等款项536万元。某木材销售公司在案件审理过程中提出诉讼保全申请，沈阳市大东区人民法院于2008年10月8日采取诉讼保全措施并作出民事裁定书：查封李某江银行存款

536 万元或相应价值的财产。2008 年 10 月 9 日，沈阳市大东区人民法院向辽宁某集团公司第四分公司送达协助执行通知书，要求辽宁某集团公司第四分公司停止向李某江支付工程款 536 万元。2009 年 2 月 16 日，沈阳市大东区人民法院就上述合同纠纷作出一审民事判决，判令李某江支付某木材销售公司货款等款项 536 万元及利息。

一审判决生效后，某木材销售公司于 2009 年 4 月 2 日向沈阳市大东区人民法院申请强制执行。沈阳市大东区人民法院于 2009 年 7 月 15 日作出执行裁定书，载明：现已查明李某江在辽宁某集团公司第四分公司有 536 万元的收入，扣留被执行人李某江在辽宁某集团公司第四分公司的收入 536 万元。2009 年 7 月 21 日，辽宁某集团公司第四分公司向沈阳市大东区人民法院提出执行异议，主要理由为：辽宁某集团公司第四分公司与李某江虽存在建设工程施工关系，但截至 2008 年 5 月，双方之间工程款已结算完毕，辽宁某集团公司第四分公司不欠李某江工程款。2009 年 10 月 20 日，沈阳市大东区人民法院作出执行裁定，驳回执行异议，主要理由为：法院采取诉讼保全措施后，辽宁某集团公司第四分公司直到判决书生效后，亦未向法院提出异议，而是在执行过程中于 2009 年 7 月 21 日向该院提出书面异议，由于辽宁某集团公司第四分公司没有在诉讼过程中及时提出异议，导致某木材销售公司丧失保全被执行人其他财产的机会，并最终致使其债权不能实现。因此，辽宁某集团公司第四分公司应当对某木材销售公司的损失承担赔偿责任。

辽宁某集团公司第四分公司不服，向沈阳市中级人民法院申请复议。2010 年 1 月 14 日，沈阳市中级法院作出执行复议裁定，驳回复议申请，主要理由为：辽宁某集团公司第四分公司在诉讼保全时未提出异议，时隔 9 个月后在案件进入执行后才提出异议，最终导致某木材销售公司的债权无法实现。因此，无论自 2008 年 6 月开始辽宁某集团公司第四分公司所付款项与李某江有无关系，辽宁某集团公司第四分公司都应当对某木材销售公司的损失承担赔偿责任。辽宁某集团公司第四分公司主张沈阳市大东区人民法院执行活动存在违法行为，向沈阳市大东区人民检察院申请执行监督。

初次监督： 2017 年 7 月 4 日，沈阳市大东区人民检察院向沈阳市大东区人民法院发出检察建议书，建议沈阳市大东区人民法院依法纠正执行活动中的违法行为。沈阳市大东区人民法院于 2017 年 10 月 13 日作出复函，对检察建议未予采纳。

跟进监督： 沈阳市大东区人民检察院认为大东区人民法院未予采纳检察建议不当，遂提请沈阳市人民检察院跟进监督。2018 年 8 月 6 日，沈阳市人民检察院向沈阳市中级人民法院发出检察建议书，建议沈阳市中级人民法院督促沈阳市大东区人民法院纠正违法行为。2018 年 12 月 17 日，沈阳市中级人民法院作出复函，对检察建议亦未采纳。沈阳市人民检察院认为沈阳市中级人民法院未予采纳检察建议不当，遂提请辽宁省人民检察院跟进监督。

2020 年 12 月 17 日，辽宁省人民检察院向辽宁省高级人民法院发出检察建议书，建议辽宁省高级人民法院依法监督纠正违法执行行为。主要理由为：一是法院在没有证据证明辽宁某集团公司第四分公司违反停止支付义务的情况下，以辽宁某集团公司第四分公司在诉讼保全时未提出异议为由，裁定其承担赔偿责任于法无据。法院在诉讼保全协执通知中并未注明辽宁某集团公司第四分公司需对是否欠付李某江工程款具有如实说明义务，法院亦未就该问题对辽宁某集团公司第四分公司进行询问核实。辽宁某集团公司第四分公司不是合同当事人，没有权利提出异议，作为协助执行人的义务就是停止向李某江支付工程款，没有证据证明辽宁某集团公司第四分公司违反了停止支付义务。二是辽宁某集团公司第四分公司对执行法院要求其履行 536 万元到期债权时提出异议，执行法院驳回异议申请并继续强制执行属程序违法。债权是否到期等事项需经诉讼程序进行实体审理，第三人收到履行到期债务通知书后，只要提出异议，法院就不得强制执行。

监督结果： 2021 年 7 月 22 日，辽宁省高级人民法院作出复函，认为辽宁省人民检察院的检察建议意见正确，予以采纳。主要理由为：在诉讼过程中人民法院可以对被执行人在第三人处享有的债权予以财产保全。保全到期债权只要求第三人对被执行人在第三人处的到期债权不得清偿。此时的第三人仅仅是协助义务人而非被执行人，只要第三人未向被执行人支付款项，即视为履行了义务。辽宁某集团公司第四分公司已经作出停止支付的行为，即应认定该公司履行了协助通知规定的协助义务。辽宁某集团公司第四分公司作为第三人在保全阶段未提出异议并不表明其认可到期债权的真实存在，更不表明案件在转入执行阶段后，就会认可执行法院对到期债权的执行。辽宁某集团公司第四分公司在执行程序中对执行行为提出异议是行使法定权利，即便其未在诉讼阶段对保全到期债权提出异议，执行法院也不能因此认定被执行人对第三人享有的到期债权真实成立，从而剥夺第三人提出异议的权利，执行法院的执行行为违反了上述法律规定，应予纠正。

（二）如何加强对执行中司法拍卖行为的监督

网络司法拍卖，是近年来随着网络信息技术演进而出现和蓬勃发展的一种拍卖方式。网络司法拍卖有助于降低拍卖成本、提高执行效率、减少幕后串通行为，满足当事人最大限度实现胜诉权益的需求，但同时也要严格确保网络拍卖程序在法律的框架内运行。对网络拍卖中可能发生的违规行为，检察机关应履行好监督职责。

案例：陈某振申请执行监督跟进监督案

基本案情：广东省中山市第一人民法院（以下简称中山第一法院）审理黄某里与郭某民间借贷纠纷一案，于2016年1月15日作出一审民事判决，判令郭某向黄某里清偿借款260000元及利息。一审判决生效后，郭某未履行判决确定的给付义务，黄某里向法院申请强制执行。

中山第一法院作为本案执行法院依法查封了郭某名下的中山市三乡镇平南村的国有出让土地［土地证号：国（2007）第3106×××号，证载土地性质"住宅"］。中山市中土房地产土地估价咨询有限公司接受执行法院委托，评估后出具《土地评估报告》，估价结果为土地价值401500元，上述评估报告未对评估标的物的规划条件作出描述。执行法院于2018年8月30日10时至2018年8月31日10时止在淘宝网司法拍卖网络平台上对查封的宗地使用权进行公开拍卖，最终由陈某振以421050元的最高竞价拍卖成交并全额付款。

嗣后，陈某振以案涉土地为"公共绿地"而非"住宅"用地为由，向中山第一法院提出执行异议，请求撤销对标的物的拍卖并返还已付拍卖款。

中山第一法院于2018年10月31日作出（2018）粤2071执异489号执行裁定（以下简称489号执行裁定）。该院查明，根据中山市规划局三乡分局2018年10月12日复函，案涉土地在《中山市三乡镇文昌中区控制性详细规划》中记载为公共绿地。执行法院认为，考虑到规划部门的控规调整是拍卖之后才发现的，该控规调整确实对于买受人实现竞买目的产生较大的阻碍作用，如果以421050元确定为成交价对于陈某振确有失公平。鉴于此，执行法院裁定撤销对案涉土地的拍卖，将拍卖款421050元返还给异议人陈某振。

申请执行人黄某里不服上述执行异议裁定，向广东省中山市中级人民法院（以下简称中山市中院）申请复议。

中山市中院2019年5月7日作出（2018）粤20执复158号执行裁定（以下简称158号执行裁定）。该院认为，《中华人民共和国物权法》第9条规定，"不动产物权的设立、变更、转让和消灭，经依法登记，发生效力；未经登记，不发生效力，但法律另有规定的除外"。第16条规定，"不动产登记簿是物权归属和内容的根据。不动产登记簿由登记机构管理"。本案中，国土部门登记的案涉土地性质为"住宅"，执行法院据此对案涉土地进行评估、拍卖，符合法律规定，该执行行为应予维持。至于陈某振主张案涉土地规划调整导致其无法建房及办证，无法实现竞买合同目的等事宜，可另循法律途径予以解决。据此裁定：撤销广东省中山第一法院489号执行裁定，驳回陈某振提出的全部异议请求。

初次监督：陈某振不服中山市中院158号执行裁定，向广东省中山市人民检察院申请监督。中山市检察院另行委托中山市中盈土地房地产评估与工程咨询有限公司对案涉土地价值进行评估，评估结论为待估宗地的规划用途为公共绿地，总地价：9.2万元。中山市检察院发函向该市自然资源局查询案涉土地规划情况。该局复函称，案涉土地于2011年被规划为公共绿地；郭某的土地证载用途（住宅）与控规用地性质（公共绿地）不符，故该局不能核发建设工程规划许可证。

中山市检察院于2019年10月10日向中山市中院发出检察建议，认为案涉《土地评估报告》存在重大瑕疵，评估程序严重违法；致使竞买人产生重大误解，导致竞买人竞拍成功后不能实现其竞买目的，严重损害竞买人利益；执行法院未对拍卖土地进行规划查询，在未履行法定职责的情形下，即对案涉土地进行拍卖，违反相关法律规定，此次拍卖应予撤销。中山市中院158号执行裁定适用法律错误，建议撤销。

中山市中院2019年12月24日函复中山市检察院，对检察建议不予采纳。中山市中院认为，本案中，中山市不动产登记资料明确显示案涉土地性质为"住宅"，故案涉《土地评估报告》依据不动产登记簿载明的土地性质为"住宅"作出相应的评估符合法律规定。中山市规划局三乡分局关于案涉土地为公共绿地的复函不能对抗记载于不动产登记簿上登记的土地性质。

跟进监督：中山市检察院提请广东省人民检察院跟进监督。广东省人民检察院审查后认为，第一，土地的规划用途属于影响财产拍卖的重大信息。执行法院没有调查到土地的规划用途已于 2011 年变更为"公共绿地"，在拍卖公告中对拍卖土地性质的说明为"住宅"，没有对该规划用途的变化情况予以公告说明，属最高人民法院《关于人民法院网络司法拍卖若干问题的规定》第 31 条规定所称的"文字说明、瑕疵说明严重失实"的情形；第二，土地规划条件并不属于"拍卖时的技术水平不能发现"的情况，应属于"已知瑕疵"的范畴；第三，对拍卖财产的说明严重失实，致使竞买人产生重大误解。陈某振以 42 万元的高价竞得价值仅 9 万余元的绿地，购买后"建房"的目的不能实现，竞买人的利益受到严重损害。本案符合最高人民法院《关于人民法院网络司法拍卖若干问题的规定》第 31 条第 1 项规定的司法拍卖应予撤销的法定情形，中山市中级人民法院的执行复议裁定适用法律错误。广东省检察院遂于 2020 年 12 月 11 日向广东省高级人民法院发出检察建议书，建议该院监督下级人民法院依法纠正违法情形。

监督结果：2021 年 9 月 27 日，广东省高级人民法院作出（2021）粤执监 1 号执行裁定。该院认为，本案拍卖财产在拍卖前已经由"住宅"变更为"公共绿地"，即拍卖标的物的性质客观上已经发生重大改变。就执行法院而言，存在拍卖财产的文字说明不完全真实的情形；就竞买人而言，出于对人民法院网络司法拍卖公信力的信赖，参与竞买并以最高价成交，却因土地属于"公共绿地"的规划结果致物非所值，无法实现购买的目的。故参照最高人民法院《关于人民法院网络司法拍卖若干问题的规定》第 31 条"致使买受人产生重大误解，购买目的无法实现"的规定，裁定：一、撤销中山市中级人民法院 158 号执行裁定；二、维持中山市第一人民法院 489 号执行裁定。

（三）如何在跟进监督中加强对协助执行法院及其工作人员的监督

根据《人民法院工作人员处分条例》第 37 条"违反规定采取或者解除

财产保全措施，造成不良后果的，给予警告、记过或者记大过处分"和第53条关于"对外地人民法院依法委托的事项拒不办理或者故意拖延办理，造成不良后果的，给予警告、记过或者记大过处分"的规定，检察机关可建议人民法院依法对违法执行行为作出处理。人民法院收到检察建议后，对涉案执行员的处理结果畸轻，可能造成惩戒效果不明显的，检察机关应及时跟进监督，再次督促法院作出适当的处理，帮助法院监督、规范执行行为，维护司法公信。

案例：张某伟与江某勇等民间借贷纠纷跟进监督案

基本案情：原告江某勇因与被告湖北省襄阳市佳奇某贸易有限公司（以下简称佳奇公司）、被告梁某玮、被告梁某雨、被告梁某勇、被告金某峥、被告韩某民间借贷纠纷一案，起诉至湖北省襄阳市樊城区人民法院（以下简称樊城区法院）。2015年11月30日，樊城区法院作出一审民事判决，判令梁某玮等4人偿还江某勇借款260万元及利息，梁某雨偿还江某勇借款25万元及利息。一审判决生效后，因梁某玮、梁某雨等5人未履行生效法律文书确定的金钱给付义务，江某勇于2016年9月8日向樊城区法院申请强制执行。另查明，原告张某伟因与被告襄阳市明道某贸易有限公司（以下简称明道公司）、被告襄阳市某纸制品有限公司（以下简称纸制品公司）、被告江某勇、被告骆某洋、被告周某艳、被告张某民间借贷纠纷一案，另案起诉至樊城区法院。2016年4月25日，樊城区法院作出一审民事判决，判令明道公司、纸制品公司及江某勇等4人偿还张某伟借款本金94万元及利息。江某勇不服一审判决，上诉至湖北省襄阳市中级人民法院（以下简称襄阳市中院）。二审期间，张某伟提出财产保全申请，襄阳市中院于2017年3月27日作出（2016）鄂06民终1610号之一民事裁定书，裁定冻结被申请人江某勇对梁某玮等3人享有的债权，梁某玮等3人在160万元限额内不得对被申请人江某勇清偿；若梁某玮等3人要求偿付，由执行法院提存财物或价款；期限为3年。

2017年5月2日，襄阳市中院向樊城区法院出具（2017）鄂06执保39-1号函，通知冻结江某勇在该院已申请执行的对梁某玮等3人享有的债权，并协助落实（2016）鄂06民终1610号之一民事裁定书的相关内容。

2017年5月5日，襄阳市中院将上述执行裁定和协助执行函送交樊城区法院执行人员李某成等人，要求樊城区法院协助扣留江某勇对梁某玮等3

人享有的债权 160 万元。

2017 年 7 月，樊城区法院执行员李某成在执行江某勇与佳奇公司及梁某玮、梁某雨等 5 人民间借贷纠纷一案中，拍卖被执行人梁某玮两套房屋，取得对价款 2196520 元。之后，李某成将上述款项发放给江某勇 1696520 元，仅留存 50 万元。

初次监督： 2018 年 7 月，张某伟向湖北省襄阳市人民检察院（以下简称襄阳市检察院）申请监督，请求对樊城区法院执行员李某成违法向江某勇支付保全款项的执行行为实施监督。襄阳市检察院遂将案件线索交由湖北省襄阳市樊城区人民检察院（以下简称樊城区检察院）审查。樊城区检察院经调取审判与执行案件卷宗、询问当事人，审查发现，樊城区法院执行员李某成在执行江某勇与佳奇公司及梁某玮、梁某雨等 5 人民间借贷纠纷一案中，未执行上级人民法院财产保全裁定及协助执行函，违法发放给江某勇执行款 1696520 元，仅留存 50 万元，损害张某伟合法权益，违反《民事诉讼法》（2017 年）第 242 条第 2 款 "人民法院决定扣押、冻结、划拨、变价财产，应当作出裁定，并发出协助执行通知书，有关单位必须办理" 之规定，属于违法执行，应当予以纠正。

樊城区检察院于 2018 年 8 月 22 日作出检察建议书，建议：一、樊城区法院纠正违法行为，继续执行（2016）鄂 06 民终 1610 号之一民事裁定书；二、对执行员不执行上级法院作出的执行裁定的行为，应当依照《人民法院工作人员处分条例》的规定审查处理。

樊城区法院收到检察建议书后回复：李某成在办案中存在着不严格依法办案，引发当事人张某伟反复上访，造成了一定的社会影响。经研究，该院决定对李某成给予 "诫勉谈话"，并责成李某成尽快启动司法拍卖程序，尽快结案。截至 2019 年 6 月 10 日，樊城区法院陆续为张某伟执行款项 148 万余元，尚欠 11 万余元。

针对执行人员李某成的处理决定，襄阳市检察院认为，樊城区法院对执行员李某成作出 "诫勉谈话" 的处理决定明显不当。

跟进监督： 襄阳市检察院认为，根据《民事诉讼法》（2017 年）第 114 条规定，"有义务协助调查、执行的单位有下列行为之一的，人民法院除责令其履行协助义务外，并可以予以罚款：……（二）有关单位接到人民法院协助执行通知书后，拒不协助查询、扣押、冻结、划拨、变价财产的……人民法院对有前款规定的行为之一的单位，可以对其主要负责人或直接责任人员予以罚款；对仍不履行协助义务的，可以予以拘留；并可以向监察机关或有关机关提出予以纪律处分的司法建议"；《人民法院工作人员处分条例》第37条规定，"违反规定采取或者解除财产保全措施，造成不良后果的，给予警告、记过或者记大过处分；情节较重的，给予降级或者撤职处分；情节严重的，给予开除处分"，执行员李某成作为执法人员，拒不执行上级人民法院财产保全裁定，违法发放江某勇执行款1696520元，仅留存50万元，损害了司法权威和司法公信力。检察机关发出检察建议后，樊城区法院虽经多方努力执行到位148万余元，但尚有11万余元未执行到位，损害了当事人张某伟的合法权益，李某成违纪行为已超出诫勉谈话适用范围。樊城区法院对执行员李某成的违法违纪行为处理过轻。

襄阳市检察院遂指示樊城区检察院对此案跟进监督。2019年7月8日，樊城区检察院作出跟进监督检察建议书，建议：樊城区法院严格依据《人民法院工作人员处分条例》相关规定对执行员李某成违法违纪行为做出处分；对剩余11万元继续执行，尽快结案。

监督结果：樊城区法院收到跟进监督检察建议书后，认为李某成作为案件承办人，在收到襄阳市中院的协助执行通知后，未严格依法办案，将执行款发放给江某勇，导致襄阳市中院的协助执行款项仍未足额到位，损害当事人张某伟的合法权益，造成张某伟四处上访，严重影响了司法公信力及樊城区法院的良好声誉。

2019年8月27日，樊城区法院对执行员李某成作出行政记过处分和党内严重警告处分，并于当月函复樊城区检察院。

第四节　贵州省民事检察跟进监督工作开展情况

一、工作概况

2019年1月至2021年10月，贵州省检察机关共受理民事检察跟进监督案件118件，其中，2019年受理7件，2020年受理36件，2021年受理55件，2022年1月至10月受理20件，审查后提请抗诉78件，提出抗诉14件，收到抗诉结果7件，其中，改判1件，调解1件，发回重审4件；针对执行活动发出检察建议 3 件，法院采纳 2 件。从案件数量上看，近三年的办案数量不多，但总体呈逐年上升趋势；从案件分布的类型和纠纷来看，受理的 118 件跟进监督案件中，合同纠纷案件数量占比最大，共 87 件，占比 73.73%，合同纠纷中，数量靠前的两类案件为借款合同纠纷案件和建设工程施工合同纠纷案件，分别为 48 件和 10 件；从跟进监督方式运用来看，跟进监督已成为增强检察建议特别是再审检察建议监督刚性的一个重要手段，多数跟进监督案件的初次监督方式是发出再审检察建议，因人民法院不采纳再审检察建议或未在规定期限内作出处理，人民检察院通过提请上级人民检察院抗诉的方式进行跟进监督。

二、工作中存在的主要问题

（一）对跟进监督的理解认识不一，妥善运用跟进监督方式的能力仍有待提高

民事检察监督应当尊重审判权运行的客观规律，以精准监督实现以点带面的监督效应，跟进监督的提出是这一理念的体现。在跟进监督中，既要围绕当事人的诉求进行审查，还应了解案件本身反映的社会需求，掌握法律本意，把握法院类案裁判情况，实现精准判断，对于涉嫌虚假诉讼、审判人员违法、损害"两益"的案件用足用好监督方式。有些人把跟进监督简单理解为一种"有错必纠"的监督机制，从而认为跟进监督是法检两家的"再次对抗"或"反复对抗"，基于这种认识，会一定程度忽视或弱化分歧案件中监督必要性的考量，以就案办案、机械办案的错误理念指导实际工作，监督效果必然不佳。有些人不重视跟进监督方式的运用，在初次监督失败后，对案件本身特别是法院的不采纳意见缺乏进一步地深入研判，不愿用、不会用、用不好跟进监督措施的情况时有发生，导致当事人对监督结果不理解、不接受，一定程度上也影响了检察监督的公信力。

（二）案件体量较小，监督质效仍有较大提升空间

从近三年贵州省跟进监督办案数据来看，跟进监督的运用仍不够充分，部分案件监督意见未被法院采纳后都未再启动再次监督程序，其中也有不少案件是由于在学理和实践中存在分歧意见或不同裁判思路。少数采取了

跟进监督的案件,在发挥引领社会价值、类案指引导向作用方面较为有限。一方面,部分检察监督意见过于笼统。检察监督说理不够充分有力,缺乏有针对性的实质内容,只是改变监督方式重复初次监督的监督建议,导致法院对跟进监督意见不够重视,或者认为监督意见属于法官自由裁量范围,可改亦可不改。另一方面,未充分发挥跟进监督的类案指导作用。贵州省的民事跟进监督多着眼于对个案的纠错,对于经常出现的某一类案件缺乏系统的分析和梳理,对一些涉及社会综合治理的问题缺乏敏感度,未能做到透过个案的跟进监督进而促进一个领域、一个行业、一类案件的公正解决。

(三) 调查核实权的作用发挥有限

从最高检发布的跟进监督典型案例不难看出,成功跟进监督离不开检察机关调查核实权的妥善运用,调查核实是人民检察院履行民事跟进监督职能的必经程序和重要手段,对于落实民事检察跟进监督具有重要意义。特别是针对虚假诉讼等损害国家利益和社会公共利益的案件,案件隐蔽性强,通过书面审查虽然可以对虚假诉讼案件作初步判定与识别,但这种判定最多能达到合理怀疑诉争案件涉嫌虚假诉讼的程度,对诉争案件是否确属虚假诉讼,还需要通过后期的调查取证工作予以认定。应该说,敢用、会用、善用法定调查手段,用更加充分、客观的事实和证据增强法律监督刚性,提升监督质效,很大程度上影响对法院提出监督意见的准确性,也决定了案件是否能够监督成功。现阶段贵州省办理的跟进监督案件,在案件事实和证据调查核实方面,还存在依赖刑事案件侦查的问题,民事检察部门对如何开展调查核实和如何运用调查核实的证据还存在一定的模糊认识。

(四) 法检沟通协调力度不够

从裁判结果监督案件角度上而言,尊重当事人各方诉讼地位平等的民事诉讼基本原则、尊重当事人的程序或实体处分权决定了应适度限缩多次监督的适用范围,以免导致民事检察权、民事审判权、诉权三权关系的失衡。跟进监督作为民事检察监督的一种形式,应当坚持依法纠错和维护生效法律文书既判力并重的理念。在实践中,和法院沟通协调、化解分歧也应立足于这一立场。这就要求检察机关不仅要有监督的勇气，更要有监督的智慧，既要有跟进的意识，又要讲究方法逐步推进，具体分析初次监督失败的原因，究竟是法院拒绝监督，还是法检双方在案件的法律适用、事实认定上还存在不同的认识，既不可一击即倒，也不可急于求成。

三、改进跟进监督工作的对策

（一）转变监督理念，加强资源整合

习近平总书记明确指出，"民事案件同人民群众权益联系最直接最密切。……要加强民事司法工作，提高办案质量和司法公信力"。检察机关作为在民事诉讼程序中履职的专门职能部门，要积极落实习近平总书记要求，聚焦突出问题，精准履行法律监督职责。既要把跟进监督、持续监督作为常态，盯住不放，一督到底；又要尊重规律、科学合理、有效监督；还要抓住精准监督这个牛鼻子，严格区分各类监督方式的适用条件，选择恰当的监督方式，坚持"严格依法、准确及时、必要审慎、注重实效"的原则，努力做到"精准定位、精准发现、精准审查、精准处理"。

（二）转变监督方式，变被动审查为主动审查

检察机关民事诉讼法律监督长期以书面审查为主，主动发现查处案件线索较少。随着中国特色社会主义进入新时代，人民群众对检察机关法律监督工作提出新要求，单纯依靠审查书面材料，简单办理个案已经不能满足人民群众需要，积极转变监督理念首先应当注重转变监督方式，变被动书面审查为主动启动调查。一是要重视调查核实权的应用和成果转换。二是要重视一体化办案机制合力作用的发挥。以黔东南州检察机关办理的肖某军虚假诉讼系列案为例，其基本案情是肖某军为了谋取非法利益，以其个人名义或尹某某、肖某云、肖某高、艾某国等人的名义多次向凯里市、施秉县及周边地区不特定人员非法放贷，逐渐形成了以肖某军为首的恶势力团伙，并由此引发尹某隆与张某、李某平房屋买卖合同纠纷案，艾某国与张某、金某碧房屋买卖合同纠纷案，肖某云与张某、金某碧合同纠纷案，凯里市某小额贷款有限公司与凯里市某运输有限公司借款合同纠纷案，凯里市某小额贷款有限公司与唐某、雷某平借款合同纠纷案等多起诉讼。在

该系列案的办理中，黔东南州检察机关整合办案资源，实行三级院共同参与的"一体化办案"机制，成立了全州虚假诉讼监督调度指挥中心，在线索管理研判、办案力量调配等环节实现了统筹管理，确保在较短的时间内对系列案进行了集中办理，同时，在办案过程中，加强向省院的请示汇报，在部分案件发出再审检察建议法院回复不采纳后，及时提请省院抗诉，确保了案件质量，最终促成案件改判。三是要充分运用调查核实权，辨别诉讼证据真伪。针对案件疑点，检察机关充分运用调查核实权，采取查询、委托鉴定及审计等调查措施，对起诉状、合同书、鉴定意见书等主要诉讼证据进行细致审查，从中发现伪造、虚假等情形，为确保监督成功打下坚实的基础。

（三）正视检法办案理念分歧，强化沟通交流

应当正视的是，因检法职能、履职方式不同，审判思维和检察监督思维有诸多差异，检察监督的出发点是通过纠错实现权利救济和权力监督的双重效果。再审中法官基于定分止争的想法，在决定是否改变原生效裁判时，往往考量许多现实问题，如法律关系的稳定、改判的代价、执行的可能性、是否会引发新的社会矛盾等。如果检察监督只局限于书面审查，可能会忽略很多影响案件走向的关键细节。另外，民商事案件具有一定的复杂性，我国作为成文法国家，对法律理解上的分歧也客观存在，不同案件具体细节的不同会导致案件裁判结果不同，涉及违约金赔偿等自由裁量权范围的事项，法院一般比较慎重。以上办案理念的差异会导致监督和被监督过程中法检的博弈，但这种博弈共同的目标指向就是共同维护司法的权威和公正。这就要求，一方面，检察机关在办理跟进监督案件时，要加强对案件的全面审查，包括对案件事实的全面掌握以及对案件本身所涉法律、政策的学习和理解，特别是对案件争议焦点存在哪些不同的理解、不同的判例，应做到应查尽查，了然于心。既要考虑有无监督的点，还要综合考量既判力的稳定性、司法的权威、朴素价值观等，结合历史阶段、公共政策、价值导向等评估监督的必要性。另一方面，应加强与法院的沟通协调。要增强沟通的有效性，既需要增强沟通的技巧和方法，也亟须建立健全常态化的交流互动机制。对于个案而言，检察机关还需在增强自身本领上下功夫，特别是针对跟进监督的案件，法院针对初次监督已经给出了不予采

纳的理由，跟进监督就一定要对这些不采纳的理由的合法性和合理性进行充分分析，并将其体现在下一步的工作中。要发挥好检察官联席会的提前预判作用，如联席会议出现分歧意见，应着重对分歧意见进行再研判，对监督意见进行补强。作出跟进监督意见后，还应及时跟进案件办理情况，督促法院按时回复。

四、民事检察跟进监督案例

由于贵州省大部分跟进监督案件是对虚假诉讼案件进行再次监督或提请上级人民检察院抗诉，考虑到本书已设专题阐述虚假诉讼监督案件办理实务问题，故下述两件案件均为执行活动跟进监督案例，两件案例虽一件监督成功，一件监督失败，但均有可供借鉴的办案经验。

1. 案例：陈某佑申请执行跟进监督案

基本案情： 1992 年余某祥在六盘水市钟山开发区购买了 12 亩土地使用权独资修建 A 大酒店，并申请成立了"六盘水市 A 大酒店筹建处"。1996年 10 月 17 日余某祥因贩毒被公安机关抓获（后被判处死刑）。1997 年 11月 17 日余某祥在贵阳市人民检察院监所处人员的现场监督下，将 A 大酒店项目的所有资产及债权债务转让给其妻弟陈某良，双方签订了《六盘水 A大酒店项目转让协议》，约定将该项目的所有资产及债权、债务移交给 A 大酒店筹建处负责人之一陈某良，今后筹建处原有的债权债务由陈某良承担。债务如下：（1）六盘水中国银行贷款 100 万元；（2）钟山区信用联社贷款83 万元；（3）水城水泥厂水泥款 150 万元；（4）安顺信托投资公司 132 万元；（5）安顺利安房地产开发公司欠 50 万元，已还 40 万元；（6）遵义县建司的工程款未结算。

1997 年 11 月 18 日陈某良、李某黔、陈某佑签订《六盘水市 A（大）酒店工程项目（债务清单）》，共同确定了包括安顺信托投资公司（贷款）壹佰肆拾万元（140 万元）、安顺市利安房开公司（贷款）壹拾万元（10 万元）在内的债务合计 865 万元。1998 年 1 月 12 日原 A 大酒店筹建处陈某良作为甲方、李某黔作为乙方、陈某佑作为丙方签订了《合股协议》，约定成立 A 大酒店有限责任公司，三方各占股 30% 合股成立经营 A 大酒店项目，预留 10% 作为机动股。原甲方带入债务和今后发生债务，由三方按实际股份平均承担。1998 年 2 月 25 日，六盘水市钟山区人民政府批复同意成立六盘水 A 大酒店有限责任公司（以下简称 A 公司）。

2001 年 11 月 18 日 B 房开公司作为吸收方，A 公司作为被吸收方，双方签订了《公司吸收合并协议》，约定："一、'A 公司'由'B 房开公司'从即日起吸收合并……三、在 2001 年 10 月 11 日前 A 公司的债权债务由 B 房开公司承继。"同日，B 房开公司向六盘水市工商行政管理局钟山分局作出《债权债务承继担保书》承诺"从 2001 年 10 月 11 日前原'A 公司'的债权债务由'B 房开公司'承继。在此'B 房开公司'作出具有法律责任的担保"。六盘水市工商行政管理局钟山分局根据 B 房开公司的担保书和钟山酒店公司的申请注销了 A 公司。

2002 年 8 月 26 日，安顺市中级人民法院作出（2002）安市执复字第 1 号、第 2 号《协助执行通知书》。第 1 号《协助执行通知书》内容为："六盘水市中级人民法院：关于安顺市某信用社申请执行余某祥借款纠纷一案，我院作出的（1998）安地经二初字第 9 号民事判决书已发生法律效力，因余某祥至今未履行还款义务。根据《中华人民共和国民事诉讼法》第 221 条和最高人民法院《关于人民法院执行工作若干问题的规定（试行）》第 33 条、第 37 条、第 44 条、第 56 条的规定，请协助执行下列项目：协助执行余某祥在六盘水 A 大酒店的投资变卖款人民币 393601.80 元到我院账户。收款单位：安顺市中级人民法院，开户行：工商银行安顺塔山支行账号×××，附（1998）安地经二初字第 9 号民事判决书　二〇〇二年八月二十六日。"第 2 号《协助执行通知书》内容为："六盘水市中级人民法院：关于安顺信托投资股份有限公司安顺市办事处大十字收付点申请执行安顺银河实业公司借款纠纷一案，我院作出的（1995）安民督字第 107 号民事支付令已发生法律效力，因安顺银河实业公司（余某祥）至今未履行还款义务。根据《中华人民共和国民事诉讼法》第 221 条和最高人民法院《关于人民法院执行工作若干问题的规定（试行）》第 33 条、第 37 条、第 44 条、第 56 条的规定，请协助执行下列项目：协助执行安顺银河实业公司（余某祥）在六盘水 A 大酒店的投资变卖款人民币 863503.94 元到我院账号。收款单位：安顺市中级人民法院，开户行：工商银行安顺塔山支行账号：××××××，附：（1995）安民督字第 107 号支付令一份　二〇〇二年八月二十六日。"

接到安顺市中级人民法院的前述两份协助执行通知书后，六盘水市中级人民法院于 2002 年 8 月 28 日作出《协助执行通知书》，通知 B 房开公司冻结收购 A 公司的清算余款，直接协助支付到安顺市中级人民法院用以清偿 A 公司债务。依照六盘水市中级人民法院协助执行通知书的要求，2002 年 10 月 31 日，B 房开公司向安顺中院汇款 30 万元；2002 年 12 月 13 日，六盘水 B 建筑工程有限公司向安顺中院汇款 1111834.94 元，共计汇款 141.183494 万元，并书面说明系代 A 公司支付执行款。

2004 年 3 月 15 日，陈某佑以 B 房开公司为被告向六盘水市中级人民法院提起诉讼，要求 B 房开公司支付退股金。该案经六盘水市中级人民法院和贵州省高级人民法院多次审理后，贵州省高级人民法院于 2013 年 3 月 25 日作出（2011）黔高民再终字第 16 号民事判决书。该判决书写明"B 房开公司尚未支付的余款实际为原 A 公司的资产"，"B 房开公司作为协助执行方，按照协助执行通知的要求支付相应款项是其应履行的法定义务，所产生的法律后果应由原 A 公司的债权债务继受人承担，陈某佑不能以未经其同意为由拒绝承担该法律后果。故对 1411834.94 元，本院予以确认"。

2017 年 7 月 24 日，陈某佑向安顺市人民检察院申请监督，申请监督理由是：被执行人余某祥与被执行人安顺银河实业公司均不是 A 公司的实际投资人或者股东。安顺市中院直接对 A 公司股东（陈某佑）的"股权转让金"采取强制措施以清偿被执行人余某祥与被执行人银河实业公司所欠之债务的行为，无事实和法律依据，属于错误执行行为，应当予以纠正。

初次监督：安顺市人民检察院于 2017 年 10 月 24 日向安顺市中级人民法院发出检察建议，认为本案被执行主体错误、执行金额错误，建议法院纠正错误的执行行为。

安顺市中级人民法院回复认为，B 房开公司遵循自愿、诚实信用原则和遵守法律规定向该院汇款 1411834.94 元的行为，既是协助法院执行偿还原 A 大酒店有限公司债务的行为，也是自觉清偿债务的行为，被执行款项实际为原 A 公司的资产，并不存在对 A 公司股东陈某佑的合法权益造成损害的事实，不采纳检察机关的检察建议。

跟进监督：2020 年 5 月，贵州省人民检察院对该案进行了线下审查，经初步审查发现该案执行确实存在问题，遂决定于 2020 年 10 月 29 日受理该案，对该案进行跟进监督，并向贵州省高级人民法院发出检察建议。

检察建议认为：安顺市中级人民法院（2002）安市执复字第 2 号《协

助执行通知书》存在执行依据不明，被执行主体错误的问题，建议依法纠正本案执行中的违法行为，维护当事人合法权益。主要理由是：首先，根据本案查明的事实及法院历次审判、执行情况可以看出，余某祥的个人债务最终由 B 房开公司承担的要件应为所借款项用于 A 大酒店项目筹建。其次，安顺市中级人民法院（2002）安市执复字第 2 号《协助执行通知书》的执行依据是安顺市中级人民法院（1995）安民督字第 107 号支付令，该支付令中的被申请人为安顺银河实业公司，余某祥为该公司的法定代表人，支付令中没有任何体现这笔借款用于 A 大酒店建设的内容。该笔借款也未列入余某祥与陈某良签订的《六盘水 A 大酒店项目转让协议》及陈某良与李某黔、陈某佑签订的《六盘水市 A 大酒店有限工程项目（债务清单）》。最后，安顺市中级人民法院在（2017）黔 04 执监 2 号对安顺市人民检察院安市检民（行）执监〔2017〕52040000001 号检察建议书的回复中写明"……贵州省安顺银河实业公司作为独立的法人，对外承担民事责任应以其公司的财产为限。但该公司向收付点借款的用途，陈某良称：'全部用于筹建处的建设。'而且该笔款的借款时间是 1994 年 1 月 21 日，正是余某祥建设 A 大酒店的期间，鉴于该公司法定代表人又是余某祥，根据《中华人民共和国公司法》第 20 条 '公司股东滥用公司法人独立地位和股东有限责任，逃避债务，严重损害公司债权人利益的，应当对公司债务承担连带责任' 的规定，余某祥滥用贵州省安顺银河实业公司的法人独立地位，可追加余某祥个人为被执行人，进而可执行钟山酒店公司的财产。故本院执行 A 酒店公司的变卖款用以偿还该债务，有事实和法律依据"。而在贵州省高级人民法院（2011）黔高民再终字第 16 号民事判决卷宗中，安顺市西秀区工商行政管理局、安顺市工商行政管理局均出具证明，证明未在贵州省工商行政管理业务应用集成系统查询到"贵州省安顺银河实业公司"或"安顺银河实业公司"的注册登记情况。即，安顺信托投资股份有限公司安顺市大十字收付点与安顺银河实业公司之间的借款，是否符合《回复》中所述情况，并不能仅以陈某良的自认及借款时间处于余某祥建设 A 大酒店期间就确认借款主体及借款用途，法院的执行行为不能以执代审，在没有任何生效法律文书认定安顺银河实业公司的该笔借款用于 A 大酒店建设的情况下，由 B 房开公司用应支付的投资变卖款来偿还该笔债务明显会侵害陈某佑等原 A 大酒店股东的权利。

监督结果：2021 年 12 月 7 日，贵州省高级人民法院向贵州省人民检察院回函称，安顺市中级人民法院依据（1995）安民督字第 107 号支付令发出的（2002）安市执复字第 2 号《协助执行通知书》，对六盘水 A 大酒店的投资变卖款进行执行的事实和法律依据不充分。具体理由如下：（1）安顺市中级人民法院执行的主体与执行依据不符，且该院未查明执行 A 大酒店财产的具体事实和法律依据。（2）安顺市中院认定借款用于 A 大酒店项目建设的依据是陈某良的自认，但由于案件处理结果涉及陈某良的利益，单凭其自认不能作为认定款项用途的充分证据。综上，对贵州省人民检察院的检察建议予以采纳，并函告安顺中级人民法院，要求其依法对上述问题进一步审查核实，依法作出结论。

案件意义：本案跟进监督的对象是人民法院在执行过程中随意变更被执行主体，扩大被执行主体范围的行为。根据《民事诉讼法》的相关规定，执行机构在执行程序中可以直接裁定变更、追加被执行主体。但由于追加、变更被执行主体既涉及程序法问题，也涉及实体法问题，如果滥用该权力，看似保障了申请人执行人的债权的顺利实现，却极容易损害案外人的合法权益。检察机关善用跟进监督措施，依法保护了该公司及股东的合法权益，并纠正了近二十年的违法执行行为。

（1）厘清执行依据，明确债务承继主体。本案涉及的执行依据有两个，两个执行依据指向的债务承担主体分别是余某祥和余某祥作为法人代表的企业，但余某祥已死亡，所谓的余某祥作为法人代表的银河实业公司的具体情况，从法律文书上也无从得知，且案件历时已久，要判断变更主体是否错误，必须回归借款事实和执行依据本身。因此，贵州省院在决定受理该案前，进行了大量的调查取证工作，调阅了该案 1995 年至 2013 年期间的所有关联审判卷宗和执行卷宗，并与安顺市院的案件承办团队进行了充分沟通交流，认真分析初次监督后法院的不采纳意见，向安顺市中级人民法院的相关承办部门、承办人了解原案办理情况，最终将 B 房开公司合法承继债务的要件锁定为：一是债务在 2001 年 10 月 11 日前发生；二是所借款项用于 A 大酒店项目筹建，从否定两个要件入手查找事实和法律依据，论证法院执行行为的违法性。

（2）划清责任边界，严守程序法和实体法审执原则。本案监督中，检察机关发现，法院执行机构在执行中存在对影响变更主体的重要事实未经查实就变更被执行主体的情形，具体表现为在未查清借款主体、借款用途和相关主体之间是否具有法定的债务承继依据的前提下，仅依据利害关系人陈某良的自认，便将余某祥的个人债务认定为与余某祥作为项目筹建人之一的 A 大酒店有限公司的债务，并将该公司追加为被执行人，要求该公司对余某祥的个人债务承担偿还责任，这种以执代审的做法，不仅不符合审执分离的程序法原则，还错误适用了公司法上关于发起人责任的相关规定，破坏了公司法上关于公司独立法人地位和公司股东有限责任的实体法原则。检察机关将两份执行依据指向的债务特定化后，对债务承继的过程进行了详细梳理，对关键时间节点的证据事实进行了关联比对，剔除了噪音事实，对自然人债务和公司债务、公司股东债务的边界进行了明确划分，成功实现了对该类违法执行行为的法律监督，有利于促进法院更好地遵守审执分离的程序法原则，维护公司和公司股东的合法权益。

2. 案例：某房开有限公司执行跟进监督案

基本案情： 2016 年 3 月，某房开公司、杨某某诉至铜仁市中级人民法院，诉请法院依法判令解除双方签订的《项目合作协议》。赵某某、蒋某某提出反诉，请求判令：（1）某房开公司、杨某某承担违约责任并支付 1000 万元违约金；（2）解除双方签订的《项目合作协议》；（3）杨某某及某房开公司退还赵某某、蒋某某实际投入资金 9950 万元及利息。铜仁市中级人民法院于 2016 年 8 月 31 日作出（2016）黔 06 民初 22 号民事判决书。判决：（1）解除某房开公司、杨某某与赵某某、蒋某某于 2011 年 7 月 30 日签订的《项目合作协议》；（2）由赵某某、蒋某某于本判决生效起 30 日内，向某房开公司及杨某某支付违约金 1000 万元；（3）由某房开公司、杨某某返还赵某某、蒋某某投资款 8850 万元；（4）驳回赵某某、蒋某某的其他诉讼请求。该判决已发生法律效力。

2016 年 9 月 29 日，赵某某、蒋某某向铜仁市中级人民法院申请强制执行，要求某房开公司、杨某某按照该院（2016）黔 06 民初 22 号民事判决书判决内容返还投资款 8850 万元，并支付相关利息及 108200 元诉讼费。该院于同日以（2016）黔 06 执 67 号受理执行案件通知书并决定执行，并于同日通知赵某某、蒋某某提供被执行人某房开公司、杨某某的财产状况。2015 年 10 月 12 日，铜仁市中级人民法院向某房开公司及杨某某送达了（2016）黔 06 执 67 号执行通知书及报告财产令。某房开公司、杨某某于

2016 年 10 月 15 日向铜仁市中级人民法院进行了财产申报。

2016 年 10 月 14 日，某房开公司、杨某某向铜仁市中级人民法院申请强制执行，要求赵某某、蒋某某按照（2016）黔 06 民初 22 号民事判决书支付违约金 1000 万元。该院于同日以（2016）黔 06 执 74 号受理执行案件通知书受理立案，并以（2016）黔 06 执 74 号提供被执行人财产状况通知书要求某房开公司、杨某某提供被执行人赵某某、蒋某某的财产状况，并于 2016 年 10 月 21 日向赵某某、蒋某某送达了（2016）黔 06 执 74 号报告财产令及执行通知书，要求赵某某、蒋某某向某房开公司及杨某某支付违约金 1000 万元。

2016 年 10 月 21 日，因某房开公司、杨某某未主动履行义务，铜仁市中级人民法院作出（2016）黔 06 执 67 号执行裁定书，裁定：冻结、扣划被执行人某房开公司、杨某某银行存款 8860.82 万元（注：含投资款 8850 万元及诉讼费 10.82 万元），或查封、扣押相应价值的财物。同年 11 月 17 日，铜仁市中级人民法院作出（2016）黔 06 执 67 - 1 号执行裁定书，裁定对某房开公司所有的位于铜仁某大道（凉水井处）的三块土地的土地使用权及地上建筑物委托评估、拍卖。

2016 年 12 月 1 日，铜仁市中级人民法院委托某房地产评估有限公司贵州分公司对涉案土地的土地使用权及地上建筑物房产进行评估。2016 年 12 月 30 日，经评估对象总价为 15381.33 万元（其中土地总价 7072.34 万元，在建工程总价 8308.99 万元）。

2017 年 2 月 22 日，铜仁市中级人民法院制作《项目公告》，定于 2017 年 3 月 25 日 10 时至 2017 年 3 月 26 日 10 时在阿里巴巴司法拍卖网络平台上对涉案土地的土地使用权及地上建筑物进行公开司法拍卖。起拍价：107669310 元，保证金 6000000 元，增价幅度 10 万元。后因拍卖期间无人竞价，该次拍卖流拍。

2017 年 5 月 9 日，赵某某、蒋某某向铜仁市中级人民法院提出以物抵债申请，即要求以"第一次拍卖上述三宗国有土地使用权及地上建筑物"的起拍价 107669310 元将拍卖标的物以物抵债给申请人赵某某、蒋某某。2017 年 6 月 20 日，铜仁市中级人民法院作出（2016）黔 06 执 67 号之二执行裁定书。该裁定书依据已经发生法律效力的（2016）黔 06 民初字第 22 号民事判决书，即某房开公司、杨某某返还赵某某、蒋某某 8850 万元及诉讼费 10.82 万元，赵某某、蒋某某赔偿某房开公司、杨某某 1000 万元违约金的义务，双方均已申请强制执行，两案执行款抵扣后，某房开公司、杨某某应支付赵某某、蒋某某执行款 7850 万元及诉讼费 10.82 万元。因第一次拍卖无人竞买流拍，经征求赵某某、蒋某某意见，其同意按第一次拍卖底价 10766.931 万元接受以物抵债。截至 2017 年 6 月 19 日，某房开公司、杨某某应返还投资款 7850 万元、诉讼费 10.82 万元、延迟履行金 80 万元、赵某某及蒋某某代交纳评估费 60 万元、执行费 14.68 万元，合计 8015.5 万元。据此裁定：（1）将某房开公司所有的前述涉案三宗土地及地上建筑物按第一次拍卖底价 10766.931 万元，交付给申请人赵某某、蒋某某抵偿债务 8015.5 万元，剩余款项 2751.431 万元，赵某某、蒋某某于 2017 年 6 月 19 日汇入该院执行专户，上述土地使用权及地上建筑物产权自本裁定送达时起转移给赵某某、蒋某某所有；（2）解除对上述土地及地上建筑物的查封；（3）赵某某、蒋某某持裁定到相关部门办理产权过户手续，办理产权所需费用自行承担；（4）铜仁市中级人民法院（2016）黔 06 民初字第 22 号民事判决书主文内容第三项执行完毕。

某房开公司以执行行为违法为由向检察机关申请监督。

初次监督：铜仁市人民检察院经审查后认为：涉案土地项目网络司法拍卖第一次流拍后即同意以物抵债不合法。理由是：根据最高人民法院《关于人民法院民事执行中拍卖、变卖财产的规定》（2005 年 1 月 1 日起施行）第 19 条、第 27 条、第 28 条之规定，法院在执行程序中采取传统委托拍卖的，第一次流拍、第二次流拍、第三次流拍时均可依法以物抵债。

2017 年 1 月 1 日起施行的最高人民法院《关于人民法院网络司法拍卖若干问题的规定》第 26 条规定："网络司法拍卖竞价期间无人出价的，本次拍卖流拍。流拍后应当在三十日内在同一网络司法拍卖平台再次拍卖，拍卖动产的应当在拍卖七日前公告；拍卖不动产或者其他财产权的应当在拍卖十五日前公告。再次拍卖的起拍价降价幅度不得超过前次起拍价的百分之二十。再次拍卖流拍的，可以依法在同一网络司法拍卖平台变卖。"本条对网络司法拍卖无人出价导致流拍后如何处理进行了明确规定。根据上述规定，无论动产和不动产，如果采取网络司法拍卖方式，如第一次流拍，均应在 30 日内在同一网络司法拍卖平台再次拍卖，第二次拍卖后再次流拍的，方可依法进行变卖。这是网络司法拍卖应当遵循的法定程序。遂于

2018 年 10 月 19 日以本案在第一次网拍流拍后遂以物抵债违反《网拍规定》的规定为由，向铜仁市中级人民法院发出检察建议。

最高人民法院《关于人民法院民事执行中拍卖、变卖财产的规定》和最高人民法院《关于人民法院网络司法拍卖若干问题的规定》两个司法解释的规定内容并不冲突，而是相互衔接。根据最高人民法院《关于人民法院网络司法拍卖若干问题的规定》第 37 条规定："人民法院通过互联网平台以变卖方式处置财产的，参照本规定执行。执行程序中委托拍卖机构通过互联网平台实施网络拍卖的，参照本规定执行。本规定对网络司法拍卖行为没有规定的，适用其他有关司法拍卖的规定。"执行实务中，在处理拍卖执行财产时，流拍后的以物抵债程序，均依照最高人民法院《关于人民法院民事执行中拍卖、变卖财产的规定》办理。追求拍卖标的物利益最大化，是执行程序遵循的原则，及时实现以物抵债，有利于保护当事人合法权益，特别是被执行人的利益，故对检察建议不予采纳。

跟进监督：铜仁市人民检察院提请贵州省人民检察院对该案跟进监督。

贵州省院经审查后认为，执行法院采取网络司法拍卖方式对涉案土地及地上附着物进行处置，故应适用最高人民法院《关于人民法院网络司法拍卖若干问题的规定》第 26 条规定，即依法应当在 30 日内再次拍卖，只有再次拍卖仍然流拍后，才能依据最高人民法院《关于人民法院网络司法拍卖若干问题的规定》第 37 条"本规定对网络司法拍卖行为没有规定的，适用其他有关司法拍卖的规定"之规定，适用最高人民法院《关于人民法院民事执行中拍卖、变卖财产的规定》有关规定，通过变卖或以物抵债方式进行处理，而不能直接在第一次流拍后就同意以物抵债。故根据最高人民法院、最高人民检察院《关于民事执行活动法律监督若干问题的规定》第 7 条第 4 项"具有下列情形之一的民事执行案件，人民检察院应当依职权进行监督：……（四）需要跟进监督的"之规定，贵州省院对本案依职权进行监督，并于 2019 年 9 月 10 日向贵州省高级人民法院提出执行监督检察建议。

监督结果：贵州省高级人民法院于 2020 年 1 月 10 日作出（2019）黔执监 31 号复函，未采纳贵州省检察院提出的执行监督检察建议，理由主要是：（1）最高人民法院《关于人民法院网络司法拍卖若干问题的规定》与最高人民法院《关于人民法院民事执行中拍卖、变卖财产的规定》在内容上并不冲突。（2）一拍流拍后裁定以物抵债有利于维护申诉人某房开公司的利益。（3）某房开公司对以物抵债裁定不服，未依法提出异议，人民检察院应不予受理。

案件意义：执行监督一直是贵州省民事检察工作的弱项短板，虽然2013年民事诉讼法修改以来，民事执行检察监督已成为一项常态化工作，但监督的深度和精准度一直都有待提升。因此，针对实践中长期存在的有分歧意见的执行规定、执行行为开展监督，其实际意义远远大于单纯的提出检察建议。如本案中网络拍卖"一拍流拍"后法院是否可以直接作出"以物抵债"的裁定文书问题，在最高人民法院《关于人民法院网络司法拍卖若干问题的规定》出台后，实践中确实存在两种不同的观点和实践做法。一种观点和本案中检察机关的监督意见相同，认为基于特殊法优于一般法的法律适用原则，法院不宜直接作出"以物抵债"的裁定文书，而且从保护债权人的角度而言，网络拍卖受众面广，能够有利于申请执行人债权得到最大化的实现，再次拍卖有利于使标的物的价值得到充分利用。但现实中，确实也存在法院在复函中提到的，再次拍卖会降低执行标的物的价值，反而不利于债权人利益的实现，在债权人同意的情形下，直接"以物抵债"更有利于债权实现的可能性，因此，各家法院的具体认识和做法并不相同。对两级检察机关在这类司法实践中存在争议的问题，秉承"善于监督、敢于监督"的理念跟进监督，有利于提示法院注意到此类问题，并在下一步的工作中结合不同案件开展针对性指导，避免出现"同案异执"等失当情形，让执法尺度不至过度偏离法律规定的标准。

为了提升监督的质效，在本案的跟进监督中，检察机关与两级审判机关，特别是贵州省人民检察院与贵州省高级人民法院就争议问题进行了多次研讨。其中，贵州省高级人民法院的回函中提到最高人民法院执行局于2018年1月编印的《人民法院执行办案指引》对本案所涉及的争议问题给出了方向性的指导意见，虽然该办案指引并非法律或司法解释，是属于法院执行局内部规定，但也提示我们在今后的跟进监督工作中，应继续加强学习，除了掌握法律、司法解释之外，还应通过学习法院的指导案例、办案指引等，了解法院不同时期的审判、执行理念。

第十章　民事复查

第一节　民事复查概述

一、民事复查的概念

"复"即重复、再次之意。广义的民事复查，可理解为检察机关在履行民事诉讼职能中，对已经作出的决定，以当事人申请或者依职权，再次审查该决定是否正确，以决定维持还是撤销或改变。狭义的民事复查，指《监督规则》第126条的规定，"当事人认为人民检察院对同级人民法院已经发生法律效力的民事判决、裁定、调解书作出的不支持监督申请决定存在明显错误的，可以在不支持监督申请决定作出之日起一年内向上一级人民检察院申请复查一次……"后者限定在上级检察院对下级检察院的复查，对象只能是不支持监督申请决定，即针对生效裁判结果案件的不支持，而不能是其他的决定，如在审判违法监督中作出的决定就不在此范畴。

广义的来说，对于本院作出的决定，包括但不限于不支持监督申请决定，如发现可能存在确有错误的情形，检察机关都可以启动复查。《监督规则》为何进行了限制性规定呢？主要考虑到此处规定的复查制度，主要是确立当事人权利救济渠道，即赋予其再一次申诉的权利。在检察监督中，对当事人实体权益影响最大的，毫无疑问，就是在裁判结果监督中，作出的不支持监督决定。如终结审查之类的程序性决定，并没明确当事人的申请是否符合监督情形，没有对其实体权益作出结论性处理，救济的意义不大。考虑到检察机关上下级的领导体制，规定当事人向上一级检察机关申请复查，实现相对超脱中立的上级监督，让当事人更加接受复查结果。《监督规则》关于复查工作的规定，并不排斥或否定本院自行启动复查，纠正错误的决定。故而对于已经发现确有错误的决定，包括但不限于本院作出的不支持监督申请决定，当然可以自行启动复查程序予以纠正。

二、民事复查的制度沿革

从监督权力运行和权利救济出发，在司法裁决或行政决定中，一次生效并不得救济的情形是极其少见的。诉讼中的上诉、申请再审，行政决定中的复议，既是监督权力的行使，亦是开通当事人权利救济渠道。虽有仲裁实行一局终局，但本就是基于双方当事人自愿达成了仲裁协议，体现了当事人的意思自治。且对于当事人有证据证明符合法定情形的，仍可向人民法院申请撤销裁决。但自 1991 年《民事诉讼法》规定民事检察监督制度以来，检察机关作出的决定，均是一经作出即行生效，不受理当事人对该决定不服的审查请求。

2012 年 8 月修订的《民事诉讼法》与 2013 年 11 月颁布的《人民检察院民事诉讼监督规则（试行）》，均没有民事复查的概念。2013 年 8 月，最高人民检察院原民事行政检察厅与原控告检察厅联合下发的《民事行政检察厅与控告检察厅办理民事行政检察案件第一次座谈会议纪要》（高检民〔2013〕12 号）（以下简称《一次会纪要》）首次提出了复查案件的概念，强调要在受理过程中区分民事行政监督案件和复查案件。2014 年 8 月，两厅又联合下发了《民事行政检察厅与控告检察厅办理民事行政检察案件第二次座谈会议纪要》（高检民〔2014〕6 号）（以下简称《二次会纪要》），对当事人申请复查的对象和程序等作出了较为明确的规定。《二次会纪要》第 7 条规定："当事人不服人民法院作出的生效判决、裁定、调解书，申请检察机关监督，同级人民检察院受理审查后作出不支持监督申请决定，当事人认为该不支持监督申请决定存在错误的，可以向上一级人民检察院申请复查 1 次。提出复查申请时，应当提交申请书和证明存在错误的证据材料，并说明理由和依据。上一级人民检察院控告检察部门负责受理复查申请，并将复查申请材料移送民事检察部门审查处理。民事检察部门审查后，对于确实存在错误的，应当依法纠正；对于不存在错误的，制作维持下一级人民检察院《不支持监督申请决定书》的决定，发送申请人；申请人在提出申请时未提出证明存在错误的证据材料，也未说明理由和依据或者提交的证据材料和说明的理由、依据明显不能成立的，民事检察部门可以径行作出维持决定。"

可以看到，民事复查制度出台时间晚，效力级别低，仅以最高检部门联合会议纪要的形式出现。围绕着是否有必要开通民事复查、复查是否符合民事诉讼法的规定，支持者与反对者展开了争论，并上升到民事检察与民事诉讼的关系等问题。

一是民事检察监督的附属性与独立性。民事诉讼是三大诉讼基本体系之一，法条内容繁多详尽，但关于检察监督仅寥寥数条。有观点认为，检察监督是民事诉讼监督程序的一部分，是在人民法院审判监督程序之后，最后再设一道监督防线，是附属于民事诉讼整体。即"法院纠错先行、检察监督断后"的"3+1"模式。当事人的诉求，已经过一审、二审、再审审查，最后再由检察机关进行一次是否监督的审查，得到了充分的救济。所以，完全没有必要在救济程序之上，再设置一道救济程序。不同观点认为，检察监督虽然规定在《民事诉讼法》中，但其是检察机关行使宪法赋予法律监督权在民事诉讼领域的体现。检察机关依法独立行使监督权，并不附属于人民法院的审判程序。故而，在检察监督环节，应当构建起独立的救济程序。

二是一次监督原则与纠错的现实需要。《民事诉讼法》第216条第2款规定"人民检察院对当事人的申请应当在三个月内进行审查，作出提出或者不予提出检察建议或者抗诉的决定。当事人不得再次向人民检察院申请检察建议或者抗诉"，称为一次监督原则。即检察机关对当事人的监督申请，无论是否提出监督意见，只审查一次。但哪个机关也不能保证作出的决定一定正确，没有错误。特别是在法律事实纷繁复杂、法律规范庞杂众多的民事领域，作为监督者，检察机关并不比审判机关具有人员、能力和经验上的优势。有的当事人不服检察机关的不支持监督决定，但所有程序已经终结，只能长期信访、上访，甚至采取一些非正常手段反映诉求。同时，检察机关自身又发现一些案件处理不正确，符合监督条件没有监督，不可能因为一次监督原则就视而不见。对此，有的检察院依职权启动程序，撤销确有错误的决定，重新作出决定。有的是上级检察院发现错误后，指定予以纠正。如此操作欠缺规范的法律依据，没有平等对待当事人，甚至产生权力寻租的风险。

三是"上抗下"与同级受理制度不完全协调。《民事诉讼法》第215条第1款规定："最高人民检察院对各级人民法院已经发生法律效力的判决、裁定，上级人民检察院对下级人民法院已经发生法律效力的判决、裁定，发现有本法第二百零七条规定情形之一的，或者发现调解书损害国家利益、社会公共利益的，应当提出抗诉。"申请监督的民事案件几乎都是二审生效，如果由行使抗诉权的上级检察院受理、审查，则民事监督案件均在最高检、省级检察院办理，形成下级院无案可办、上级院办案资源不足的"倒三角"。为了缓解"倒三角"的压力，平衡办案资源的分配。根据《民事诉讼法》第215条第2款"地方各级人民检察院对同级人民法院已经发生法律效力的判决、裁定，发现有本法第二百零七条规定情形之一的，或者发现调解书损害国家利益、社会公共利益的，可以向同级人民法院提出检察建议，并报上级人民检察院备案；也可以提请上级人民检察院向同级人民法院提出抗诉"的规定，《人民检察院民事诉讼监督规则（试行）》规定了同级受理、审查、提请制度，但抗诉权并不因此而向下转移。下级院作出的不支持监督决定，同时代替上级院否定了当事人的抗诉申请。此抗诉审查权的让渡，并非具有全部的正当性，特别是当事人提出质疑时。"上抗下"与同级受理制度之间，需要进行协调，弥补各自存在的不足。

2021年8月1日，修订后的《监督规则》颁布实施，充分吸收了2013年、2014年第一、二次会议纪要的内容，正式确立了复查制度。第126条规定："当事人认为人民检察院对同级人民法院已经发生法律效力的民事判决、裁定、调解书作出的不支持监督申请决定存在明显错误的，可以在不支持监督申请决定作出之日起一年内向上一级人民检察院申请复查一次。负责控告申诉检察的部门经初核，发现可能有以下情形之一的，可以移送本院负责民事检察的部门审查处理：（一）有新的证据，足以推翻原判决、裁定的；（二）有证据证明原判决、裁定认定事实的主要证据是伪造的；（三）据以作出原判决、裁定的法律文书被撤销或者变更的；（四）有证据证明审判人员审理该案件时有贪污受贿，徇私舞弊，枉法裁判等行为的；（五）有证据证明检察人员办理该案件时有贪污受贿，徇私舞弊，滥用职权等行为的；（六）其他确有必要进行复查的。负责民事检察的部门审查后，认为下一级人民检察院不支持监督申请决定错误，应当以人民检察院的名义予以撤销并依法提出抗诉；认为不存在错误，应当决定复查维持，并制作《复查决定书》，发送申请人。上级人民检察院可以依职权复查下级人民检察院对同级人民法院已经发生法律效力的民事判决、裁定、调解书作出不支持监督申请决定的案件。对复查案件的审查期限，参照本规则第五十二条第一款规定执行。"

虽然只有一条四款规定，但内容还是比较丰富，基本确立了民事复查制度的框架。规定将复查分为了初核和审查两道程序，并明确了初核后移送审查的六种情形，以通过初核实现过滤。明确复查后的两种处理方式，依职权启动复查及办案期限等。当然，对于一项制度来说，内容仍显不足，需要在实践中逐步完善。

第二节　复查制度的价值

在复查纠正比例不超过 5%①，质疑声音不少的情况下，《监督规则》经过广泛征求意见，最终明确规定了复查制度。这既是新时代做强民事检察工作的需要，也是坚持以人民为中心司法理念的具体落实。落实执行好民事复查制度，实现制度设立的目的初衷，必须要深刻领会其制度价值，并贯穿到整个复查工作。

一、复查制度畅通司法救济渠道

习近平总书记在中央政治局学习贯彻《民法典》会议上强调，要加强民事检察工作，加强对司法活动的监督，畅通司法救济渠道，保护公民、法人和其他组织合法权益。民事案件与人民群众的人身、财产权益紧密相关，直接影响着人民群众对司法公正的感受。检察机关通过履行民事监督职能，实现对审判权的监督和当事人权利的救济，保证民事法律的统一正确实施。对于检察机关认为不符合监督条件，作出不支持决定的案件申请人，其产生向上申诉的意愿，在情理之中。复查制度赋予当事人再一次申诉的权利，畅通了司法救济渠道。复查工作均在上级检察院，势必加剧民事监督案件办理的"倒三角"矛盾。但依法纠正确有错误的案件，哪怕是数量极少，都是检察机关履行法律监督职责的应有之义。复查是以人民为

---

①　最高人民检察院第六检察厅：《〈人民检察院民事诉讼监督规则〉理解与适用》，中国检察出版社 2021 年版，第 198 页。

中心司法理念在民事检察中的重要制度设计，而不仅仅是司法资源投入和纠正数量的简单之比。

二、复查制度丰富民事检察司法属性

在民事诉讼中赋予检察机关监督权，是中国特色检察制度的重要组成部分，但《民事诉讼法》的相关规定却比较原则。以此为"基本法"制定的《监督规则》，构建起了民事检察监督制度。但相比于诉讼制度的天然司法属性，监督制度更具行政色彩。监督制度要更好融入民事诉讼体系之中，才能更充分发挥功能价值。可以看到，《监督规则》多处进行了司法化改造。典型的如听证制度的细化，作为当事人向上申请救济的复查制度，亦是其中之一。有观点认为，复查制度不符合《民事诉讼法》第216条第2款"人民检察院对当事人的申请应当在三个月内进行审查，作出提出或者不予提出检察建议或者抗诉的决定。当事人不得再次向人民检察院申请检察建议或者抗诉"的规定。笔者认为，此条规定的是不得重复申请，正如不得重复起诉一样。"一事不再理"的原则，并不影响当事人提起上诉、申请再审。检察机关作出决定后，当事人认为决定有错误，向上级机关申请复查一次，既是权利救济，也是上下级领导体制的必然，符合民事诉讼司法化要求。

三、复查制度强化检察一体化监督

新时代检察监督职能作用的发挥，更加强调一体化协同履职，形成"1 + 1 > 2"的监督合力。检察一体化包含了"四大检察""十大业务"的横向一体化，以及上下级院之间纵向一体化。由于制度设计的差异，民事检察业务对协同履职有着自身的特殊情形。典型的是"上抗下"制度，凡以抗诉提出监督意见的，须经过同级院受理审查提请、上级院批准同意提出，是两级院协同履职实现的监督。对于占多数的不支持监督案件，上级院并不掌握办理情况。虽然上级院可依职权启动对下级院案件的监督，但从线索来源上看，与案件结果有切身利益关系的当事人的申请，无疑最为便捷有效。有监督才能规范权力运行，复查就算没有纠正，也是一种震慑。在复查案件办理中，上级院通过调阅下级院审查报告、沟通争议焦点、核实相关情况等，在办案理念、事实认定、法律适用等方面，都有利于交流提升，形成共识，提高监督案件办理质量。在横向一体化方面，由于复查初核工作由控申部门承担，各地控申、民事部门之间普遍加强了沟通协作，特别是初期控申部门缺乏熟悉民事业务的同志，协同完成初核工作的情况更多。

四、复查制度弥补同级受理的不足

同级受理审查制度缓解了"倒三角"的办案压力，为当事人申请监督提供了便利。但下级院审查作出不支持监督决定，代替上级院否定了当事人的抗诉申请。上级院将本应由自己行使的抗诉权交由下级院审查决定，在保障当事人申请抗诉权利方面存在着不足。特别是当事人对该决定不服，提出申请时，上级院不能视而不见，必须以某种方式介入审查。复查制度正是回应了当事人需求，弥补了同级受理存在不足，民事监督案件的受理、审查制度更加周密，符合法律规定。

五、复查制度促进依法化解矛盾纠纷

在司法属性的民事诉讼中，当事人对司法裁判（决定）不服，会产生向上申诉的意愿。虽然检察机关一直强调做好释法说理、息诉服判工作，但当事人质疑不支持监督决定时，自己为自己说理，难以令人信服。向上申诉渠道不畅通，当事人可能会通过不规范的信访、上访，甚至炒作舆论等非正常手段，来引起上级机关主动审查。复查制度将有强烈愿望当事人的诉求，导入法治化的轨道，由相对中立的上一级机关再次审查，履行对下级院的监督职责，进行释法说理，有利于依法化解矛盾纠纷。从一些案例看，原本有着比较激烈情绪的当事人，经过上级院的再次审查沟通，无论结果如何，都能较好地接受。

第三节　民事复查相关法律规定及理解适用

《监督规则》第 126 条涉及五个方面的内容，分别为当事人申请的条件、期限、对象，控申部门初核及移送审查条件，民事部门审查处理，依职权启动复查及复查期限等。下面结合几个重点问题，探讨相关内容的理解和把握。

一、一般原则

复查是民事诉讼监督的一部分，应适用其一般原则。如以事实为根据，以法律为准绳，坚持公开、公平、公正和诚实信用原则，尊重和保障当事人的诉讼权利，监督和支持人民法院依法行使审判权等。基于体系解释，在关于复查申请的受理，应当适用《监督规则》第三章的相关规定，如第21条"当事人向人民检察院申请监督，应当提交监督申请书、身份证明、相关法律文书及证据材料。提交证据材料的，应当附证据清单。申请监督材料不齐备的，人民检察院应当要求申请人限期补齐，并一次性明确告知应补齐的全部材料。申请人逾期未补齐的，视为撤回监督申请"的相关规定。同时，还应当根据复查工作特点，提交下一级检察院不支持监督决定书。关于申请复查的期限，该条规定当事人可以在不支持监督申请决定作出之日起1年内申请复查。为了更好地实现制度过渡和当事人诉权保护，对于《监督规则》施行后，检察机关作出不支持监督申请决定的，严格按1年执行。对于《监督规则》施行前作出不支持监督申请决定的，根据2021年8月18日《第六检察厅与第十检察厅关于办理民事诉讼监督案件第一次座谈会议纪要》第1条规定，仅适用于2020年8月1日之后人民检察院对同级人民法院生效民事判决、裁定、调解书作出的不支持监督申请决定，在一年内申请复查的案件。当事人对2020年8月1日之前作出不支持监督决定的案件提出复查申请的，不予接收。

二、受理期限

《监督规则》第126条规定"当事人……可以在不支持监督申请决定作出之日起一年内向上一级人民检察院申请复查一次……"这个期间的性质，应当与第20条第2款规定"本条规定的期间为不变期间，不适用中止、中断、延长的规定"一致，同样为除斥期间。第93条规定"人民检察院认为当事人的监督申请不符合抗诉条件的，应当作出不支持监督申请的决定，并在决定之日起十五日内制作《不支持监督申请决定书》，发送当事人……"决定书一经作出即产生法定效力，但从作出到送达当事人有时间差，甚至因没有及时送达，影响当事人行使复查申请权利的情形。为保护当事人有效行使诉权，对于其主张在收到决定书1年内申请复查的，如能提供相应证据（如邮件签收单）证实的，可认为在期限内申请复查，予以受理。

三、初核移送情形

实体初核是这次复查制度的一大特点，在 2014 年《二次会纪要》的基础上，根据复查案件的特点，作出的针对性安排。但初核什么内容，按什么要求进行初核等，没有进一步详细的规定。如果横向找参照的话，《人民检察院办理刑事申诉案件规定》的相关规定可以适当借鉴。二者职能都是监督纠正，对象都是人民法院的生效判决，包括检察机关原来作出的决定。从程序上看，《人民检察院办理刑事申诉案件规定》第 19 条规定："控告申诉检察部门经审查，具有下列情形之一的，应当移送刑事检察部门办理……"第 22 条规定："对移送的刑事申诉案件，刑事检察部门应当对原案卷宗进行审查。经审查，认为原判决、裁定或者处理决定正确的，经检察官联席会议讨论后决定审查结案；认为原判决、裁定或者处理决定存在错误可能的，决定进行复查。"同样先由控申部门受理后进行实体审查，具备一定条件的，移送刑事检察部门办理。只不过，对刑事案件的复查更加严谨，再加上了一道刑事检察部门检察官联席会议讨论，以决定是否复查。

控申部门无论是对刑事申诉的审查，还是对民事复查案件的初核，二者的立法背景和制度作用是一致的，就是考虑此类案件纠正比例较低，控申部门先进行过滤筛选。在注意区分刑事、民事案件差异性的基础上，故而可以适当借鉴。如《监督规则》第 126 条规定了六种应当移送复查的情形，但反过来，哪些情形不应当移送，没有相应规定。借鉴《人民检察院办理刑事申诉案件规定》第 18 条第 1 款"经审查，具有下列情形之一的，应当审查结案：（一）原判决、裁定或者处理决定认定事实清楚，证据确实充分，处理适当的；（二）原案虽有瑕疵，但不足以影响原判决、裁定或者处理决定结论的；（三）其他经审查认为原判决、裁定或者处理决定正确的"的规定，从事实证据、适用法律、处理决定（结果）等方面把握。

如何在初核中把握应当移送的六种情形，是个难点，特别是第 6 项"其他确有必要进行复查的"。从实践的情况看，该项规定成了万能条款，涵盖了大部分的移送案件。复查的功能，就是纠正本应提出监督意见，特别是应当抗诉而被作了不支持处理的案件。那么案件是否具备法定的监督事由，就应当是整个复查工作的判断标准，包括控申部门的初核和民事部门的审查。《民事诉讼法》第 207 条列举了 13 项再审事由，同时也是检察机关的法定监督事由。13 项监督事由大致可分为证据问题、适用法律问题、程序问题、办案人员渎职问题等四类。对照一下初核移送的前五种情形，前三类是证据问题（据以作出原判决、裁定的法律文书被撤销或者变更，撤销或变更的法律文书也可视为证据），后两类是法院、检察院办案人员渎职问题，且都强调了"有证据证明"。怎么理解初核移送情形的设置，以及与监督事由的关系，在初核中应重点把握。

从以往复查工作经验和复查案件特点入手可以发现，证据、事实没有变化，或者没有办案人员渎职等新情况（可以统称为新情况）的案件，复查纠正率极低。考虑到初核审查的只是申请人单方提供的材料，没有案件卷宗，没有调阅下级院的审查报告等。如果申请人有证据证明案件出现了新情况，无疑是快速判断案件符合复查情形的有效途径。故而，在初核中，首先审查申请人有没有提供证据，对照五种情形判断是否符合条件。申请人提供的证据，注意审查其真实客观性。一般而言，物证、书证等客观证据真实性较强，言词证据变化较大，要特别审慎。同时，如果申请人提供是的新证据，即在原审没有提供过的，还得按照最高法有关规定，说明逾期提交的理由，判断是否成立。关于证据的具体审查判断，与一般诉讼监督案件审查相同，在此不再赘述。对于申请人没有提供证据，或者提供证据不符合前五种情形的，仍应按照《民事诉讼法》第 207 条规定的监督事由进行判断，如果符合条件，应以第 6 项"其他确有必要进行复查的"移送审查。理由如前段所述，复查是为了纠正原本符合《民事诉讼法》第 207 条规定的监督事由，被不当处理的案件。初核时，不应只盯着前五种移送情形进行审查判断，忽略了复查的本位功能。

初核除了情形判断，还有一个标准问题。这类情形达到什么程度，符合移送审查的要求，这就涉及民事诉讼事实认定的标准问题。最高法有关规定，明确了民事诉讼事实认定高度可能性的标准。但高度可能性本身就具有主观性和模糊性，初核中如何把握移送情形的标准，有这样几点：

一是立足检察监督职能。检察监督是纠错，即对人民法院民事诉讼活动进行监督，纠正确有错误的行为。如果某类案件的处理，法律规定并未明确，而实践中存在不同的处理结果，即法官的自由裁量处理。检察机关不宜基于认识分歧提出监督意见，初核后当然就不宜移送审查。如在建筑工程类案件中，挂靠人是否可以突破合同相对性向发包人主张欠付范围内的工程款，最高法司法解释没有明确，实践中争议较大。如果生效判决根据案件的具体情况，支持或不支持挂靠人的主张权利，均可认为没有违反法律规定，不符合监督情形。

二是立足初核的性质。初核类似一个筛子，不能太细，太细则代替了民事检察部门的审查，太粗则发挥不了初核的过滤作用。如果我们以复查纠正提出监督意见的标准为100%，初核超过50%即可，即移送情形一半以上的可能性成立。这样既过滤掉明显不符合条件的案件，又能将较大可能符合监督条件的案件，移送民事检察部门进一步审查。

三是立足于具体不同情形。《监督规则》规定的五种情形，加上其他可能的，实际上就是符合《民事诉讼法》第207条规定的再审情形，不同情形的标准要求应有所区别。如据以作出原判决、裁定的法律文书被撤销或者变更的，是就是，不是就不是，应当也完全可以在初核就查实是否存在这一情形，而不仅仅要求可能的标准。

四、审查处理

《监督规则》规定，负责民事检察的部门审查后，认为下一级人民检察院不支持监督申请决定错误，应当以人民检察院的名义予以撤销并依法提出抗诉，故复查审查无疑是按照抗诉的标准进行。应当树立精准监督理念，坚持抗诉的法定性与必要性相结合，严格依据《民事诉讼法》第207条的相关规定审查民事裁判结果的违法性，审查判断下级院不支持监督决定是否正确。这里有几个问题可以探讨：

一是审查认为不宜抗诉，但由同级检察院发出检察建议更适宜如何处理。复查是上一级院基于抗诉权的再次审查，第126条仅规定符合监督条件的，应当提出抗诉。但有些具体案件较为复杂，虽符合监督情形，但同级监督更为恰当。再审检察建议这种监督方式，经过不断的发展，虽然较为柔性，但监督方式和效果亦有优于抗诉之处。修订后《监督规则》对抗诉和检察建议两种监督方式的适用，并没有作限制性的区分，而是以"可以""一般应当"等表述予以引导。从理论上来看，虽然检察建议是同级监督权，但基于检察机关上下级领导关系，上级院可以撤销下级院的不支持监督决定后，指令下级院发出再审检察建议。第126条的规定过于刚性，需要在实践中观察效果，是否需要完善，有观点认为，根据《监督规则》第42条"上级人民检察院可以将受理的民事诉讼监督案件交由下级人民检察院办理……"的规定，在复查案件办理中，如果认为下级院发出检察建议更加适宜，可交由下级院办理。需要注意的是，前述第42条后面规定"下级人民检察院应当在规定期限内提出处理意见并报送上级人民检察院，上级人民检察院应当在法定期限内作出决定"。意即，虽然案件可以交由下级院办理，但作出决定还是上级院。对案件交办作出一定的限制，是为了规范案件办理，落实同级受理原则，防止责任不明、期限过长。但复查案件有一定的特殊性，是否可以复查后指令同级监督，需要在实践中探索。

二是关于维持决定是否需要说理的问题。第126条规定，负责民事检察的部门审查后，认为下一级人民检察院不支持监督申请决定不存在错误，应当予以维持，并制作《复查决定书》，发送申请人。根据最高检《复查决定书》格式，统一表述为"经审查，本院认为该不支持监督申请决定并无不当，决定予以维持"。并不针对当事人的申请复查理由进行说理和回应。实践中，会遇到不支持监督的决定正确，但理由阐述不全面充分，甚至错误的情况。有观点认为，既已维持决定，则对当事人的权益不产生改变。如果作不同的说理，会导致下级检察院理由矛盾，引发当事人的信访等。有的则采取《复查决定书》不说理，但口头与当事人沟通说理。通过沟通释法说理固然有必要，但如果对于下级院明显错误的理由，仍"认为并无不当"，容易引发当事人的不满，加大息诉服判的难度。如某起案件，法院再审没有改变二审的结果，但认为二审判决的理由和法律依据不当，进行了纠正。检察机关在不支持监督决定中，仍引用了二审不当的判决理由和法律依据，当事人申请上一级检察院复查。对此，《复查决定书》应当实事求是，进行正确的理由阐述，引导当事人息诉服判，不能回避问题。

三是关于复查是否适用简易程序。《监督规则》第48条第2款规定："承办检察官通过审查监督申请书等材料即可以认定案件事实的，可以直接制作审查终结报告，提出处理建议或者意见。"有的办案人员认为，复查经过下级院审查过一次，一律适用简易程序，最多调取下级院的审查报告，简单照搬照抄下级院认定的事实和理由，这是不恰当的。前述规定的核心是"通过审查监督申请书等材料即可以认定案件事实"，复查案件经过下级院审查并作出决定，当事人仍不服，又经过控申部门初核认为有复查必要。

当事人申诉愿望强烈，案件事实往往较一般监督案件复杂，并不都符合简易程序的条件。下级院的审查报告，认定事实及理由，仅是为上级院审查判断其不支持监督决定是否正确，提供更为全面的材料，不能代替上级院的审查。

五、依职权启动复查

《监督规则》在原规定的基础上，为了落实深化、拓展民事检察监督的要求，对依职权监督的案件范围作出了较大扩充，具体体现在第 37 条的规定中。虽第 126 条仅规定上级检察院可以依职权复查，没有明确具体情形，但显然可以适用《监督规则》第 37 条的相关规定，同时要注意复查与一般受案的区别。

一是准确理解依职权监督的内涵和外延。《民事诉讼法》第 215 条规定人民检察院"发现有本法第二百零七条规定情形之一的"，立法并没有将发现限定于当事人申请。《监督规则》第 18 条规定，"民事诉讼监督案件的来源包括：（一）当事人向人民检察院申请监督；（二）当事人以外的自然人、法人和非法人组织向人民检察院控告；（三）人民检察院在履行职责中发现"，当事人申请只是监督案件来源之一。但依职权监督应当充分尊重民事诉讼当事人的意思自治、权利处分，着重审查是否侵害国家利益、社会公共利益和他人合法权益，严格把握依职权启动监督条件。

二是区分依职权复查与一般受案的不同。《监督规则》第 37 条规定的依职权监督情形，包括了审判违法和执行活动监督，但复查只针对裁判结果，如果发现下级对审判违法和执行活动应当监督而未监督，应当指令下级院办理，而不是启动复查程序。对于裁判结果案件，由于下级院已经过一次监督审查，依职权启动复查应比一般受案更为审慎。

三是注意受案方式和处理程序。案外人控告，可以成为依职权监督的线索来源，但不能立为申请监督案件，仍应立为依职权监督。《监督规则》对于依职权监督案件，是否需要向当事人发送相关法律文书、听取意见等未作强制要求，但应根据案件办理进度，按照公开公正、保护诉权等原则，适时告知当事人。在复查结果处理上，如果上级院依职权进行复查后发现下级院的决定正确的，应当作出终结审查决定，而不是维持；发现错误的，应当予以撤销并依法提出抗诉。无论是哪种处理结果，如果案件来源是案外人控告，则应当按照信访工作相关规定，答复控告人。

第四节　加强民事复查工作的建议

复查制度在《监督规则》中仅一条规定，似乎无足轻重。但如前分析，其具有民事检察制度框架性的作用。从复查制度运行一年的情况看，对民事检察工作产生的影响不容忽视，且在持续扩大。我们必须深刻认识复查制度的制度价值，有针对性地解决实践中的问题，发挥复查制度应有的功能作用，为人民司法提供更加优质的民事检察产品。

一、思想认识上高度重视

极低的纠正比例，注定复查不是一项容易的工作。对于提请案件，下级院已经分析了监督意见，调齐了卷宗，做好了专家咨询等辅助性工作。复查如果要纠正，先要撤销下级院的不支持监督决定，工作量大，程序繁琐，还面临被纠院的情面、增加"案－件比"等问题。办理复查案件，必须摒弃怕麻烦事、怕得罪人等错误思想，始终坚持"如我在诉"的理念，注重站在申请人立场考虑问题。申请人经过了一审、二审、再审审查、上级院监督审查，加上可能有发回重审，诉累沉重，时间漫长，复查是最后的救济。办理复查案件，应当比一般案件更加审慎，一切从案件本身出发，严格依据案件事实和法律规定作出决定。

二、办案力量保障到位

复查工作开展后，总体上大幅增加了民事检察部门的办案量。初核是把好复查案件的第一道关口，控申部门职能由形式受理调整为实质初步审查，人员不适应的现状较为紧迫。必须统筹好办案资源的调配，适当向民事、控申部门倾斜。选配法律基础功底扎实，有民事检察工作志向的同志到民事、控申岗位，在办案中锻炼提升。加大交流轮岗力度，当前可调整有民事经验的人员，充实到控申部门负责复查初核工作。有条件的检察院，可根据案件量，在民事检察部门明确专人负责复查工作。重视民事复查业务的学习培训，加强调查研究，提升复查工作能力。

三、推进初核工作案件化

设置初核程序，就是考虑到案件已经下级院审查过一次，实践中纠正比例又很低，如果都移送民事部门办理，加剧"倒三角"的矛盾。通过初核将明显不符合复查条件的案件过渡掉，将疑难复杂、确有必要的案件移送民事部门进一步审查，实现繁简分流，办案资源配置优化。故而，初核在整个复查工作中非常重要。凡是当事人申请复查的，均应受理后作为案件办理，纳入统一业务应用系统，由检察官承办，依据权力清单明确的权限，按程序审批作出决定。根据办理情况，分别制作决定不予复查或决定复查法律文书，发送申请人。复查初核纳入检察官办案业绩考核内容，落实司法责任制。

四、把握好重点与全面复查关系

《监督规则》第43条规定："人民检察院审查民事诉讼监督案件，应当围绕申请人的申请监督请求、争议焦点以及本规则第三十七条规定的情形，对人民法院民事诉讼活动是否合法进行全面审查……"对于复查案件的审查内容，《监督规则》没有明确。有观点认为，参考人民法院对申请再审案件，仅审查再审理由，复查案件亦应仅审查当事人的复查理由，根据复查理由是否成立作出决定。此观点注意到了复查案件与一般监督案件的差异，但没有区分民事诉讼与检察监督的不同。民事诉讼中当事人具有自主处分权，其在上诉、申请再审中没有提出异议的，视为认同，故无须审查。检察监督是对人民法院诉讼活动的监督，当事人申请是引发监督程序最主要的方式。当事人复查中没有提及的，但符合法定监督情形的，检察机关仍应提出监督意见，在方式和内容上更加审慎。更何况，抗诉权本来就在上级院，审查案件是否符合抗诉条件是本职工作。故复查案件应参照《监督规则》第43条的规定，同时考虑到案件已经下级院审查一次，以当事人复查理由为重点入手，坚持人民法院民事诉讼活动是否合法这个目标，进行全面审查。

五、强化释法说理

从理论上来说，复查工作开展后，当事人不服下级检察院不支持监督决定的，都可能向上申请复查。而复查纠正比例本身又低，可能司法资源的投入与产出不成比例。减少司法资源的重复投入，复查制度对民事检察工作的释法说理提出了更高要求。在办案过程中，要加强与当事人的沟通，特别是认真听取申请人的意见，体现倾听和尊重，表明无论结果如何，检察机关都是公平公正的。在不支持监督决定书中，重点围绕当事人的监督申请，条理清晰、论证充分的叙述清楚理由，让当事人信服接受。不能公式化地照搬照抄生效判决的理由，特别是一些裁判结果正确，但理由有误的案件，应结合案件事实证据情况，进行正确的说理。对于复查后决定维持的，一般可不予说理。但如果下级院不支持监督决定理由明显不当的，应当在维持的同时，进行正确的说理。

六、完善复查配套规定

《监督规则》以一条四款的内容，规定了民事复查制度，对比《人民检察院复查刑事申诉案件规定》设置了刑事申诉案件的管辖、受理、立案、复查等程序，《监督规则》的规定显然太过原则。作为一项民事检察监督的重要制度，进一步健全完善相关规定实有必要。如，对于初核工作，应当明确初核内容、初核期限，决定不予复查的，还应有相应法律文书通知申请人等。进入复查的，应当明确作出不支持监督的下级院有相应协助要求，如将审查报告、调阅卷宗发送复查部门，按复查要求协助调查核实，协同做好复查释法说理工作等。上级院拟撤销下级院不支持监督决定的，应先行与下级院沟通，听取意见。应当明确依职权启动复查的情形，启动程序，复查结果处理等。在相关评价指标中，下级院案件被复查纠正固然是负向的，但上级院依法纠正的，应当纳入正面评价指标。通过依法纠正确有错误的案件，促使下级院努力提高办案质量，将以人民为中心的民事复查制度落到实处。

第五节　民事复查案例

1. 初核移送复查后维持案例

复查初核的重点和难点，是如何把握移送复查的条件。即初核后哪些案件应当移送复查，哪些不应当移送。虽然《监督规则》第 126 条规定了六种情形，并不能满足于办案实践的需要。通过具体的案例，分析控申部门初核是如何判断后得出应当移送的结论。民事检察部门复查后，又如何认为下级院的不支持监督申请决定应当予以维持，从二者之间的差异把握初核与复查的不同办案要求。

案例：王某与某保安公司劳动争议不服检察机关不支持监督决定复查维持案

基本案情：2008 年 1 月，王某与某保安公司签订《录用保安员合同书》，以劳务派遣形式安排到客户单位担任保安。工作期间，王某曾因旷工、未尽到保安员职责、不服从管理等事由，被客户单位退回。保安公司未为王某缴纳社会保险，王某向保安公司出具有承诺载明，本人不要求单位缴纳社会保险，请单位将缴纳社会保险部分工资直接支付给本人。2017 年 8 月，该保安公司作出《解除（终止）劳动合同证明书》，载明解除劳动合同原因是王某自愿解除，王某在该证明书上签名捺印。2018 年 7 月，王某向劳动人事争议仲裁委员会申请仲裁，请求解除劳动关系，支付经济赔偿金，未获支持。2018 年 10 月，王某向劳动人事争议仲裁委员会申请仲裁，请求支付经济补偿金，仍未获支持。王某向人民法院提起诉讼，请求该保安公司支付经济补偿金。一审法院认为，根据《解除（终止）劳动合同证明书》载明，王某系自愿与保安公司解除劳动合同，其经济补偿金请求不符合《劳动合同法》第 46 条的规定，驳回王某诉讼请求。王某提起上诉，二审维持原判。王某向某市检察院申请监督。

检察监督情况：王某申请监督称，劳动合同不是其自愿解除，《解除（终止）劳动合同证明书》的签收人不是其本人的签字捺印，该证明书系保安公司伪造。即便王某自愿解除劳动关系，由于保安公司没有为王某缴纳社会保险，根据《劳动合同法》第 38 条"用人单位有下列情形之一的，劳动者可以解除劳动合同：……（三）未依法为劳动者缴纳社会保险费的……"第 46 条"有下列情形之一的，用人单位应当向劳动者支付经济补偿：（一）劳动者依照本法第三十八条规定解除劳动合同的……"规定，也应向王某支付经济补偿金。某市检察院审查认为，王某工作期间，曾因无故旷工、未尽到保安职责、不服从管理、消极怠工等原因被用人单位退回保安公司，在此情况下保安公司未以王某自身过错解除劳动合同而是以其自愿为基础解除劳动合同，客观上更利于王某再就业。王某并非因保安公司未为其缴纳社会保险，而单方向保安公司提出解除，不符合获得经济补偿金的法定情形，故作出不支持监督申请决定。王某向上一级检察院申请复查。

复查初核情况： 王某申请复查没有提供新的证据，其理由主要为，一是《解除（终止）劳动合同证明书》签名及捺印并非本人所为，当天因用人单位要解除合同，下班后本人就回老家了。二是就算签名及捺印为真，从《解除（终止）劳动合同证明书》载明的原因为自愿来看，应当认为是双方同意、协商解除劳动关系，符合用人单位应当支付经济补偿金的情形。即使王某自愿解除劳动关系，但用人单位没有为王某缴纳社会保险，用人单位也应当依法对申请人进行经济补偿。上一级检察院控申部门初核认为，案涉《解除（终止）劳动合同证明书》载明的原因为王某自愿，既可能是王某主动自愿向用人单位辞职，也可能是用人单位与王某协商后，王某自愿同意解除劳动合同，如果属于后者，则符合《劳动合同法》第46条"有下列情形之一的，用人单位应当向劳动者支付经济补偿：……（二）用人单位依照本法第三十六条规定向劳动者提出解除劳动合同并与劳动者协商一致解除劳动合同的……"法定情形，故生效判决未支持王某要求用人单位支付经济补偿金，下级检察院不支持监督申请决定，均可能存在错误，本案符合《监督规则》第126条第1款第6项"其他确有必要进行复查的"，移送本院民事部门复查。

复查情况： 民事部门复查调阅了一、二审案卷及下级检察院审查报告，经复查认为，王某在一、二审均未对案涉《解除（终止）劳动合同证明书》其本人签名捺印的真实性提出异议，生效判决采信该证明书并无不当。王某在从事保安工作期间，因无故旷工、未尽到保安员职责、不服从管理等原因，被用人单位退回有证据在卷证明。作为一名主要负责安保职责的员工，王某的行为不是一般的工作瑕疵，而是不认真履行主要职责。根据《劳动合同法》相关规定，王某的行为实质上符合了用人单位可以解除劳动合同的情形。虽《解除（终止）劳动合同证明书》载明王某系自愿，但实质是王某严重违反单位规章制度，保安公司主动解除。认定双方协商一致解除，既不符合案件的实际情况，社会朴素正义观的评价效果也不佳。案涉劳动合同的解除，并非王某因保安公司未为其缴纳社会保险而提出。王某申请人事仲裁及一审诉讼请求，均以双方协商一致解除劳动合同为由，要求保安公司予以经济补偿。在申请监督及复查时，可能存在另一事实，即保安公司未为王某缴纳社会保险，王某单方提出解除劳动合同主张用人单位应支付其经济补偿金，检察机关依法不应支持。复查维持了下级检察院不支持监督决定。

评析意见：一是本案当事人并没有提供新的证据，亦没有证据证实办案人员有渎职行为，亦即案件并没有新的情况出现，仍就原来的案件事实证据申请复查。《监督规则》第126条规定初核可以移送复查的情形，前五种均为有新情况出现，便于初核可以较为快速判断案件是否有监督可能。但从实际情况看，案件经过一审、二审、再审审查、检察监督，当事人未能提供有利的证据证明主张，在申请复查阶段亦难以提供，特别是新的有利证据。

二是初核的任务是判断是否符合移送复查情形，但仍是判断原案判决是否确有错误、是否存在符合监督可能。即下级检察院的监督审查，上级院的初核及复查，总体而言，都是检察机关对人民法院生效判决是否符合监督情形进行审查，目标任务始终同一。在没有第126条规定的前五种情形时，初核仍应判断是否可能有《民事诉讼法》第207条规定的法定监督事由。

三是控申部门的初核，从职能定位看，是案件受理，把好复查案件的受理关。在同一目标任务下，初核的判断要求不能太高，应低于复查，区别于民事部门的案件办理职能。但要求也不能太低，立足于复查案件的特点，实现受理把关，过滤掉明显不符合复查情形的案件，防止大量案件二次重复审查。就本案而言，控申部门的初核与民事部门的复查，均符合《监督规则》的规定。仅就申请人王某提供的《解除（终止）劳动合同证明书》载明的原因看，仅证明王某自愿，但到底是用人单位提出来，王某自己愿意，还是王某自愿主动辞职，均存在可能，需要复查，调阅案件材料进一步审查判断，故移送复查。复查综合全案证据事实，判断案件监督的法定性与必要性，认为下级院不支持监督决定正确，决定予以维持。

2. 复查撤销不支持监督决定案例

案例：王某泽与周某华民间借贷不服检察机关不支持监督决定复查撤销案

基本案情：2014年至2015年期间，王某泽因资金周转困难，多次向周某华借款。2015年4月，王某泽与周某华进行结算，王某泽向周某华出具

《借条》载明："今借到周某华现金人民币大写伍佰万元整（￥5000000.00元）……月息按照借款总金额的4%计算。结息方式：借款人在借款后，按月付息（先付后用），借款用途：流动资金，借款人愿以本人名下的所有股份和个人资产（动产和不动产）做还款保证。借款人在借款期满日，一次还清全部借款及利息，本借条直至还清前都有效。借款人：王某泽，担保人：韦某琼，2015年4月18日。"王某泽与韦某琼于2006年3月15日登记结婚，2017年2月28日登记离婚。2017年5月，周某华起诉至某市人民法院，请求判令王某泽、韦某琼偿还借款本金人民币500万元及利息240万元（按月利率2%从借条载明之日计算至起诉之日），并以借款本金为基数按月利率2%计算利息。王某泽、韦某琼未参加一审诉讼。一审判决王某泽、韦某琼偿还周某华借款本金500万元及利息，判决经公告送达生效，周某华申请对王某泽、韦某琼强制执行。执行期间，王某泽以一审判决适用法律错误、韦某琼不应承担还款义务、周某华故意不提交银行往来流水等理由申请再审，被裁定驳回。王某泽、韦某琼向该市检察院申请监督。

检察监督情况：王某泽、韦某琼申请称，一审法院知晓其联系电话，仍公告送达文书，程序存在严重错误，导致其未能行使举证、质证、辩论、上诉等诉讼权利。周某华实际向王某泽交付的金额并非500万元，有预扣利息，且王某泽多次向周某华还款，有银行流水证明。约定的4%利息高出法律保护范围，应当予以扣减，一审判决适用法律错误。借条上的担保人韦某琼的名字是周某华让王某泽签的，并不是韦某琼真实意思表示，韦某琼并不知情，事后也没有追认，王某泽借款后未用于家庭开支，韦某琼不应承担共同还款责任。

该市检察院审查认为，一审判决适用2015年9月1日施行的最高人民法院《关于审理民间借贷案件适用法律若干问题的规定》正确。该笔借款发生在王某泽、韦某琼夫妻关系存续期间，韦某琼应承担还款义务。王某泽、韦某琼在借条上签字确认500万元借款金额，借条具有合法的证据效力。王某泽、韦某琼申请不符合监督条件，作出不支持监督申请决定。王某泽、韦某琼不服该决定，向上级检察院申请复查。

申请复查理由：王某泽、韦某琼申请复查称，请求撤销某市人民检察院《不支持监督申请决定书》。一审法院送达程序存在严重错误，导致申请人未能行使举证、质证、辩论、上诉等诉讼权利。一审法院认定事实错误，申请人提供的新证据足以推翻原判决。2014 年 9 月 18 日的 200000 元不是借款，而是王某泽向周某华支付 200000 元利息。周某华故意隐匿证据，导致一审法院没有查清王某泽在出具 500 万元借条后又还款 80 万元的事实，对周某华超过年利率 36% 的非法利息没有扣减，王某泽已偿还本金 200 万元。韦某琼在借条中未签名，该笔借款也不是用于家庭共同生活，周某华未举证证明属于夫妻共同债务，一审判决韦某琼承担偿还责任明显错误。

复查纠正情况： 上级检察院调取了本案相关法院诉讼卷宗和检察卷宗，结合申请人提交的银行交易流水及凭证，王某泽为了某煤矿经营向他人借款的有关凭证和判决书等进行审查分析，并向当事人王某泽、韦某琼、周某华及其妻子李某琴等人调查核实。查明，王某泽在 2014 年 4 月 18 日至 2015 年 4 月 15 日期间向周某华实际借款 683.5 万元，2015 年 4 月 18 日，王某泽向周某华出具《借条》一张，该借条记载本金为 500 万元，月利率 4%，因韦某琼不在场，王某泽在借条担保人处签署"韦某琼"三字。2014 年 9 月 18 日，王某泽通过银行转账 20 万元到周某华账户，一审判决错误认定为王某泽向周某华借款 20 万元。另据王某泽提交的银行交易流水查明：王某泽在 2014 年 5 月至 2015 年 7 月期间向周某华及其妻子、女儿分 18 笔共计还款 500 余万元。周某华在诉讼过程中隐瞒了王某泽已偿还 500 余万元本息的事实，其向法院提交的借款支付凭证存在编辑、部分截取的情况。王某泽所借款项用于某煤矿周转及还债。周某华起诉时，起诉状记载王某泽的联系电话，法院庭前调解时已通过该号码联系到王某泽。在法院立案后，因到王某泽、韦某琼户籍地址系空挂户无法送达应诉材料，一审法院遂向二人公告送达应诉材料，未通过电话与二人进行联系，也未核实二人的实际居住地址。一审判决后，法院仍通过公告方式送达，并将韦某琼姓名误写为"伟某琼"。另外，周某华出具的委托手续记载其代理人为李某，本案一审开庭时周某华未到庭参加诉讼，《民事审判笔录》及《民事判决书》记载只有"张某"作为周某华的"委托代理人"出庭。

复查认为，原审判决在认定实际借款金额和借款人还本付息等基本事实方面缺乏证据证明；在认定夫妻共同债务方面适用法律确有错误；违法公告送达剥夺当事人辩论权利；在原告周某华不出庭的情况下，允许无任何委托代理手续的张某作为代理人参加庭审，审判程序严重违法；由于一审送达违法，导致被告因客观原因无法在规定期限内提供证据，王某泽、韦某琼在申请检察监督期间提交的银行交易流水及其他书证依法属于"新的证据",且能够证实王某泽通过银行转账还款 500 余万元,案涉借款不属于夫妻共同债务等事实,足以推翻原判决,检察机关应当依法监督纠正。据此,撤销某市人民检察院的不支持监督申请决定书,对本案提出抗诉。

2020 年 11 月,某中级人民法院裁定指令某市人民法院再审本案,经某市人民法院再审,采纳了检察机关的全部抗诉意见,撤销原判,判决由王某泽偿还周某华借款本金 368.47 万元及利息,驳回周某华其余诉讼请求,判决后双方均息诉服判。

评析意见:一是对《民事诉讼法》第 207 条第 9 项"违反法律规定,剥夺当事人辩论权利的"规定的理解与把握。对于人民法院违法送达法律文书情形的,需要审查是否剥夺了当事人辩论权利,以判断是审判程序违法还是应当对裁判结果进行监督。本案起诉状明确载明了被告王某泽联系电话,一审法院庭前调解时亦通过该号码联系到王某泽,证实其并非无法联系或下落不明。一审法院仅以王某泽户籍地为空挂户,并未在此实际居住为由,即进行公告送达,违反了《民事诉讼法》第 85 条"送达诉讼文书,应当直接送交受送达人……"第 92 条"受送达人下落不明,或者用本节规定的其他方式无法送达的,公告送达……"最高人民法院《关于进一步加强民事送达工作的若干意见》第 15 条"要严格适用民事诉讼法关于公告送达的规定,加强对公告送达的管理,充分保障当事人的诉讼权利。只有在受送达人下落不明,或者用民事诉讼法第一编第七章第二节规定的其他方式无法送达的,才能适用公告送达"等规定。一审法院的审判程序违法行为,导致王某泽、韦某琼未能参加诉讼,已经向一审法院提交的证据未能出示,剥夺其辩论权利,符合再审情形,检察机关应当对其裁判结果进行监督。某市检察院未认真审查一审法院审判程序违法行为是否导致当事人辩论权利被剥夺,未能严格履行监督职责,上级检察院复查对此予以纠正。

二是对于民间借贷案件,司法机关应当综合借据、收据、欠条等债权凭证、借贷金额、款项交付及当事人陈述、证人证言等,认定借贷金额本息。本案在支付借款款项时未签订借条,而是在款项支付过后一段时间且偿还部分本息后才签订借条,生效判决仅依据原告提供的借条,没有审查款项实际交付情况、本息偿还情况等,即认定借条载明的 500 万元借贷关系成立，基本事实缺乏证据证明。王某泽在参加庭前调解时，已向法院提交了备注为"王某泽提交"的还款502.5万元统计表格，一审法院已将该统计表格存入卷宗，但由于王某泽非因本人原因，未能参加诉讼，导致案件事实认定错误。该市检察院在审查当事人申请监督理由及提供的证据材料时，简单以当事人在借条上签名，即认同生效判决，没有严格、独立行使检察监督权，审查判断生效判决认定事实是否正确，导致应当监督而未履行监督职责。

三是复查是民事检察工作适应新时代法律监督工作的一项重要制度，应当切实发挥监督纠正作用。由于民事检察工作"倒三角"的历史原因，上级检察院民事检察力量相对薄弱，民事司法工作经验相对不足，难免出现监督不精不准的情况。本案通过复查程序纠正下级院错误的决定，并经调查核实后依法提出抗诉，保障了当事人合法权益，同时维护司法公正和司法权威，避免当事人游离在法律程序之外涉诉信访，符合《监督规则》第126条规定的复查制度本意。

第十一章　听证制度

第一节　听证制度的法律渊源

一、听证制度的法律渊源

听证的概念源于英国普通法上的"自然公正原则"，即任何权力都必须公正行使，对当事人行使不利的权力时必须听取他们的意见。也就是说，任何人在行使可能使他人受到不利影响的权力时，必须听取他人的意见。每个人都有为自己行使辩护和表达主张的权利。[①] 听证最初产生于司法领域，它是实现司法公正的一项基础性保障程序，也是判断司法公正的形式标准之一。由于听证具有深刻的程序价值，"后来，随着司法听证的广泛应用和不断发展而移植到立法方面"，[②] 形成了立法听证程序。

"自然公正原则"的适用范围被不断扩充，"正当法律程序"应运而生，听证原则逐渐运用于行政领域。美国宪法修正案中规定："未经正当法律程序不得剥夺任何人的生命自由和财产"，简称"正当法律程序"。与"自然公正原则"一样，美国的"正当法律程序原则"也是从最初的司法程序原则扩大使用范围至行政程序法，已经成为听证制度迅速发展的内在动力和最初原因。美国于1946年颁布实施的《美国联邦行政程序法》首次全面规定了听证制度，要求其国内规章制度和制裁需以听证为原则，第一次确立了听证制度在行政程序法中的核心地位。[③] 因美国行政程序法的影响力，听

---

① 吴芝媛、胡晓建：《行政复议听证制度的实践与思考》，载《北京政法职业学院学报》2022年第3期。

② 北京大学法学百科全书编委会：《北京大学法学百科全书法理学立法学法律社会学》，北京大学出版社2010年版。

③ 刘蒙：《行政复议听证制度研究》，载《大连海事大学学报》2020年第6期。

证制度开始被世界各国广泛接受。

二、我国听证制度的发展历史

《宪法》第 2 条第 3 款规定:"人民依照法律规定,通过各种途径和形式,管理国家事务,管理经济和文化事业,管理社会事务。"这表明国家权力是受到监督的,宪法规定了人民参与管理国家事务的基本原则,参与国家事务、接受人民监督与听证制度有相契合的部分,但与具体的听证制度还有很多差距。我国具体引入听证程序较晚,先是从行政领域开始探索,而后才向司法领域延伸。

在我国立法上,"听证"作为法律术语,最早出现在 1996 年制定的《行政处罚法》。该法第 42 条第 1 款规定,行政机关作出责令停产停业、吊销许可证或者执照、较大数额罚款等行政处罚决定之前,应当告知当事人有要求举行听证的权利;当事人要求听证的,行政机关应当组织听证。

1997 年的《价格法》将听证的范围扩展到政府机关定价领域,该法第 23 条规定:制定关系群众切身利益的公用事业价格、公益性服务价格、自然垄断经营的商品价格等政府指导价、政府定价,应当建立听证会制度。由此明确,政府对有关商品定价时,应当受到了听证制度的制约。

2000 年的《立法法》第 5 条规定:立法应当体现人民的意志,发扬社会主义民主,保障人民通过多种途径参与立法活动。第 34 条也表明,听取相对人意见的形式是多种多样的,论证会、座谈会也是听取意见的重要方式,不仅局限于听证会。由此,立法听证制度在我国出现并确立。

第二节　我国检察听证制度概述

一、行政听证与检察听证的区别

"行政听证是行政机关在作出影响相对人合法权益的决定前,由行政机关告知决定理由和听证权利,行政相对人有表达意见、提供证据以及行政机关听取意见、接纳证据的程序所构成的一种法律制度。"[1] 这主要是行政

---

[1]　刘红:《论我国行政听证制度的完善》,载《行政与法》2003 年第 5 期。

听证的概念。

最高人民检察院于 2020 年 10 月 20 日正式印发的《人民检察院审查案件听证工作规定》第 2 条从主体和功能角度，将"检察听证"界定为"人民检察院对于符合条件的案件，组织召开听证会，就事实认定、法律适用和案件处理等问题听取听证员和其他参加人意见的案件审查活动"。"对于这项工作，过去的相关规范性文件有的采用'公开审查'的表述，有的采用'公开听证'的表述。《人民检察院审查案件听证工作规定》之所以采用'听证'，而没有采用'公开审查'或'公开听证'的表述，主要是从司法实践考虑。"① 根据《人民检察院审查案件听证工作规定》第 5 条"拟不起诉案件、刑事申诉案件、民事诉讼监督案件、行政诉讼监督案件、公益诉讼案件的听证会一般公开举行。审查逮捕案件、羁押必要性审查案件以及当事人是未成年人案件的听证会一般不公开举行"。这里的"听证"既包括"公开听证"，也包括"不公开听证"。而且多年来，"听证"已经作为检察机关审查案件的一种具体方式被广泛接受和使用，而且使用"听证"一词更能凸显人民群众依法对检察工作享有的知情权、参与权和监督权，体现检察机关办案的"兼听则明"。

从行政听证和检察听证的概念可知，不管是行政听证还是检察听证，其本质都体现了应当充分听取各方意见，保护当事人申辩、辩论的权利精神实质。但检察听证和行政听证在功能定位、启动方式方面还是显著差别的。"行政听证是当事人行使陈述权、申辩权的一种方式，一般是行政机关应当事人请求被动进行。而检察听证是检察机关依法在审查案件过程中主动听取听证员和其他听证参加人意见的活动，检察机关既可以主动组织听证，也可以依当事人申请组织听证。"②

二、检察听证制度在我国的发展演进

目前，我国立法和行政领域已经建立听证制度，但是，司法听证一直停留在全国各地的司法实践和"两高"的司法解释层面。"检察听证制度作

---

① 杨建顺、高景峰、鲁建武等：《检察听证的理论依据与实践发展》，载《人民检察》2021 年第 1 期。

② 杨建顺、高景峰、鲁建武等：《检察听证的理论依据与实践发展》，载《人民检察》2021 年第 1 期。

为司法实践的产物，大致经历了建立、多领域发展和创新发展三个重要阶段。"①

（一）检察听证制度的建立（20 世纪末至 21 世纪初）

早在 20 世纪 80 年代，就有学者提出检察机关可以将听证应用于办理控告、检举和申诉案件。但是，直到 20 世纪末至 21 世纪初，检察机关才开始探索适用案件公开审查程序，并逐步建立检察听证制度。

1999 年 2 月，最高人民检察院印发《检察工作五年发展规划》，提出选择典型民事行政申诉案件进行公开审查试点。同年 5 月，最高人民检察院检察长办公会通过《人民检察院办理民事行政抗诉案件公开审查程序试行规则》，围绕"听取当事人陈述"构建了一套符合"三个公开，两种方式，一个目的"标准的公开审查程序。这里的"三个公开"是指立案公开、审查公开和审查结论公开，核心是审查公开；"两种方式"是指公开审查听取当事人陈述的方式有两种：一种是分别听取，另一种是同时听取，要旨是必须听取当事人陈述；"一个目的"就是要做到兼听则明，保障执法公正。

2000 年 3 月，最高人民检察院民事行政检察厅印发《检察机关民事行政抗诉案件公开审查听取当事人陈述示范规程》，分四个阶段从陈述准备、告知权利义务、实体陈述和陈述结束等方面详细规定了民事行政抗诉案件公开审查听取当事人陈述示范规程。

尽管上述文件形式上虽未使用"听证"一词，但是从《人民检察院办理民事行政抗诉案件公开审查程序试行规则》和《检察机关民事行政抗诉案件公开审查听取当事人陈述示范规程》的具体内容看，其公开听取当事人意见，带有明显的听证色彩，是实质意义上的检察听证程序，标志着检察听证以公开审查程序的形式建立起来了。

（二）检察听证制度的多领域发展（2000 年至 2018 年）

2000 年 5 月，最高人民检察院印发《人民检察院刑事申诉案件公开审查程序规定（试行）》，把"听证会"作为刑事申诉公开审查主要形式，刑

---

① 谭金生、陈荣鹏：《检察听证制度实践的审视与完善》，载《西南政法大学学报》2022 年第 2 期。

事申诉领域引入听证程序；同年 7 月，最高人民检察院刑事申诉检察厅下发提请听证审批表、听证员聘请书、听证通知书、听证笔录等听证文书格式。

2001 年 3 月，最高人民检察院公诉厅印发《人民检察院办理不起诉案件公开审查规则（试行）》，从制定目的和法律依据、适用范围、公开审查程序及内容等方面对拟不起诉案件的公开审查程序作出规定，不起诉领域引入听证程序。

2007 年 3 月，最高人民检察院出台的《人民检察院信访工作规定》第 39 条规定，重大、复杂、疑难信访事项的答复应当由承办部门和控告申诉检察部门共同负责，必要时可以举行公开听证。

2011 年 12 月，最高人民检察院审议通过《人民检察院刑事申诉案件公开审查程序规定》，明确了以公开听证为核心，公开示证、公开论证、公开答复为补充的公开审查方式。

2013 年 11 月，最高人民检察院公布《人民检察院民事诉讼监督规则（试行）》第五章第二节明确规定了听证制度。

2015 年，最高人民检察院印发《关于贯彻落实〈中共中央关于全面推进依法治国若干重大问题的决定〉的意见》《关于深化检察改革的意见(2013—2017 年工作规划)》《关于全面推进检务公开工作的意见》等文件，要求"完善公开审查制度"，对存在较大争议或在当地有较大社会影响的拟不起诉案件、刑事申诉案件，实行公开审查、公开听证、公开答复等制度；对在案件事实、适用法律方面存在较大争议或在当地有较大影响的审查逮捕、羁押必要性审查、刑事和解等案件，提起抗诉的案件以及不支持监督申请的案件，探索实行主动或依申请公开审查、公开听证、公开答复等制度。

此阶段，检察听证由原来的民事行政检察逐步向刑事申诉、不起诉、审查逮捕、羁押必要性审查等领域快速扩展。

（三）检察听证制度的创新发展（2019 年至今）

2019 年 7 月，时任最高人民检察院检察长张军同志在成都大检察官研讨班上作出部署，要求全国检察机关对一些多年申诉、各方关注的典型案件组织听证，并带头就疑难复杂案件主持召开公开听证会，标志着检察听证迈入新发展阶段。

2020 年 1 月，张军检察长在全国检察长会议上进一步提出"应听证尽听证、能公开尽公开"，要求各地、各级检察机关全面推开公开听证。同年 4 月和 9 月，最高检先后印发《人民检察院听证室设置规范》《人民检察院审查案件听证工作规定》，进一步加强和规范检察听证工作。

2021 年 6 月，中共中央印发《关于加强新时代检察机关法律监督工作的意见》，提出"引入听证等方式审查办理疑难案件"；最高人民检察院举行以"检察听证：让公平正义看得见"为主题的"新时代检察宣传周"活动，宣布中国检察听证网正式上线。同年 10 月，最高人民检察院在兰州举行以"检察听证——让公平正义可见可感"为主题的"第三届新时代检察论坛"，张军检察长要求"站在厚植党执政政治基础的高度"，持续改进做实检察听证工作，助推国家治理体系和治理能力现代化。同年 11 月 11 日，最高人民检察院印发《人民检察院羁押听证办法》。

2022 年 1 月 26 日，最高人民检察院印发《人民检察院听证员库建设管理指导意见》，同年 4 月 28 日最高人民检察院印发《人民检察院办理控告申诉案件简易公开听证工作规定》，检察听证的各项规章制度趋向完备。

现在，检察机关在司法办案中积极发挥听证在促进司法公开、保障司法公正、提升司法公信、落实普法责任、促进矛盾化解等方面的作用，适用听证的范围已覆盖"四大检察""十大业务"。检察听证制度是检察机关深化检务公开、鼓励群众参与司法、确保案件得到依法公正处理的重要办案方式。这一制度的探索有利于增强司法透明度、执法公信力和司法亲和力，有利于检察机关切实提升办案质效，主动接受外部监督，让检察权在阳光下运行。这一制度现实意义重大，不仅在于蕴含其中的深厚法理基础，还在于其契合我国社会主义社会法治精神。

第三节　检察听证的法理基础和功能价值

一、检察听证的法理基础

检察听证制度之所以能够快速发展并逐步完善，是因其具有深厚的宪法、人民检察院组织法、三大诉讼法等法律的原则性法理基础。

（一）检察听证是正当法律程序的基本要求

法治原则是我国宪法的基本原则，法治就是按法律治理国家、管理社会、规范行为，是对人治的否定，我国宪法明确规定实行依法治国，建设社会主义法治国家。而公平正义永远是法治的生命线。在学理层面，司法公正包含实体正义和程序正义两个方面的内容。司法公开作为一项对司法权的程序性规定，是通过保障程序正义进而实现实体正义的，如果没有程序正义，实体正义就没有具体保障，因此程序正义具有其独立的价值。在程序层面，司法公开是其他程序性权利的基本保障，而检察听证作为司法公开的一项重要内容，是正当法律程序的基本要求。检察机关作为法律监督机关，是法律的守护者，公平正义是其永恒的价值追求，只有兼顾实体正义和程序正义才能实现真正的公平正义。因此检察机关的检察监督过程应当严格遵守法治程序，确保法律得以准确、有效地实施，检察听证正是通过程序公平正义从而实现实体公平正义，是检察工作正当法律程序的具体体现。

（二）检察听证是落实司法公开的内在需求

法治国家普遍将司法公开作为一项宪法原则予以确立。该原则蕴涵着深厚的宪法价值，体现出对基本人权的保障和对社会正义的追求，因此在世界性人权公约中已经得到广泛的认同。我国《宪法》第 130 条规定人民法院审理案件，除法律规定的特别情况外，一律公开进行。除宪法文本以外，"司法公开"一词也广泛见于法律规定之中，如《人民检察院组织法》第 7 条规定"人民检察院实行司法公开，法律另有规定的除外"，《人民法院组织法》第 7 条也作了相同规定。因此，检察听证是落实司法公开、提升检察工作质量的重要程序性保障，防止检察人员暗箱操作，倒逼、促使检察人员谨慎用权、恪尽职守，最大限度地实现司法公正的重要举措，也是检察机关深化检务公开、鼓励群众参与司法、确保案件得到依法公正处理的内在需要。检察听证通过检察机关在重点案件或重要工作作出决定前，邀请涉案当事人及其代理人或辩护人、人大代表、政协委员、专家学者、人民监督员等人员进行听证，听取各方面的意见建议，为检察决策贡献各方智慧，增强决策的科学性和民主性，有利于增强司法透明度、执法公信力和司法亲和力，有利于检察机关接受外部监督，让检察权在阳光下运行，保障社会各界对检察工作的知情权、参与权、表达权和监督权，让当事人"看得见、听得懂、能评价"。

（三）检察听证是尊重和保障人权的重要保障

我国宪法将"国家尊重和保障人权"规定为一项基本原则，把尊重和保障人权贯穿于立法、执法、司法、守法的各个环节，人权法治化保障水平全面提升。在我国法律程序中存在着两个层面的人权：一是实体性人权，如生命权、财产权以及自由权等；二是程序性人权，如行政程序中的陈述权、辩解权以及申请回避权等，双方最重要的关系表现为前者是内容，后者是形式。因此，尊重和保障人权不仅体现在实体上，也要体现在程序上，程序正当是实体公正得以实现的保障。检察听证，其保障相对人实体性人权价值的实现路径在于，它一方面借助防止检察权滥用保障程序公正的相关措施如中立的审查决定、释法说理等；另一方面通过赋予相对人一系列程序权利，如提出辩解、质证及反驳的权利等，从而使相对人能有效参与到听证中来。因此听证制度通过赋予相对人一系列程序性人权的行使，具有保障相对人实体性人权的价值，这已成为法学界的共识。

（四）检察听证是接受人民群众监督的具体方式

《宪法》第 27 条第 2 款规定："一切国家机关和国家工作人员必须依靠人民的支持，经常保持同人民的紧密联系，倾听人民的意见和建议，接受人民的监督，努力为人民服务"；《公务员法》第 14 条第 3 项规定：公务员应履行"忠于人民，全心全意为人民服务，接受人民监督"的义务；《法官法》第 10 条第 6 项规定：法官应当"依法接受法律监督和人民群众监督"；《检察官法》第 10 条第 6 项规定：检察官应当"依法接受法律监督和人民群众监督"；《人民警察法》第 3 条规定："人民警察必须依靠人民的支持，保持同人民的密切联系，倾听人民的意见和建议，接受人民的监督，维护人民的利益，全心全意为人民服务"；另外，《人民法院组织法》《人民检察院组织法》第 11 条均规定人民法院、人民检察院应当接受人民群众监督，保障人民群众对法院工作、检察院工作依法享有知情权、参与权和监督权。可见，接受人民监督是我国国家机关及其工作人员应当履行的义务，是我国依法治国的一项具体制度，其不仅有宪法法理基础，也有法律具体规定。检察机关接受人民群众的监督，是检察工作贯彻执行群众路线、倾听群众意见、体现检察为民的重要内容。接受人民群众监督，关键在于保障人民群众对检察工作依法享有知情权、参与权和监督权。没有知情权，参与权就难以实现；没有知情权和参与权，监督权也难以实现。而听证这种方式，通过充分保障人民群众的知情权和参与权，大大提升了检察机关接受人民群众监督的实效性。

二、检察听证的功能价值

检察听证的功能是一个完整体系，其具有多重功能价值，单从其法理基础本身来看，检察听证有利于实现司法公平正义，促进司法公开，接受人民监督，保障司法权威，化解社会矛盾等功能价值。从我国政策角度分析，检察听证制度也是检察机关贯彻党的方针政策，落实习近平新时代中国特色社会主义思想、习近平法治思想的具体体现。

（一）检察听证是坚持以人民为中心思想的具体体现

习近平法治思想的核心要义指出，坚持以人民为中心，是全面推进依法治国的力量源泉。人民是国家的主人，依法治国的主体。社会主义法治建设必须为了人民、依靠人民、造福人民、保护人民。推进全面依法治国，根本目的是依法保障人民权益。要依法保障全体公民享有广泛的权利，保障人民的人身权、财产权、基本政治权利等各项权利不受侵犯，保证公民的经济、文化、社会等各方面权利得到落实，不断增强人民群众获得感、幸福感、安全感，用法治保障人民安居乐业。公平正义是我们党追求的崇高价值。要牢牢把握社会公平正义这一法治价值追求，努力让人民群众在每一项法律制度、每一个执法决定、每一个司法案件中感受到公平正义。以此为基础，就检察机关的检察活动而言，必须充分保障人民群众享有广泛的检察参与权、知情权和监督权，必须坚持"司法为民"。检察机关通过组织听证会，邀请来自于人民群众中的听证员，作为独立的第三方力量，当面听取当事人、案件承办人及其他人员的意见，提出客观、中肯的处理意见，为检察机关执法办案提供重要参考，充分保障了人民群众对检察工作的知情权、参与权和监督权，很好地坚持了以人民为中心的理念，是党的群众路线在检察工作领域的具体体现。

（二）检察听证是落实"全过程人民民主"的具体体现

中国共产党第二十次全国代表大会，中共中央总书记习近平向大会作报告时，全面阐述了全过程人民民主的特征和优势，为新时代中国发展社会主义民主政治指明了方向。全过程人民民主的本质是社会主义民主，特点和优势在于全过程。这一民主模式把民主选举、民主协商、民主决策、民主管理、民主监督贯穿起来，使国家政治生活和社会生活的各个环节都能听到人民的声音、反映人民的愿望。检察听证就是在检察环节落实"全过程人民民主"的具体体现，有利于把人民当家作主、接受人民监督具体地、现实地体现到检察工作的全过程各环节，实际上是协商民主机制和制度在检察领域的重要实现形式。检察听证让当事人、听证员等听证参加人员全面参与、充分监督，实现案件当事人之间、案件当事人与司法办案机关之间平等对话，以一种看得见、听得懂、感受得到的程序公正形式，推动实现立法机关制定的"文本法"、司法机关适用的"司法法"与人民群众抱持的"内心法"有机统一，从而有效解开当事人的"法结""心结""情结"，增强人民群众获得感、幸福感、安全感，实际上是检察机关践行全过程人民民主的有效路径，有利于将"能听到人民的声音、反映人民的愿望"落实到检察办案全过程各环节。依法推进检察听证制度，做到司法人民性和专业性的统一，既倾听当事人申辩，让当事人平等参与到案件审查过程中，又为终结司法程序打下基础，维护司法权威，让人民群众满意达到更宽的广度。

（三）检察听证是助推国家治理体系和治理能力现代化的具体体现

党的十八届三中全会指出"全面深化改革的总目标是完善和发展中国特色社会主义制度，推进国家治理体系和治理能力现代化"，国家治理体系是在党领导下管理国家的制度体系，包括经济、政治、文化、社会、生态文明和党的建设等各领域体制机制、法律法规安排，也就是一整套紧密相连、相互协调的国家制度，国家治理能力则是运用国家制度管理社会各方面事务的能力。党的二十大报告也明确提出到 2035 年我国发展的总体目标，其中包括基本实现国家治理体系和治理能力现代化。检察听证具有"适度诉讼化"的属性。① 在案件审查过程中引入类似诉讼化的程序，由多方参与，是案件实质审查方式的一种创新，最高检检察长曾形象地把公开听证比作"检察开庭"，是检察工作助推国家治理体系和治理能力现代化的具体体现。检察听证的过程，既是检察机关审理案件的过程，也是化解社会矛盾的过程，还是以案释法普法及检察机关接受监督的过程，一举多得。在此过程中，检察机关兼听则明，提高了查明案件事实真相、准确适用法律的工作效率，消弭当事人对司法办案的疑惑；当事人深入接触、消解误解，情绪得到宣泄，利于息诉罢访；其他听证参与人则获得了司法参与权、知情权、监督权，增强了人民群众获得感、幸福感、安全感，而且检察官现身以案说法既进行了普法，也接受了监督。

第四节　民事检察听证的具体规范

一、基本原则

《民事诉讼法》第 14 条规定："人民检察院有权对民事诉讼实行法律监督。"因此检察监督原则是民事诉讼法的一条基本原则，而民事检察听证作为检察机关一种审查案件的手段，是检察机关履行民事诉讼监督职责的一种方式，因此适用于检察机关履行民事检察监督职责的基本原则也同样可以适用于民事检察听证工作。所以，民事检察听证的基本原则不仅体现在《人民检察院审查案件听证工作规定》的具体规则之中，也同样体现在《宪法》《民事诉讼法》《人民检察院组织法》《监督规则》等相关法律、司法解释的具体规范之中。具体而言，民事检察听证工作也同样应坚持检察工作七大基本原则，即检察院依法设置原则、依法独立行使检察权原则、适用法律一律平等原则、司法公正原则、司法公开原则、司法责任制原则和接受人民监督原则。根据《人民检察院审查案件听证工作规定》《监督规则》的相关规定，民事检察听证工作的基本原则主要体现在以下几个方面：

---

① 杨建顺、高景峰、鲁建武等：《检察听证的理论依据与实践发展》，载《人民检察》2021 年第 1 期。

（一）以事实为根据，以法律为准绳原则

以事实为根据，以法律为准绳原则是诉讼法的基本原则之一，民事诉讼法、刑事诉讼法、行政诉讼法均规定，司法机关办理案件，必须以事实为根据，以法律为准绳。《人民检察院审查案件听证工作规定》第3条同样规定："人民检察院以听证方式审查案件，应当秉持客观公正立场，以事实为根据，以法律为准绳……"这要求检察机关在民事听证工作中应从实际出发，实事求是，依据客观存在的证据认定案件事实，在查明案件事实的基础上，依照法律规定，正确认定当事人之间的民事权利义务关系。

（二）依法独立行使检察权原则

《宪法》第136条规定："人民检察院依照法律规定独立行使检察权，不受行政机关、社会团体和个人的干涉。"《人民检察院组织法》第4条规定："人民检察院依照法律规定独立行使检察权，不受行政机关、社会团体和个人的干涉"，这是检察机关依法独立行使检察权的宪法和法律依据。民事检察听证工作同样遵循这一原则，具体体现为，《人民检察院审查案件听证工作规定》第16条规定："听证员的意见是人民检察院依法处理案件的重要参考。拟不采纳听证员多数意见的，应当向检察长报告并获同意后作出决定。"也就是说，检察机关在举行听证的案件中，应当将听证员的意见作为处理案件的重要参考。但处理案件的依据仍只能是事实证据和法律规定，也即处理案件的依据仍应遵循以事实为根据，以法律为准绳的原则。如果办案检察官经过对案件认真审查，并充分考虑了听证员的意见后，拟不采纳听证员多数意见的，必须向检察长报告，在检察长同意后才能作出决定。这既尊重了听证员的意见，又可以保证依法独立公正行使检察权。

（三）接受人民群众监督原则

《人民检察院审查案件听证工作规定》第3条规定："人民检察院以听证方式审查案件……做到依法独立行使检察权与保障人民群众的知情权、参与权和监督权相结合。"人民群众参与民事检察听证的过程，就是其依法行使对检察工作知情权、参与权和监督权的过程，因此民事检察听证工作是保障人民群众对检察工作依法享有知情权、参与权和监督权的重要手段，

既是人民主权原则的直接体现，也是维护公平正义的客观需要；既是扩大检察民主的需要，也是检察机关强化法律监督的重要手段。这是在检察工作中的贯彻执行群众路线、倾听群众意见、接受群众监督，体现检察为民的重要内容。因此，根据这一原则要求，举行民事检察听证时，应遵循"能公开尽公开"，"应听证尽听证"，注重保障听证员来源的广泛性。

（四）司法亲历性原则

检察机关是司法机关，司法机关履行职责应当尊重司法规律，司法的亲历性原则是司法规律之一，我们也称其为"直接和言词原则"。其既要求直接审理，即"由审理者裁判"，审理者必须亲自直接从事法庭调查和案件审理，直接接触和审查证据，同时也要求言词审理，即需要通过面对面的言词陈述的方式举证、质证、辩论等程序环节。因此，听证程序的主持人应当是民事检察监督案件的承办检察官或办案组的主办检察官，检察长或业务机构负责人承办案件的，应当担任听证主持人。只有主办者、决策者通过与当事人、参与人的观点交流、理由沟通、举证质证、说理辩驳等过程，深入案件的实质和深层，倾听双方当事人及其他相关方的意见，从细节处消解纠纷案件的矛盾点、争议点和疑难点，切实把握案情和相关法律适用，才能以此作出正确的决断。所以在听证过程中，应广泛推行直接言词的听证，尽量避免书面形式的听证和请示汇报式的听证。

二、案件范围

《人民检察院审查案件听证工作规定》第 4 条规定"人民检察院办理羁押必要性审查案件、拟不起诉案件、刑事申诉案件、民事诉讼监督案件、行政诉讼监督案件、公益诉讼案件等，在事实认定、法律适用、案件处理等方面存在较大争议，或者有重大社会影响，需要当面听取当事人和其他相关人员意见的，经检察长批准，可以召开听证会。人民检察院办理审查逮捕案件，需要核实评估犯罪嫌疑人是否具有社会危险性、是否具有社会帮教条件的，可以召开听证会。"《监督规则》第 54 条第 1 款规定："人民检察院审查民事诉讼监督案件，认为确有必要的，可以组织有关当事人听证。"以上规定，对民事检察听证的案件范围采用了概括性界定。要求进行听证的民事诉讼监督案件应当是在事实认定、法律适用、案件处理等方面存在较大争议，或者有重大社会影响，认为有必要当面听取当事人和其他相关人员意见的案件，可以组织听证，并且在程序上设置了"经检察长批准"的要求。

以上相关规范对听证范围的规定较为模糊，启动听证的标准把握不一致，听证的启动缺乏制度刚性，因此，造成"适用听证制度案件的总体数量较少""民事检察听证制度适用不均衡"① 等适用困境。

在相关规范没有出台之前，司法实践中常将以下几类案件纳入民事检察听证范围：一是在证据、案件基本事实和法律适用方面可能存在实质性错误的案件。在新证据是否应采纳的判断上，应参照《监督规则》第76条的规定，即当事人因故意或重大过失逾期提供的证据，人民检察院不予采纳。但该证据与案件基本事实有关并且能够证明原判决、裁定确有错误的，应当认定为《民事诉讼法》第200条②第1项规定的情形。人民检察院依法调查取得的证据，与案件基本事实有关并且能够证明原判决、裁定确有错误的，也应当认定为《民事诉讼法》第200条③第1项规定的情形。在事实和法律适用是否存在错误的判断上，应参照《监督规则》第77条、第78条规定的以下几种情形之一：（1）认定的基本事实没有证据支持，或者认定的基本事实所依据的证据虚假、缺乏证明力的；（2）认定的基本事实所依据的证据不合法的；（3）对基本事实的认定违反逻辑推理或者日常生活法则的；（4）认定的基本事实缺乏证据证明的其他情形；（5）适用的法律与案件性质明显不符的；（6）确定民事责任明显违背当事人约定或者法律规定的；（7）违反法律适用规则的；（8）明显违背立法原意的；（9）适用法律错误的其他情形。二是有可能通过听证程序实现当事人和解、息诉罢访的案件。三是在本辖区内有重大影响的案件。四是检察机关认为需要听证的其他案件。因各地对相关规定的理解把握标准不一，对于实践中开展民事检察听证工作不平衡的问题，建议进一步明确民事检察听证的案件范围，适度增强适用听证制度的刚性。

---

① 李大扬、滕艳军：《民事检察听证制度实证分析》，载《中国检察官》2019年第13期。

② 现为《民事诉讼法》第207条。

③ 现为《民事诉讼法》第207条。

三、检察听证的方式

（一）公开听证与不公开听证

《人民检察院审查案件听证工作规定》第 5 条规定："拟不起诉案件、刑事申诉案件、民事诉讼监督案件、行政诉讼监督案件、公益诉讼案件的听证会一般公开举行。审查逮捕案件、羁押必要性审查案件以及当事人是未成年人案件的听证会一般不公开举行。"《监督规则》第 54 条规定："人民检察院审查民事诉讼监督案件，认为确有必要的，可以组织有关当事人听证。人民检察院审查民事诉讼监督案件，可以邀请与案件没有利害关系的人大代表、政协委员、人民监督员、特约检察员、专家咨询委员、人民调解员或者当事人所在单位、居住地的居民委员会、村民委员会成员以及专家、学者等其他社会人士参加公开听证，但该民事案件涉及国家秘密、个人隐私或者法律另有规定不得公开的除外。"根据《人民检察院审查案件听证工作规定》第 5 条，检察听证区分了公开听证和不公开听证，规定拟不起诉案件、刑事申诉案件、民事诉讼监督案件、行政诉讼监督案件、公益诉讼案件的听证会一般公开举行。不公开听证案件主要适用于未作终结处理的刑事案件如审查逮捕案件、羁押必要性审查案件，因为可能会存在泄露侦查工作秘密的情形，以避免妨碍侦查工作正常进行。《人民检察院审查案件听证工作规定》属于检察听证程序的一般性规定，其规则同样适用民事诉讼检察监督案件，因此《监督规则》虽然没有明确的公开听证和不公开听证之分，但民事诉讼监督案件同样也可以举行不公开听证。综上，对于《监督规则》第 5 条规定涉及国家秘密、个人隐私或者法律另有规定的案件，虽然不能组织公开听证，但在达到一定条件后，在一定范围内仍有可能举行不公开听证。

（二）普通听证与简易听证

虽然《人民检察院审查案件听证工作规定》《监督规则》都没有明确规定简易听证，其相关程序为普通听证的规则，但根据 2022 年 4 月 28 日最高人民检察院印发的《人民检察院办理控告申诉案件简易公开听证工作规定》，第 1 条规定："本规定所指简易公开听证，是指人民检察院在审查办理控告申诉案件中，通过简化公开听证程序对控告申诉案件的当事人开展释法说理、化解矛盾纠纷的活动。"第3条规定："开展简易公开听证应当坚持'程序简便、及时就地、规范高效'的原则。"有些民事诉讼监督案件具有一定争议，但争议不大，鉴于当事人"心结"过重，或不信任检察机关，为便于打开当事人心结，化解矛盾，使听证会成为当事人之间的"连心桥"、矛盾"缓冲剂"，适用简易听证既有利于化解矛盾，也有利于提高工作效率。如最高人民检察院印发检察机关简易听证典型案例中就包括了陈某俊等民事虚假诉讼申请监督简易公开听证案。

四、听证会的主体

根据《人民检察院审查案件听证工作规定》第6条、第7条、第8条及第13条、第18条的规定，参加听证会的主体包括听证主持人、听证员、书记员及案件当事人及其法定代理人、诉讼代理人、辩护人、第三人、相关办案人员、证人和鉴定人以及其他相关人员。其中听证员、当事人及其法定代理人、诉讼代理人、辩护人、第三人、相关办案人员、证人和鉴定人以及其他相关人员被称为听证会参与人。

（一）听证会主持人

《人民检察院审查案件听证工作规定》第13条规定："听证会一般由承办案件的检察官或者办案组的主办检察官主持。检察长或者业务机构负责人承办案件的，应当担任主持人。"这样规定，既符合亲历性司法规律，也便于听证会顺利进行。因为民事检察听证会的主持人是听证活动的指挥者，对主持人的能力素质有较高的要求，承办案件的检察官、办案组的主办检察官作为案件承办人，对案情熟悉，与听证员、当事人能够有效沟通，是合适的听证会主持人人选。检察长、业务机构负责人有比较丰富的司法经验和社会阅历，有能力处理听证会现场的各种问题，对于其承办的案件，应当担任听证会主持人。

有些实务工作者或学者认为，检察听证主持人由承办检察官担任，与《行政处罚法》第64条规定的听证主持人必须为非本案调查人员的听证主持人中立性不同，有可能使听证程序中立性偏离，使听证程序的正当性受到质疑，特别是"在深层次审判人员违法行为监督案件和在依职权行使调查核实权调取新证据的裁判结果监督案件中，民事检察官的'角色混同'导致其自身中立性发生偏移"，建议完善听证主持人的选任机制。①

其实，根据检察听证会"适度诉讼化"的观点，听证主持人在听证过程中的地位和作用类似司法审判程序中的法官。民事检察听证的任务是就人民检察院的审查结论、相关事项公开听取听证会参与人的意见，由听证主持人对听证参与人的意见主动探知，可以全方位了解当事人的意见及其所依据的事实与法律，也有利于借用基于中立的听证员"外脑"智慧，做到"兼听则明"。因此，听证会主持人在听证过程中应兼顾当事人主义原则和职权主义原则，对听证会的程序性事务应采取职权主义原则，依法自主决定听证会的延期、中止、终止、指挥听证会、维护听证秩序，如《监督规则》第61条规定："参加听证的人员应当服从听证主持人指挥。对违反听证秩序的，人民检察院可以予以批评教育，责令退出听证场所；对哄闹、冲击听证场所，侮辱、诽谤、威胁、殴打检察人员等严重扰乱听证秩序的，依法追究相应法律责任"；第57条规定："参加听证的当事人和其他相关人员应当按时参加听证，当事人无正当理由缺席或者未经许可中途退席的，不影响听证程序的进行。"以上规定均体现了听证主持人的职权性。但对于听证会过程中听证会参与人的发言、提问、相互询问，或者在深层次审判人员违法行为监督案件和在依职权行使调查核实权调取新证据的裁判结果监督案件中，则应采取当事人主义原则，尽可能保障听证参会人员的相关权利，保障听证员独立发表意见，同时避免超越尺度，代替一方当事人履行举证责任，努力保持听证主持人的中立性，避免先入为主。

（二）听证会书记员

民事检察听证会的主持人的书记员由人民检察院委派，负责听证会的记录、会前告知听证会参加人案由、听证时间和地点、告知当事人主持听证会的检察官及听证员的姓名、身份、会后制作听证笔录归入案件卷宗等事务性工作。

---

① 宋海、于丽红：《民事检察听证程序实质化探究》，载《中国检察官》2022年第15期。

（三）听证会听证员

听证员，是检察听证最鲜明的特点，由与案件没有利害关系的社会人士担任，在听证会过程中充分了解相关案件情况后，对案件的事实认定、法律适用和处理发表独立意见，既不同于维护自身权益的案件当事人及其法定代理人、诉讼代理人、辩护人，又不同于了解案件情况的证人。

根据《人民检察院审查案件听证工作规定》第 7 条规定，年满 23 周岁的中国公民，拥护中华人民共和国宪法和法律，遵纪守法、品行良好、公道正派，具有正常履行职责的身体条件的相关社会人士才可担任听证员；受过刑事处罚的，被开除公职的，被吊销律师、公证员执业证书的，其他有严重违法违纪行为，可能影响司法公正的人不能担任听证员，同时听证员适用回避制度。参加听证会的听证员一般为 3 至 7 人。实践中，听证员人数一般为单数，符合案件讨论能够形成多数意见的一般要求。各地在办理案件时，多数邀请的是人大代表、政协委员、人民监督员、人民调解员、特约检察员、专家咨询委员或者某个领域的专家、学者担任听证员，也有的根据案件情况，邀请当事人所在单位或者居住地的居民委员会、村民委员会的代表担任听证员。

根据 2022 年 1 月 26 日最高人民检察院印发的《人民检察院听证员库建设管理指导意见》的规定，设区的市级以上人民检察院根据需要设立听证员库，作为辖区内检察院选用听证员的主要来源。有条件的基层检察院也可以设立。听证员库应当注重从具有一定社会工作经验、德高望重的基层群众代表和法学、医学、经济学、理学、工学等专业人士中吸收。建立听证员库的，人民检察院应当从听证员库中随机选取听证员。人民检察院应当为入库的听证员建立工作档案，并做好履职评价记录。单位推荐的听证员，还应当向推荐的单位定期反馈其履职情况。《人民检察院听证员库建设管理指导意见》还对其他检察听证员库的建设作出了指导。

《人民检察院审查案件听证工作规定》第 8 条明确，依照有关规定接受人民监督员监督。这里的"有关规定"主要指最高人民检察院《人民检察院办案活动接受人民监督员监督的规定》，依照其第 8 条规定，人民检察院对案件公开听证，可以安排人民监督员依法进行监督。但需要说明的是，受邀请参加监督听证会的人民监督员虽不属于该听证会听证员，但其可以依照《人民检察院办案活动接受人民监督员监督的规定》第 9 条的规定，就案件事实、证据的认定和案件处理独立发表监督意见。

（四）除听证员以外的其他听证会参与人

除听证员外的其他参加听证会的参与人，包括案件当事人及其法定代理人、诉讼代理人、辩护人、第三人、相关办案人员、证人和鉴定人以及其他相关人员。每个案件均会有案件当事人，但不一定都有法定代理人、诉讼代理人、辩护人、第三人、相关办案人员、证人和鉴定人以及其他相关人员。虽然《人民检察院审查案件听证工作规定》对除听证员以外的其他听证会参与人没有明确规定其权利义务，但根据检察听证具有"适度诉讼化"的属性或者说"检察开庭"的特点，以上人员在听证会上的地位与作用，可以适度参照诉讼参与人的地位与作用。其权利主要有：（1）得到通知参加听证会的权利；（2）申请回避的权利；（3）委托代理人的权利；（4）陈述意见的权利；（5）提出证据和质证的权利。其义务主要有：（1）按时参加听证的义务；（2）如实回答听证主持人或听证员的询问的义务；（3）服从听证主持人指挥，遵守听证秩序的义务。

五、听证的程序

听证会的程序包括听证会的启动、准备、开始、进行、结束五个阶段。

（一）听证会的启动方式

《人民检察院审查案件听证工作规定》第 9 条规定："人民检察院可以根据案件办理需要，决定召开听证会。当事人及其辩护人、代理人向审查案件的人民检察院申请召开听证会的，人民检察院应当及时作出决定，告知申请人。不同意召开听证会的，应当向申请人说明理由。"由以上规定可知，检察听证的启动，分为依职权启动和依申请启动两种。

无论是依职权启动还是依申请启动，都要事前事后与当事人做好沟通。当事人申请听证的，检察机关应审查当事人听证的案件是否存在涉及国家秘密、商业秘密、个人隐私等不适合听证的事由，不能组织听证的，应当说明理由并及时告知当事人。

（二）听证会的准备

《人民检察院审查案件听证工作规定》第10条、第11条、第12条对听证会的准备作了具体规定，主要从预案、人员、场所三个方面进行准备。

1. 预案准备

决定听证会启动以后，人民检察院应当制定听证方案，听证方案重点要对听证案件的处理焦点问题进行归纳，对可能出现的突发事件作出预判，做好听证会现场突发情况的应对准备和风险防控准备。同时根据案情，对是否允许社会各界旁听，是否允许记者采访，接受采访的发言等进行充分预案准备。

2. 人员准备

要确定听证会参与人，且在听证3日前告知听证会参加人案由、听证时间和地点，告知当事人主持听证会的检察官及听证员的姓名、身份，公开听证的，发布听证会公告。需要特别注意的是，检察机关在确定听证员以后，应当向其介绍案件情况、需要听证的问题和相关法律规定，其作用和目的类似于人民法院开庭前的"庭前会议"，便于听证员提前了解案情，归纳案件争议焦点，提高听证会工作效率，也保障听证员能真正发挥参与监督作用，确保其在充分了解案件相关事实和法律的基础上发表意见。实践中，一些检察听证会的会前省略了应当向听证员介绍案件情况、需要听证的问题和相关法律规定这一关键会前准备工作，听证员在听证会上才了解案情，最后可能导致听证会焦点不集中，听证会进展拖沓冗长，影响听证会的最终效果。英国对于听证前置会议有着明确的规定，根据其联邦诉讼程序法律规定，行政机关应当给予当事人必要的准备时间，包括材料、辩护人等保障诉讼权利的事项。如果行政机关没有按照规定给予当事人充分的准备条件，可以根据联邦诉讼程序法进行处罚。我国检察听证则没有明确规定，在以后的检察听证发展过程中，可以进行有益吸收。

3. 场所准备

会前要对听证会的场所进行布置，检察听证室是保障听证会有序规范进行的物质前提，具体布置可依据最高检《人民检察院检察听证室设置规范》《检察机关听证室建设技术指引》《中国检察听证网建设方案》等规定，对检察听证室的场地、设施和系统做好会前准备。《人民检察院审查案件听证工作规定》第 12 条第 1 款规定："听证会一般在人民检察院检察听证室举行。有特殊情形的，经检察长批准也可以在其他场所举行。"例如，2021 年 6 月 10 日最高人民检察院发布的案例中的内蒙古额某申请民事诉讼监督案，该案就没有将听证会选择在检察院听证室进行，而是将听证会设在科尔沁草原纠纷草场举行，邻近牧民可以到场旁听，"检察机关用心用情办好群众身边的案件，从矛盾纠纷根源出发，深入调查核实，细致沟通了解，结合少数民族地区特点，在纠纷现场组织公开听证会，请听证员现场解答、调解疏导，搭起当事人之间重归于好的'连心桥'，为人民群众办好事、办实事、解难事，让人民群众切身感受到了司法的公平正义"，取得了良好的社会效果。另外，疫情防控期间，鉴于组织现场听证会存在困难，有的地方检察机关通过网络视频等方式进行案件听证，便利了当事人、听证员等听证会参加人，也取得了较好的效果。

（三）听证会的开始

《人民检察院审查案件听证工作规定》第 14 条规定："听证会开始前，人民检察院应当确认听证员、当事人和其他参加人是否到场，宣布听证会的程序和纪律。"一般由书记员当场宣读听证会纪律，包括听从主持人指挥，遵守会场纪律，不得作虚假发言，不得侮辱、诽谤、谩骂他人等。实际操作过程中，可能还会有主持人介绍听证员基本情况、告知听证会参与人相关权利义务、宣布听证会正式开始等程序，听证主持人可根据实际情况灵活掌握。

（四）听证会的进行

《人民检察院审查案件听证工作规定》第 15 条规定和《监督规则》第 59 条进行了同样的规定："听证会一般按照下列步骤进行：（一）承办案件的检察官介绍案件情况和需要听证的问题；（二）当事人及其他参加人就需要听证的问题分别说明情况；（三）听证员向当事人或者其他参加人提问；（四）主持人宣布休会，听证员就听证事项进行讨论；（五）主持人宣布复会，根据案件情况，可以由听证员或者听证员代表发表意见；（六）当事人发表最后陈述意见；（七）主持人对听证会进行总结。"

以上规定的听证会各个环节和步骤，实践活动中不是一成不变的，也不是每个步骤都是必须经历的，有些较为简单的案件，为了听证会紧凑有序进行，有的听证会没有进行休会，在听证员充分了解案情的情况下，可以由听证员直接发表意见。具体可参照最高人民检察院印发的《人民检察院办理控告申诉案件简易公开听证工作规定》执行。

如果当事人有新的证据或人民检察院依法调查取得的证据，《监督规则》第58条第2款增加了出示证据的环节，类似于人民法院庭审的举证质证，是对《人民检察院审查案件听证工作规定》第15条的重要补充，该款规定"对当事人提交的证据材料和人民检察院调查取得的证据，应当充分听取各方当事人的意见"。例如，2021年8月13日最高人民检察院发布的指导性案例中的四川省成都市人民检察院依申请抗诉吕某某与某包装厂劳动纠纷案，该案"根据《人民检察院民事诉讼监督规则（试行）》等相关规定，人民检察院审查民事诉讼监督案件，认为确有必要的，可以组织有关当事人听证。本案中，承办检察官在审查申诉人新提交的拟证明承诺书存在受胁迫情形的录音证据材料，询问吕某某及其援助律师和某包装厂的法律顾问、财务会计及法定代表人基础上，就本案新证据及各方询问笔录组织双方当事人听证，最终某包装厂自认"，该案听证会实际上就是增加了"举证质证"的环节。

需要说明的是，听证会休会期间，听证员就有关事项进行讨论，这一环节原则上不公开进行，一般在单独的听证评议室或者请当事人离场后进行，以保证听证员能够畅所欲言地发表意见，充分阐述自己的观点和见解。听证会复会后，可以由听证员个人或者推举的听证员代表发表意见。客观中立的第三方意见更能让当事人信服，也能为检察办案提供重要参考。

有实务工作者及学者认为，听证会在当事人发表最后陈述意见后，听证员评议案件应当参照法院集中审理原则，及时发表意见，防止时间过长，导致对事实认定出现偏差。另外《人民检察院审查案件听证工作规定》虽写明了先由检察听证代表及听证会其他成员充分发表意见，承办人最后总结发言的评议顺序，但是现实中多由承办人先发表意见，听证人员后发表意见，且多是发表"同意承办人意见"的观点，因此应完善听证评议规则。①《人民检察院审查案件听证工作规定》对于听证程序、听证评议的程序规定较为粗略，仍有进一步规范的空间。

---

① 刘宇腾、党涛：《检察听证制度事实审与法律审之职能再突破》，载《法制博览》2022年第7期。

（五）听证会的结束

举行听证会是检察机关审查案件的方式，有必要进行完整客观全面的记录。《人民检察院审查案件听证工作规定》第 18 条规定："听证过程应当由书记员制作笔录，并全程录音录像。听证笔录由听证会主持人、承办检察官、听证会参加人和记录人签名或者盖章。笔录应当归入案件卷宗。"以同步录音录像的方式客观、真实、全面地记录听证会，能够切实保障当事人权利，规范检察听证工作，提高听证效率，促进司法公正。另外，对于听证结果，《人民检察院审查案件听证工作规定》第 16 条规定："听证员的意见是人民检察院依法处理案件的重要参考。拟不采纳听证员多数意见的，应当向检察长报告并获同意后作出决定。"至此，《人民检察院审查案件听证工作规定》《监督规则》中关于听证会的程序就已经全部结束。

《人民检察院审查案件听证工作规定》《监督规则》没有就检察听证救济制度进行规定，有实务工作者或学者认为，应当建立完善听证救济机制。"充分保障听证当事人和参与者的程序性权利，对听证程序的效能发挥具有决定性作用，听证救济权是重要的听证程序性权利，其内容主要包括：对听证申请被否定后的复议权；对听证人员和听证方式的建议权；对听证主持人及其听证人员的回避申请权；对听证结果不服的异议权；重新听证申请权等。"[1] 其实，建立听证救济机制意义不大。人民检察院办理不服人民法院生效裁判案件，本来就是对当事人不服人民法院生效判决的一种司法救济权，检察听证只不过是检察机关使用这个救济权的一种审查案件的方式而已，如果在此救济权之上再设立一个救济权，会大大增加司法成本，形成"救济再救济、听证再听证、复议再复议"的程序往复怪圈，实质意义不大。而对于执行活动监督和审判人员违法行为监督两类案件，由于目前民事检察监督工作整体处于浅层次阶段，监督内容以程序性内容为主，实体性监督、深层次监督案件较少，因此，大多不具备进行公开听证的条件，较少适用检察听证程序。[2] 这两类案件适用检察听证极少，且这两类案

---

[1]　汤维建、王德良：《民事检察程序构想》，载《人民检察》2020 年第 12 期。

[2]　李大扬、滕艳军：《民事检察听证制度实证分析》，载《中国检察官》2019 年第 13 期。

件的当事人尚有其他救济途径，因此，同样不宜"救济再救济、听证再听证、复议再复议"。

（六）其他

1. 听证会的直播录播

《人民检察院审查案件听证工作规定》第 19 条规定："公开听证的案件，公民可以申请旁听，人民检察院可以邀请媒体旁听。经检察长批准，人民检察院可以通过中国检察听证网和其他公共媒体，对听证会进行图文、音频、视频直播或者录播。公开听证直播、录播涉及的相关技术和工作规范，依照有关规定执行。"公开听证直播，既方便人民群众直接参与、支持和监督检察听证工作，也让办案检察官从幕后走到台前，对检察官综合素质能力提出更高要求。为此，最高检专门建立了中国检察听证网，由各级检察机关通过互联网使用。

实践活动中，有些检察机关将现代化信息技术广泛应用于听证，实现良好的听证效果，听证会上案情介绍、法律表述更加直观，信息化应用更加强化，如视频播放、多屏自动录播、PPT 运用，但总体而言，听证信息化还有很长的路要走，检察机关可以借鉴人民法院"科技法庭"的模式，走出更加科技化的听证道路。

2. 听证费用

《人民检察院审查案件听证工作规定》第 21 条规定："人民检察院听证活动经费按照人民检察院财务管理办法有关规定执行，不得向当事人收取费用。"受邀参加听证会的听证员、相关办案人员、证人、鉴定人等的差旅、食宿等经费，按照检察机关财务管理办法有关规定执行。

第五节　最高人民检察院发布的部分民事听证典型案例

1. 案例：安徽李某与姚某、牛某委托合同纠纷案

基本案情：2013 年 1 月，牛某借案外人张某 15 万元。为保障张某债权实现，牛某和妻子姚某承诺，如未按期还款，他们的房屋由张某的朋友李某全权代理出售，并将授权委托书公证。后来，牛某未能及时向张某还款且失去联系。李某就在 2013 年 5 月将牛某和姚某的房屋以 30 万元价格出售给他人，并将售房款用于归还牛某和姚某购房所欠的按揭贷款以及偿还二人所欠张某借款。2013 年 5 月，姚某委托的资产评估事务所评估涉案房屋价格为 47.89 万元。2018 年 1 月，牛某和姚某以李某存在重大过失为由，诉至安徽省合肥市庐阳区法院，请求李某返还房屋本金 30 万元并支付相应利息，赔偿低价出售造成的损失。法院认为，涉案房屋 2013 年的计税价格（房管局对涉案房屋的评估价格）为 43.7 万元，李某的出售价明显偏离正常交易价格、构成重大过失，判决其赔偿牛某、姚某 13.7 万元。李某不服一审判决，向原审法院申请再审被驳回后，于 2019 年 12 月 4 日向合肥市庐阳区检察院申请监督。

听证过程： 该案案情较为疑难复杂，双方当事人在案件定性、民事责任认定、赔偿方式和数额等方面争议较大，多次沟通无法达成和解。2020 年 5 月 14 日，合肥市庐阳区检察院召开了公开听证会。一是听证前充分准备，查明分歧事实。听证会召开前，检察机关综合评估了听证化解纠纷的必要性、可行性、纠纷解决的专业性等问题。一方面，该案申请人反映法院民事责任认定方面问题，被申请人反映申请人涉嫌"套路贷"犯罪问题，事实认定和法律适用争议较大，听证具有必要性。另一方面，尽管存在较大争议，但是申请人与被申请人都较为理性，均希望通过正当途径解决问题，听证具有可行性。检察机关还向公证员、房屋评估所工作人员等人员进行调查核实，查清涉案房屋评估价值、被申请人是否存在过错等案件事实。二是充分借助"外脑"，确保听证质量。听证会邀请院校专家、公安机关法制民警、律师等法律专业人士担任听证员，由承办检察官主持。经过当事人陈述、原案件承办人发表意见、听证员提问等程序后，主持人对案件事实和争议焦点进行归纳。听证员评议后一致认为该案是民事纠纷，不涉及"套路贷"等刑事犯罪，双方当事人都存在一定过错。法院在判决时采用较低的计税价格，没有采用评估价格，事实上已经对双方责任进行了分配，判决结果合法合理。三是依法作出处理决定，有效化解矛盾。合肥市庐阳区检察院经认真审查，采纳了听证员评议意见。2020 年 5 月 20 日，该院作出不支持监督申请决定，并及时将处理决定告知双方当事人和听证员。通过听证，双方当事人对各自责任有了更加准确的认识，都接受了监督结果。

听证意义：当事人就法院已经发生法律效力的民事裁判向检察机关提起民事诉讼监督申请的案件，经常涉及事实认定、法律适用、民刑责任交叉等疑难问题。检察机关应当全面考量案件的争议焦点、评估听证的必要性和可行性，邀请相关领域专家参加听证会，解决专业疑难问题。通过听证，检察官充分释法说理，换位思考，重视"法理情"，从当事人的感受出发想问题、抓办案，让当事人理解有关裁判，认清责任划分依据，维护司法公正公信。

案件评析：该案会前准备充分，归纳焦点问题精准，通过组织听证会，邀请来自人民群众中、独立于当事人和检察人员且具有较强专业能力的院校专家、法制民警、律师等法律专业人士担任听证员并发表独立意见，易于双方当事人接受，虽案件争议较大，但最终当事人接受了不支持监督申请的决定，提升了检察工作实效，有利于案结事了。

2. 案例：何某新与福清某房地产公司、福清市某镇政府房屋拆迁安置合同纠纷检察和解案

基本案情：1995 年，福清某房地产公司与福清市某镇政府签订协议，约定该镇新市巷拆除后，由福清某房地产公司负责承建并提供安置店面和房源。何某新被拆房屋位于该地段，应补偿面积 101.83 平方米。新市巷拆迁完成后，福清市某镇政府向何某新提供位于该镇龙安街的 2 栋 503 号房（以下简称 503 房屋）作为安置房，面积 91.73 平方米。因安置面积不足，何某新母亲搬入该镇龙腾街 4 栋 213 店面（以下简称 213 店面）居住至今。2008 年，福清某房地产公司起诉至法院，请求何某新及其母亲返还 213 店面。2012 年 11 月，何某新亦向法院起诉，请求福清某房地产公司协助办理安置房的过户登记手续。法院经多次审理，于 2015 年判决福清某房地产公司、福清市某镇政府共同协助何某新办理 503 房屋过户登记手续，并在何某新补足超面积安置差价后协助办理 213 店面过户登记手续。判决生效后，何某新申请强制执行，因法院未采取有力措施，案件未执行到位。双方诉争期间，福清某房地产公司将 213 店面抵押给福清某银行，后因其未按期还款，某银行提起诉讼，法院判决确认某银行对 213 店面拍卖、变卖价款享有优先受偿权。判决生效后某银行向法院申请强制执行，法院查封了 213 店面。何某新对法院查封裁定提出书面异议，被法院驳回。

听证过程：针对当事人各方均有和解意愿，检察机关决定以公开听证方式将矛盾纠纷一揽子解决。2020 年 4 月 29 日上午，福清市检察院组织公开听证会，邀请与案件处理有利害关系的福清某银行、不动产登记中心及税务部门参加听证。听证会上，何某新、福清某房地产公司、福清市某镇政府、福清某银行最终达成和解协议，约定由何某新补足 20 万元差价，福清某银行收到款项后随即申请解除 213 店面查封、抵押登记，福清某房地产公司及福清市某镇政府及时协助何某新办理过户登记，所涉税费双方各自缴纳。2020 年 6 月 18 日，在检察机关的持续推动下，何某新取得 503 房屋及 213 店面的不动产权证书。随后向福清市人民法院申请对（2014）融民初字第 4898 号民事判决执行结案。

听证意义： 检察机关可以通过公开听证等方式，促进和解协议达成。对重大疑难复杂和当事人矛盾冲突较大的案件公开听证，有利于充分听取各方意见，促进案结事了人和，亦有利于提高案件审理透明度，提升司法公信力。该案历时二十多年，经过多次诉讼，矛盾争议重重交织，当事人对抗情绪激烈。检察机关邀请人大代表、政协委员、人民监督员担任听证员，并邀请税务、不动产登记中心等行政机关参加听证，发表专业意见，一揽子综合解决问题，最终促成当事人现场和解，实质性化解了矛盾纠纷，同时也提升了检察机关的公信度。

案件评析： 该案历时二十多年，经过多次诉讼，矛盾争议较大，对抗情绪激烈。但检察机关组织听证会，由各方当事人参与充分发表意见并由听证员发表独立专业意见，充分保障了当事人的知情权、参与权，让检察权在阳光下进行，让当事人充分了解各方诉求，有效解开当事人"心结""法结"，最终达成和解，增强了人民群众的获得感、幸福感。

3. 案例：内蒙古额某申请民事诉讼监督案

基本案情： 拉某与敖某均为内蒙古科右前旗某村（蒙古语"嘎查"）蒙古族牧民，两家草牧场相邻。1998 年某村委员会重新调整草牧场承包关系，拉某、敖某就部分草场使用权产生纠纷。2001 年，拉某诉某村至科右前旗人民法院（以下简称科右前旗法院），请求认定某村委员会与敖某签订的草牧场承包合同无效，恢复拉某对涉案草场的使用权。2001 年 12 月 9 日，科右前旗法院作出民事判决，认为某村委员会在未召开村民代表大会，也未征得拉某同意的情况下，将拉某承包的部分草牧场划分给第三人敖某并与之签订的草牧场承包合同无效。某村委员会不服一审判决，向兴安盟中级人民法院（以下简称兴安盟法院）提出上诉。2002 年 6 月 17 日，兴安盟法院作出民事判决，驳回上诉，维持原判。此后，敖某向内蒙古自治区高级人民法院（以下简称内蒙古高院）申诉，要求撤销一审、二审判决。内蒙古高院要求兴安盟法院复查该案。2015 年 3 月 26 日，兴安盟法院裁定再审。此时，拉某、敖某已去世，额某（拉某之子）、陈某（敖某之女）作为二人继承人继续参加诉讼。2016 年 5 月 12 日，兴安盟法院作出再审民事判决，认为敖某与某村签订的承包草牧场合同已经履行多年。虽然某村未召开村民代表大会，也未经拉某同意，但是《村民委员会组织法》在 1998 年 11 月 4 日颁布实施，1997 年某村并未设立村民代表大会制度，合同订立时该法并未实施，本案不适用。落实草牧场"双权一制"合同时，拉某和敖某分别与某村签订了草牧场承包合同，符合当时法律政策，且两份合同确定的草牧场四至界限不重合，某村与敖某订立的草牧场承包合同合法有效，原一、二审判决不当，敖某申请再审理由成立。兴安盟法院再审判决撤销原一、二审判决，驳回拉某诉讼请求。额某不服再审判决，在 2019 年向内蒙古兴安盟检察分院（以下简称兴安盟检察分院）申请监督。

听证过程： 经征求当事人意见，兴安盟检察分院在 2020 年 6 月 5 日组织了公开听证会。听证会前，检察机关向当事人详细介绍了听证会程序，保证当事人全面了解听证会的流程和作用。根据案件性质和邻里纠纷的长期性，兴安盟检察分院邀请了当地林业和草原局专业技术人员、具有丰富调解经验的乡司法所、边境派出所工作人员等担任听证员。听证会就在科尔沁草原纠纷草场举行，邻近牧民可以到场旁听。听证会上，林业和草原局工作人员利用专业仪器对照双方草牧场使用证书标注边界进行精准定位，当事人围绕纠纷事实和现场测量结果发表意见，听证员、检察官深入释法说理，详细解释有关政策。经过长达 7 个小时的草场听证会，额某和敖某子女终于对草场边界逐渐达成了共识，按照新界线签订了和解协议。工作人员现场为双方打桩定界，额某当场撤回了监督申请。

听证意义： 检察机关用心用情办好群众身边的案件，从矛盾纠纷根源出发，深入调查核实，细致沟通了解，结合少数民族地区特点，在纠纷现场组织公开听证会，请听证员现场解答、调解疏导，搭起当事人之间重归于好的"连心桥"，为人民群众办好事、办实事、解难事，让人民群众切身感受到了司法的公平正义，提升了办事实效。

案件评析：该案听证会邀请当地林业和草原局专业技术人员、乡司法所、边境派出所工作人员担任听证员并将听证会安排在纠纷现场举行，邻近牧民到场旁听，并由专业人员现场用专业仪器对纠纷地界进行精准定位，做到了司法人民性和专业性的统一，既有效化解了案件矛盾，接受了人民监督，也进行了以案释法和普法教育，一举多得，实现了双赢多赢共赢。

第十二章　民事诉讼监督法律文书

第一节　民事诉讼监督法律文书概述

一、民事诉讼监督法律文书的概念

民事诉讼监督法律文书，是指检察机关在履行民事诉讼法律监督职能过程中依法制作和使用的具有法律效力或法律意义的文书总称。民事诉讼监督法律文书是检察机关民事检察部门办理各类案件的文字载体和重要工具，反映、记载民事检察办案的全过程，推动各项民事检察工作的顺利开展，并产生相应的法律后果。

二、民事诉讼监督法律文书的特点

第一，民事诉讼监督法律文书的制作主体是检察机关。根据宪法、法律的规定，检察机关是国家的法律监督机关，是代表国家行使法律监督权的唯一机关，其制作主体只能是检察机关。

第二，民事诉讼监督法律文书的依据是民事方面的实体法和程序法。不同于检察机关的其他部门主要依据刑事方面的法律。

第三，民事诉讼监督法律文书的适用对象主要是民事诉讼监督案件。包括对生效裁判、调解书的监督、审判活动违法监督、民事执行活动监督等。

第四，民事诉讼监督法律文书具有法律效力。一经作出，非经法定程序不得改变。

三、民事诉讼监督法律文书的分类

民事诉讼监督法律文书依据不同的标准可以划分为不同的类别：

1. 按送达对象的不同，可以分为对内的法律文书和对外的法律文书。

对内的法律文书是指效力只产生在检察机关内部的法律文书，包括交办通知书、指令出庭通知书、提请抗诉报告书、审查终结报告书。对外的法律文书是指对检察机关之外的案件当事人、法院或其他相关单位等发生法律效力的文书，包括受理通知书、立案通知书、民事抗诉书、再审检察建议书、检察建议书、纠正违法通知书等。

2. 按文书名称和用途的不同，可分为抗诉类、检察建议类、审查终结报告类、决定类、通知类、函类等。根据文书不同的用途，决定其文书适用。

3. 按表达方式和表现形式的不同，可分为文字叙述式文书、填空式文书、笔录式文书和表格式文书。文字叙述式文书包括审查终结报告书、提请抗诉报告书、民事抗诉书、检察建议书、纠正违法通知书等。填空类文书包括中止审查决定书、终结审查决定书、转办函、交办函或者移送案卷函、指令出庭通知书等。笔录式文书包括听取当事人陈述笔录、调查笔录、讨论笔录等。表格式文书包括受理案件登记审查表、立案审批表等。

四、民事诉讼监督法律文书制作的基本要求

（一）依法制作，格式规范

民事诉讼监督法律文书的制作应当按照《监督规则》的名称、程序、时间、范围等规定核发制作。一般都要求有固定的格式，固定格式既能保证法律文书的完整性和严肃性，容易全面有力地发挥法律文书的作用，又能保证制作时简易方便，提高办案效率。格式规范是审查终结报告的基本要求，各类法律文书的制作都要遵照固定的格式进行规范化的制作。

（二）要素完备，内容全面

应当遵照最高检正式发布的文书样式结构和要求起草，依次写明，关键的要素不可省略。各类法律文书在办案的不同阶段发挥着不同的作用，要反映办案的某一过程，因此，法律文书要求记载的内容应当全面祥实。例如，审查终结报告这一法律文书本身反映办案的全过程，内容必须是完整的、全面的。这里的内容全面不仅要求审查终结报告必须有当事人基本情况、诉讼过程和法院历次审理情况、申诉理由、审查认定事实、承办人

意见等多个部分内容，同时还要求各部分内容全面详尽。例如，申诉理由的归纳，要求对申诉人在申诉书中反映的各条申诉理由都全面表述，承办人不能替代申诉人对申诉理由进行筛选，把承办人自己认为不重要的内容在审查终结报告中不予归纳和表述，这样的做法就不符合对审查终结报告内容全面的基本要求。

（三）叙事清楚，逻辑严密

对于事实要求，要脉络清晰，使人看后对事情的起因、发生、发展、结果有一个清楚了解。对于作出决定的逻辑要求，法律文书尤其是叙述式法律文书本身是一个脑力活动的成果展示，也是一个逻辑思维过程的展示。而对一个案件所下的结论首先要经得起逻辑推敲，这个结论才能站得住脚。逻辑严密不仅要求法律文书的各部分在逻辑上相互衔接，也要求各部分阐述内容清晰、运用法言法语得当。

（四）分析论证，有理有据

加强法律文书的说理性是民事诉讼监督工作中始终强调的内容，是法律文书制作质量最为核心的要素，法律文书的说理性直接决定案件的办理效果。以民事抗诉书为例，民事抗诉书的论理充分首先要求每条抗诉意见都有相应的事实依据和法律依据，其次要求论点正确、论述方法得当、理由充足，再次对案外因素或情理方面的考虑要恰当地涉及。最终的目标是能够最大限度地说服一个"法律人"，即能说服一个具备较好法律素养的专业人。这些要求看似简单，但实践中要达到这些要求需要下大功夫。部分民事抗诉书存在将事实叙述完毕后就直接得出结论、不引用相关法条或不阐述法理依据的情况。

（五）语言精练，内容准确

法律文书与其他公文在文风上有明显的差别，法律文书要求运用法律语言，即我们通常所说的法言法语。"法律语言部分是由具有特定法律意义的词组成的，部分是由日常用语组成的。"具有特定法律意义的词，在日常用语中即使有也很少使用，如预谋、过失、非法侵害等。法律语言中包含一定的术语，术语主要来自两部分：一是来自制定法规定的法定术语；二是来自法学理论的法学术语。法言法语有以下几个特点：其一，庄重性。

法律语言的功能决定了它不能采用比喻、比拟、借代、夸张、双关等修辞手法，不宜借用描绘性的文学笔调，也不能像文学语言那样追求形象性和生动性。庄重性要求法律语言的表达应多用书面语词、文言语词，如既遂、配偶，而非完成、爱人等用词。其二，确切性。即要"明确、具体、严谨"。"明确"要求概念清晰，界限分明，忌含糊其辞，模棱两可；"具体"要求法律语言应深入其所调整的社会生活的每一角落，准确无误；"严谨"要求语句和结构周密准确，无懈可击，尽量避免模糊性与多义性。例如补偿和赔偿，仅一字之差，但代表的法律关系和法律意义大相径庭。因此，法律用语必须精确。其三，平易简约性、朴实性。即要求语言言简意赅，不作渲染，在平淡中表达法律的精神实质，同时字眼不能艰涩，意义不能深奥，在庄重的前提下，使公民易懂、易学，且忌用方言。

第二节　审查终结报告、提请抗诉报告书的撰写

一、审查终结报告、提请抗诉报告书的概念

（一）审查终结报告的概念

审查终结报告，是人民检察院行使民事检察监督职权，对向人民检察院申请监督或人民检察院依职权进行监督案件审查终结后，反映承办人审查全过程以及监督与否，制作的内部法律文书。

（二）提请抗诉报告书的概念

提请抗诉报告书，是人民检察院发现同级人民法院所作出的判决或裁决确有错误，符合《民事诉讼法》第207条或第217条规定的抗诉条件，决定向上一级人民检察院提请抗诉时使用的内部法律文书。

二、审查终结报告、提请抗诉报告书的组成部分

（一）审查终结报告的组成部分

（1）首部；（2）当事人基本情况；（3）诉讼过程和法院历次审理情况；

（4）申请监督理由及其他当事人意见；（5）检察机关认定事实；（6）提请抗诉理由和依据；（7）需要说明的其他情况。

（二）提请抗诉报告书的组成部分

（1）首部；（2）当事人基本情况；（3）诉讼过程和法院历次审理情况；（4）申请监督理由及其他当事人意见；（5）检察机关认定事实；（6）提请抗诉理由和依据；（7）需要说明的其他情况；（8）尾部。

三、审查终结报告、提请抗诉报告书的撰写要点

下面以提请抗诉报告书为例论述主要的撰写要点。

（一）首部

提请抗诉报告书的首部包括提请抗诉报告书的标题、案号，案件的案由、来源。同时在首部要简要写明申诉情况、审查的检察院及案件已经审查终结的情况。一般的内容为"××因与××某某纠纷一案，不服××市中级人民法院（××）××中民终字第××号民事判决，向本院申请监督，本案现已审查终结"。我们可以来看一下这样一篇提请抗诉报告书（来自附后的实例文书一，该实例文书是真实的文书，隐去相关信息）的首部："a公司因与朱b、苏c民间借贷纠纷一案，不服A人民法院作出的（2016）A民初5081号民事判决和B中级人民法院作出的（2017）B民终1699号民事判决，向本院申请监督，经调阅原审法院案卷，核实相关证据，开展调查核实，本案现已审查终结。"其中的"A人民法院作出的（2016）A民初5081号民事判决"，非生效裁判文书及文号是不需要书写到报告中的；"经调阅原审法院案卷，核实相关证据，开展调查核实"，不属于首部需要说明的内容，也是不需要书写到报告中的。

（二）当事人基本情况

写明当事人及代理人的情况即可。但其中需要注意的是，只存在申请人、其他当事人和代理人这三种身份，没有被申请人这一身份。

（三）诉讼过程和法院历次审理情况

人民法院裁判情况最主要的包括三个部分：一是人民法院认定事实的

部分；二是人民法院"本院认为"的部分；三是人民法院的判决结果部分。要求全面反映人民法院的诉讼过程，经过几次审判，审判机关分别是什么法院，这些审判认定事实、裁判理由及主文是什么，都要求原貌予以摘述。

但被告辩称、法庭调查情况、举证情况可以不列明（除非涉及抗诉理由的关键部分）。需要注意的是，为了提高工作效率，扫描法院审判文书已经是常态化，但扫描后的法院判决书也是需要重新校对和编辑的，如，有的称呼要变化，"本院"等。这些问题可以在附后的实例文书一中诉讼过程部分找到相应的问题。

（四）申请监督理由及其他当事人意见

这部分主要来源于当事人的书面监督申请书，而这部分文书质量参差不齐，有律师帮助写的，同样也有当事人自己书写的。特别是当事人书写的，因大部分当事人的法律知识不够专业，甚至文化水平不高，书面监督申请书不能说明法律理由，甚至条理不清晰、语句不通顺，这就需要案件承办人善于归纳总结，归纳要求全面、准确、高度精练。同时，也要注意一些与本案无关的叙述和不适当的说法，这些叙述和说法可以不列入文书中，例如对法官的评价及其他过激言论等不良反映。

（五）检察机关认定事实

检察机关认定事实指的是人民检察院通过审查而认定的案件事实。与人民法院认定事实有出入的，要以检察机关认定的案件事实为准。实践中，对人民法院认定的事实未进行认真审查，照搬人民法院判决书中认定的事实的情况较多。

对于有些人民法院采信证据不当，原审认定案件基本事实缺乏证据证明，但客观事实已无法查清，检察机关也不能得出明确案件事实的，要列明双方各自在诉讼中对争议事实的主张及提供的相关证据，不宜作案件事实的结论性认定。

对于法院认定事实错误或者缺乏证据证明的，且检察机关已经查清的，要写明分歧和依据，所做的调查核实工作一并写明，包括委托鉴定、咨询、调查取证等。

（六）提请抗诉理由

提请抗诉理由部分是提请抗诉报告书的核心内容，是人民检察院对该案提请上级抗诉的原因、依据的阐述，上级人民检察院能否接受提请抗诉意见，一定程度上取决于提请抗诉理由部分抗点掌握是否准确、论证是否充分。要说服上级人民检察院接受提请抗诉意见，不仅要求案件结论正确，更要求提请抗诉理由论理充分、逻辑严密，因此，提请抗诉理由部分的撰写应当尽量达到或接近"无可辩驳"的标准。重点强调以下几点：

1. 观点正确。观点正确是对提请抗诉理由的最低要求，观点正确是立论基础。

2. 针对性强。提请抗诉理由部分要针对原判决的错误问题集中论述，要有针对性地指出原审判决的错误。第一，要开宗明义，点明原审判决的错误之处。具体表述一般为"本院认为，（××）××民终字第××号民事判决认定案件的基本事实缺乏证据证明（适用法律错误或程序有误）"。以下再逐条论述作出上述结论的理由。第二，每一条抗诉意见的题目最好归纳指出法院错误地认定事实或适用法律等问题，一般表述为"终审法院错误认定了……认定案件的基本事实缺乏证据证明"，不要用"关于……的问题"这样的表述方式。民事抗诉书不是法学论文，应尽量避免此类论文式语言。第三，要观点明确。每一条提请抗诉理由论述完毕后，仍然应当归结到终审判决存在哪些错误上来。第四，提请抗诉理由要针对法院错误问题论述，指出错误就可以，不要教授法院如何判决，尽量不使用"法院应当……"的表述。

3. 重点突出。经过案件审查，人民检察院可能发现案件中存在的诸多问题，可能既有认定事实的问题，又有法律适用问题，还有程序问题。这些问题有大有小，有的问题可以达到抗诉标准，而有的仅是瑕疵。

4. 逻辑严密。逻辑基本规律是人们在长期的思维实践中对思维活动的概括和总结，是运用概念、作出判断、进行推理和论证时所必须遵循的普遍的、必然的思维规律，只有做到论证条理清楚、推理逻辑严密，才能做到论证有说服力。提请抗诉理由对同时存在认定案件的基本事实缺乏证据证明、法律适用有误、程序违法的情况，要分别论述，逻辑层次要分明。

5. 论理充分。提请抗诉理由中的说理实际上就是"以事实为依据，以法律为准绳"来依案说法。法律文书说理的通常方法是依照"司法三段论"的思维逻辑，先找出适用于本案的法律规范，然后按照法律规范规定的要件按图索骥，从案件中抽出与法律规范中的要件相匹配的要件事实，通过对事实（小前提）的整理和说明，对法律（大前提）的解释，建立大前提与小前提的联系，充分论证后，才能得出案件应有的结论。法律文书在说理时应写明所依据的法律条款：一是引证法律要有针对性，针对案情引用外延较小，适合于本案的内容；二是法律条文中若含有款或项的，应引到条下的款或项；三是尽可能引出法律条文的具体内容，应注意保持条文的完整性，不能断章取义。文书说理还要在"以事实为根据，以法律为准绳"的基础上，注重情、理、法的结合，对原审裁判的社会效果可以做适当评价。

6. 语言精练。要求运用准确严谨、庄重规范、简洁明白的法律语言，切忌繁冗拖沓。论述中禁用模糊类语言，尽量避免使用"如果""可能""退一步讲"等模糊词汇。同时，要注意用语的规范和严谨，对当事人的称谓要统一，对单位使用简称要全文一致。

附后的实例文书一中，在审查处理意见部分，总体来说语言不够精练，归纳也不够准确。这个部分是一个难点，也是一个重点，做好前面的六个方面，法律文书的书写水平将会有很大提升。"六、审查处理意见"中的"（一）一、二审判决认定的基本事实缺乏证据证明"和"（二）一、二审判决适用法律确有错误"两大部分重复交叉的部分很多，主要内容基本都是认为认定的基本事实缺乏证据证明同时导致了适用法律确有错误，其根本只在判决认定的基本事实缺乏证据证明，所以一般来说应当进行归纳总结。同时，在审查处理意见部分的（一）中，"法院在认定债权人向债务人交付资金的事实时，仅凭朱 b 与黄 e 的口头陈述，对苏 c 签订《协议书》的事实是否真实存在？是否实际收到所谓 300 万元'借款'？是否同意黄 e 代为收款并指示黄 e 将款项使用完毕？本案 300 万元款项到底流向何处（是黄 e 个人使用？还是根据苏 c 的指示用作企业生产？）等重要事实"这个部分是不恰当的。作为一份法律文书，一般是不可以用反问的语句来陈述自己的观点的，而实例文书中却多次使用，导致法律文书不像一份法律文书，而是带有个人情感的文章，显得公正性缺失。同时为了进一步描述自己的观点，还使用了括号进行了备注，作为文书核心的说理部分，直接说理即可，一般不应通过括号来对说理进行描述。在审查处理意见部分的"（二）一、二审判决适用法律确有错误"的论述，检察机关在审查过程中，确实需要对案件的全案进行审查，但是在文书的说理中，对于未生效的裁判，一般不去评价其是否正确，否则就是检察机关以监督代替审判，越过了监督的界限。在审查处理意见部分的"（三）一审判决审判程序违法"的论述，从全案审查的角度来说，这个部分是应当审查的，但是因为一审判决并非生效判决，不能作为抗点，所以也不宜出现在审查处理意见部分，而是应当出现在需要说明的其他情况中。

（七）需要说明的其他情况

主要是对申请理由中不予支持的部分或其他重要情况进行说明。如实例文书一中审查处理意见部分（三）的内容，就应当放入此部分。实例文书一还有一个很严重的问题，就是需要说明的其他情况，不仅标题错误写为"需要说明的问题"，而且位置在"提请抗诉理由"之前，将法律文书的固定体例修改了，容易让人对法律文书的权威性产生质疑。

（八）尾部

提请抗诉报告书的尾部，要求写明抗诉的法律依据，即根据抗诉理由的不同，依照《民事诉讼法》的具体规定。有的案件情况复杂，需要适用的条款较多，每一条款都要引述，不能有疏漏。提请抗诉报告书一般表述为"综上所述，××民事判决认定的基本事实缺乏证据证明、适用法律错误。依照《中华人民共和国民事诉讼法》第二百零七条第（二）、（六）、（九）、（十一）项、第二百一十五条第二款、《人民检察院民事诉讼监督规则》第七十四条和第八十三条第（一）项之规定，提请你院向××人民法院提出抗诉"。

实例文书一中的最后一段也就是尾部，"A 人民法院（2016）A 民初 5081 号民事判决和 B 中级人民法院（2017）B 民终 1699 号民事判决认定的基本事实缺乏证据证明、适用法律确有错误、审判程序违法，应予纠正"，其将一审判决也认定为错误判决需要纠正，这是不适当的，没有生效的文书是不应当监督纠正的，所以只需写明"B 中级人民法院（2017）B 民终 1699 号民事判决认定的基本事实缺乏证据证明、适用法律确有错误、审判程序违法，应予纠正"即可，其余不是生效的裁判是否正确，是否需要纠正不宜提出。

审查终结报告与提请抗诉报告书对比，仅就提请抗诉报告书多出"尾部"这一项，其他要求是基本一致的。

实例文书一：

×××人民检察院
提请民事抗诉书[①]

a 公司因与朱 b、苏 c 民间借贷纠纷一案，不服 A 人民法院作出的 (2016) A 民初 5081 号民事判决和 B 中级人民法院作出的 (2017) B 民终 1699 号民事判决，向本院申请监督，经调阅原审法院案卷，核实相关证据，开展调查核实，本案现已审查终结。

一、当事人的基本情况

……

二、诉讼过程

朱 b 因与苏 c、a 公司民间借贷纠纷，2016 年 10 月 8 日朱 b 诉至法院称：1. 判令二被告连带偿还原告借款本金 268 万元；2. 判令二被告连带支付原告自 2015 年 10 月起至还清款项之日止按 2% 计算的利息（算至 2016 年 9 月为 643200 元）；3. 本案诉讼费由二被告承担。被告苏 c 未到庭参加诉讼，也未提交书面答辩及证据。

被告 a 公司辩称：一、原告以民间借贷起诉，与客观事实及相关法律规定不符。1. 原告朱 b 提交的协议书记载原告与被告苏 c 分利，原告分享了利润，就应当承担风险和亏损，这才符合权利义务一致原则。原告以民间借贷起诉案由错误，且民间借贷的利率不可能这么高，原告的意图系规避其应承担的风险和责任。原告自称每月收取了苏 c 给付的利润，现又主张收取的是利息，可知原告在有利可图时主张是合伙分享高额利润，在经营不佳时主张是民间借贷而要求收回投资不担风险，原告的行为违反诚实信用原则，对被告苏 c 不公。2. 原告未将款项支付给被告苏 c，也未支付给被告 a 公司，依法借款关系未生效。二、被告 a 公司依法不应承担担保责任。原告提交的《协议书》第三条约定："丙方（a 公司）用厂内厂房机械设备和厂内土地作担保。"从该内容来看，被告 a 公司的担保方式为抵押，被告 a

---

公司为抵押人，但因未办理抵押物登记，依法抵押无效，未生效的合同条款无法律约束力。因此，被告 a 公司不应承担担保责任，原告对被告 a 公司的起诉事实不清，证据不足，依法应当予以驳回。

……

本案诉讼中，本院依据原告朱 b 的申请，已对被告 a 公司的工业用地一宗（土地使用权人：被告 a 公司；使用面积：65944 平方米）予以查封。对于该宗土地，原使用权人为 d 公司，d 公司变更登记为 a 公司后，该宗土地的使用权人亦变更登记成了 a 公司。

……

被告 a 公司提出的"原告与被告苏 c 系合伙关系、其未向被告提供任何借款，被告 a 公司不应承担还款责任"等辩解，因其未举证证明，依法应由其承担举证不能的不利后果，故对其该项辩解，本院不予支持；被告 a 公司辩称："协议书中涉及的抵押物因未经登记系无效，要求驳回原告的诉讼请求"，因该辩解与《中华人民共和国物权法》第一百四十八条（担保法与本法的规定不一致的，适用本法）的规定相悖，故本院不予支持。

……

判决如下：一、由被告苏 c 返还原告朱 b 借款 268 万元，并以 268 万元为计息基数从 2015 年 10 月起按月利率 2% 支付原告朱 b 利息至欠款还清之日止；二、由被告 a 公司在原 d 公司原有的厂房、设备、厂内土地的价值范围对本案债务承担还款责任；其承担还款责任后的数额，可依法向被告苏 c 追偿；三、驳回原告朱 b 的其余诉讼请求。诉讼费 38986 元（其中案件受理费 33386 元、公告费 600 元、财产保全费 5000 元），由被告苏 c 承担。

一审判决后，a 公司不服，向 B 中级人民法院提出上诉。上诉请求：1. 撤销原判，驳回朱 b 的一审诉讼请求。2. 一、二审诉讼费用由朱 b 承担。朱 b 答辩称，本案属于民间借贷，从三方签订的协议可看出，a 公司和苏 c 在经营中向朱 b 借款。每月支付固定利息，朱 b 并未参与到合伙经营，在合同实际履行中，朱 b 也实际收回每月固定利息至 2015 年 9 月；担保条款的约定是当事人真实意思表示，自合同签订之日即生效，未办理登记不影响合同效力。苏 c 未作陈述。

……

判决如下：驳回上诉，维持原判。

二审判决后，a 公司仍不服，向 B 中级人民法院进行申诉请求启动再审。经审理，B 中级人民法院于 2019 年 12 月 27 日作出（2019）B 民监 16 号驳回申诉通知书。

驳回申诉通知书认为：从朱 b、苏 c、d 公司三方协议书的内容看，约定了朱 b 代苏 c 支付 300 万元铁矿石运费，分享的利润是固定的每月 20 万元，协议中未约定经营风险的承担，朱 b 也未参与经营管理，本案符合民间借贷的特征，原生效判决认定本案为民间借贷关系，符合本案情况。a 公司所提"朱 b 与苏 c、d 有限公司签订的协议并非民间借贷关系，而是合伙经营"的申诉理由不能成立。d 公司法定代表人黄 e 在协议中丙方处签名并盖公司印章，约定用厂内厂房、机械设备和厂内土地为本案借款提供担保，虽未约定保证方式和保证期间，但足以认定 d 公司有用厂内厂房、土地及机械设备、土地为该笔借款提供抵押担保的合意。根据《中华人民共和国物权法》第十五条"当事人之间订立有关设立、变更、转让和消灭不动产物权的合同，除法律另有规定或者合同另有约定外，自合同成立时生效；未办理物权登记的，不影响合同效力"的规定，本案当事人之间签订的抵押合同已经成立并生效。申诉人 a 公司的再审申请应予驳回。本案中，对朱 b 收到的利息是否超过法律保护的利率部分，因 a 公司未在原一、二审诉讼中未主张权利，且二审法院审理中，已向 a 公司释明是否主张返还，a 公司法定代表人明确表示另行主张权利。故申诉中提出利息违法的理由不能成立。综上所述，原一、二审判决依据当事人的主张，根据相关证据，依举证规则认定的事实清楚，适用法律正确，程序合法。更无证据证明审判人员审理该案件时有贪污受贿，徇私舞弊、枉法裁判行为。申诉人 a 公司的申请，应予驳回。

三、申请监督意见及其他当事人意见

（一）申请监督意见

申请人称：1. 申请人民检察院依法提出检察建议，建议 B 中级人民法院进行再审，撤销一、二审判决；2. 提请上级人民检察院向同级人民法院提出抗诉，再审本案，驳回朱 b 的诉讼请求；3. 本案诉讼费用由被申请人承担。（详见提请抗诉申请书）

（二）其他当事人的意见

本案审查期间其他当事人苏 c、朱 b 均未提交书面答辩意见。朱 b 到本院依法接受询问时陈述："我与黄 e 从小就认识，与苏 c 我只在签协议书那天见过一次，后来在厂里面也见过一次，之后就没有见过他了，借的钱是直接打给黄e的，这300万元中黄e出了100万元，通过转账给我，我再一起凑足300万元转给黄e。收据是黄e给我的，但是单子是谁写的我不知道。我一共得了黄e差不多85万元利息，2015年9月，刘f还了我100万元。32万元是本金，68万元是欠的利息。"

四、审查认定的案件事实

d公司成立于2009年3月3日，刘f持股90%，黄e持股10%，由黄e担任公司法定代表人。黄e系刘f妹夫，朱b与黄e自小认识（发小）。

庭审中朱b提交了一份日期为2014年11月26日，朱b作为乙方，苏c作为甲方，d公司作为丙方的《协议书》一份，该协议约定："经三方共同协商，乙方代甲方支付铁矿石运费，甲方与乙方共同分享利润。一、代垫运费数额及利润分成方式：乙方固定代甲方垫付两万吨铁矿石运费叁佰万元整，乙方分成固定利润贰拾万元整。二、代垫运费回款及利润支付时间：甲方按代垫运费款项到款之日起，至下个月当日前返还乙方代垫运费本金及利润；如果甲方需要继续使用资金，应提前一个星期通知乙方，但必须按时分成利润给乙方，每月结算一次，如甲方不需要资金，应提前一个星期通知乙方还款。三、担保条款：甲方用到厂的铁矿石作抵押，丙方用厂内厂房、机械设备和厂内土地作为担保。"甲方苏c及乙方朱b分别在《协议书》相应位置签名及书写身份证号码，丙方由黄e在"法定代表人"处签名并加盖"d公司公章"。截至起诉日，本案争议国有工业用地未办理抵押登记。

协议签订后朱b通过其信合卡分四次向黄e银行账户转账150万元，具体为2014年11月26日转款50万元；2014年11月27日分两次转款合计50万元（第一次25万元，第二次25万元）；2014年12月2日转款50万元。庭审中朱b提交《收据》一张，该《收据》日期为2014年11月26日，内容为"今收到朱b交来代垫铁砂石运费款壹佰伍拾万1500，000元"，但收款单位（公章）处签名被指印覆盖，同时未加盖公章，无法辨别《收据》出具人信息，朱b称该收据系黄e向其交付，而黄e称系苏c在厂里面交付了150万元的收据给朱b。此后，朱b又通过其信合卡分三次向黄e银行账户转账150万元，具体为2015年2月28日转款50万元；2015年3月2日转款50万元；2015年3月17日转款50万元。庭审中朱b又提交《收据》一张，该《收据》日期为2015年2月26日，内容为"今收到朱b交来代垫铁砂运费款壹佰伍拾万1500，000元"，但收款单位（公章）处签名亦被指印覆盖，同时未加盖公章，无法辨别《收据》出具人信息，朱b称该收据系其转款完毕后黄e向其交付，而黄e称系苏c向朱b出具。

朱b向黄e支付的金额合计300万元，其中200万元系朱b自筹资金，其余100万元为黄e个人筹集并通过银行转账到朱b账户，再由朱b通过银行转账到黄e账户。朱b与黄e自2014年11月以来，除本案争议300万元资金往来以外，另有多次大额资金往来，朱b自述与黄e之间另外存在借款和合伙做生意资金往来。庭审中朱b自述黄e共向其支付利息85万元（至2015年6月），2015年9月份刘f向其支付100万元，其中32万元是本金，68万元是欠的利息，2015年10月以后未获付本息。

2015年8月31日，经协商一致，刘f分别与谢某、钟某云、游某勇、蔡某平签订《股权转让协议》，将刘f持有的90%股权分别转让给谢某20%、钟某云20%、游某勇30%、蔡某平20%，并约定乙方（股权受让方）不承担股权受让前云兴公司以及原股东名义签署的所有债务。2015年9月14日，d公司变更登记为"a公司"，公司法定代表人由黄e变更为谢某。

2016年7月10日，朱b以民间借贷纠纷为由诉至A人民法院，请求判令苏c与a公司连带偿还其268万元，并支付2015年10月至2016年9月期间的利息643200元。A人民法院于2016年10月8日立案后，通过公告送达方式向苏c送达有关应诉材料。针对a公司应诉材料的送达，一审仅有送达回证一张予以证明，该送达回证记载送发文书为起诉状副本、应诉通知书、举证权利及义务告知书、授权委托书、庭前须知、诉讼风险提示书、开庭传票，受送达人处记载"拒绝签字"，但无送达对象、送达日期、送达人、在场人等必要送达信息，经向该公司原法定代表人谢某核实，谢某称法院仅在开庭前几天电话通知其到庭参加诉讼，其接到电话通知后匆匆委托律师参加案件庭审，但至今未收到上述应诉材料。

2015年12月15日，朱b书面提出《财产保全申请》，次日，A人民法院作出（2016）A民初5081号民事裁定书，裁定查封a公司位于义龙试验区郑屯镇郑屯村二组的工业用地一宗（土地使用权人：a公司；使用面积65944平方米），查封期限二年。在送达上述民事裁定书时，在送达回证上备注拒绝签收，但未注明送达日期、送达人、在场人等。另外，根据太平洋财产保险黔西南中心支公司出具的《诉讼财产保全责任保险保函》，朱b

申请保全的保险金额为 3340800 元。

2017 年 1 月 4 日，A 人民法院公开开庭审理本案，a 公司原法定代表人谢某及监事钟某云到庭参加诉讼，法官准许二人与律师黄某华在被告席就座参加庭审，但在庭审笔录中未记录钟某云出庭情况，对已经出庭的谢某记录为"未到庭"，庭审结束后未要求谢某和钟某云在庭审笔录中签字。

五、需要说明的问题

（一）经审查，本案被申请人朱 b 与黄 e 存在恶意串通的行为，因刘 f 和苏 c 未能联系到，导致部分关键事实不能核实，现有证据不足以认定本案存在虚假诉讼情况及审判人员存在违纪违法行为。

（二）本院在审查中，白碗窑商会向本院递交《请求依法尽职履责切实维护合法企业报告》，该报告陈述 a 公司系其商会成员，请求检察机关纠正司法错误，保障企业合法权益。

（三）经 2020 年 5 月 15 日检察官联席会议讨论，一致建议提请省人民检察院抗诉。

六、审查处理意见

本院经审查认为：A 人民法院（2016）A 民初 5081 号民事判决和 B 中级人民法院（2017）B 民终 1699 号民事判决认定的基本事实缺乏证据证明、适用法律确有错误、审判程序违法，应予纠正。理由如下：

（一）一、二审判决认定的基本事实缺乏证据证明

原审判决认定朱 b 为苏 c 垫付运费 300 万元并成立民间借贷关系缺乏证据证明。根据《中华人民共和国合同法》第一百九十六条"借款合同是借款人向贷款人借款，到期返还借款并支付利息的合同"、《最高人民法院关于审理民间借贷案件适用法律若干问题的规定》第九条"具有下列情形之一，可以视为具备合同法第二百一十条关于自然人之间借款合同的生效要件：（一）以现金支付的，自借款人收到借款时；（二）以银行转账、网上电子汇款或者通过网络贷款平台等形式支付的，自资金到达借款人账户时；（三）以票据交付的，自借款人依法取得票据权利时；（四）出借人将特定资金账户支配权授权给借款人的，自借款人取得对该账户实际支配权时；（五）出借人以与借款人约定的其他方式提供借款并实际履行完成时"、第十六条第二款"被告抗辩借贷行为尚未实际发生并能作出合理说明，人民法院应当结合借贷金额、款项交付、当事人的经济能力、当地或者当事人

之间的交易方式、交易习惯、当事人财产变动情况以及证人证言等事实和因素，综合判断查证借贷事实是否发生"等规定，本案的关键是朱 b 是否向苏 c 实际交付款项。如法院认定本案为民间借贷关系，则应当查明出借人向借款人交付借款，借款人到期返还本息的基本事实。朱 b 与苏 c 签订《协议书》后，根据合同相对性，朱 b 与苏 c 居于各自债权人和债务人身份，应当根据协议约定享有合同权利并履行义务。如在合同履行中存在权利义务变更情况，也应当由原告朱 b 充分举证证明。而根据查明的事实，朱 b 在签订协议后，分 2 批共 7 次通过银行转账 300 万元到原 d 公司法定代表人黄 e 账户，且其中 100 万元系黄 e 事先打款给朱 b 后再由朱 b 转回，原审判决据此认定朱 b 与苏 c 的"协议"实际为民间借贷关系，并认定朱 b 通过代苏 c 支付 300 万元运费方式向苏 c 支付运费，该认定显然证据不足。本案朱 b 的 300 万元实际系支付给黄 e，但《协议书》中并无任何关于黄 e 和 d 公司可以代苏 c 收款的约定，无证据证明苏 c 同意并指示朱 b 向黄 e 支付款项，亦无证据证明黄 e 收到 300 万元后按照合同约定用于"支付铁矿石运费"，法院在认定债权人向债务人交付资金的事实时，仅凭朱 b 与黄 e 的口头陈述，对苏 c 签订《协议书》的事实是否真实存在？是否实际收到所谓 300 万元"借款"？是否同意黄 e 代为收款并指示黄 e 将款项使用完毕？本案 300 万元款项到底流向何处（是黄 e 个人使用？还是根据苏 c 的指示用作企业生产？）等重要事实，法院在原告没有充分举证的情况下径行作出有利于原告的认定，其认定的基本事实缺乏证据证明。另外，本案朱 b 在一审提交了《收据》两张，该《收据》上指印为何人所留？指印下签名内容是何人所签？原审未予查明，同时针对 2014 年 11 月 26 日朱 b 仅打款 50 万元但《收据》却记载收到 150 万元、2015 年 2 月 26 日朱 b 第二批尚未打款但《收据》却记载收到 150 万元等疑点，原审亦未查明，结合本案朱 b 与黄 e 系发小关系，二人另有多次资金往来的情况，现有证据不能证明朱 b 提交的 7 笔共 300 万元转账凭据和 2 张《收据》与本案存在关联性和真实性，更不能据此认定朱 b 与苏 c 之间存在有效的借贷关系。据此，原审判决认定的基本事实缺乏证据证明，依法属应当再审情形。

（二）一、二审判决适用法律确有错误

1. 本案《协议书》应按无效合同处理

根据查明的事实，朱 b 与黄 e 系发小关系，在朱 b 支付给黄 e 的 300 万元中，实际为黄 e 个人筹资 100 万元转账给朱 b 后，朱 b 个人筹资 200 万元凑足 300 万元转账给黄 e，二人辩称支付款项到黄 e 个人账户的原因是在苏 c 的同意下，为了逃避国家税务和工商监管，因此转账到个人账户，黄 e 收款后具体使用用途不明。朱 b 与黄 e 显然存在恶意串通行为，且现有证据不能证明朱 b 向苏 c 出借款项的真实性，二人客观上侵害了国家利益和第三人合法权益，根据《中华人民共和国合同法》第五十二条"有下列情形之一的，合同无效：……（二）恶意串通，损害国家、集体或者第三人利益"之规定，本案应当按无效合同处理。

2. 认定担保条款生效及抵押权成立错误

（1）如前所述，本案所谓民间借贷，实际为朱 b 与黄 e 恶意串通损害国家及第三人利益的行为，且现有证据不能证明朱 b 已实际向苏 c 交付了款项，本案《协议书》应当按照无效合同处理，而协议中的担保条款作为从合同，主合同无效后，从合同应当无效。

（2）担保条款约定不符合法律规定的基本形式要求。根据《中华人民共和国担保法》第十五条"保证合同应当包括以下内容：（一）被保证的主债权种类、数额；（二）债务人履行债务的期限；（三）保证的方式；（四）保证担保的范围；（五）保证的期间；（六）双方认为需要约定的其他事项。"、《中华人民共和国物权法》第一百八十五条"设立抵押权，当事人应当采取书面形式订立抵押合同。抵押合同一般包括下列条款：（一）被担保债权的种类和数额；（二）债务人履行债务的期限；（三）抵押财产的名称、数量、质量、状况、所在地、所有权归属或者使用权归属；（四）担保的范围"等规定，本案《协议书》担保条款约定为"甲方用到厂的铁矿石作抵押，丙方用厂内厂房、机械设备和厂内土地作为担保"。针对丙方（d 公司）用于抵押的厂房和土地的位置、面积、产权状况和权属；机械设备的种类、数量等，无法根据该担保条款指向特定的财产，也没有关于被担保债权的种类和数额的明确约定。在担保范围方面，仅约定"丙方用厂内厂房、机械设备和厂内土地作为担保"，该约定是丙方为甲方担保还款？还是为乙方担保履行垫付运费义务？并不能作出确定性结论，亦不能根据本案担保条款作出朱 b 对 a 公司的厂房、设备、场内土地享有抵押权的认定。

（3）本案担保条款约定用于担保的土地未办理抵押登记，抵押权并未设立。原审认为"依法 a 公司应在其公司的厂房、设备、厂内土地的价值范围内承担担保责任"、"a公司辩称抵押物因未经登记系无效，要求驳回朱b的请求，因该辩解与物权法第一百四十八条（担保法与本法的规定不一致的，适用本法）的规定相悖，故不予支持"，该认定明显属于法律适用错误。根据《中华人民共和国物权法》第六条"不动产物权的设立、变更、转让和消灭，应当依照法律规定登记"、第九条"不动产物权的设立、变更、转让和消灭，经依法登记，发生效力；未经登记，不发生效力……"第十五条"当事人之间订立有关设立、变更、转让和消灭不动产物权的合同，除法律另有规定或者合同另有约定外，自合同成立时生效；未办理物权登记的，不影响合同效力"之规定，案涉土地作为不动产，其抵押权的设立应当经过登记才能发生效力。即便本案关于土地的抵押合同有效，但因未办理抵押登记，有关不动产的抵押权并未设立，朱b仅能根据生效的抵押合同主张违约责任，而不能对案涉土地享有抵押权，原审法院错误理解及适用物权法第十五条，混淆了抵押合同生效与抵押权设立的概念，作出a公司在厂房、设备、厂内土地的价值范围内对本案债务承担还款责任的错误判决。

3. 本案超标的保全财产，损害了被告合法权益

一审以（2016）A民初5081号民事裁定书裁定查封a公司面积65944平方米工业用地一宗，但朱b起诉金额仅为332.32万元，其提交的《诉讼财产保全责任保险保函》保险金额也仅为334.08万元。而根据义龙国用（2015）第46号《国有土地使用证》显示，本案保全的土地取得价为120元/m²，按照取得价最低标准计算，案涉土地即已价值790余万元，如包含土地内厂房、设备等，其价值远远超过朱b的起诉标的。根据《中华人民共和国民事诉讼法》第一百零二条"保全限于请求的范围，或者与本案有关的财物"、《最高人民法院关于人民法院办理财产保全案件若干问题的规定》第十五条"可供保全的土地、房屋等不动产的整体价值明显高于保全裁定载明金额的，人民法院应当对该不动产的相应价值部分采取查封、扣押、冻结措施……"之规定，一审存在超标的保全问题，应予纠正。另外，一审在送达保全裁定书时，在送达回证上备注"拒绝签收"，但未注明送达日期、送达人、在场人等，不能证实一审及时送达了保全裁定书，亦违反《中华人民共和国民事诉讼法》第一百零三条"财产保全采取查封、扣押、冻结或者法律规定的其他方法。人民法院保全财产后，应当立即通知被保全财产的人"之规定。

4. 认定"分成固定利润 20 万元"实为"利息 20 万元"错误

根据《中华人民共和国合同法》第二百一十一条"自然人之间的借款合同对支付利息没有约定或者约定不明确的,视为不支付利息。自然人之间的借款合同约定支付利息的,借款的利率不得违反国家有关限制借款利率的规定"、《最高人民法院关于审理民间借贷案件适用法律若干问题的规定》第二十五条"借贷双方没有约定利息,出借人主张支付借期内利息的,人民法院不予支持。自然人之间借贷对利息约定不明,出借人主张支付利息的,人民法院不予支持"之规定,原审判决在认定《协议书》符合民间借贷特征的基础上,根据《协议书》中"乙方分成固定利润贰拾万元整"的内容,直接认定"利润"就是约定的利息,并作出"被告从 2015 年 10 月起按月利率 2% 支付原告利息至欠款还清之日止"的错误判决。本案《协议书》通过书面形式明确约定了该 20 万元为"分成固定利润",并未明确约定为"按月支付利息",原告未举证证明双方已经明确约定了利息,被告亦未自认本案存在约定利息的基本事实,况且本案 20 万元每月的"利息"已经违反国家有关限制借款利率的规定,不符合利息约定的合法形式,即便认定本案民间借贷关系成立,对于本案原告关于利息的主张,也应当按照"没有约定"或"约定不明"的法律规定处理。

原审上述适用法律错误问题,依法属于应当再审情形。

(三)一审判决审判程序违法

1. 一审剥夺当事人辩论权利和举证权利

根据查明的事实,一审于 2016 年 10 月 8 日立案后,针对 a 公司应诉材料的送达,仅有一张记载"拒绝签字"的送达回证予以证明,无送达对象姓名、送达日期、送达人姓名、在场人等必要送达信息,经核实,a 公司系在接到法院电话通知后匆匆委托律师参加案件庭审,无证据证明其收到起诉状副本、应诉通知书、举证通知书、开庭传票等应诉材料。2017 年 1 月 4 日庭审时,该公司法定代表人谢某、监事钟某云到庭参加诉讼,一审法院同意二人与律师黄某华在被告席就座参加庭审,但在庭审笔录中未记录钟某云出庭情况,对已经出庭的谢某记录为"未到庭",庭审结束后未要求谢某和钟某云在庭审笔录中签字。一审上述行为违反了《中华人民共和国民事诉讼法》第八十四条"送达诉讼文书必须有送达回证,由受送达人在送达回证上记明收到日期,签名或者盖章"、第八十五条"送达诉讼文书,应当直接送交受送达人……受送达人是法人或者其他组织的，应当由法人的法定代表人、其他组织的主要负责人或者该法人、组织负责收件的人签收；受送达人有诉讼代理人的，可以送交其代理人签收"、第八十六条"受送达人或者他的同住成年家属拒绝接收诉讼文书的，送达人可以邀请有关基层组织或者所在单位的代表到场，说明情况，在送达回证上记明拒收事由和日期，由送达人、见证人签名或者盖章，把诉讼文书留在受送达人的住所；也可以把诉讼文书留在受送达人的住所，并采用拍照、录像等方式记录送达过程，即视为送达"、第一百二十五条"人民法院应当在立案之日起五日内将起诉状副本发送被告，被告应当在收到之日起十五日内提出答辩状"、第一百四十七条"书记员应当将法庭审理的全部活动记入笔录，由审判人员和书记员签名……法庭笔录由当事人和其他诉讼参与人签名或者盖章。拒绝签名盖章的，记明情况附卷"等法律规定，严重剥夺当事人举证和答辩的权利，其程序的违法最终造成实体处理错误，依法属于应当再审情形。

2. 原审判决超出原告朱 b 的诉讼请求

朱 b 在起诉时仅要求判决二被告偿还本金 268 万元及利息 64.32 万元并承担诉讼费用，庭审中亦主张 d 公司系"共同借款人"，并未就本案《协议书》担保条款记载的"厂房、机械设备、厂内土地"主张实现抵押权，但原审判决超出朱 b 的诉讼请求进行审理，并判决 a 公司在厂房、设备、厂内土地的价值范围内对本案债务承担还款责任，依法亦属于应当再审情形。

综上所述，A 人民法院（2016）A 民初 5081 号民事判决和 B 中级人民法院（2017）B 民终 1699 号民事判决认定的基本事实缺乏证据证明、适用法律确有错误、审判程序违法，应予纠正。依照《中华人民共和国民事诉讼法》第二百条第（二）、（六）、（九）、（十一）项、第二百零八条第二款、《人民检察院民事诉讼监督规则（试行）》第七十六条和第八十五条第（一）项之规定，提请你院向贵州省高级人民法院提出抗诉。

此致

             ×××人民检察院

             20××年×月××日

附：检察卷宗一册

第三节　民事抗诉书、再审检察建议书的撰写

一、民事抗诉书、再审检察建议书的概念与特点

（一）民事抗诉书的概念与特点

民事抗诉书，是人民检察院行使民事检察监督职权，认为人民法院所作出的判决或裁决确有错误，要求人民法院重新审理予以纠正而提出抗诉时，制作的法律文书。

其特点主要包括：

1. 民事抗诉书的制作要求最高。民事抗诉书是检察机关对外最重要的法律文书之一，其承载的主要内容是人民检察院对案件的审查意见，其核心是指出法院原审裁判或调解的错误，其目的在于促使人民法院纠正错误裁判或调解。因此，民事抗诉书是各类民事检察法律文书中，对说理性要求最高，内容要求最严谨的法律文书。

2. 民事抗诉书的制发要经过严格的程序。抗诉是检察机关对已经生效的裁判或调解作出否定性评价，采用的比较严厉的要求法院纠正的监督方式。因此，民事抗诉书的制发要经过严格的审批程序。一般而言，民事抗诉书要经过承办人制作、主管检察长审批等环节，在加盖人民检察院公章后，方发生法律效力。

3. 民事抗诉书具有启动再审程序的作用。民事抗诉书的法律效力就是启动再审程序，民事抗诉书一经送达人民法院，人民法院必须进入再审。

4. 民事抗诉书在一定程度上决定案件的再审结果。民事抗诉书不仅是人民法院启动再审程序的依据，也是再审法庭审查案件围绕的重点。因此，民事抗诉书制作的质量在某种程度上决定再审案件的结果，民事抗诉书制作精良、论理充分、针对性强的案件，人民法院改变原裁判或调解书的可能性会大大增加。

（二）再审检察建议书的概念与特点

再审检察建议书，是人民检察院行使民事检察监督职权，认为人民法

院所作出的判决或裁决确有错误，要求人民法院重新审理，制作的法律文书。

其特点与民事抗诉书有所不同，主要包括：

1. 再审检察建议书的制作要求也相当高。再审检察建议书也是检察机关对外最重要的法律文书之一，其承载的主要内容是人民检察院对案件的审查意见，其核心是指出法院原审裁判或调解的错误，其目的在于促使人民法院纠正错误裁判或调解。因此，再审检察建议书的说理性要求也很高，内容也很严谨。

2. 再审检察建议书的制发同样要经过严格的程序。一般而言，除了要经过承办人制作、主管检察长审批外，还需要经过检察委员会通过，在加盖人民检察院公章后，方发生法律效力。

3. 再审检察建议书与民事抗诉书不同，其没有人民法院启动再审程序的必然性。

二、民事抗诉书、再审检察建议书的组成部分

（一）民事抗诉书的组成部分

（1）首部；（2）诉讼过程和法院历次审理情况；（3）检察机关认定事实；（4）抗诉理由和依据；（5）尾部。

（二）再审检察建议书的组成部分

（1）首部；（2）诉讼过程和法院历次审理情况；（3）检察机关认定事实；（4）监督理由和依据；（5）尾部。

两份法律文书的写法和要求基本一致。

三、民事抗诉书、再审检察建议书的撰写要点

首部、诉讼过程和法院历次审理情况、检察机关认定事实、尾部这四个部分参考前述提请抗诉报告书相应部分。

抗诉（监督）理由和依据这一部分是核心内容，既是人民检察院对该案抗诉（监督）的原因、依据的阐述，也是说服再审法院纠正原判的关键内容，再审法院能否接受抗诉（监督）意见对原判改判，一定程度上取决

于抗诉（监督）理由部分抗点掌握得是否准确、论证得是否充分。人民法院是专业的民事案件审判部门，要说服再审法院纠正原判，不仅要求案件结论正确，更要求抗诉书论理充分、逻辑严密，因此，抗诉书的理由部分的撰写要求要比结案报告更加严格，应当尽量达到或接近"无可辩驳"的标准。同样需要做到下述的六点：

1. 观点正确。观点正确同样也是对抗诉（监督）理由的最低要求，案件往往经过了承办人审查、集体讨论、领导审批甚至检委会决定等程序，为抗诉案件层层把关，因此，应当全面反映集体智慧的成果。在抗诉（监督）理由中要修正自己在结案报告中的不当观点，确保抗诉的观点分明，结论正确。

2. 针对性强。具体要求与前述一致。

3. 重点突出。除前述的审查外，在民事抗诉书和再审检察建议书中，应当突出发现的重大问题，对其他案件瑕疵可以用较少的笔墨提及或不提及，以免将主要问题冲淡。

4. 逻辑严密。具体要求与前述一致。

5. 论理充分。民事抗诉书和再审检察建议书的论理说服力尤为重要。只有提高民事抗诉书和再审检察建议书的说服力，才能取得抗诉（监督）改判的效果。具体要求与前述一致。

6. 语言精练。民事抗诉书和再审检察建议书的受体是人民法院，阅读者是具有专业法律背景的法律人，因此，民事抗诉书和再审检察建议书更要求运用准确严谨、庄重规范、简洁明白的法律语言。具体要求与前述一致。

四、民事抗诉书、再审检察建议书的说理

检察法律文书说理，是指人民检察院在法律文书中对自身的执法行为和作出的决定所依据的事实、法律、事由进行分析论证、解释说明的活动。说理是灵魂。

长期以来，民事抗诉书、再审检察建议书的说理缺乏一套规范、严谨的分析方法和思维表述。观念上存在宜粗不宜细、宜简不宜繁，写得越具体、越详细，漏洞就越多的误区。表现为：有的理由过于笼统，泛泛而谈；有的在理由部分大量重复事实叙述，重点不明确，缺乏论点论据；有的只

写结论，不说明理由或说理不充分；有的没有对事实和法律适用的连接点进行分析，从事实直奔结论，缺乏推理过程，逻辑的三段论不能得到运用；有的只引用法律条文而不说明适用该法条的道理；有的对引用的法律条文引用的条、款、项不准确、不完整、不具体。

（一）加强民事抗诉书、再审检察建议书说理的意义

1. 民事抗诉书和再审检察建议书说理是提高抗诉（监督）案件质量的有效途径。法律文书是动态法律活动的静态实录，而民事抗诉书、提请抗诉报告书是办理民事案件的客观记载，民事抗诉书、提请抗诉报告书的说理能够在一定程度上客观地反映监督案件的真实水平，也是复查案件的重要依据。民事抗诉书和再审检察建议书说理的好坏直接影响着抗诉（监督）案件的质量。完善民事抗诉书和再审检察建议书的说理，提高法律文书的制作水平对于提高案件质量具有十分重要的作用。

2. 民事抗诉书和再审检察建议书说理是促进民事检察队伍专业化的重要手段。民事检察人员要写好民事抗诉书和再审检察建议书，必须具备过硬的专业素质和业务水平，做到论述清楚、到位、深刻、严谨。民事法律与刑事法律相比更加纷繁复杂，同时由于法官素质的提高和法院自行纠错力度的加大，使现在抗诉（监督）成功的难度更大，对民事队伍专业化的要求也越来越高。通过增强民事抗诉书和再审检察建议书说理性，使民事检察人员在熟练掌握民事抗诉书和再审检察建议书格式的情况下，加强自身对法律知识的钻研和理解，在民事抗诉书和再审检察建议书中展现办案人员对法律的理解和阐释，能够促进民事检察队伍的专业化建设。

（二）加强民事抗诉书、再审检察建议书说理的途径

1. 说理方法应运用逻辑思维。民事抗诉书和再审检察建议书说理要"由事而理，由理而断，论理充分"，值得强调的是"事""理""断"这三者之间的内在联系。"事"是"理"的基础，"理"是"断"的前提，"断"又是"事"的必然结果。民事抗诉书和再审检察建议书的说理，一方面要阐明抗诉（监督）的理由，另一方面要说明这些理由与结论间的合乎逻辑的联系。当存在多种复杂的法律关系时，要能够条分缕析地区分各种法律关系，排除非法律关系的因素，把握法律关系的要素，把握法律关系的变

动，明确争议的核心。可通过对事实（小前提）的整理与说明，通过对法律（大前提）的解释，建立起大前提与小前提之间的联系，在法律思维中运用形式逻辑，与法律解释方法相结合，进行事实认定和法律解释。

2. 法律适用应阐述明了。许多民事抗诉书和再审检察建议书对法院适用法律错误的情况仅列举自己认为正确的法条来否定原审所引用的法条，不从法律适用条件上对原审裁判指出错误。民事抗诉书和再审检察建议书说理体现在论证理由的合法上，要着重论证法律依据和法理，要结合案件具体情况，说明相关依据，论证检察机关抗诉（监督）意见的正确性，突出依法论理，说明法院判决、裁定在适用法律上的错误所在，既要准确引用实体法，又要正确援用程序法进行论证。应注意有无应适用特别法而适用一般法致实体裁判错误；有无应适用高位阶法而适用低位阶法致实体裁判错误；有无裁判文书引用的法律规范与已被证据证明的事实缺乏同一性致实体裁判错误；有无应适用法律法规而不适用实体权利由法官任意自由裁量致实体裁判错误。应当结合案情对法律、法规进行详尽的法理阐释，同时要注意引用法律条文准确、完整、具体，要有一定的条理和顺序。在以事实为根据，以法律为准绳的基础上，根据案件的特点，说理时可结合情、理、法进行论证。以理服人、以法服人，注重社会效果。

3. 说理的观点应当具有针对性。检察机关的民事抗诉书和再审检察建议书是以说明抗诉（监督）理由为基本内容的法律文书，其主要内容就是阐述人民法院判决、裁定的错误，以及认定人民法院判决、裁定存在错误的理由。监督是针对具体的案件裁判文书进行的，因此，民事抗诉书和再审检察建议书说理必须具有强烈的针对性。针对原审判决、裁定的错误，通过有理有据的分析论证，才能使民事抗诉书和再审检察建议书的理由增加法院再审采信的力度。法院对检察机关抗诉（监督）案件的再审是根据检察机关的抗诉（监督）理由来进行的。如果抗诉（监督）理由不准确，针对性不强，人民法院按照再审程序再审，无法采纳抗诉（监督）的理由，就无法取得抗诉（监督）的效果。因此，在一个案件中，应当抓住争议焦点，准确体现抗诉的意图，要有明确的重点。如果抗诉（监督）理由是针对案件事实的认定提出的，民事抗诉书和再审检察建议书就要对案件的事实认定和证据使用进行说明，民事抗诉书和再审检察建议书在引证原裁判的认定事实部分以及证据的认证和使用时要埋下伏笔，使这一部分的抗诉

（监督）理由有的放矢。如果抗诉（监督）理由是针对适用法律的问题提出的，就应当在引证原裁判文书的理由部分时引证清楚，使之在抗诉（监督）理由中驳斥时针对性强，有说服力。

优秀《民事抗诉书》见以下实例文书二，仅供参考借鉴。

实例文书二：

贵州省人民检察院
民事抗诉书

黔检民（行）监〔2017〕52000000133 号

石阡县甘溪乡某竹鼠养殖场因与贵州中交某高速公路有限公司、中交二公局某工程有限公司、中交某高速公路某合同段项目经理部、贵州省交通厅、中交某公路工程局有限公司噪声污染责任纠纷一案，不服贵州省遵义市中级人民法院（2015）遵市法环民终字第39号民事判决，向遵义市人民检察院申请监督，该院向本院提请抗诉。本案现已审查终结。

……（诉讼过程和法院历次审理情况略）

某竹鼠养殖场不服，向检察机关申请监督。

本院审查认定的事实与一审法院认定事实基本一致。另查明，某竹鼠养殖场于2016年1月向石阡县动物卫生监督所提出《动物防疫条件合格证申请表》，因该养殖场不符合《动物防疫条件审核管理办法》、《动物防疫条件审查办法》第5条"动物饲养场、养殖小区选址应当符合下列条件……（三）距离铁路居民区、文化教育科研等人口集中区域及公路、铁路等主要交通干线500米以上"之规定，而未能通过《动物防疫条件合格证》年检。

本院认为，遵义市中级人民法院（2015）遵市法环民终字第39号民事判决认定的基本事实缺乏证据证明。理由如下：

（一）生效判决认定的基本事实缺乏证据证明

首先，一审法院现场勘查的情况表明，该养殖场距离某高速公路最近距离约为20米，最远不足150米。同时，某养殖场二审期间向遵义市中级人民法院提供了高速公路现状照片、《畜禽养殖场养殖档案》等证据，证明高速公路通车后养殖场与高速公路之间的距离不符合《动物防疫条件审查办法》《动物防疫条件审核管理办法》的相关规定。2016 年 1 月，某竹鼠养殖场向石阡县动物卫生监督所提交了《动物防疫条件合格证申请表》，因该养殖场不符合《动物防疫条件审查办法》第 5 条"动物饲养场、养殖小区选址应当符合下列条件……（三）距离铁路居民区、文化教育科研等人口集中区域及公路、铁路等主要交通干线 500 米以上"之规定的距离要求，未能通过《动物防疫条件合格证》年检。根据《中华人民共和国动物防疫法》第七十七条的规定"违反本法规定，有下列行为之一的，由动物卫生监督机构责令改正，处一千元以上一万元以下罚款；情节严重的，处一万元以上十万元以下罚款……未取得动物防疫条件合格证的"。故，某养殖场由于高速公路的修建已不符合行政机关规定的养殖条件，根据《环境保护法》第 64 条"因污染环境和破坏生态造成损害的，应当依照《中华人民共和国侵权责任法》的有关规定承担侵权责任"的规定和《中华人民共和国环境噪音污染防治法》第六十一条"受到环境噪声污染危害的单位和个人，有权要求加害人排除危害，造成损失的，依法赔偿损失"的规定，该场房不能继续作为养殖场使用必然是给申请监督人造成了一定损失，生效判决以"某竹鼠养殖场仅以《司法鉴定意见书》主张场房损失明显证据不足"的理由不支持场房损失，忽略了某养殖场客观不能继续养殖的事实。

其次，申请监督人某养殖场于 2007 年进行养殖，历经 5 年，养殖规模不断扩大，并于 2012 年成立了个人独资企业"石阡县甘溪乡某竹鼠养殖场"。因高速公路的修建目前该养殖场的经营已难以为继。在环境侵权中对于利益平衡的问题实行预防和补救并重的原则，本案中因为行政机关的硬性条件限制，即使高速公路采取了隔间措施，该养殖场也不可能恢复经营，故应对该项损失予以补救，当然补救也要考量双方的利益平衡。

（二）生效判决存在的其他问题

生效判决导致当事人承担重复起诉的不利后果。二审法院判决载明："高速公路通车后，某竹鼠养殖场若因汽车噪音造成生产经营难以为继，养殖场房丧失使用价值，可另行主张权利。"申请人某竹鼠养殖场于 2017 年 7月 8 日另行起诉，以"赔偿养殖场房产损失"为由要求贵州中交某高速公路有限公司等被告赔偿场房损失，2017 年 7 月 10 日，遵义市播州区人民法院（2017）黔0321民初4304号裁定书根据"一事不再理"原则驳回了某竹鼠养殖场的起诉。某竹鼠养殖场不服，上诉至遵义市中级人民法院。2017年8月1日，遵义市中级人民法院以（2017）黔03民终4327号裁定书裁定驳回上诉、维持原裁定。在本院进行中止审理后，申请监督人某竹鼠养殖场针对该裁定向贵州省高级人民法院申请监督。2018年6月28日，贵州省高级人民法院（2018）黔民申809号民事裁定书以"一事不再理"驳回某竹鼠养殖场的再审申请。生效判决导致当事人承担重复起诉的不利后果。

综上所述，遵义市中级人民法院（2015）遵市法环民终字第39号民事判决认定的基本事实缺乏证据证明。依照《中华人民共和国民事诉讼法》第二百条第（二）项和第二百零八条第一款之规定，特提出抗诉，请依法再审。

第四节　不支持监督申请决定书的撰写

一、不支持监督申请决定书的概念与特点

（一）不支持监督申请决定书的概念

不支持监督申请决定书是检察机关经受理审查当事人申诉，认为不符合提出再审检察建议、抗诉或审判活动、执行行为不存在违法情形的，向当事人发出的对其申请监督理由和请求不予支持的法律文书。

（二）不支持监督申请决定书的特点

1. 不支持监督申请决定书是对当事人监督申请作出不支持决定的文书。不同于以往的不抗诉决定书等文书，广泛适用于当事人的监督申请不符合提出再审检察建议或者提请抗诉、抗诉条件，当事人申请监督的审判人员违法行为不存在或不构成以及人民法院执行活动不存在违法情形的情况。

2. 不支持监督申请决定书的内容是对申诉人申诉理由的反驳。不支持监督申请决定书的核心内容是针对申诉人的申诉理由，逐条阐述检察机关不予支持的理由。

3. 不支持监督申请决定书是做申诉人服判息诉工作的基础。对人民检察院作出的不支持监督决定，申诉人往往不能轻易接受和理解，需要检察机关承办人继续做服判息诉工作。不支持监督申请决定书是检察机关对申诉人答复的依据，不支持监督申请决定书制作质量越高，承办人后期做息诉工作就越轻松，申诉人服判息诉的可能性就越大。

二、不支持监督申请决定书的撰写要点

不支持监督申请决定书较民事抗诉书而言更加简洁，一般分为四部分，即首部、申诉人的申诉理由、不支持监督的理由、尾部，通常不包括基本案情及法院裁判情况。

（一）首部

不支持监督申请决定书的首部包括标题、案号、案件的案由、来源。标题一般用"××人民检察院不支持监督申请决定书"。

（二）不支持监督理由

1. 针对性强。不支持监督申请决定书基本内容是针对申诉人的申诉理由逐条予以说明分析，重点论述申请监督内容的正当性和不支持申请的具体理由。该部分应当增强针对性，每条意见的结论要落在原审裁判正确因此不支持申诉人的申诉请求上。可以在列明申诉人申请监督的理由后，对不支持监督申请的理由进行说明。

2. 重点突出。重点答复申诉人的主要申诉理由，对于没有重大分歧或者争议的事实、证据，可以简要分析或者不分析。对于申诉人提出的达不到监督标准的法院工作中的小瑕疵问题，可以不在文书中反映，在口头答复时予以说明。该部分的内容要基于检察机关的法律监督地位进行论述，对与原审裁判及检察机关法律监督无关的申诉请求和理由可以不在文书中反映，在口头答复时予以说明。

3. 释法说理。释法说理要以事实论证清楚、法律依据明确为目标，每一条针对申诉人的答复理由都要求论理充分，具有与民事抗诉书一样的说服力。对人民检察院所作出决定中依据的法律、司法解释条文的具体内容要予以列明，并注重解释法律适用的理由和依据。必要时，应当结合案件

事实对条文的含义、法条适用进行解释和说明。文书在依据法律、政策说理的同时，可以适当注重情、理、法的有机结合，以理服人，在文书中适当体现人文关怀，达到法律效果与社会效果的统一。

4. 语言规范，文字精练，繁简得当，明确易懂。释法说理文书主要针对的是不具备法律知识的当事人，因此，在文书中要注重说理的通俗易懂，尽量不使用过于晦涩的法律语言。文字应当精确，避免模棱两可的表述。

（三）尾部

不支持监督申请决定书的尾部应当列明对本案的结论性意见，决定不支持申诉人的监督申请。

三、不支持监督申请决定书说理

民事检察工作中大量的案件是作出不支持申诉人申诉请求的决定。尤其是民事诉讼法修改后，应对当事人各种类型的监督申请，不支持监督申请决定书将是检察机关最常用的法律文书。之前由于长期缺乏对文书样式的改进，至 2011 年以前，司法实践中大部分检察机关使用填充式文书方式，不予受理、不立案、终止审查、不抗诉、不提请抗诉决定、不提出检察建议等文书没有说理的内容。这种做法不仅不利于提高办案质量，不利于检务公开，也增加了服判息诉工作的难度。虽然贵州省在几年前就要求对于决定不抗诉的案件书面告知申诉人不抗诉理由，但对不抗诉理由答复函的格式、内容等并未作统一规定。2011 年，最高人民检察院下发了《关于加强检察法律文书说理工作的意见（试行）》，要求民事检察工作中，对作出不予受理、不立案、终止审查、不抗诉、不提请抗诉决定、不提出检察建议等法律文书要进行释法说理（按照修改后的《监督规则》，主要是指不支持监督申请决定书）。上述规定对释法说理的重要意义，说理的形式、要求等内容进行了具体规定。

（一）不支持监督申请决定书释法说理的重要意义

1. 释法说理是提高民事检察办案质量的重要途径。释法说理要求对不支持当事人申诉的案件，在相应法律文书中要逐条答复申诉人，必然要求办案人员对申诉人的每一项申诉理由都认真审查，对案件进行细致严密而全面的考量和分析论证，审慎地得出结论。同时，释法说理要求在文书中详细阐述办案人员对事实的认定过程和原因，以及审查结论的推理过程，在这种详细的阐述之下，疏漏、矛盾或错误更容易被发现，可以最大程度地减少冤假错案的产生，从而有利于提高案件质量。

2. 释法说理是提高民事检察队伍专业化水平的重要方法。释法说理对民事检察案件承办人提出了更高的要求，是对民事检察队伍法律专业素养的全面考验，有利于提高民事检察队伍的专业素质、语言表达能力、分析论证能力等，促进民事检察案件承办人对法律和事实问题的深入思考和学习，从而提高自身的业务水平。

3. 释法说理是增强民事检察业务公开的必然要求。释法说理通过加强民事检察文书的说理性，将决定作出的过程和原因透彻、充分地向当事人和公众说明，使当事人和公众能更好地对民事办案的全过程进行监督，保障检察权的依法公正行使，提升民事检察的执法公信力。

4. 释法说理对做好服判息诉工作、化解社会矛盾意义重大。细致详尽地阐释检察机关对事实认定和适用法律的根据和理由，比填充式的"事实清楚，证据确实、充分"的简单表述更有说服力和公信力，更容易被当事人认可和接受，缓解和消除当事人的怀疑和不信任情绪，从而更为彻底地化解矛盾，防止上访、缠讼现象的发生，促进社会的和谐稳定。

（二）不支持监督申请决定书释法说理的基本原则及要求

根据最高人民检察院《关于加强检察法律文书说理工作的意见（试行）》的要求，民事检察不支持申诉人请求类的法律文书也应当遵循以下基本原则及要求：

1. 合法。检察法律文书说理应当依据法律或者司法解释，围绕案件事实、证据、程序和适用法律等进行。文书中应当阐明人民检察院认定的事实及相关证据，对证据的客观性、合法性和关联性进行分析判断，阐明采信和不采信的理由或者依据。

2. 必要。民事检察法律文书说理应当有选择、有重点地展开，根据案件性质、案情复杂程度以及社会公众的实际需求来决定文书如何说理。

3. 注重效果。检察法律文书说理应当注重情、理、法相结合，注重化解矛盾、促进和谐，实现法律效果、政治效果与社会效果的有机统一。

（三）不支持监督申请决定书释法说理的方法

1. 说清事理。从法律监督者的角度，忠于事实，忠于法律，避免成为一方当事人的代言人，客观公正地审查案件事实、证据、适用法律及原审判决的全貌，正视双方当事人提出的意见和理由。将案件事实向申诉人做客观、全面、详尽的陈述，才能给当事人留下检察机关审核调查细、掌握案情全、所站立场正的良好印象。

2. 说准法理。对于一些检察机关作出不支持监督决定的案件，法院生效判决还是有可能存在一定瑕疵的，这就要求检察机关在说理的时候，要注重分析不抗诉的理由，并用最通俗的语言向申诉人说准针对个案的法律规定、法理和道理。申诉人如对审判程序有异议的，检察机关应当着重结合法院审判过程中的诉讼程序，阐明不存在程序瑕疵或者虽有瑕疵但并不影响案件正确裁判的依据和理由。

优秀《不支持监督申请决定书》见以下实例文书三，仅供参考借鉴。

实例文书三：

贵州省遵义市人民检察院

不支持监督申请决定书

遵检民（行）监〔2019〕52030000209号

重庆某商贸有限公司因与贵州省桐梓县某水泥有限公司、吴某云合同纠纷一案，不服贵州省遵义市中级人民法院（2015）遵市法民终字第2025号民事判决书，向本院申请监督。本案现已审查终结。

本院认为，该案不符合监督条件。理由如下：

1. 关于申请人重庆某商贸有限公司主张诉争设备所有权应为自己及终审判决吴某云已支付完货款显属认定事实错误的申请监督理由。经查，重庆某商贸有限公司与吴某云签订《设备转让合同》，约定重庆某商贸有限公司将其所有的水泥生产设备（三条湿法生产线主机、辅机，不含构建筑物）以600万元的价格转让给吴某云，根据《中华人民共和国合同法》第一百三十条"买卖合同是出卖人转移标的物的所有权于买受人，买受人支付价款的合同"之规定，重庆某商贸有限公司与吴某云之间系典型的买卖合同法律关系。双方买卖的标的物属于动产，根据《中华人民共和国物权法》第二十三条"动产物权的设立和转让，自交付时发生效力，但法律另有规定的除外"的规定，动产物权自交付时发生效力，物权包含所有权、用益物权和担保物权。结合本案，原审中吴某云称已将三分之一的设备运输至桐梓县，重庆某商贸有限公司分别于 2005 年 11 月 30 日、12 月 23 日、2006 年 1 月 6 日将吴某云交款票据换成了正式发票（金额 292 万元），其中部分收据的收款事由为"设备转让款"，发票的品名及规格载明"旧水泥生产设备一批"，能证明吴某云交付买卖标的物三分之一以上设备货款的事实；重庆某商贸有限公司认可吴某云已付货款 200 余万元，同时以合同价款的三分之一即 200 万元起诉要求赔偿，故原审认定双方对于吴某云已转运至贵州桐梓县的设备价值 200 万元，且吴某云已支付了相应价款的事实并无不当。据此，吴某云将设备运至桐梓县时，该标的物由吴某云实际占有，重庆某商贸有限公司与吴某云已完成动产物权的交付，诉争设备的所有权已发生转移，因此吴某云享有该诉争设备的所有权。

重庆某商贸有限公司主张诉争设备的所有权人仍为重庆某商贸有限公司，认为：（1）吴某云未按合同约定时间支付货款，其向吴某云发出《终止合同函》《暂停执行合同函》等，双方签订的《设备转让合同》已终止；（2）2004 年 8 月 24 日贵州省桐梓县某水泥有限公司与吴某云出具《承诺书》承诺在未收齐货款前，水泥生产设备所有权人为重庆某商贸有限公司。本院认为，合同的终止权表现为依一方当事人的意思表示使合同关系消灭的权利，在性质上为形成权，其产生可依约定或法定两种途径。根据《设备转让合同》第四条"违约责任……（二）逾期付款，应按时段，按国家同等同期利率进行赔偿。并向对方支付违约金按时段总额的万分之二（现金人民币），未违约方有权要求对方继续履行合同或终止合同。由此本合同自动失效力"的约定，双方可终止合同。2004 年 6 月 13 日，重庆某商贸有限公司向吴某云发出《终止合同函》，2005 年 4 月 2 日吴某云收悉该函，《设备转让合同》于 2005 年 4 月 2 日终止。但合同终止引起的法律后果仅使合同关系发生将来消灭的效力，不具有溯及既往力，因此不能产生恢复原状的法律后果。本案中，吴某云支付相应价款并将设备运输到桐梓发生在合同终止前，故合同终止并不能改变诉争设备的所有权属。关于贵州省桐梓县某水泥有限公司于 2004 年 8 月 24 日与吴某云出具《承诺书》是否属于买卖合同所有权保留的问题，根据合同法第一百三十四条"当事人可以在买卖合同中约定买受人未履行支付价款或者其他义务的，标的物所有权属于出卖人"，《最高人民法院关于审理买卖合同纠纷案件适用法律问题的解释》第三十五条"当事人约定所有权保留，在标的物所有权转移前，买受人有下列情形之一，对出卖人造成损害，出卖人主张取回标的物的，人民法院应予支持：（一）未按约定支付价款；……"的规定，结合本案，首先，双方未在《设备转让合同》中事先约定所有权保留；其次，重庆某商贸有限公司是在设备完成交付即标的物所有权转移之后才主张所有权保留；最后，根据物权法定原则，出于维护交易安全考虑，交付作为动产物权变动的法定方式，具有强制性，不能因吴某云事后的承诺而改变物权，即诉争设备的所有权。故申请人重庆某商贸有限公司的该项申请监督理由不符合法律规定，应不予支持。

2. 关于申请人重庆某商贸有限公司主张终审判决违反法定程序的申请监督理由。经查，根据《中华人民共和国民事诉讼法》第一百六十九条"第二审人民法院对上诉案件，应当组成合议庭，开庭审理。经过阅卷、调查和询问当事人。对没有提出新的事实、证据或者理由，合议庭认为不需要开庭审理的，可以不开庭审理"，及《最高人民法院关于适用〈中华人民共和国民事诉讼法〉的解释》第三百三十三条第一款第（二）项规定"第二审人民法院对下列上诉案件，依照民事诉讼法第一百六十九条规定可以不开庭审理：……（二）当事人提出的上诉请求明显不能成立的"，二审、再审法院为查明事实，在审阅卷宗过程中，认为当事人的上诉请求明显不成立，对案件进行书面审理后作出相应裁判符合法律规定，因此，申请人重庆某商贸有限公司的该项申请监督理由不能成立，应不予支持。

3. 申请人重庆某商贸有限公司主张终审判决混淆买卖关系与物权这两种法律关系性质的申请监督理由。经查，本案中重庆某商贸有限公司称贵州省桐梓县某水泥有限公司为其保管设备，主张贵州省桐梓县某水泥有限公司保管失责要求赔偿其财产损失，根据合同法第三百六十五条"保管合同是保管人保管寄存人交付的保管物，并返还该物的合同"，第三百六十七条"保管合同自保管物交付时成立，但当事人另有约定的除外"之规定，保管合同系实践性合同，需双方当事人达成保管合意并实际交付保管物时才能成立。重庆某商贸有限公司主张与贵州省桐梓县某水泥有限公司之间存在保管合同关系，并提交三份《承诺书》予以证明，现就三份承诺进行一一分析论述：（1）2004年8月24日贵州省桐梓县某水泥有限公司与吴某云出具《承诺书》（承诺在未收齐吴某云货款前、贵州省桐梓县某水泥有限公司与吴某云无该批货物的处置权、设备所有权与处置权归重庆某商贸有限公司），经查，出具《承诺书》的当日吴某云向重庆某商贸有限公司支付了48万元，同年9月26日、27日吴某云从重庆水泥厂运输设备到贵州省桐梓县某水泥有限公司，说明吴某云与重庆某商贸有限公司以实际行动仍在履行《设备转让合同》，且该份《承诺书》中无任何保管的意思表示。（2）2005年9月14日贵州省桐梓县某水泥有限公司作出的《承诺书》（承诺分期支付重庆某商贸有限公司设备货款，在未付清设备款前，设备所有权与处置权归重庆某商贸有限公司），其承诺分期付款的内容属于吴某云履行《设备转让合同》付款义务中债务人的加入，不影响转让设备的物权变动；根据合同相对性原理，贵州省桐梓县某水泥有限公司并非《设备转让合同》的当事人，其无权承诺设备所有权与处置权，该份《承诺书》也无保管设备的任何意思表示。2006年3月10日的《承诺书》（贵州省桐梓县某水泥有限公司承诺其保管的设备被他人拉走，同意全部赔偿），本院认为，订立合同采取要约、承诺方式，即使认定该《承诺书》向重庆某商贸有限公司发出了保管货物的意思表示，重庆某商贸有限公司截至起诉前近10年时间也未作出是否同意由贵州省桐梓县某水泥有限公司保管诉争设备的相关回应，且本案重庆某商贸有限公司没有举证证明《终止合同函》生效后，将已交付给吴某云运输到桐梓的设备收回，抑或就该动产另外达成重庆某商贸有限公司继续占有使用该动产，继而交付贵州省桐梓县某水泥有限公司保管的事实，即并未举证证明贵州省桐梓县某水泥有限公司与重庆某商贸有限公司达成保管合意并实际交付保管物给贵州省桐梓县某水泥有限公司的事实。

综前，涉案设备重庆某商贸有限公司已出卖给吴某云、收取了相应价款且已完成交付，且重庆某商贸有限公司的初衷是出售设备，不是在遥远的桐梓找场所存放设备，故原审法院认定重庆某商贸有限公司提供的证据不足以证明其享有本案设备所有权、与贵州省桐梓县某水泥有限公司不存在保管合同关系的事实并无不当。本案运输至桐梓县的设备吴某云已支付相应价款，重庆某商贸有限公司不能既得买卖合同的价款，又获得设备保管不善的赔偿款，双重受益亦有悖公平、诚信原则。故申请人重庆某商贸有限公司的该项申请监督理由不能成立，应予支持。

4. 申请人重庆某商贸有限公司主张贵州省桐梓县某水泥有限公司与吴某云在庭审中对诉争设备价格进行虚假陈述的申请监督理由。经查，本案中申请人重庆某商贸有限公司在原审起诉书中主张诉争设备价值是200万元，虽贵州省桐梓县某水泥有限公司与吴某云均主张超过了200万元，但人民法院结合重庆某商贸有限公司向吴某云发出的《终止合同函》（称吴某云只支付了三分之一的购买款）、吴某云庭审中称已将三分之一的设备运输至桐梓县、重庆某商贸有限公司与吴某云签订合同时约定的整体价值600万元认定本案诉争设备的价值为200万元并无不当。因此，申请人重庆某商贸有限公司的该项申请监督理由不能成立，应予支持。

综上，根据《人民检察院民事诉讼监督规则（试行）》第九十条的规定，本院决定不支持重庆某商贸有限公司的监督申请。

附录 案例索引

第三章　担保合同纠纷案件检察监督

第四章　劳动争议案件检察监督

第五章　民事虚假诉讼监督

第六章　审判程序监督

第七章　民事执行监督

第十章　民事复查

第十一章　听证制度